suhrkamp taschenbuch 2061

Der Band dokumentiert schwerpunktmäßig Johnsons Werk in chronologischer Folge. Er enthält darüber hinaus wichtige Selbstzeugnisse Johnsons und Interviews, weiterhin Vita, Bibliographie und eine Seitenkonkordanz.

Uwe Johnson

Herausgegeben von
Rainer Gerlach und Matthias Richter

suhrkamp taschenbuch
materialien

Suhrkamp

Foto: Digne Meller Marcovicz

suhrkamp taschenbuch 2061
Erste Auflage 1984
© Suhrkamp Verlag Frankfurt am Main
Suhrkamp Taschenbuch Verlag
Alle Rechte vorbehalten durch
Suhrkamp Verlag, Frankfurt am Main,
insbesondere das des öffentlichen Vortrags,
der Übertragung durch Rundfunk
und Fernsehen sowie der Übersetzung,
auch einzelner Teile.
Satz: Röck, Weinsberg
Druck: Nomos Verlagsgesellschaft, Baden-Baden
Umschlag nach Entwürfen von
Willy Fleckhaus und Rolf Staudt
Printed in Germany

1 2 3 4 5 6 – 89 88 87 86 85 84

Inhalt

Begleitumstände

Jahrestage

Anhang

Einführung der Herausgeber

Die Frage, welche Werke der Literatur die Zeit überdauern und noch in fünfzig oder hundert Jahren genannt oder gar gelesen würden, ist so reizvoll wie spekulativ.

Die deutschsprachige Belletristik nach 1945 ist an Titeln reich und mit Auflagenzahlen mitunter verwöhnt. Das mag später in erster Linie den Literarhistoriker interessieren.

Wichtiger sind allemal weitreichende Wirkung, richtungsweisender Einfluß, innovatorische Verfahren, die repräsentative Verwandlung der wichtigen Themen der Zeit in Literatur.

Welche Prosa aus dem fruchtbaren Jahrzehnt zwischen 1950 und 1960 wird man dann einmal zum ›ewigen Vorrat‹ deutscher Literatur zählen? Vielleicht die frühen Erzählungen Heinrich Bölls, *Stiller* von Max Frisch, das Frühwerk Arno Schmidts, die *Blechtrommel* von Grass und Walsers *Halbzeit,* vielleicht den *Kutscher* von Peter Weiss; die *Mutmaßungen über Jakob* von Uwe Johnson werden sicher nicht fehlen.

Johnson ist bekannt geworden und geblieben als ›Dichter der beiden Deutschland‹. Bekanntlich geht die Bezeichnung auf Günther Blöcker zurück, der 1959 seiner Rezension der *Mutmaßungen* den Titel *Roman der beiden Deutschland* gab. Mißverstanden und mißverständlich machte sie als Formel die Runde und treibt inzwischen als Klischee ihr Unwesen. Was ist heute von ihr zu halten?

In einem trivialen, biographischen Sinn: daß Johnson nämlich drüben anfing und hüben veröffentlichte und weiterschrieb, ist sie natürlich richtig. Sinnlos, weil falsch wird die Wendung, wenn man Johnson damit unterstellt, er habe gesamtdeutsch wirken wollen, etwa im Sinne einer poetischen Wiedervereinigung.

Sowohl in Hinsicht auf die allgemeine Thematik als auch das epische Personal betreffend hat Johnson Strukturen der DDR-Wirklichkeit immer eigentlich überzeugender und eindringlicher literarisch dargestellt als Gestaltungen und Gestalten aus dem Erfahrungsraum der Bundesrepublik Deutschland, die im Werk Johnsons ohnehin rar sind.

Also doch eher ›Dichter des *anderen* Deutschland‹? Immerhin hat die fragliche Formel in der Tat doch auch eine gewisse

Berechtigung. Wo Johnson nämlich deutsche Wirklichkeit darstellt, da spielt das Faktum der Teilung eben doch eine bedeutende Rolle. Johnson bedenkt und untersucht (untersucht mit geradezu wissenschaftlicher Strenge und Kühle), was dieses Faktum der Teilung und damit zweier Interpretationen der Wirklichkeit für die Menschen bedeutet, deren Geschichte er erzählt. »Die Ereignisse beziehen sich [...] auf die Grenze: den Unterschied: die Entfernung und den Versuch sie zu beschreiben« – heißt es programmatisch am Schluß des *Dritten Buchs über Achim*.

Nach Abschluß der *Jahrestage*-Tetralogie scheint indes noch ein anderes Generalthema sichtbar zu werden: die Suche nach der verlorenen utopischen Heimat.

Es wird deutlich, daß schon der erste größere Schreibversuch Mitte der fünfziger Jahre: der Roman *Ingrid Babendererde* – wir kennen bislang (und vielleicht für immer, denn angeblich ist das Manuskript vernichtet) nur das Kapitel *Eine Abiturklasse* –, Johnson zu seinem Stoff und seinen Gestalten führte. Wir begegnen hier schon D. E. aus den *Jahrestagen*, Klaus Niebuhr und Ingrid Babendererde, die mit dem epischen Personal der späteren Werke genealogisch verwandt sind.

Es ist jedenfalls verblüffend, mit welcher Hartnäckigkeit dieser Autor dreißig Jahre lang an der Entfaltung seiner Epopöe gearbeitet hat.

Noch einmal: ›Dichter beider Deutschland‹? Als Johnson 1959 nach Westberlin ›umzog‹, waren zwar seine Versuche, ungehindert in der DDR publizieren und sich als Schriftsteller etablieren zu können, fehlgeschlagen; dennoch war und blieb er ein von der DDR geprägter Autor. Sein kompromißloser Antifaschismus, sein ethischer Rigorimus, seine wahrheits- und detailgetreue Registrierung stalinistischer Strukturen, sein Abscheu vor Krieg und Gewalt, sein Eintreten für einen undogmatischen Sozialismus führten zu einem in dieser Zusammensetzung ganz typischen Muster an DDR-Erfahrungen, wie wir sie auch von anderen (zumeist ehemaligen) DDR-Autoren kennen.

Kein Wunder also, daß man sich dort schwertat mit Johnson, und daran hat sich leider wenig geändert. Nicht genug, daß man ihm in der DDR Berufsverbot erteilt hatte, um ihn auf diese Weise in den kapitalistischen Westen abzudrängen, verriß man eines seiner Bücher nach dem anderen, besonders die *Mutmaßungen* fanden vor den Augen der Ostberliner Kulturfunktionäre wenig Gnade.

Um wenigstens den Tenor kenntlich zu machen, in dem man Johnson abzufertigen für nötig befand, seien drei maßgebliche offiziöse Stimmen zitiert: »Johnsons Bücher sind gegen die DDR gerichtet. Sie sind Produkte aus Unverstand und schlechtem Gewissen. Ihre Aussage ist falsch und böse; ihr Stil spiegelt tiefe Verworrenheit, die zeitweilige Erleuchtung nicht ausschließt. Johnsons Bücher haben die auf die Nerven gehende Schrille des jeweilig letzten Schreis.« (Neues Deutschland, 13. 2. 1962). So Hermann Kant 1962 im Neuen Deutschland. Wenig anders, nur noch boshafter, Peter Hacks: »Statt der Prozesse der Außenwelt notiert er irgendwelche Reflexe dieser Außenwelt in den Gehirnen irgendwelcher Leute. Der materialistische Künstler bemüht sich, Welt nachzuschaffen. Der positivistische sammelt einen Haufen Bewußtseinskrümel. Kann dabei Kunst herauskommen? [...] Ein schlechthin unlesbares Buch, das ist es, was herauskommt. Und die Meute der Kunstaufpasser macht einen großen Jubel um dieses Buch und lobt Herrn Johnson und bestärkt ihn in seiner Dummheit.« Schließlich Hans-Jürgen Geisthardt, der (zuerst 1966 und dann wiederholt) Uwe Johnsons »kleinen Roman« (sic!) mit Christa Wolfs Geteiltem Himmel vergleicht. Er sieht den »Fabeldrehpunkt« im »Gegensatz von Individuum und sozialistischem Staat. Die individuellen Konflikte, die aus bedeutenden historischen Widersprüchen hervorgehen, werden wie diese in dem Sinne verabsolutiert, daß ihre menschlich produktive Lösung unmöglich scheint. Das statische Bezugssystem der Fabel, der lediglich situationsmäßig variierte fiktive Gegensatz von Individuum und Staat, läßt keinen Gedanken an die Selbstverwirklichung des Menschen durch gesellschaftliches Handeln aufkommen. Es gibt nach Johnsons Konzeption keinen Punkt, von dem aus Inhalt und Notwendigkeit des Handelns bestimmbar sind. Die Fabel der Mutmaßungen über Jakob ist darum auch nicht aus den objektiv bestimmbaren und erkennbaren gesetzmäßigen geschichtlichen Prozessen in Deutschland geschöpft, sondern als ein Ausdruck der agnostizistischen Geschichtsauffassung des Autors konzipiert. Johnson ist die sozialistische Gesellschaftsordnung in der Deutschen Demokratischen Republik zutiefst fremd. [...] Historischer Pessimismus und antikommunistische Attitüde bedingen sich bei Johnson wechselseitig.«

Der »fiktive Gegensatz von Individuum und Staat« – man denkt am Marcel Reich-Ranickis Deutung der *Mutmaßungen* als »Gleichnis vom gerechten Mann in einer ungerechten Zeit, vom trotzigen Einzelgänger im heutigen Deutschland«. Die Deutung ist die gleiche, freilich bei entgegengesetzten Vorzeichen der Bewertung. Uwe Johnson wird in der DDR auf absehbare Zeit eine persona non grata bleiben.

Freilich hatte es Johnson mit seinen ersten Büchern auch im Westen schwer, sich mit seiner Differenziertheit zu behaupten gegen eine gleichmacherische ›antisowjetzonale‹ Stimmung aus Mauerbauhysterie, Passierscheinemotionen und Adenauerschem Antikommunismus. Da er sich auf das deutsch-deutsche ›tertium non datur‹ nicht einlassen wollte, wurde er auch in Westdeutschland, genauer: in West-Berlin, nicht recht heimisch. Aus gelegentlichen, zeitlich begrenzten Abwesenheiten (New York ist zuerst zu nennen) wurde so seit 1974 England zur Wahlheimat für einen, der es sich nicht leicht machte mit Deutschland.

Auch seinen Lesern machte es Johnson nicht leicht und vielen, die nicht mitkamen, auch nicht recht.

Er schreibe schlechtes Deutsch – befanden Leute wie Hermann Kesten, Kasimir Edschmid oder Karlheinz Deschner, von dem die rüdeste, streckenweise immerhin brillante Polemik stammt. *Das dritte Buch über Achim* etwa sei ein »Florilegium bestehend aus gespreizten Wortkonstruktionen, holprigen Satzbildungen, vergewaltigten Metaphern, absichtsvollen Verdunkelungen und albernen Ausdrücken, aus verwischten, erschreckenden und lächerlichen Sprachformen aller Art, kurz, es ist eine einmalige Mixtur aus syntaktischen Monstrositäten und verpöbelter Zungenfertigkeit.« Von Johnson stamme »das häßlichste Deutsch unserer Zeit«, fand Deschner.

Johnsons Kritiker gehen allzu leicht von einem ein für allemal gültigen System des ›guten Deutsch‹ aus. Kurzerhand nämlich rechneten sie ihm seine sprachlichen Eigentümlichkeiten als Verstöße gegen diese Norm vor; in Johnsons Gebrauch der Parataxe, in seiner Interpunktion, in seiner eigenwilligen Metaphernsprache, in seinen Substantiv- und Adjektivagglomerationen sahen sie schlicht Fehler: so spricht man nicht!

Aber Johnson fand schon früh gewiegte Verteidiger aus der damals aufstrebenden Sprachwissenschaft. Was den Kritikern als

sinnlose Manierismen und Fehler erschien, war ihnen – jedenfalls zu einem guten Teil – sinnstiftende Abweichung von der
sprachlichen Norm, vom durchschnittlichen Sprachgebrauch des
Duden oder der Stilfibel. Sie betonten die poetische Funktion
bestimmter Stilmerkmale Johnsons innerhalb des Systems seiner
Romane selber und führten eindrucksvoll den Nachweis der
besonderen poetischen Leistung von Phänomenen wie der Parataxe (Kolb) oder der interpunktionslosen komplexhaften Aufzählungen (Steger, in diesem Band S. 83).

Eine andere Schwierigkeit erwuchs aus den Erzählformen Johnsons; viele Leser fühlten sich hilflos und vermißten die Hand
eines souveränen Erzählers, die sich ihnen bei Thomas Mann
z. B. noch geboten hatte. Johnson dazu: »Zugegeben, die Manieren neuerer Romane können weit weg sein von den Wahrnehmungsmöglichkeiten des Publikums. [...] Das mag ein Dilemma
sein. Eine Alternative ist es nicht.«

Konstitutiv – nicht nur für die *Mutmaßungen über Jakob* und
Das dritte Buch über Achim (das ja ursprünglich *Beschreibung
einer Beschreibung* heißen sollte), sondern für das gesamte Werk
Johnsons – ist sein Versuch, Erkenntnis- und Ausdrucksaporien
exemplarisch mitzuteilen und dabei die zu vermittelnde »Wirklichkeit, die vergangen ist, wiederherzustellen«, in all ihrer Wir-
kungs- und Kausalkomplexität. Die komplizierte Form aber ist
für Johnson zwangsläufig: »Die Geschichte muß sich die Form
auf den Leib gezogen haben. Die Form hat lediglich die Aufgabe,
die Geschichte unbeschädigt zur Welt zu bringen.« Auf die
bekannten einschlägigen Ausführungen im Aufsatz *Berliner
Stadtbahn* (1961) – von Johnson übrigens seit 1975 für »veraltet«
gehalten – sei nurmehr hingewiesen.

Johnsons Texte – präzis aber offen – sind so angelegt, daß sich
ihr Sinn nur dem erschließt, der sich als ›Partner des Autors‹
produktiv (im Lesevorgang) mit einbringt und sie als Denk- und
Diskutiervorlagen annimmt: »Wozu taugt der Roman? Er ist ein
Angebot. Sie bekommen eine Version der Wirklichkeit. [...] Sie
sind eingeladen, diese Version der Wirklichkeit zu vergleichen
mit jener, die sie unterhalten und pflegen.«

Eine freundliche Einladung – die Schwierigkeiten indes bleiben;
Brücken schlagen, wo Lektüreversuche zu scheitern drohen – das
ist das Vorhaben, dem dieser Band Vorschub leisten möchte.

Seine Beiträge lassen sich grob in zwei Gruppen einteilen: Zum einen sind es Texte von und Interviews mit Uwe Johnson, zum andern kritische Beiträge über ihn.

Wir haben drei Texte Johnsons aufgenommen, weil sie werkbegleitende Äußerungen im besten Sinne sind, die wichtige Aufschlüsse über seine Person und sein Werk geben. Dem rein autobiographischen Text *Ich über mich* folgt *Einer meiner Lehrer*, das Porträt Hans Mayers. Johnson lernte ihn während seiner Leipziger Studienzeit kennen und verdankt seiner regen Anteilnahme unter anderem den Kontakt zu Peter Suhrkamp. Es ist einer der launigsten und heitersten Texte Johnsons, der über den Zeichner fast soviel verrät wie über den Porträtierten.

Die *Vorschläge zur Prüfung eines Romans* (entstanden 1973, Erstdruck 1975) sind als poetologische Äußerung bislang vernachlässigt worden. Vielleicht läßt sich aus diesem Text eine Vorstellung davon gewinnen, was denn für Johnson ein guter Roman wäre; und warum sollte er nicht bestrebt gewesen sein, diesen eigenen Vorstellungen auch selbst zu entsprechen. Es ist jedenfalls reizvoll, die hier entwickelten Überlegungen auf Johnsons eigene Romane anzuwenden, vor allem auf die *Jahrestage,* aus deren Entstehungszeit die *Vorschläge* stammen.

Selbst zu Wort kommt Johnson auch in den Interviews. Wir haben zu jedem Roman je ein Gespräch aufgenommen, welches das entsprechende Kapitel eröffnet. Sie geben zunächst einige Auskunft über die Absichten des Autors und wichtige Hinweise, über die sich die Interpretation nicht leichtfertig hinwegsetzen darf. Freilich, die Absicht des Verfassers zur Kenntnis zu nehmen ist eines, zu sehen, was davon im Werk eingelöst ist, ein anderes.

Auswählen heißt gewichten; jedoch ergibt sich im Falle der *Jahrestage* ein schiefes Bild. Die *Mutmaßungen* behaupten inzwischen einen festen Platz als klassisches Werk der Gegenwartsliteratur; ihnen ist deshalb der breiteste Raum gewidmet. Wenn andererseits den fast 2000 Seiten der *Jahrestage* zuwenig Platz eingeräumt scheint, so hat das seinen besonderen Grund darin, daß ihnen ein eigener stm-Band gewidmet werden soll.

Das Massiv der *Jahrestage* beginnt erst entdeckt, erkundet und vermessen zu werden. Vorerst fehlen profunde Analysen des Gesamtkomplexes. Ob insbesondere die ästhetische Konstruktion dieses Riesenromans tragfähig ist, muß erst noch geprüft werden. Wir verweisen hierzu auf Heissenbüttels Rezension des ersten Bandes der *Jahrestage* (S. 293 in diesem Band), in der er nicht ohne Irritation die Frage anmeldet, ob sich komplexe gesellschaftliche Wirklichkeit in einem Roman der 70er Jahre noch *so* erzählen lasse.

Wie in Norbert Mecklenburgs fingiertem Gespräch über die Lektüre der *Jahrestage* tritt der Einführungscharakter dieses Bandes noch in den Beiträgen Hansjürgen Popps und Ree Post-Adams hervor.

An zwei Stellen konnten wir Beiträge aufnehmen, die sich direkt aufeinander beziehen: die Aufsätze zu *Jonas zum Beispiel* und zur Sprache der *Zwei Ansichten*. Die gegenseitige Korrektur schärft den Blick des Lesers und fördert das genaue Hinsehen auf den Text. So hat sich gezeigt, daß es eben nicht reicht, bei Johnson (in *Jonas zum Beispiel*) einen Bibelton zu vermuten und von da gleich auf die Lutherbibel zu schließen. Daß es nicht unwesentlich ist, wenn Johnson sich im strittigen Text (der übrigens Eingang in viele Lesebücher gefunden hat) stattdessen auf die Übersetzung der Zürcher Bibel stützt, hat Christel Rosenberg in ihrer Erwiderung auf Grawes Interpretation gezeigt.

In der Alewyn-Kaiser-Kontroverse geht es um die Sprache Johnsons in den *Zwei Ansichten*. Richard Alewyn argumentiert in seiner Analyse exemplarischer Zitate vom Standpunkt des ›richtigen Deutsch‹, während Joachim Kaiser den Nachweis immanenter Funktionalität einiger inkriminierter Ausdrücke zu führen versucht. Vielleicht liest der geneigte Leser, bevor er sich an den brillanten Formulierungen Alewyns ergötzt, die untersuchten Seiten 98 f. in Johnsons Roman.

Den Beiträgen folgen Vita und Bibliographie; am Schluß findet man noch eine Seitenkonkordanz zu verschiedenen Ausgaben der *Mutmaßungen* und des *Dritten Buches über Achim* – eine kleine Hilfe beim Wiederfinden von Zitaten.

Uwe Johnson

Ich über mich

Herr Präsident, meine Damen und Herren: Wer in eine Akademie gewählt wird, soll Pflichten erwarten. Dennoch, wenn man in Darmstadt als erste von ihm eine »Selbstdarstellung« verlangt, kann er überrascht sein von der Härte, ja, Grausamkeit der Aufgabe und, in meiner Angelegenheit, versucht sein, ihr auf einem Umweg zu genügen, nämlich einer Vorstellung der Ansichten, die ihn bisher beschreiben sollten.

Zum ersten, Ihr neues Mitglied wird des öfteren, grundsätzlich, ein »Pommer« genannt, als sei das eine erschöpfende Auskunft. Daran ist richtig, daß er eine Bauerntochter aus Pommern zur Mutter hatte, jedoch nicht aus jenem hinteren Landesteil, von dem es lateinisch heißt, er singe nicht, sondern aus dem Gebiet westlich der Oder, 1648 schwedisch und 1720 preußisch geworden, was einem 1934 Geborenen als Obrigkeit den Preußischen Ministerpräsidenten Hermann Göring einträgt. Für die ersten zehn Jahre aufgewachsen im Vorpommern eines Reichskanzlers Hitler, bin ich zu wenig ausgewiesen als ein Pommer, wie er in den Büchern steht.

Zum anderen, es gefällt Leuten, mich einen Mecklenburger zu nennen, als sei das ein verläßliches Kennzeichen. Dafür ist nachweisbar, daß mein Vater geboren wurde im Ritterschaftlichen Amte Crivitz und aufwuchs im Domanialamt Schwerin, also in jenem »besten Mecklenburg«, das die traurigste Figur machte unter den Staaten des damaligen Europa. Dem bin ich verbunden nicht nur durch einen Vater, einen Absolventen des Landwirtschaftlichen Seminars Neukloster und Verwalter herrschaftlicher Güter, sondern auch durch eigene, ausgiebige Beschäftigung mit dem Boden dieses Landes, beim Kartoffelwracken, Rübenverziehen, Heuwenden, Einbringen von Raps und Roggen, des Umgangs mit den Tieren auf diesem Boden nicht zu vergessen. In Mecklenburg habe ich gelernt, daß man als Kind schlicht vermietet werden kann in drei Wochen Arbeit auf fremdem Acker gegen einen Doppelzentner Weizen, daß Existenz umgesetzt werden kann in jeweils gültige Währung, und ich bin dankbar für die frühe Lehre. In Mecklenburg war ich von meinem elften bis zu meinem fünfundzwanzigsten Lebensjahr, und im sechzehnten mag ich begriffen haben, wie ich zu antworten wünschte auf die Ansinnen der Leute und Behörden, mit denen ich befaßt war. Viel nun spricht dafür, daß ich ein Mecklenburger sei.

Im Mecklenburg des Nachkriegs allerdings galt ich als einer von den »Flüchtlingen«. Da verschlug wenig, daß Vorpommern noch insofern zum Reste Deutschlands gehörte, als es der sowjetischen Militär-Administration für das Land »Mecklenburg-Vorpommern« unterstand. Denn am 1. März 1947 verschwand Vorpommern in der gesetzlichen Kürzung »Land Mecklenburg«, und wir waren endgültig von auswärts. In jeder ersten Prüfung durch die Einheimischen galt der Rest der Familie als unwiderruflich überführt: wir hatten keine feste Statt in Mecklenburg, und wir hatten zu wenig mitgebracht. »Flüchtling« also, nur daß diese Bezeichnung strengstens verbeten war durch die Behörden, »Umsiedler« war statt dessen erwünscht. Siedeln hätte meine Mutter können, schon damit ich einen anderen Anfang fortsetzte als den eines Lehrlings in einer Dorfschmiede; sie ging in die Stadt Güstrow, da stand das ehemalige Gymnasium, das mein Vater für mich gewünscht hatte, die John Brinckman-Oberschule. Der Namensgeber war in Nordamerika gewesen, aber geschrieben hatte er im mecklenburgischen Platt. Das lasen wir auch.

In dieser Oberschule der Sowjetischen Besatzungszone und der späteren Deutschen Demokratischen Republik wurde ich mir bekannt gemacht als ein »Bürgerlicher«, Sohn eines Beamten bei einem abgeschafften Landwirtschaftsministerium, kein Sohn von Arbeitern und Bauern, an denen die Versäumnisse der bisherigen Bildungspolitik vorrangig gutgemacht werden sollten. Meine Mutter ging Uniformen schneidern für die Rote Armee, sie nahm Arbeit in den Volkseigenen Kleiderwerken der Stadt, sie kontrollierte Fahrkarten in Personenzügen – ich blieb der Sohn einer Angestellten, »bürgerlich«. Meine Mutter trat über in den Dienst der Güterwagenschaffner bei der Deutschen Reichsbahn, fortan war ich der Sohn einer Arbeiterin. Solche Kinder wurden eher zugelassen in eine Universität der D.D.R., als was ich bisher gewesen war.

Die erste Universität war eine mecklenburgische: Rostock, deren Studierende einstmals »höflich verbeten« gewesen waren. Nur, daß kurz vor dem Beginn des Studiums, am 23. Juli 1952, das Land Mecklenburg aufgelöst worden war in drei Bezirke, wobei nicht nur allerlei Historie verlorenging, sondern auch die Einheit »Mecklenburg«. Auch die Universität Rostock sollte eine sozialistische werden, und wer die Auslegung dieser Verwandlung durch die Behörden einmal verfehlt und dabei des Beistands seiner Kommilitonen entbehrt, geht nach dem zweiten Jahr erst einmal weg. Es muß nicht die Universität sein in Mecklenburg.

Unverdrossen als ein Mecklenburger bezog ich eine sächsische Universität, die von Leipzig. Hier geriet ich an Freunde, die mit einer unverdächtigen Neugier beobachteten, wie ich meine mitgebrachte Phonetik gegen ihre Landessprache verteidigte, und obwohl sie mir in meinem Bestehen auf dem mecklenburgischen R eine Nähe zu schauspielerischem Dilettantismus zugestanden, konnte ich mich doch mit meiner Kenntnis der Leipziger Straßenbahnlinien ausweisen als einen bemühten Adepten, und jederzeit vermochte ich sie zu versöhnen mit meinem einzigen annehmbar sächsischen Satz: »Da gommt Wald'her« (was eben zu sprechen war mit einer unverkennbaren Vorfreude auf eine unverhoffte Ankunft des damaligen Regierungschefs W. Ulbricht). In Leipzig traf ich ein Mädchen, das war aus Mecklenburg, aus Mecklenburg-Schwerin, aus der Residenzstadt Schwerin geradezu, auf die hatte ich lange gewartet und kann von Leipzig sprechen als »der Stadt, die unsere Jugend war«. Soviel irgend jemand will, bin ich ein Leipziger. Leipzig in Sachsen ist die wahre Hauptstadt der Deutschen Demokratischen Republik. Glauben Sie einem Landsmanne der Sachsen.

Seit 1949 war ich in den Augen der Behörden ein »Staatsbürger« der Deutschen Demokratischen Republik, wiederum ohne daß man mich angegangen wäre um meine Zustimmung in dieser Sache. Was den Behörden zu Ohren kam von meinen Äußerungen über sie, ließ sie zweifeln an meiner Eignung, ihnen in einer festen Anstellung zu dienen, so daß ich nach dem Examen drei Jahre lang zu leben hatte von germanistischer Heimarbeit, »arbeitslos« in einem Lande, das solchen Zustand abgeschafft haben wollte, bald steuerfrei, weil unter dem Existenzminimum. Das war die amtliche, wie immer unausgesprochene, Einladung zum Weggehen, was denn endlich den Anlaß gegeben hätte für eine Bezeichnung als »Verräter«. Da mir aber gerade gelegen war an der Natur dieser öffentlichen Sache, dieser res publica und Republik, weiterhin an dem Deutschen und dem Demokratischen dabei, lebte ich weiter im ehemaligen Mecklenburg und im ehemaligen Sachsen und dachte mir auf der jeweils achtstündigen Eisenbahnfahrt ein Buch aus, von dem meine Freunde mir versicherten, die Behörden würden es mißverstehen als eine Beleidigung der D.D.R. denn als einen Beitrag zu ihrer Wirklichkeit. Vertraut mit der Empfindsamkeit dieses Staates, stieg ich aus der Stadtbahn in Westberlin an jenem Tag des Juli 1959, da in einer westdeutschen Druckerei mein Name auf das Titelblatt von *Mutmaßungen über Jakob* gesetzt wurde.

Damit war ich abermals ein »Flüchtling«, nämlich im Verständnis der zuständigen Organe der D.D.R., weil ich versäumt hatte, sie zu ersuchen um eine Erlaubnis zum Umzug. »Kein Flüchtling« war ich in Westberlin, denn ich war gekommen mit einer Zuzugsgenehmigung der Stadt und hielt mich fern von dem Flüchtlingslager Marienfelde, wo man Flüchtlingsausweise und allerlei Flüchtlingsgeld bekommen konnte. Nun waren aber in meinem Buch Personen der D.D.R. auch in normalen, ja lebenswerten Umständen gezeigt, anders als im damaligen westdeutschen Bild von ostdeutschem Leben erwartet, und es erhob sich die Vermutung, ich sei in Wahrheit über die Grenze geschickt als ein »Trojanisches Pferd«. Da ich mich in meinem zweiten Buch weiterhin beschäftigte mit den Unterschieden, der Grenze, der Entfernung zwischen den Daseinsmöglichkeiten in den beiden deutschen Staaten, wurde ich schließlich gedeutet als »Dichter der beiden Deutschland« oder »der deutschen Teilung«. Dies Etikett zu bestreiten, machte ich mir ausdrücklich Mühe. Denn ich war in wissenschaftlichen Instituten belehrt worden über die Bemühungen und die Befugnisse von Dichtern; mir hatte das als eine Warnung gedient. Zum anderen, ich hatte in meinem Erzählen von Leuten in Leipzig und Hamburg lediglich meine verwandelten Erfahrungen anbieten wollen, zur beliebigen Verwendung durch den Leser; es konnte mir nicht recht sein, den ganzen Lebenslauf eines Radrennfahrers (mitsamt den Schwierigkeiten, ihn zu beschreiben) eingeschnürt zu sehen in ein politisches Schlagwort. Die einzige Bedingung, unter der ich diese Indizierung hätte annehmen mögen, ihr Wortsinn, blieb mir vorenthalten: in beiden Teilen Deutschlands mit dem Leser verkehren zu dürfen.

Auch als »Westberliner« wurde ich verstanden oder behandelt, und ich gebe diese Stadt als einen Wohnsitz für fünfzehn Jahre zu. Nicht nur habe ich sie mir als eine Heimat erworben, ich versuchte, auch ihren anderen Bewohnern gut zuzureden bei dem Gebrauch, den sie seit der Einmauerung von ihrer Stadtbahn machten, was mir neben bösen Briefen und anonymen Telephonanrufen auch eine neue Kennzeichnung einbrachte, die als »Kommunistenschwein«, aber bis heute keine lebenslängliche Freikarte der Berliner Stadtbahn wenigstens für den Bereich der Westsektoren. Dann trug mir eine Doppelgeschichte über eine Berliner Liebschaft, getrennt und zerrüttet durch die vollendete Grenze, nochmals den Titel auf den Leib, der mich zum Fachmann machte bloß für die deutsche Teilung, und ich verzog mich nach New York. Nach zweieinhalb Jahren war ich beinahe ein »New Yorker«, denn jenes Buch, das ich dort fand, das Leben eines Menschen von Mecklenburg bis Manhattan, ich hätte es um ein Haar in amerikanischer Sprache geschrieben, wäre mir nicht das Geld ausgegangen, so daß ich es auf Deutsch in Westberlin fortzuführen begann. Ein Westberliner also, aber es genügt ein Umzug nach England und eine Paß-Erneuerung, mich umzubauen zu einem »Bürger der Bundesrepublik Deutschland«, zu kontrollieren am Schalter für die Angehörigen von Staaten der Europäischen Wirtschaftsgemeinschaft. Für die Engländer, die mit mir umgehen, sollte ich nun ein »German« sein, wenn nicht gar ein »bloody German«, aber sie wollen Deutsches von mir nicht wissen, wollen reden über das Fischen und das Wetter, und fragen mich das als einen Nachbarn.

Am Ende könnte man mir nachsagen, ich sei jemand, der hat es mit Flüssen. Es ist wahr, aufgewachsen bin ich an der Peene von Anklam, durch Güstrow fließt die Nebel, auf der Warnow bin ich nach und in Rostock gereist, Leipzig bot mir Pleisse und Elster, Manhattan ist umschlossen von Hudson und East und North, ich gedenke auch eines Flusses Hackensack, und seit drei Jahren bedient mich vor dem Fenster die Themse, wo sie die Nordsee wird. Aber wohin ich in Wahrheit gehöre, das ist die dicht umwaldete Seenplatte Mecklenburgs von Plau bis Templin, entlang der Elde und der Havel, und dort hoffe ich mich in meiner nächsten Arbeit aufzuhalten, ich weiß schon in welcher Eigenschaft, aber ich verrate sie nicht.

Aus: Jahrbuch der Deutschen Akademie für Sprache und Dichtung 1977, Heidelberg: Lambert Schneider 1978, S. 154–159 – den Titel entnehmen wir dem Vorabdruck in: Die Zeit, 4. 11. 1977.

Hinweis der Herausgeber: Im Herbst 1977 wurde Uwe Johnson als neues Mitglied in die Deutsche Akademie für Sprache und Dichtung in Darmstadt aufgenommen. Aber schon am 28. Mai 1979 teilte er dem Präsidenten der Akademie – damals Peter de Mendelssohn – schriftlich seinen Austritt mit.

Über die Hintergründe – die öffentliche Auseinandersetzung mit Hermann Kesten – und den aktuellen Anlaß, berichtet Johnson in den *Begleitumständen* (S. 208 ff.). Vgl. dazu auch: Uwe Johnson, *Ich nenne Hermann Kesten einen Lügner,* in: Die Welt, 9. 12. 1961, aber auch: Hermann Kesten, *Wer lügt, der verleumdet. Hier meine Fakten,* in: Die Welt, 21. 12. 1961.

Uwe Johnson

Einer meiner Lehrer

In Leipzig, der wahren Hauptstadt der Deutschen Demokratischen Republik, gab es einmal in der Germanistik drei Möglichkeiten. Die eine hieß Frings und war der letzte König, die andere hieß Korff. Noch eine hieß Hans Mayer.

Man kann nicht immer auf seine Freunde hören, insbesondere wenn sie sagen: Das einzig Solide ist die Linguistik, komm mit zu Frings.

Die Möglichkeit Mayer betritt raschfüßig den Hörsaal 40, hat es noch auf dem Podium sehr eilig, endlich hinter dem Pult angelangt, beginnt fixes Sprechen. Sehr gespannte Stimme, könnte leicht reißen, phonetisch explosiv. Schöne Jahrhundertdurchblicke.

Irgendein Student macht während der Vorlesungen Aufnahmen von allen drei Möglichkeiten und verkauft sie an Interessenten. Welche Fotografie soll man sich ins biographische Album tun?

Die Möglichkeit Mayer ist aus Gerüchten zusammengesetzt, vorerst. Wir haben es hier mit einem Gast aus der Bundesrepublik zu tun. Er will hier den Marxismus aufs Weltniveau bringen. Im Gegenteil, er hat Streit mit der Partei. Also was nun.

Professor Mayer, prall in meist dunkelblauen Anzügen, Schlips wie gewünscht, Taschentuch in der Brusttasche, eine bürgerliche Erscheinung. Er sagt, vor sich hinblickend, beobachtet von allen vierhundert Plätzen des hoch aufsteigenden Hörsaals, er beginnt gemütlich: Neulich in Budapest... Er schließt Vorlesungen mit dem Hinweis, daß die nächsten ausfallen, nämlich er muß nach Paris, einen Vortrag halten.

Vor ihm sitzen Studenten, denen Besuche in Westdeutschland für die Ferien und überhaupt untersagt sind. Er weist darauf hin, daß es Paris gibt.

Gefehlt. Professor Mayer berichtet seinen Zuhörern abermals von einer Reise, die Reise war diesmal bloß nach Ost-Berlin gegangen, er sagt mutwillig, mit leerem, wachem Blick gegens Auditorium: Unser verehrter Alterspräsident –. Wir waren nicht gegen Pieck. Zwar glaubten wir kaum, daß Übergriffe der Behörden unterblieben wären, »wenn das Pieck wüßte«; nach unserer Meinung erfuhr Pieck nichts mehr. Aber Herr Professor Mayer hatte sich soeben mit einem Symbol des Staates mehr als nötig identifiziert. Im Gegenteil, er hatte sich soeben von diesem Staat und Übergriffen der Behörden distanziert, indem er seine Achtung auf eine Privatperson beschränkte. Also was nun.

Jedoch der *Geist der Goethezeit* ist ein anstrengendes Werk. Und Professor Korff, hört man, hat zwar ausnahmsweise eine Arbeit über einen Roman des zwanzigsten Jahrhunderts angenommen, ein Werk von Rilke allerdings, er soll aber zum Schluß der Unterredung gesagt haben: Wie war doch gleich der Titel des Romans?

Für ein Umsteigen in den linguistischen Zug ist es mittlerweile zu spät.

Nieder mit der Stalinschule des sozialistischen Realismus! ruft Professor Mayer aus. Der Hörsaal, manchmal bis auf die Treppen besetzt, kann ihm nur das Wort »unerträglich« nachweisen. Eine Figur in einem sowjetischen Roman hat ihn gelangweilt. Das ist alles.

Die Literatur ist nicht teilbar! ruft er aus. Nach dem Wortlaut ist aber nur zu belegen: An einer Äußerung J. R. Bechers, des Kulturministers der DDR, über Gottfried Benn, sonst genannt Prototyp volksfeindlicher Dekadenz, weist Professor Mayer sehr ausführlich den Schmerz nach, den der Kulturminister der DDR über den Tod seines Feindes in West-Berlin empfunden hat. – In einem Gespräch mit Brecht…: sagt Professor Mayer. Er ist jemand, mit dem Brecht sich unterhält. Andererseits, zu Thomas Mann soll er Tommy sagen.

Und offenbar nicht biographische Einzelheit, sondern Bestandteil des Lehrstoffs war die Mitteilung jenes Nachmittags, da Hans Mayer zu Hause am Klavier übend saß und auf ein Klingeln – »ich trug da noch kurze Hosen« – die Etagentür öffnete, begrüßt von einer erstaunlichen Dame mit den Worten: Guten Tag, ich bin der Prinz von Theben! – Wollen Sie nicht näher treten: will er gesagt haben, hat die Zeit des Gedichtes eindeutig bestimmt, fährt mit der Analyse fort.

Vor seinen Raum ist die Schleuse des Sekretariats gesetzt. Da sind viele, die warten. Beschenkt sehen die Rauskommenden nicht aus. Zu seinen Sprechstunden muß man sich lange vorher anmelden. Hans Mayer fragt den Kandidaten rasch und erbarmungslos aus, damit der weiß, was er von sich zu halten hat. Dann nimmt er das Angebot einer Arbeit über einen Roman des zwanzigsten Jahrhunderts an, er kennt den Titel, die Behörden haben sich noch lange nicht zu einer Anerkennung des Verfassers entschlossen, Professor Mayer will keine Verteidigung des Verfassers hören, er will eine Arbeit über ihn.

Dann wäre da noch die Sache mit dem Zettel. Die Deutsche Bücherei leiht gewisse Werke der Belletristik nicht ohne Bescheinigung aus. Der Zettel könnte die Sondererlaubnis auf bestimmte Titel beschränken. Das Papier, unterschrieben von Hans Mayer, ist allgemein formuliert. Man kann damit bestellen, was man will.

Kinder, so geht das doch nicht! ruft Prof. Mayer vor dem Proseminar aus. In der Haltung dieses Satzes, ungeduldig steht er vor uns, es ist ihm unerträglich und es ist ungehörig, daß uns Beispiele für Allusion so langsam einfallen. Wir fürchten, ihn gekränkt zu haben, er schiebt die Unterlippe vor; er denkt aber bloß nach. Dummheiten schiebt er warnend beiseite. Jetzt läuft das Seminar, eine Antwort der Studenten ruft die nächste, es stellt sich aber zum Schluß heraus, daß Herr Mayer soeben einen sorgfältigen Vortrag über Allusion komponiert hat.

Ein anderesmal hindert er dreißig Personen mit Erfolg daran, das Gedicht *Erinnerung an die Marie A.* zu rasch zu lesen. Er weist ihnen, mit einer Art Empörung, nach, daß sie das Gedicht ja gar nicht gelesen haben. – Ihnen fällt ja nicht mal am Rhythmus was auf! Er muß das Original leiern, es geniert ihn durchaus nicht. Na? sagt er. Unter seinen Fragen weitet sich das Gedicht zu einer Welt aus. Die Studenten müssen über eine Stunde an dieser Welt bauen. Sie verlassen den Seminarraum und haben im Ohr einen Essay von Hans Mayer.

Es ist nicht wahr, daß Professoren an den Universitäten der DDR nicht heilig wären, von unten gesehen. Sie sind erhabene, dem Alltag entrückte Gestalten mit unsterblichen Geschäften. Selbst die Regierung muß mit jedem von ihnen einen Einzelvertrag ausmachen. Auf den mit Menschen vollgedrängten Korridoren des Volkspolizeikreisamtes in Leipzig schritt ein Herr an einer langen Reihe vorüber, er sah deutlich verkleidet aus in einem hellen Staubmantel, hatte vor Verlegenheit in dieser Umgebung die Hände in den Taschen, den Hut tief in der Stirn, er stutzte neben mir, deutlich jemand, der sich vor der Polizei verstecken will mitten in der Polizei. Dieser Typ, Mitglied einer

Hohen Fakultät, zwang mich, ihm die Hand zu geben. – Was machen Sie denn hier: sagte er. – Ich bin auf der Müritz gekentert und muß mir einen neuen Ausweis ausstellen lassen: sagte ich gehorsam. Er kannte mich von einem einzigen Gespräch, von einem einzigen Referat. Ich sollte ihm erzählen, wie mein Ausweis in die Müritz gekommen war. Darauf erzählte er mir, was ihn in diese Räume führte, er bewies mir, daß er mir eine Antwort schuldig war, wie ich ihm. Die Behörde hatte es ihm ganz plötzlich zur Pflicht gemacht, nach der Rückkehr von Reisen im kapitalistischen Ausland in Person sich zurückzumelden. Ratlos und verkleidet ging er davon und suchte das Zimmer, in dem der Augenschein seiner Anwesenheit protokolliert werden sollte.

Die Tradition des studentischen Status bewies sich in den Geschichten, die über Professoren umliefen. Ferne Größen, waren sie sagenhaft. An Häufigkeit wurden Mayergeschichten nur von den Blochgeschichten übertroffen. Solche, im Vertrauen mitgeteilt: Mayer hat ein Abkommen mit allen Taxichauffeuren von Leipzig. (Dies Abkommen sollte ich nicht erläutern, da Hans Mayer der einzige ist, der den Wortlaut kennt und ihn in seinen Erinnerungen *Wie ich Leipzig änderte* sowohl mitteilen als auch kommentieren wird.)

Oder dramatische Nachrichten wie diese: Mayer ist von der Straßenbahn abgesprungen. Was? Ja. Die Straßenbahn wartet vor dem Rotlicht, Mayer sieht sich bequem vor den Schaufenstern der Franz Mehring-Buchhandlung und springt auf sie zu. Hinter ihm her ein Polizist, der ihn anschreit: Sie sind eben von der Straßenbahn abgesprungen!

Mayer, Realist: Ja.

Polizist, Polizist: Das kostet Sie Strafe.

Mayer, über die Schulter: Wieviel.

Polizist, hoffnungsvoll: Wissen Sie nicht, was es bedeutet, von der Straßenbahn abzuspringen?

In der Franz Mehring-Buchhandlung erscheint Prof. Dr. Hans Mayer, Direktor des Instituts für Geschichte der Nationalliteraturen und all das, er hat einen Schlips um und all das, er hat in seinem Gefolge einen Menschen in Uniform, der nicht abläßt, ihm von hinten etwas zuzusprechen. Das stört. Herr Prof. Dr. Mayer verhandelt mit den Verkäuferinnen, es geht ihm um ein bestimmtes Werk, sieben Bände, er spricht von Rabatt. Der Mensch in Uniform zerhackt die Verhandlungen aus dem Hinterhalt mit der unermüdlichen Frage: Wissen Sie nicht, was es bedeutet, von der Straßenbahn abzuspringen? Hans Mayer, von den verwirrten Angestellten um Erklärungen befragt, weiß sie nicht. – Der Mensch will Geld von mir. Ich hab's ihm sofort angeboten. Das ist ihm nicht genug, er will mich überzeugen. Verstehe den Menschen nicht.

Oder gestische Zitate. Wenn einer der Freunde vom linguistischen Zweig in einem Gespräch über Anthropologie oder Truppenbewegungen statt zu antworten einen Finger zwischen Nakken und geschlossenen Hemdkragen würgte und auf so beengtem Hals unbehagliche Kopfbewegungen ausführte, war zu verstehen: Dies würde Mayer nicht freuen. Oder: Das wüßte nicht mal Mayer.

Und Abstand bewies sich, wenn nach Gesprächen über die Anlage der Prüfungsarbeit und über Probleme der Literatur, die von den Behörden nicht anerkannt wurden, wenn andere Leute die Intimität von Verschwörern in die Luft des Büros gelassen hätten, Abstand war die Etikette, wenn der Schüler am Schluß der Beratung sich eine Frage herauszunehmen hatte mit der Anrede: Herr Professor.

Herr Professor, ich habe hier ein Manuskript, Roman, und bin mir bewußt, daß Ihre bemessene Zeit ... ich bitte Sie um Ihre Meinung. Ich bitte Sie nicht um Ihre Vermittlung, da es in diesem Lande an keine Anstalt zu vermitteln wäre, ausgenommen eine disziplinarische. Was Sie meinen.

Prof. Mayer, die Beine so unbequem übereinandergeschlagen wie drei Minuten vorher, äußert sich nicht über die strafrechtlichen Implikationen, sondern versichert: Meine Meinung, sollen Sie haben, geben Sie's mir dann später. Nach dem Examen les ich's. Bis dahin müsse man für den Prüfer ein Prüfling bleiben.

Und Abstand, korrekter Abstand zwischen Lehrer und Schüler bewies sich, wenn der Unbedarfte in der Examensklausur eines der Themen zum Anlaß nahm, um, ausgehend von den Ergebnissen des XX. Parteitags der KPdSU und ausgehend von einer Äußerung eines behördlich lizensierten Schriftstellers, einen Realismus des Realismus zu beschreiben, und dann nicht etwa von seinem Lehrer, sondern vom Dekan die Mitteilung erhält: die Philosophische Fakultät weigere sich, diese Arbeit anzunehmen, und erkläre das Examen für abgebrochen.

Und Abstand, schlicht die Unmöglichkeit, Professoren zu kennen, bewog zwei Mädchen dazu, einen halben Nachmittag unter ihren Sachen zu prüfen, was denn nun chic genug wäre für einen Besuch bei Prof. Dr. Mayer und die Bitte, mich dennoch zu prüfen. Ich konnte es nicht verhindern. Er soll sich verblüfft gezeigt haben.

Die Prüfung fand sowieso statt und war eine Unterhaltung. Es hätte Cognac geben dürfen, wäre da nicht der Beisitzer gewesen. Es war ein reichlich skeptisches Gespräch aus Vergleichen zwischen einer vorhandenen Theorie der Literatur und der Theorie des sozialistischen Realismus, der Prüfling lehnte sich mitunter bequem zurück und klemmte die Daumen in die Gesäßtaschen und sagte: Ach wissen Sie ... Das Examen wurde später für bestanden erklärt.

Danach, unverfroren wie ein Absolvent, begann ich, die Fortsetzung solcher Gespräche zu wünschen. Die Gelegenheit schuf in einem Herbst Hans Mayer mit einem Aufsatz, der in der *Wochenzeitung für Kultur, Politik und Unterhaltung* eine Seite einnahm und die zwanziger Jahre der Literatur mit der halbgeteilten der fünfziger Jahre verglich. Es war darin die Rede von dem Positiven, das Erich Kästner schon damals nicht gefunden habe, und da war die Ermahnung, darüber sich nicht zu wundern, solange Kafka ein Geheimtip sei. Freier Mensch der ich war, ging ich in eine Telefonzelle und rief Herrn Mayer an. (Herr Mayer). Und er sagte: Wo sind Sie und Kommen Sie her.

Von da an der Status von heute. Auch die Wohnung in der Leipziger Tschaikowskistraße hatte eine Schleuse. Es war die Küche, unerhört reinlich und kahl, in der man zu warten hatte, bis die Vermieterin, die auch die Haushälterin war, sich im Türrahmen manifestierte und sagte: Herr Professor ist jetzt fertig mit dem Diktat. Hier lang. Auf dem Flur hingen Fotografien, die Schriftsteller beim Fotografiertwerden zeigten. Im Besuchszimmer stand der Gästesessel neben den Regalfächern für die Zeit von 1800 bis 1840, und der Besucher hatte das Licht im Gesicht, so daß er sein Gegenüber nicht genau erkannte.

Das ist nichts, womit Sie aufhören dürften! sagte der Student von eben noch, und

Hans Mayer erzählte die Schicksale des Artikels und Verhältnisse im Deutschlandsender und wo er inzwischen wieder mal gewesen war, ich glaube Prag gehört zu haben, aber es wird Warschau gewesen sein, und daß er im Adlon das Steak habe zurückgehen lassen. – Franz (oder Bruno etc.)! habe er gesagt. Und dann kam das neue Steak und war, obgleich an der Wilhelmstraße gebraten, wie jemand es haben will, der einige Jahre in der Schweiz hat leben müssen.

Über die literarische Opulenz hatte jener Artikel geheißen. Opulenz war fortan in jenem Lande ein häufiges Wort.

Ein mehr kulinarischer Ausdruck, Beweis für die genußsüchtigen Erwartungen, die Hans Mayer ans stiftende Schrifttum stellt. Hans Mayer, gefolgt von Gästen und Assistenten, betritt Auerbachs Keller. Er wird von sämtlichen Obern begrüßt, mit erinnernder Mimik, auch brüderlich. Er sagt dem Zahlkellner etwas Rasches. Danach setzt er sich irgendwohin, mit dem Gehaben eines Blinden, und betrachtet das Tischtuch, dabei alert, startfertig. Er verläßt sich auf den Spiegel seines Bildes. Und: Kinder, das könnt ihr doch nicht machen! ruft er, – dies ist mein Kollege Emrich, Fachmann für Entfremdung, und, ruft er: Dies ist Günter Grass, Sie werden sich noch wundern. Der Herr hat auf mein Bitten hin etwas vorgelesen, er ist naturgemäß erschöpft. Bringen Sie ihm die Sache kalt! So haben die Kellner in Auerbachs Keller, im Hotel International und anderen Separés der Hauptstadt Leipzig ihre ersten Ermunterungen empfangen, Kafka und Grass zu lesen.

Lehrer, der er ist, schmiß er mich nicht raus, nachdem ich ihn in einem Herbst, zwischen seinen eigenen Möbeln, über die Innenpolitik des Landes belehrt hatte. Er fragte mich nach meinen Verhältnissen. Dann stand er, die linke Hand mit dem Manuskript unter der Lampe, die rechte am Hinterkopf. Später lernte ich den Vater eines Radrennfahrers kennen, der hatte, in vergleichbarer Situation, dieselbe Gebärde an sich.

Und Herr Professor Dr. Hans Mayer sagte:

Ich hab's jetzt gelesen.

In dem Buch wird zuviel gegrinst.

Es sind Schüler in dem Buch: sagte ich. – Herr Professor: sagte ich. – Was hätten sie machen sollen, 1953.

Nun gehen wir in die Einzelheiten. – Wenn Sie etwa glauben, daß das Wort Konstruktion in der Ästhetik Platz greifen sollte...

Und er sagte:

Neulich in Frankfurt, könn' sich ja denken.

Hab ich Peter Suhrkamp davon erzählt.

Finde im Grunde, ist im Grunde für den nicht gut genug.

Machen Sie was dran.

Natürlich waren seine Hinweise druckreif und haben mich lange beschäftigt. Hans Mayer wollte meine Zeit nutzen.

Danach Briefe, auf die er kaum antworten konnte. Es stand nur darin, was so gefällig war. Als ich ein anderes Buch geschrieben hatte und die Vorgänge vor meinem Fenster mir die Erkenntnis nahelegten, daß es in jenem deutschen Teil vorläufig nicht gedruckt werden würde, verließ ich den Teil, und einen meiner Lehrer auch.

Hans Mayer kam später. Jetzt sind es Hotels und Kellner in Hannover, die wissen, was ihm nötig ist. Ich habe ihn begrüßt, als er kam, er war jetzt wieder für mich erreichbar, aber ich habe mich auch erinnert an den Schüler, der ich in Leipzig war, und mir die vorgestellt, die da seine jetzt nicht werden können, und ich dachte: Schade.

Aus: Hans Mayer zum 60. Geburtstag, hg. v. W. Jens und F. J. Raddatz, Reinbek: Rowohlt 1967, S. 118–126.

Uwe Johnson
Vorschläge zur Prüfung eines Romans

Sie könnten beginnen, indem Sie etwas zählten.

Zu zählen wären die Beziehungen zwischen den Personen, Vorfällen, Schauplätzen, Zeiteinheiten, Motiven, Techniken der Substruktur und, abermals, den Personen. Versuchen Sie die Beziehungen innerhalb des Romans darzustellen, indem Sie sie durch Linienziehung verbinden. Jedoch sind simple Erwähnungen nicht tauglich. Es sollte etwas mehr sein, als daß Mrs. Brown in einem Eisenbahnwagen sitzt, und eine andere Person auch, durch nichts als Zufall. Das andere Extrem könnte sein, daß Mrs. Brown in ihrem Nachbarn, dem Straßenbahnschaffner, endlich ihren Urenkel erkennt, der seit achtzig Jahren als vermißt galt, und das noch nach einem Flugzeugabsturz. Ungültig. Nein, solche Beziehungen müssen fest sein, vielfältig verwirklicht, lebensfähig, etwa gleich denen im tatsächlichen Leben. Sie sollten zumindest in Reichweite dessen kommen, was Mrs. Brown der Virginia Woolf in einem Eisenbahnwagen angetan hat.[1] Von dieser unteren Grenze an können die Beziehungen gezählt werden. Je dichter das Netz verbindender Linien wird, desto mehr haben Sie von und an einem Roman.

Darauf könnte es ankommen: Auf die Menge der Beziehungen.

Und: Auf die Beschaffenheit der Beziehungen. Es genügt nicht, daß wir sie für möglich halten. Sie sollten von neuer Art sein.

Vielleicht geht es mit Worten: Neu, weil so noch nicht gezeigt. Andere Vorschläge sind: Novum, nicht Nouveauté; eben erst gefunden, nicht Trouvaille; ursprünglich, nicht originell. Neu: nicht brandneu.

Hierzu meldet sich als Zeuge Ben Akiba. Alles schon da gewesen: sagt er aus.

Wir verweisen den Zeugen Ben Akiba auf unsere Erwartungen an die Zukunft.

Ben Akiba sagt ein Gedicht von Heine auf, mit musikalischer Umrahmung durch die Rolling Stones.

Im Verhör durch die Verteidigung gibt Ben Akiba den Wortlaut zu. Es ist eine alte Geschichte: und immer wieder neu.

Im Protokoll haben wir: Und wem sie heut passieret, dem bricht nicht gerade das Herz dabei. Was da bricht, ist anders.

Wir danken dem Zeugen für die Lieferung des Anlasses und entlassen ihn ins Publikum. Der Anlaß ist alt, und kehrt wieder: die gekränkte, die getäuschte, die verhinderte, die nicht gelebte Liebschaft. Was soll daran neu sein? Was wir davon wissen wollen. Noch heutzutage hat Leander unseren sportlichen Beifall für nächtliche Schwimmkünste im Hellespont, aber wir können nicht applaudieren, wenn er die Wirkung von Sturmwind auf eine wegweisende Fackel verkennt, und wir nähmen schwerlich hin, daß Hero nicht ungehorsamer ist gegen ihre Eltern. Das war damals, da verstieß Titus seine Berenike, vielleicht aus Gründen der Philosphie, oder weil sie zwölf Jahre älter war, oder weil sie nach einem Reitunfall die Füße nicht mehr setzte mit jener im ganzen Orient berühmten Anmut; neuerdings fänden wir eine solche Geschichte lückenhaft. Romeo und Julia, wenn dergleichen uns heute erzählt würde, wir gäben uns nicht zufrieden bloß mit der Feindschaft zwischen ihren Familien, wir fragten auch nach den Grundstücksspekulationen der Montecchis gegen die Cappelettis. Gewiß ist eine dieser Geschichten immer neuer als die andere, auf dem Dorfe wird der Streit um den Acker schon gezeigt, es gibt einen so unheiligen Anlaß wie Armut, aber eine heute verunglückte Liebe fände sich darin nicht vollständig wieder. Eine solche Geschichte in unserer Zeit soll uns zeigen, was jetzt oder demnächst zwischen Liebesleute kommen kann, wenn Sie wollen den Fortschritt in unseren Beziehungen, der längst hinaus ist über Hindernisse wie bewachte Staatsgrenzen. So sind die Neuigkeiten nicht absehbar, die wir bekämen aus einer Vernunftehe im Jahr 1973.

Neu wäre ein Roman, der zu tun hat mit der Zeit, in der der Leser lebt.

Nicht etwa, daß wir binnen Jahresfrist in einem Roman jenes Ereignis finden müßten, das im vorigen Frühjahr die Gemüter der Nation und der Fernseher beschäftigte (wie überhaupt ein historischer Katalog aus Romanen nicht erwartet werden kann).

Zwar wäre die Zeit des vorigen Frühjahrs willkommen, ebenso die Frühzeiten dieses Jahrhunderts und wahrhaftig das Zeitalter Titus', nur soll die jeweils erzählte Vergangenheit uns unsere gegenwärtigen Verhältnisse erklären. Wir können die Nachrichten von unseren Vorgängern gebrauchen, wenn sie auch Nachrichten für und über uns sind.

Die Geschichte in einem Roman muß also mehr tun, als der Welt des Lesers etwas hinzufügen. Sie muß sie erweitern, zwar auch durch Neuigkeiten, gründlich aber durch Erfahrung, die der Leser aus Mangel an Zeit oder Erlaubnis bisher versäumte, so daß er wählen kann, ob er sie probieren will oder vermeiden. Das wäre was Neues.

Neu, nicht bloß modern, muß das Bewußtsein sein, in dem der Leser sich mit dem Roman befindet. Die Geschichte allein tut es nicht, der Roman muß sie mit der Welt verbinden. Was wir bisher gelernt haben über unsere Situation, ist nur die Voraussetzung; der Roman muß ein neues Ergebnis einbringen.

Eine Auslegung solcher Philosophie wäre die Einsicht, daß Menschen selten als Einzelwesen angetroffen werden. Es versteht sich, daß die delikaten Eruptionen im Gemüt des Individuums uns kostbar bleiben. Sie können nur zunehmen an Belang, wenn den Veranlassungen solcher Happenings nachgegangen wird, etwa jenem Vorgang, in dem der Einzelne von Kindheit an zu- und abgerichtet wird von den anderen Einzelnen um ihn herum und der Gesellschaft, die sie sich gefallen lassen, bis endlich einer begreift, was für eine Art von Erziehung dies ist und auf welche Zwecke sie aus ist.

Anhänger des klassischen Entwicklungsromans sind freundlich eingeladen, hierin nicht eine Schändung zu erblicken, sondern einen Ausbau und eine Vervollständigung.

Einen anderen Fund moderner Philosophie sollte ein Roman unserer Zeit zumindest respektieren.

Es ist der Umstand, daß die meisten von uns die lebendigsten Stunden ihrer Tage an Arbeit wenden müssen. Allerdings ist dies nicht berücksichtigt in der Lehre vom Schönen, und nichts als eine Tatsache.

Es geht da nicht allein um den bedauerlichen Verlust an Zeit, eines Drittels vom menschlichen Leben.

Die Arbeit einer Person tut mehr als sie oder ihre gesellschaftliche Umgebung identifizieren.

Die Arbeit einer Person ist Teil von ihr. Uns muß vorgeführt werden, was die Arbeit Einem antut, was er dafür bekommt, und was andere dafür kriegen.

Das nähme der Schönheit nichts.

Dann gäbe es noch mehr als Ästhetik zu sehen in einem stillen

Morgen auf dem Lande, mit Geranien auf dem Fensterbrett und keinem Geräusch von Straßenbahnen.

Nicht bloß Schönheit, sondern eine Qualität des Lebens, die arbeitenden Leuten verwehrt wird.

Und einmal auch eine Art Arbeit, die eine Person zum Leben bringen kann.

Zu prüfen wäre da nicht nur das Bewußtsein, in dem wir erkennen: so leben wir. Stimmt. Auch ein anderes, das der Frage hilft: Aber wollen wir so leben? Stimmt das?

Eine Rose ist eine Rose ist eine Rose ist eine Rose unzweifelhaft. Das Nähere regelt die Gewerkschaft Gartenbau in Kassel, oder Öffentliche Dienste, Transport und Verkehr in Stuttgart, im Verein mit der Gelehrtenrepublik.

Nun die Sache mit der Wahrheit des Romans.

Sie unterliegt der Kontrolle des Lesers.

Der Leser weiß Bescheid mit Leuten. Wenn er das Angebot an Betrieb und Verkehr unter Menschen gelten läßt, können wir auch auf ihn rechnen als Trauergast bei der Beerdigung des Romans.

Der Leser ist fachlich vorgebildet. Er weiß wie es ist, wenn man eine Treppe hin- und herunter fällt, wie Charlie Chaplin das machte und wie ein Hund es ins Werk setzen würde.

Das stimmt weiterhin für Beerdigungen, Spazierengehen an Meeres Rand, die endgültige Verabschiedung eines Vorgesetzten und was Sie sonst noch vorschlagen möchten.

Und wenn die Erzählung den Vorgang in einer anderen Geschwindigkeit bewegt als der Leser voraussah oder gewöhnt ist, liegt es doch bei ihm, ob er das verrenkte Bündel am Fuß der Treppe als empfangen bestätigt, und auch, wie es dahin kam.

Jeder sachliche Irrtum, ob er bei einem historischen Datum passiert oder bei der Unschuld eines Staatsmanns am Tode von Millionen Menschen, an dem er schuldig ist; jede Schlampigkeit in der Arbeit, jede lügenhafte Spekulation gilt als Grund zur Beschwerde, in schlimmeren Fällen als Anlaß zu öffentlichem Protest, in den schwersten Fällen die Verwandlung des Buches in Altpapier.

Wahrheit ist Bimsstein.

Ein paar Minuten für die Werbung.

Zur »Schwierigkeit« neuartiger Romane:

Das Problem von Form und Inhalt darf nicht mehr sichtbar sein.

Die Geschichte muß sich die Form auf den Leib gezogen haben. Die Form hat lediglich die Aufgabe, die Geschichte unbeschädigt zur Welt zu bringen. Sie darf vom Inhalt nicht mehr ablösbar sein.

Zur Chronologie: Wie sie eine Erfindung ist, gemacht zu einer Sortierung der Dinge, so ist es eine Erfindung, daß auch nur die Romane des neunzehnten Jahrhunderts sie streng befolgt hätten. Wir benutzen in unserem Denken die zeitliche Folge, aber auch andere Methoden. Warum sollten wir nicht als Kompliment ansehen, daß Romane unserer Zeit wenigstens sich versuchen an den artistischen Fertigkeiten zeitgenössischer Gehirne?

Zu ungewöhnlichen Worten, unregelmäßiger Zeichensetzung, unverhofften Wendungen der Geschichte, Wechseln im Benehmen der Erzählung: Gedenken Sie der Mrs. Brown. Diese alte Dame, so arm wie stolz, mit ihrem unsicheren sozialen Hintergrund, sie wär sich nicht zu gut für den Griff zu einem Lexikon, wenn sie in einem Roman auf unbekannte Ausdrücke stieße. Deswegen müßte der Roman noch gar nicht über sie selbst sein. Mrs. Brown's unentmutigter Schlachtruf lautet: Warum auf das Lernen schon in jungem Alter verzichten? Sie räumt nicht eben aus Höflichkeit ein, daß solche befremdlichen Worte oder Passagen oft genug die einzigen gewesen sind, die die Geschichte in einem bestimmten Zustand beherbergen können. Denn Mrs. Brown, ihrer betrüblichen Lage zu trotzen, hat sich ihre Vorliebe für Genauigkeit bewahrt. Gern zu Diensten, Madame.

Zugegeben, die Manieren neuerer Romane können weit weg sein von den Wahrnehmungsfähigkeiten des Publikums.

Wie in anderen Künsten auch.

Das mag ein Dilemma sein. Eine Alternative ist es nicht.

Im Interesse der Geschichte in einem Roman muß das schreibende Gewerbe alle Techniken und Reserven und Auskünfte anwenden. Anders wird sie nicht haltbar.

Wenn der Mehrheit einer Gesellschaft jene Ausbildung verweigert wird, die nötig ist, einen (sagen wir) Roman ohne Nebenarbeiten zu genießen, ist das nicht die Schuld dieser Kunstform oder ihrer Produzenten.

Anders herum würde es ein Schuh, der paßt: indem die Gesellschaft in einen Zustand gebracht ist, in dem die Schulen mehr sind als Zulieferindustrie der Industrie.

Ende der Werbung.

Ein Geständnis, gerichtet an Freunde und Feinde auf der linken Seite:

Ein Roman ist keine revolutionäre Waffe.

Er bringt nicht unmittelbare politische Wirkung hervor. Die taktischen Aussichten sind ärmlich, strategische kaum nachweisbar.

Gedenken Sie der Millionen jenes Romans zum Weltkrieg I, und gedenken Sie der Millionen, die der Wehrdienstpflicht von 1935 gehorchten.

Gedenkt des Generals Friedrich Engels und seiner Auskunft an die bedauernswerte Miss Emma Harkness: sie habe ihren Roman verdorben, indem sie ihn für ihre politischen Absichten benutzte.

Warnung vor dem Hunde: Wenn ein Roman als ein Ziel die Abschaffung eines bestimmten Gesetzes oder die Förderung einer politischen Gruppe ankündigt, bekommt Ihr nicht einen Roman, sondern, mit Glück, ein Behältnis mit Agitationsmaterial. Wenn eine politische Gruppe im Besitz der Macht bei den Romanschreibern des Landes eine Version der Vergangenheit in Auftrag gibt, wie sie nicht verlief, oder, ebenso, einer Gegenwart, wie sie sein sollte nach den Wünschen der Regierung, wird die Erinnerung an die tatsächlichen Vorgänge, desgleichen die Kenntnis davon, bei den Lesern die Oberhand behalten, und solche Romane werden schon als Information auf Gegenwehr stoßen.

Wozu also taugt der Roman?

Er ist ein Angebot. Sie bekommen eine Version der Wirklichkeit.

Es ist nicht eine Gesellschaft in der Miniatur, und es ist kein maß-stäbliches Modell. Es ist auch nicht ein Spiegel der Welt und weiterhin nicht ihre Widerspiegelung; es ist eine Welt, gegen die Welt zu halten.

Sie sind eingeladen, diese Version der Wirklichkeit zu vergleichen mit jener, die Sie unterhalten und pflegen. Vielleicht paßt der andere, der unterschiedliche Blick in die Ihre hinein.

Verteidigen Sie Ihre Unabhängigkeit bis zur letzten Seite des Buches. Wird Ihnen ausdrücklich gesagt, was der Roman zu sagen versuchte, ist dies der letzte Augenblick zur Entfernung des Buches. Sie haben sich das Recht erworben auf eine Geschichte. Die Lieferung einer Quintessenz oder einer Moral ist Bruch des Vertrages. Mit dem Roman ist die Geschichte versprochen.

Was dazu gesagt wird, sagen Sie.

Der Roman muß Sie unterhalten.

Unterhalten in allen Bedeutungen des Wortes: Wie man unterhalten werden kann durch ein Schauspiel, durch eine Musik, durch ein spielendes Kind; wie eine Brücke, ein Verkehr, ein Haushalt unterhalten wird.

Als ob Sie solcher Nachrichten von Ihren Nachbarn bedürftig wären.

Dann wäre zumindest Teilung der Arbeit festzustellen. Während Sie anders beschäftigt sind, beschafft der Romanschreiber Ihnen Unterhaltung und Information.

Dann hätte er seine Verantwortung gegenüber der Gesellschaft, sofern sie einseitig bestehen kann, erfüllt.

Aus: Romantheorie. Dokumentation ihrer Geschichte in Deutschland seit 1880, hg. v. E. Lämmert u. a., Köln: Kiepenheuer 1975 (Neue Wissenschaftliche Bibliothek 80), S. 398–403.

Anmerkung

1 Vgl. Virginia Woolf, *Mr. Bennet and Mrs. Brown (1924)*, in: dies.: *Collected Essays*, Vol. 1, London 1966, S. 319–337.

Mutmaßungen über Jakob

Arnhelm Neusüß
Über die Schwierigkeiten
beim Schreiben der Wahrheit

Gespräch mit Uwe Johnson (1961)

KONKRET Herr Johnson, Ihr erster Roman, *Mutmaßungen über Jakob,* hat Sie in den Ruf gebracht, der bisher einzige deutsche Autor zu sein, der sich ganz dem Phänomen des geteilten Deutschland zugewandt hat. Darüber hinaus wurde dem Roman bescheinigt, daß er sehr kompliziert geschrieben sei, so schwierig im Aufbau, daß eine gewisse Nebelhaftigkeit der Darstellung geradezu zu Ihrem Kennzeichen geworden sei. Niemand zweifelt jedoch daran, daß diese »Nebelhaftigkeit« und Schwierigkeit, die das Lesen erschwert, gerade die Intention des Autors sei...

JOHNSON Wenn Sie wollen, möchte ich Ihnen gleich etwas sagen zu der Schwierigkeit... Das ist nicht eigentlich Eigensinn, daß das Buch schwierig ist. Sie haben sicher in der Zeitung gelesen von dem Mann, der beim Durchschwimmen des Teltow-Kanals erschossen wurde. Der Mann verbarg sich im Gebüsch, zog sich aus, band sich eine Aktentasche um den Hals und warf sich ins Wasser, was sicher ein Fehler war, er hätte auch leise reingehen können. Und dann wurde er ungefähr in der Mitte des Kanals erschossen. Von diesem Mann ist so gut wie nichts bekannt. Man weiß nicht sein Gesicht, und die Behörden im Osten suchen wahrscheinlich auch noch nach seiner Identität. Sie wissen, daß der Westberliner Polizeipräsident eine Belohnung für den Mörder ausgesetzt hat, Sie wissen, daß die Ostdeutschen sagen, der Westberliner Senat solle gefälligst seine Mordhetze lassen. So gibt es über diesen Mann mehrere Meinungen, obwohl nicht einmal sein Name bekannt ist. Unter solchen Verhältnissen, wie sie in Deutschland sind, kann man eigentlich nicht sagen, daß der Schriftsteller aus lauter Eigensinn die Dinge schwierig mache...

KONKRET Ihr Beispiel zeigte die Schwierigkeit dieser Wirklichkeit, sagt aber noch nichts darüber, ob sich diese Wirklichkeit adäquat nur diffizil gestalten läßt.

JOHNSON Ich habe bei der Geschichte, die darin steht, nur eine

Form, eine Lösung gesucht, diese Geschichte zu erzählen. Es ist aber dabei keinerlei germanistische oder konstruktivistische Überlegung vorausgegangen, sondern die Verhältnisse der Geschichte haben einfach die Darstellung bestimmt. Der Mann, um den es geht, ist tot am Ende der Geschichte, das ist überhaupt die Geschichte! Sie ist geschehen, bevor die Beteiligten anfangen, sich ihrer zu entsinnen. Das Erzählen fängt an, wenn die Geschichte zu Ende ist. Die Frage ist nun: was bleibt von einem Menschen übrig im Gedächtnis seiner Umgebung. Das sind sehr verschiedene Dinge. Ich habe auch den ersten Versuch zu diesem Buch auf eine ganz treuherzige Weise gemacht. Ich habe so ungefähr ein Viertel chronologisch geschrieben, ohne da irgendwelche Gespräche oder Monologe dazwischenzuschieben, aber dann ergaben sich stilistische Schwierigkeiten, etwa von der Art, daß ein unbeteiligter Erzähler nicht gut die entschiedene Haltung und Meinung von Herrn Rohlfs wiedergeben kann, ohne sich in seiner allzu kritischen oder allzu ironischen oder allzu feindseligen Art dazu zu verhalten. Das schadet natürlich der Gestalt Rohlfs, und darum wurde aus Herrn Rohlfs ein innerer Monolog. Außerdem: die Gewohnheiten, mit Hilfe derer man sich eines Verstorbenen erinnert, sind eben Gespräche und erinnernde Monologe. Das ist dann alles so ziemlich von selbst gekommen.

Ich habe das Buch so geschrieben, als würden die Leute es so langsam lesen, wie ich es geschrieben habe. Wir haben aber eine ganz besondere Form des Lesens heutzutage, die sehr hastig ist und sich eigentlich nur nach Signalen orientiert...

KONKRET Haben Sie das Buch auch vorher schon einem Verlag in der DDR angeboten?

JOHNSON Nein, das habe ich nicht. Ich hatte einige Erfahrungen, die mir davon abrieten. Das war ein anderes Buch, und es war im Jahre 1956, als der Schriftstellerkongreß von den Schreibenden Ehrlichkeit und größere Nähe zur Wirklichkeit forderte. Und ich fühlte mich ermutigt, da ein Buch anzubieten.

KONKRET Und es ist Ihnen zurückgegeben worden. Haben Sie Ärger bekommen?

JOHNSON Ach nein, Ärger nicht, nein, es wurden mir Änderungen vorgeschlagen, nicht stilistischer oder ästhetischer Art, sondern sozusagen politischer. Ich hätte mein Bewußtsein ändern müssen, um diese Änderungen anzubringen, und dazu war ich damals nicht fähig. Und ich nahm es dann zurück. Das war 1956, und dieses Buch hier ist erst im Jahre 1958 geschrieben worden.

KONKRET Ihr zweiter Roman: *Das dritte Buch über Achim*, in dem die Lebensbeschreibung eines DDR-Radrennfahrers durch einen westdeutschen Journalisten daran scheitert, daß sich der westdeutsche Journalist und der ostdeutsche Verlag nicht über Sprachregelungen einigen können, über das Gewicht und die Bedeutung von Fakten im Leben des Rennfahrers, woraus die unterschiedliche Entwicklung der gleichen deutschen Sprache in den beiden Deutschland nach 1945 deutlich wird – könnte man diesen Roman nicht mit weit mehr Berechtigung einen »gesamtdeutschen« nennen als den ersten, die *Mutmaßungen?*...

JOHNSON Ja, das ist nun eine treuherzige Hoffnung, daß eine, wie man sagt: »gesamtdeutsche Literatur« entsteht, wenn man Personen zu beiden Seiten der Grenze beschreibt.

KONKRET Das aber ist doch im Buch über Jakob eigentlich gar nicht geschehen. Es handelt sich dort doch hauptsächlich um das Leben eines in der DDR lebenden Menschen, der nur durch die Flucht seiner Ziehschwester dazu verleitet wird, in den Westen zu kommen, wobei er natürlich auch mit Westleuten zusammentrifft, die aber eigentlich nur sehr pauschal dargestellt werden; ich denke da z. B. an die Szene vor der Musicbox.

JOHNSON Das ist ein ganz allgemeines Mißverständnis. Diese Sache mit dem Badenweiler Marsch – erstens ist sie nicht übertrieben. Es gab lange Zeit am Bahnhof Zoo ein Lokal, wo Sie diesen Badenweiler Marsch für zwanzig Pfennig drücken konnten.

Diese Geschichte – sie endet mit der Prügelei –, diese Geschichte steht kursiv. Und kursiv sind in diesem Buch alle Monologe. Was aber diese Personen, Rohlfs, Dr. Blach und Gesine, sich da so zusammendenken über Jakobs letzte Tage, wie sie gewesen sein könnten, was da war, als sie selbst es nicht sahen – das ist ja unzuverlässig, das bilden die sich ja ein, das sind Interpretationen. Diese Geschichte mit der Musicbox, die erfindet Herr Rohlfs, weil das besser zu seinem Sehen paßt.

KONKRET Eigentlich paßt es nicht ganz zu Jakob, der doch eigentlich weniger geprägt ist von der gesellschaftlichen und politischen Situation der DDR als von seinem persönlichen Verhältnis zur Arbeit, das ihn ja auch gar nicht auf den Gedanken kommen läßt, die DDR zu verlassen. Ein politisches Engagement selbst gegen Relikte des Faschismus, noch dazu handgreiflich, scheint da weniger zu Jakob zu passen?

JOHNSON Es würde schon passen..., denn es ist das ja auch eine Frage, ob und wann sich jemand anständig verhält!

KONKRET Als Sie anfingen, den Roman zu schreiben, hatten Sie da von vornherein die Absicht, verschiedene Auffassungen der Gesellschaft gegeneinanderzustellen, abzuwägen...

JOHNSON So programmatisch und didaktisch war es ganz gewiß nicht, ich wollte nur die Geschichte erzählen. Natürlich ist es ein Grund immerwährenden Staunens, daß wir dieselbe Sprache und andere Verhältnisse haben. Es ist einfach die Umwelt, und da kam sie mit herein. Es sind Erfahrungen, die jeder von uns gemacht hat, die bis zu einem gewissen Grad stellvertretend sind, und darum, glaubte ich, durfte man sie erwähnen.

KONKRET Herr Johnson, man munkelt, Sie seien Marxist – mit dem Attribut »nach-wie-vor«. Vielleicht könnte man das auch aus dem Roman herausinterpretieren...

JOHNSON Nun, das weiß ich nicht, deutlich kann man das sicher nicht. Sehen Sie, dieser Titel Marxist: wer verleiht den? Da gibt es die Wissenschaften in Westdeutschland, die können das sozusagen abstrakt destillieren, das hat dann eine Verwandtschaft mit Thesen, die Karl Marx im vorigen Jahrhundert aufgeschrieben hat – folglich ist das ein Marxist, der sich darum bemüht. Nun gibt es aber auch eine ostdeutsche Verwaltung dieses Begriffes, und da ist ein Marxist ganz jemand anderes.

KONKRET Wäre es Ihr Wunsch gewesen, den Roman drüben zu veröffentlichen, vielleicht um konstruktive Kritik beizutragen...

JOHNSON Ja, das könnte man sich schon wünschen. In der DDR besteht ja mehr Interesse für die DDR als in der Bundesrepublik. Und sicher, wenn es eine allgemeine Redefreiheit geben würde, würde ich mit diesem Buch z. B. ganz gerne mitreden. Wenn alle Vorschläge machen dürfen, möchte ich auch einen machen. Dann! Nur unter diesen Verhältnissen!

KONKRET Wieweit trifft sie aber nun zu, diese westliche Interpretation... z. B.: »Aber Jakob hat doch unabweisbar erfahren, daß die politische Wirklichkeit mehr von ihm verlangt, als saubere, tägliche Arbeit, mehr auch als er zu geben bereit ist.«

JOHNSON Naja, Sie fragen, ob das eine Anklage ist gegen die dortige Art, das Leben der Leute zu verwalten. Eine Anklage ist es nicht. Ich dachte es wirklich nur zu erzählen. Denn sehen Sie, was dann an Moralischem hineinkommt, an Protest und Mitarbeit, das überlasse ich den Leuten, die das lesen. Sie können sich dann dazu verhalten. Ich möchte Ihnen aber noch etwas zu Ihrer vorigen Frage sagen, welches deutsche Staatswesen denn meiner Meinung nach das bessere wäre – ich finde sogar: man kann sie gar nicht vergleichen. Es ist eine sehr zufällige Alternative und eine nicht notwendige. Sie ist aus den Folgen des Krieges entstanden, und die beiden Siegerparteien versuchen nun auf ihrem jeweiligen Gebiet die Nützlichkeit ihrer Art zu leben nachzuweisen. Logisch ist das ein Zufall. Das kann man nicht vergleichen. Man kann sich allerdings fragen: was nützt das der größten Anzahl von Leuten.

KONKRET Ja, und da fängt doch erst die Alternative an. Die mag noch so zufällig und unlogisch sein, noch so willkürlich, aber sie ist faktisch, fängt an bei der Entscheidung des einzelnen: Für oder Gegen!

JOHNSON Wobei ein Für noch lange nicht ein Gegen bedeuten muß. Wenn Sie in der Bundesrepublik leben, heißt das noch lange nicht, daß Sie gegen die DDR sind. Das kann auch ein Mangel an Interesse sein.

KONKRET Als Sie den Roman schrieben, sah die Situation in der DDR noch etwas anders aus als heute. Im Moment könnte man schon auf den Gedanken kommen, daß man tatsächlich dagegen sein muß und daß der Westen doch eine handfeste Alternative ist...

JOHNSON Da bin ich nicht so zuversichtlich! Die amerikanische Börse notiert dann die höchsten Punkte, wenn die Berlinkrise auf dem Höhepunkt ist.

KONKRET Sie waren ja gerade in Amerika und konnten das dort wahrscheinlich sehr genau beobachten. Wie sind Sie nach Amerika gekommen, haben Sie eine Privatreise gemacht?

JOHNSON Ja, nein. Ich war von zwei Universitäten eingeladen, und mein Verleger hat mir eine Reise von zwei Monaten ermöglicht. Die erste Einladung kam aus Detroit zu einem Symposion über soziologische und ästhetische Probleme. Da werden Wissenschaftler aus Amerika eingeladen, und damit ein gewisses Gleichgewicht besteht, eine Art Korrektur, werden auch Europäer eingeladen und, ich weiß nicht, ob nur zur Dekoration, eben auch Schriftsteller, Dichter. Ich habe da einen Vortrag gehalten, auf den Titel haben wir uns vorher geeinigt: »Berlin, die Grenze der geteilten Welt, als ein Platz zum Schreiben«. Aber ich habe dann doch lieber über die Berliner S-Bahn gesprochen und warum es mir unmöglich ist, eine Kurzgeschichte über dieselbe zu schreiben.[1]

KONKRET Und warum ist das nicht möglich?

JOHNSON Na, es gibt da so allerhand Fehlerquellen. Sehen Sie, es gibt z. B. zwei Informationssysteme, eins auf jeder Seite. Wer mit der S-Bahn fährt, kann leicht für das eine zum Flüchtling, für das andere zum Verräter werden. Wie zum Beispiel wollen Sie den Vorgang, daß einer aus einem S-Bahn-Zug steigt, überhaupt erfahren? Es stehen da Leute herum, die alle ihre Meinung haben, Christen mögen es sein, Katholiken oder auch SPD-Leute, oder auch einfach Kleingärtner, und jeder von denen hat nun seine natürlicherweise beschränkte oder verzerrte Aufnahmefähigkeit; wenn die einem die Geschichte weitererzählen, dann kann sie sich schon zu sieben Geschichten ausgewachsen haben. Der nächste Berichterstatter, der das der Presse gibt, bringt dann ein Adjektiv hinein, das die Geschichte mit etwas Falschem beschweren oder mit etwas Richtigem ausstatten kann, das weiß man alles nicht.

Und außerdem – Sehen Sie, solche Geschichten... – man kann in der Welt eigentlich nicht über Deutschland reden. Eigentlich hätten wir nach 1945 alle still sein müssen. Ich jedenfalls würde mich eigentlich nicht darüber äußern mögen. Das ist ein Land mit einer Schande, die nicht vergeben werden kann. Das einzige, was ein Reden oder Schreiben über Berlin rechtfertigen könnte, das ist eben die Teilung, die Grenze, die Entfernung. Und dies, weil ich meine – und das ist natürlich eine Ausrede –, daß diese Grenze in Deutschland vielleicht stellvertretend ist für den Unterschied in den beiden heute angebotenen Arten zu leben, und für die Dringlichkeit der Alternative, die die eine eben für die andere darstellt. Das könnte die Welt interessieren, und das gibt uns ein Recht zu sagen: wir sind da, wir sind beachtenswert. Aber sonst nichts! Und wenn man solche Verhältnisse, wie sie vor dem 13. August auf der S-Bahn möglich waren, beschreibt, dann kann man nicht einfach sagen: das ist nun einmal so, die Ostdeutschen haben die Gebietshoheit hier, die dürfen hier kontrollieren und dürfen hier Fahnen hinhängen, dürfen SED-Versammlungen abhalten usw., während auch die Westberliner Polizei auf den S-Bahnsteig gehen kann. Das ist ja alles sehr unverständlich. Und daß diese Bahnhöfe umgeben sind von ganz anderen, sehr verschiedenen Gegenständen – da muß man schon erklären, wie es dazu kam, muß also den Krieg in irgendeiner Weise miterwähnen.

KONKRET Und da wird es dann peinlich?

JOHNSON Ja. Man kann es versuchen. Vielleicht sind an irgendeinem dieser Diensthäuschen auf dem Bahnsteig noch Kugeleinschläge zu sehen, das wäre ein Anlaß, aber das ist schon hergeholt. Oder auf dem Namenschild der Station kann immer noch der Durchschuß sein von 1945. Das ist eben nicht repariert, weil die Ostdeutschen nichts reparieren, außer an den Prachtstraßen Ostberlins. Oder es kann sogar eine Ruine in unmittelbarer Umgebung des Bahnhofs stehen gelieben sein – da man den Krieg erwähnen muß, kann man versuchen, es da reinzubringen, aber ich glaube nicht, daß der Krieg in der Ruine allein oder in dem Einschlag oder dem Durchschuß ist. Es ist also nicht mit drei Sätzen zu machen. Und derjenige, der da ankommt auf diesem Bahnhof, der hat eine ganz andere Sprache, führt mit sich das Bewußtsein von Verhältnissen, die es hier gar nicht gibt. Hier hingegen gibt es eine Wirklichkeit und Handlungen, Entscheidungen und Gefühle, die er nicht kennt. Die müssen Sie aber doch auch beschreiben! Und wie ihm zumute ist! – Das sind so die Schwierigkeiten: es gibt noch mehr!

KONKRET Könnte es aber sein, daß Ihre amerikanischen Eindrücke einmal »verarbeitet« werden?

JOHNSON Nein, dazu kenne ich es nicht genau genug. Nach vier Monaten hat man ungefähr begriffen, daß es Amerika wirklich gibt, denn für den, der nie da war, ist Amerika ja ein Gerücht. San Franzisco z. B. stand sehr befremdend um mich herum. Ich hätte mich nicht getraut, auch nur brieflich zu behaupten, daß San Franzisco eben eine sehr weiße Stadt sei. Das ist es schon, aber da ist auch Nebel, und im Frühjahr soll das ganz anders sein, ist mir gesagt worden: da ist es nämlich blühend, da gibt es ganz dick-satte Farben und die Sonne verbrennt es. Und wenn dann alles Gras auf den Hügeln, die San Franzisco umgeben, braun ist und grau gebrannt von der Sonne, ja, dann haben die weißen Häuser eine ganze andere Wirkung, dann kann man sagen, daß San Franzisco eine weiße Stadt sei–, aber ich habe mich nun einmal nicht getraut.

KONKRET Sie schreiben überhaupt nur über Dinge, die Sie im Detail kennen.

Das eben fällt ja auf in Ihren Büchern: die Darstellung technischer Einzelheiten bis ins Detail auf der einen Seite, und auf der anderen Seite...

JOHNSON Sie wissen, wie eine Aktentasche aussieht, und wie ein durchschnittlicher Mensch schwimmt, und wie Schützen aussehen, die am Ufer stehen, wenn sie Gewehre haben, auf ihn zielen oder nicht auf ihn zielen können – Hauptsache, sie schießen, und Sie wissen, daß, wenn man eine Maschinenpistole hat, die Wahrscheinlichkeit des Treffens sehr viel größer ist. Aber was die Schießenden sich dabei denken, und warum dieser Mensch sich noch eine Aktentasche um den Hals binden mußte, das weiß man nicht, da kann man nur vermuten. Was wollte der Mann hier? Wollte der hier in die »Freiheit«? Wollte er hierher, weil es hier anders war als in Ostdeutschland, wollte er hierher, weil er glaubte, es sei besser hier, oder hatte er hier Frau und Kinder?

Wo die Realität nur ungenau bekannt ist, würde ich nicht versuchen, sie bekannter darzustellen.

KONKRET Das scheint Ihr Hauptproblem zu sein: wie es möglich ist, so genau wie möglich an die Wirklichkeit heranzukommen.

JOHNSON Nicht immer. Doch die Wissenschaften vom Zusammenleben der Personen und die von den Einzelpersonen selbst sind nicht so besonders exakt. Man kann natürlich versuchen, eine Person psychologisch darzustellen. Aber dann müßten Sie eigentlich alle Ergebnisse der Psychologie in den letzten hundert Jahren kennen.

KONKRET Im *Jakob* sind Sie ja auch eigentlich kein psychologischer Autor. Vielmehr scheinen da die Personen gleichberechtigt mit ihrem Autor, der Ihnen nur den Platz einräumt, ihre Meinung zu sagen.

JOHNSON Ja. Der Verfasser weiß die Geschichte von außen, und man könnte sagen, daß der Verfasser mit den Personen zusammenarbeitet, wo Gelegenheiten auftreten, in denen sie es eigentlich besser wissen müßten, weil sie zu dem fraglichen Gegenstand ein intimeres Verhältnis haben, oder: wenn sie dabei waren, dann sollen sie es eben sagen. Das ist eine Verteilung der Kompetenzen. Dem liegen natürlich wieder solche Ausreden zugrunde: Es ist besser zu erzählen, es war besser zu erzählen.

KONKRET Der Versuch der Annäherung an die Wahrheit, die eingekreist wird von verschiedenen Meinungen und Aspekten, das ist ja auch im *Achim* das Grundmotiv. Dort ist die Annäherung dann anscheinend überhaupt nicht mehr möglich, weil die Sprache nicht mehr zueinanderfindet.

JOHNSON Was ist denn die Wahrheit? Es gibt eine subjektive, die Erlebniswahrheit, die unter anderem an sich hat, daß ein Vorgang von fünf Minuten in der Erinnerung auf eine Sekunde zusammenschrumpfen kann, oder eine Sekunde weitet sich aus zur Unendlichkeit: da ist nichts genau zu fixieren. Es gibt bei dieser subjektiven Wahrheit der Erlebniszeit auch Teilwahrheiten, einzelne Aspekte der Wahrheit, die gar nicht formulierbar sind. Wie wollen Sie zum Beispiel eine Gesichtsbewegung beschreiben? Sie können es mit einer Beschreibung des Ablaufs der Muskelbewegung versuchen, aber wo finden Sie im Muskelreflex die Verbindung zu dem, was er eigentlich bedeutet? Dann gibt es auch objektive Wahrheiten, etwa die Geschichtsschreibung oder die Statistik, und dann gibt es auch noch die parteiische Wahrheit. Die Wahrheit des Sachwalters oder die Wahrheit des Kanzlers: all diese Teilwahrheiten: sie mögen sich manchmal überdecken, mitunter bestätigen sie sich, aber sie alle greifen von ganz verschiedenen Aspekten her den Gegenstand oder den Vorfall oder das Gefühl an, und sehr oft widersprechen sie sich. Was ist denn da die Wahrheit?

KONKRET Vielleicht kann man aber sagen, daß in den Ostblockstaaten weniger große Differenzen auftreten in den Begriffen und den Möglichkeiten, sie zu verstehen, als im Westen. Die ideologischen Grundlagen sind da einheitlicher.

JOHNSON Wer z. B. in der DDR lebt, der hat natürlich mit den meisten Leuten in der DDR gemeinsame Interessen, sie befinden sich in einer gemeinsamen Lage. Das kann man von der Bundesrepublik nicht so sagen, das sagt auch niemand: daß wir alle gemeinsame Interessen hätten.

KONKRET Das würde die beiden Arten der Gesellschaft heute – im groben – kennzeichnen in einem Punkt. Daran muß noch nicht Kritik angeknüpft werden. Sehen Sie aber irgendwo eine Gesellschaftsform – vielleicht nur in der Entwicklung –, die Ihren Vorstellungen von der Gesellschaft entgegenkäme?

JOHNSON Ich halte das für eine ganz abstrakte und eben dekorative Überlegung, welches Staatswesen denn nun eigentlich das beste sei. Man kann darüber ein Buch schreiben, oder man wird eben Politiker und verwirklicht einen Bruchteil von seinen Vorstellungen und Hoffnungen. Ich möchte mich eigentlich mehr an das halten, was es gibt, an das Vorhandene.

KONKRET Man kann doch aber auch als Schriftsteller versuchen, mit seinen bescheidenen Mitteln, d. h. in Kenntnis der geringen Möglichkeit zu wirken und zu verändern, mitzuverwirklichen, was man als Ideal betrachtet?

JOHNSON Nein, das glaube ich nicht! Man kann einem Buch, das den Leuten angeboten wird, von einigen Leuten gelesen wird, dann nicht mehr helfen. Was da an Wirkung vorfällt, ist völlig der Kontrolle und der Aufsicht des Verfassers entzogen. Die Wirkungen können sehr zufällig sein. Bei Vorausberechnungen der Wirkung kann man sich sehr irren, man kann auch recht behalten.

KONKRET Hatten Sie früher einmal andere Berufsabsichten?

JOHNSON Ich hatte bis zu dem Zeitpunkt keine Berufsabsichten, weil ich keine Berufsaussichten hatte.

KONKRET Deswegen sind Sie von drüben weggegangen?

JOHNSON Nein, nein, nicht deswegen. Ich bin weggegangen in die Gegend, wo das Buch gedruckt wurde, weil ich meinte, daß die Reaktionen der ostdeutschen Behörden unvernünftig sein würden, daß sie einen Angriff vermuteten, wo eine Darstellung war.

KONKRET Hans Mayer, bei dem Sie studierten, steht ja auch jetzt noch auf Ihrer Seite, verteidigt Sie, ist der Meinung, daß Ihr Buch eigentlich genau zu der Literatur gehört, die es in der DDR geben sollte. Meinen Sie nicht, daß irgendeine Hoffnung besteht, daß Leute wie Hans Mayer doch einmal größeren Einfluß bekommen könnten? Daß es einmal möglich sein wird...?

JOHNSON Einmal! Man soll ja nichts ausschließen! Aber jetzt ist es eben gar nicht zu sehen. Die Mauer in Berlin, die Absperrungsmaßnahmen haben das Klima so rauh gemacht, die Verhältnisse so verhärtet, daß ich mir nicht vorstellen kann, daß man jetzt einfach so reden kann, um sich zu verständigen. Können Sie sich das vorstellen?

Aus: Konkret 8 (1962), Heft 1, S. 18–19.

Anmerkung

1 Die Rede ist von *Berliner Stadtbahn* (1961), jetzt in: *Berliner Sachen*, Frankfurt 1975 (st 249), S. 7–21. [Anm. d. Hg.]

HINWEIS DER HERAUSGEBER: Dieses Gespräch fand vor Johnsons Auseinandersetzung mit Hermann Kesten statt.

Hansjürgen Popp

Einführung in
Mutmaßungen über Jakob

Der Anfang des Romans[1]

Sieben Jahre lang ist der ostdeutsche Eisenbahner Jakob immer quer über die Gleise gegangen, um den Weg zu seinem Arbeitsplatz abzukürzen. Jetzt, im November (der Monat wird zweimal genannt!), ist er beim Überqueren der Gleise von einer Lokomotive erfaßt und getötet worden.

Soviel etwa erfährt man auf den ersten eineinhalb Seiten des Buches. Vorgetragen wird es in der Form eines Gesprächs, das erkennt man an den Anreden in der 2. Person; der Gedankenstrich steht dabei offenbar jedesmal statt der Nennung des Sprechers.[2] Wer da spricht, bleibt zunächst (und noch lange) ganz im dunkeln; doch lassen sich zwei Stimmen voneinander unterscheiden: Der erste Sprecher protestiert gegen die Nachricht von Jakobs Tod (die dem Einsetzen des Buchs vorangegangen ist); er kann an einen gewöhnlichen Unfall nicht glauben, sondern vermutet, daß in irgendeiner Weise »sie« damit zu tun haben (gemeint ist offensichtlich die ostdeutsche Staatsmacht). Der Mitunterredner dagegen versucht zu zeigen, daß ein Unglücksfall durchaus im Bereich des Möglichen liegt.

Dieser Dialog ist, wie das Druckbild zeigt, in der Mitte der ersten Seite durch einen andersartigen Abschnitt unterbrochen. Die Argumentation und der Tonfall des Satzes lassen erkennen, daß die Absätze vor und nach dieser Unterbrechung die zusammenhängende Äußerung *eines* Sprechers (des ersten) sind: »und wenn irgendwo sich was gerührt hat was auf Schienen fahren konnte, dann hat er das wohl genau gehört, wenn einer dann er. Hat er mir doch selbst erklärt«. Eben deshalb steht wohl nach »gehört« kein Punkt und beginnt »wenn einer« mit Kleinschreibung.

Die Unterbrechung hebt sich von dem Dialog in ihrer Sprachform deutlich ab: hier wird nicht argumentiert, sondern objektiv dargestellt; die umgangssprachlichen Züge in Tonfall, Satzbau,

Wortwahl und Lautgebung weichen dem Schriftdeutschen; und für das Perfekt, das Tempus unmittelbaren Betroffenseins, tritt das Präteritum ein, die Erzählzeit. Offensichtlich spricht hier der Autor selbst. Doch er beginnt nicht zu erzählen; sondern er unterbricht nur für einen Augenblick das Gespräch, um dem Leser die vielleicht fehlende Anschauung zu vermitteln: wer die Möglichkeiten und Wahrscheinlichkeiten von Jakobs Tod beurteilen will, der muß einen solchen Güterbahnhof im Nebel mit seinen naß verschmierten Gleisen gegenwärtig vor Augen sehen.[3] Diese Passage des Erzählers ist also ein »Kommentar« zu dem Dialog, in der Form einer überlangen Parenthese ähnlich: Kleinschreibung am Anfang und Abschließen ohne Punkt ersetzt sozusagen die Klammern.

Schon auf der zweiten Seite wird der Dialog erneut unterbrochen, vielmehr jetzt für längere Zeit ganz abgebrochen. Den Anlaß geben die Sätze: »Cresspahl, wenn du den kennst. Der hat eine Tochter.« Der Leser jedenfalls kennt die beiden nicht; und so muß wieder der Autor helfend eingreifen. Das mag hier schwieriger oder wichtiger sein: wenigstens erfolgt die Vorstellung aus drei verschiedenen Aspekten, die erst zusammen den Autor zu befriedigen scheinen.

Zunächst wird der Anfang einer Ich-Erzählung zitiert (ein sogenannter »Monolog«); – eine Erzählung ist es, denn sie verwendet das Präteritum. Was den Anlaß zu der Unterbrechung gibt, ist zugleich »Aufhänger« für diesen Monolog: offenbar spricht Cresspahls Tochter über Cresspahl. Sie nennt sein Alter und erwähnt, daß er allein lebt und am Meer; vor allem aber vermitteln ihre Worte Atmosphäre – die Grundstimmung von Cresspahls Jerichow.

Dies subjektive Bild allein genügt aber nicht; deshalb versucht der Autor selbst eine zweite Darstellung, in der er die Stimmung von Gesines Monolog festhält, aber einige exakte Angaben über Cresspahls Lebensumstände hinzufügt. Das könnte der Anfang einer Erzählung werden; – doch dann bricht der Autor ab, bevor er zum Erzählen kommt – augenscheinlich, weil er keinen Ansatzpunkt für eine Geschichte sehen kann: »Steuererklärung in Ordnung, [...] kein Verdacht auf ungesetzliche Einkünfte.«

Hieran knüpft der folgende Monolog: auch dessen Sprecher erkennt anfangs keinen Ansatzpunkt für eine »Geschichte« – »bis ich sah er hatte eine Tochter [...]« In der Hauptsache aber ist dieser Monolog nicht vorbereitet: im ersten Augenblick könnte man, verführt durch das Druckbild, glauben, die Erzählung Gesines werde fortgesetzt. Stil und Inhalt zeigen dann freilich sofort, daß hier vielmehr eine zweite Ich-Erzählung beginnt; aber erst im Verlauf des Erzählens gewinnt dies zweite Ich allmählich Umrisse, bis es – gelegentlich (S. 11) auch mit Namen als ein Herr Rohlfs vorgestellt – schließlich als eine kenntliche Person dasteht.

Der Eisenbahner Jakob, von dem doch laut Titel vermutlich erzählt werden soll, ist inzwischen ganz aus dem Blick gekommen; statt dessen hat sich eine Geschichte um Gesine Cresspahl und den SSD-Mann Rohlfs angebahnt. Stutzig machen allerdings die Zeitangaben: Jakobs Tod fällt in den November, die Rohlfs-Geschichte beginnt »so um den siebenten Oktober«: es ist also denkbar, daß die Rohlfs-Geschichte auf Jakobs Tod hinausläuft (wobei dann das Ende vor dem Anfang erzählt wäre).

Indessen: was hat Jakob mit den Cresspahls zu tun? In dem Augenblick, wo sich diese Frage aufdrängt, beginnt der Autor sie zu beantworten; die Erzählung 14–18 stellt die erste Verbindung her. Hier behält der Erzähler das Wort für längere Zeit; aber dafür wechselt er jetzt die Perspektive: er zeigt das Cresspahl-Haus (der Vergleich mit einem Film drängt sich auf) in drei verschiedenen »Einstellungen«, denen die drei Absätze entsprechen: (1) Naheinstellung: Cresspahl an der Haustür und beim Brötchenholen; (2) Ferneinstellung: Blick auf Jerichow (so gänzlich neu einsetzend, daß Cresspahl und seine Tochter vorgestellt werden, als wären sie noch nie erwähnt worden); dann allmähliche Verengung, über das Bild von der Ankunft der Flüchtlinge Abs nach dem Krieg bis zu der Szene von Gesines Abreise in den Westen; (3) neue Naheinstellung: Gesine wünscht Frau Abs am ersten Abend ihrer Bekanntschaft gute Nacht.

An diesen letzten Absatz knüpfen die beiden folgenden Stücke, der kommentierende Monolog mG 18 und die Erzählung E 18 f. Und jetzt, S. 19 f., durchschaut man inneren Zusammenhang und Ziel der Erzählpartie 14–18: es ging darum, Gesines Verhältnis zu Cresspahl und zu Frau Abs zu zeigen; denn nicht an den Vater, sondern an Frau Abs, die »sozusagen mütterlich« für Gesine aufgekommen ist, macht sich Herr Rohlfs heran, um mit Gesine in Verbindung zu kommen. Jakob ist also bisher nur sozusagen umständehalber miterwähnt worden; aber das über ihn Gesagte genügt, damit man versteht: als Herr Rohlfs mit Frau Abs keinen

Erfolg hat, geht er »an die Elbe«, um es jetzt über Jakob zu versuchen. Hier beginnt ein neues Teil-Kapitel (S. 20 »In diesem Herbst«), das nun erkennbar in die Geschichte Jakobs einmündet.

Eigenarten der Erzählweise

Charakteristisch für die Erzählweise der *Mutmaßungen*, so hat sich am Eingangsabschnitt gezeigt, ist die analytische Technik: unvorbereitetes Einsetzen und nachträgliche Entschlüsselung. Der ganze Roman beginnt mit einer Situation nach Jakobs Tod, die die fortlaufende Erzählung erst am Schluß des Buches erreichen wird. Ebenso können einzelne Stücke unvermittelt einsetzen und sich erst nachträglich im Verlauf des Erzählens allmählich exponieren, wie der Monolog des Herrn Rohlfs mR 9 (oder, mit noch härterem Einsatz, die ersten Monologe von Jonas Blach am Anfang des II. Kapitels). Das Erzählziel langer Passagen wird oft erst vom Fortgang her erkennbar. Besonders ist dies der Fall, wenn erst am Schluß einer Passage deutlich wird, daß sich das Erzählte mit den Beobachtungen des Herrn Rohlfs (oder seines umfangreichen Überwachungsapparats) deckt: so bei der dreifachen Darstellung des Cresspahl-Hauses E 14 ff.; oder bei der Einführung Jakobs, wo der Abschnitt über die Norm von Jakobs Leben (E 26–29) und die drei Absätze über die seltenen Ausnahmen (E 29–31) jeweils erst am Schluß darauf hinweisen, daß dies alles so oder so ähnlich auch Herrn Rohlfs sichtbar wird.

Eng damit verwandt ist der an E 14–18 beobachtete Wechsel der »Einstellung«: denn die neue »Einstellung« beginnt gewöhnlich mit einem abrupten Neuansatz und lenkt erst gegen Schluß in den bisherigen Erzählzusammenhang ein. Gern bedient sich Johnson bei diesem Verfahren der Beschreibung technischer oder wissenschaftlicher Sachverhalte und Vorgänge. So E 32 f.: das Erzählziel »Herr Rohlfs läßt die an Jakob gerichtete Post öffnen« wird erreicht über eine objektive Beschreibung des Eintreffens, der Verteilung und der Öffnung von Briefen. (Ähnlich E 64 die Darstellung des Telefonierens oder die geologisch-frühgeschichtliche Studie E 183 ff.) Offenbar soll der Leser durch dieses Verfahren gehindert werden, sich gedankenlos im Strom der Geschichte treiben zu lassen; deshalb werden ihm die Vorgänge unter einem neuen, überraschenden Aspekt gezeigt: man kann das Verfremdung nennen (und an Brecht erinnern).

Zu der Technik der nachträglichen Entschlüsselung gehören schließlich auch die zahlreichen Vorausdeutungen und unauffälligen Ankündigungen, die oft erst sehr viel später konkretisiert werden (so daß man sie zum großen Teil erst bei einem zweiten Lesen bemerken wird).[4]

Charakteristisch für die Erzählweise der *Mutmaßungen* ist andererseits die Verselbständigung der Perspektiven. Anstatt daß *ein* Autor die Geschichte erzählt, aus verschiedenen Perspektiven vielleicht, werden hier vier Erzähler (und die Dialogsprecher) eingesetzt: neben dem Erzähler der E-Stücke die Monologsprecher Rohlfs, Jonas und Gesine. Man kann sich das Verfahren vielleicht durch folgende Hilfsvorstellung verdeutlichen: Dem Autor liegen die vollständigen Erzählungen der drei Monologsprecher vor und seine eigene Darstellung, die weitgehend auf der Kenntnis der drei Monologerzählungen beruht. Bei der endgültigen Redaktion wählt er dann diejenige Fassung aus, die den Leser am besten informiert, nach Möglichkeit aber eine Originalfassung, also einen Monolog; die entsprechenden Stücke der Parallel-Darstellung fallen dabei fort (so das E 14–18 entsprechende Stück der Rohlfs-Erzählung). Wenn aber keine Darstellung für sich ganz befriedigt (wenn etwa die Dinge sich aus verschiedener Sicht zu verschieden ausnehmen), so werden mehrere Fassungen nebeneinander zitiert (wie bei der Vorstellung Cresspahls S. 9).

Der Autor selbst muß also zum Beispiel erzählen, wenn die Monologsprecher – die ja zugleich Personen der Handlung sind – zuviel voraussetzen: so bei allem, was die Exposition betrifft. Seine Erzählung lehnt sich dann aber gern an die Perspektive eines Monologsprechers an (an die des Herrn Rohlfs etwa oder im II. Kapitel an die von Jonas), und sobald es möglich wird, bekommt dieser selbst das Wort: oft erfolgt der Übergang aus der Erzählung in einen Monolog sogar mitten in einem Satz (S. 19, 76, 78, 114 u. ö.; vom III. Kapitel ab auch in kleineren Einsprengseln innerhalb eines Absatzes, z. B. S. 176, 179 f., 183, 205). Der Erzähler nimmt seine Person so ernst, daß er ihre Äußerungen so wenig wie möglich retuschiert – auch wenn dadurch die Einheit der Erzählung leidet.

Noch deutlicher wird diese Haltung bei dem anderen Verfahren: wenn mehrere Darstellungen desselben Vorgangs ohne jede Harmonisierung nebeneinandergestellt werden. Das auffallendste Beispiel dafür ist wohl der Eingang des III. Kapitels, wo Herr Rohlfs und Gesine im Elbehotel einander gegenseitig betrachten (S. 145–152). Die Parallelfassungen können aber auch räumlich voneinander getrennt sein, wie die beiden Berichte über die erste Begegnung zwischen Jonas und Gesine (mJ 109f. / mG 198ff.) oder über Jakobs und Gesines Taxifahrt (E 158f. / mG 163ff.). Widersprüche, auch sachlicher Art, werden dabei nicht ausgeglichen und nicht kommentiert; auch in Kleinigkeiten werden sie nicht gemieden. (Als Preis der Taxifahrt nennt z. B. Gesine 85 Mark, der Chauffeur gegenüber Herrn Rohlfs 70 Mark: offensichtlich hat er 15 Mark zuviel kassiert. E 9 irrt sogar der Erzähler selbst, wenn er meint, es sei kein Ansatzpunkt für eine Geschichte zu erkennen.)

Das Ernstnehmen der Romanpersonen, die Verselbständigung der Perspektiven, das überraschende neue Ansetzen, – alle diese Eigenarten betreffen, wohlgemerkt, nicht die Geschichte selbst, sondern die Art, wie sie erzählt wird. So stellt es Johnson in dem Bienek-Interview selbst dar (*[Werkstattgespräche]* S. 90): die klassische Perspektive des allwissenden Erzählers sei nur insofern aufgehoben, als sie sich auf die Manieren des Erzählers, diese Allwissenheit, beziehe; in Hinsicht auf die Figuren, ihre Zukunft und Vergangenheit, und auf das Geschehen sei sie natürlich nicht aufgehoben, denn die Geschichte umfasse alles, was sie zusammensetze und ihr einen Anfang und ein Ende gebe.

Die Darstellung der Fabel wird das bestätigen: eine Geschichte ist tatsächlich vorhanden; es stimmt also nicht, daß für Johnson die Ereignisse völlig undurchsichtig wären, daß ihm die Welt zu zusammenhanglosen Bruchstücken zerfiele. Doch hält er die Wirklichkeit, speziell die Wirklichkeit Ostdeutschlands, für komplexer, als daß sie sich von *einem* Standpunkt aus so beschreiben ließe, daß der Leser versteht (und nicht nur zu verstehen meint). Der westliche Leser wird die Position des Herrn Rohlfs (ihre Stärke, vielleicht Gefährlichkeit) am ehesten begreifen, wenn er Herrn Rohlfs selbst begegnet und gezwungen wird, die Ereignisse zeitweilig mit dessen Augen zu sehen. Andererseits könnte der Autor, aus der Perspektive des Herrn Rohlfs erzählend, beispielsweise Jonas überhaupt nicht gerecht werden. Und bei der Darstellung von einem auktorialen Erzählerstandpunkt aus wäre die Gefahr vielleicht am größten, daß der Leser voreilig mißversteht: etwa Jonas oder Gesine für seine eigene Position beschlagnahmt, anstatt sich ernstlich auf sie einzulassen. Deshalb zieht Johnson es vor, die »Manieren« des allwissenden Erzählers aufzugeben: es ist zu gefährlich, Zusammenhänge gedeutet darzustellen; der Leser muß sie sich selbst zusammensetzen, muß aktiv mitdenken, wenn die Lektüre für ihn einen Wert haben soll.

Man kann dazu auf die Haltung der Romanpersonen selbst verweisen. Das umsichtige, bedachtsame Beobachten, das Bedenken der Ereignisse von fremden Positionen aus: also gerade das, was Johnson von seinen Lesern fordert, unterscheidet zum Beispiel Herrn Rohlfs von den »Hundefängern«. Auch Jonas ist ähnlich bedachtsam; und vor allem Jakob, der beispielsweise bei seiner Arbeit beständig die dienstliche Formelsprache in leibhaftiges Geschehen umdenkt oder (in einem »überraschenden Neuansatz« sozusagen) den Fahrplan, den er doch längst auswendig kennt, mit Neugierde auf bisher übersehene Möglichkeiten hin ansieht (E 21 ff.). (Eine grundsätzlich andere Art dagegen vertreten die beiden Cresspahls: sie können eigenwillig mißbilligen, mit Kopfschütteln Verständnis einfach ablehnen: mJ 266.)

Daß der Leser eine aktive Rolle übernehme, darauf also zielen die Eigenarten der Erzählweise: sie sollen zu geduldigem Mitdenken zwingen und vor voreiligem (Miß-)Verständnis bewahren. Wer sich aber ernstlich auf diese Erzählweise einläßt, der findet eine erstaunliche Exaktheit und Genauigkeit – wenn vielleicht auch nicht gerade die, die er zunächst erwartet hätte. Wir haben diese Art von Genauigkeit an der kommentierenden Unterbrechung E 7f. kennengelernt: eine geschlossene Aussage über Jakobs Tod darf man nicht sogleich erwarten; wenn man bereit ist, diese Geschichte anzuhören, dann muß man sich zunächst einmal einen Rangierbahnhof im Nebel vorstellen, muß diese Vorstellung im Gedächtnis behalten – und im übrigen geduldig abwarten.

Struktur

Während sich die bisherigen Überlegungen vorwiegend auf Einzelheiten bezogen, die für das Verständnis der Geschichte wichtig sind, sollen jetzt noch einige Dinge in den Blick gefaßt werden, die die Struktur des Ganzen betreffen; zunächst und vor allem die Sprechsituationen der verschiedenen Erzählformen. Johnson hat in dem Bienek-Interview (S. 94 f.) den Bau des Romans selbst beschrieben; im Grunde geht es nur darum, seine Darstellung zu interpretieren und ein wenig zu konkretisieren.

Ausgehen muß die Analyse vom V. Kapitel; denn wie die einzelnen Passagen, so folgt auch das Buch als Ganzes der Technik der nachträglichen Entschlüsselung: der Roman ist so angelegt, daß der Leser, am Schluß angelangt, eigentlich sofort noch einmal von vorn beginnen muß.[5]

Das V. Kapitel weist sich auf den ersten Blick als ein andersartiger Epilog aus, durch seine Kürze und durch den abweichenden Stil: reine Erzählung ohne Dialog- und Monologpartien. Man könnte vermuten, daß hier, nach dem Schluß der Geschichte Jakobs, die Nebenlinien zu Ende geführt werden sollen; aber das ist wenigstens nicht die Hauptsache. Denn daß Jonas verhaftet wird, ist zwar noch bedeutsam; sein Besuch in Jerichow dagegen ist an sich belanglos; und wenn es hier noch auf die Unterredung zwischen Herrn Rohlfs und Gesine ankäme, so wäre Gesines Antwort ungleich wichtiger als diese kurze Skizze ihres Eintreffens. Der Zweck dieses Kapitels ist vielmehr, Orte zu fixieren, die der Roman von Anfang an in Anspruch genommen hat: die Sprechsituationen der Dialogpartien.

Die Dialoge des IV. Kapitels sind Teile der Unterredung zwischen Herrn Rohlfs und Gesine: Herr Rohlfs wird D 233 f. und D 237 ff. erkennbar, Gesine spätestens D 261 f.; auf das Weinlokal in Westberlin wird D 284 Bezug genommen.

Die Dialoge des III. Kapitels sind Ausschnitte aus dem Ferngespräch zwischen Gesine und Jonas, wie der Anfang D 142 f. und der Schluß D 226 zeigen. E 304 zitiert D 142: diese Worte (ungefähr) würde Herr Rohlfs hören, wenn er das Gespräch auf Tonband aufnehmen ließe. Der unvermittelte Abbruch des Gesprächs wegen einer »technischen Störung« (D 226) ist veranlaßt durch den Assistenten, der Jonas verhaften will.

Die Dialoge des I. *und* II. Kapitels sind Teile des Gesprächs zwischen Jonas und Jöche. Das ist etwas schwerer zu erkennen, weil die Dialogpartien hier am Anfang des Buches noch seltener, kürzer und weniger profiliert sind. Die Darstellung der Fabel wird aber zeigen, daß sich das ganze Gespräch unter dieser Voraussetzung lesen läßt; und an einzelnen Hinweisen fehlt es nicht. Wichtig ist zunächst die Gleichung D 7 = E 304: »Aber er ist doch immer über die Gleise gegangen.« Ein genaues Zitat ist das allerdings nicht; denn D 7 gibt (genau wie im IV. Kapitel D 233 f.) nicht den Anfang der Unterhaltung, sondern eine etwas fortgeschrittenere Situation, in der aber immer noch – jetzt von Jonas verwendet – das zuerst von Jöche eingeführte Argument eine Rolle spielt. – Ferner ist es offenkundig, daß dies Gespräch über die Kapitelgrenze hinweggeht: D 71 Jöche: »Um die Zeit mußt du doch auch angekommen sein, war das nicht am Freitag?« Jonas: »Ja. Das war am Freitag.« + D 72 »Erst am Freitag« + mJ »begann ich aus Berlin zu verreisen«. An dem Übergang in mJ kann man Jonas identifizieren; er tritt mit diesem Monolog in die Geschichte ein und ist von hier ab auch in den Dialogpartien klar erkennbar. Ebenso wird Jöche als Dialogpartner kenntlich von dem Augenblick an, wo er in der Erzählung auftritt: D 60 f. bezieht sich deutlich auf die umgebenden Jöche-Passagen E 58 f. und E 61 f. (Später ist vor allem D 97 zu beachten: Jöche ist Lokführer und Anwärter auf Jakobs freigewordene Zweizimmerwohnung, vgl. E 302 f.) – Im Vorhergehenden finden sich wenigstens noch einige Andeutungen. Auf Jonas weist D 29 die Berufung auf Sabine (vgl. E 299 f.), D 52 f. Jöches Vorwurf besserwisserischen Umgangs mit Worten und D 56 Jöches Verbesserung von »Wegfahren« in »Flucht« (worauf Jonas Wert legt, vgl. E 253 und Jöches umgekehrte Verbesserung D 86). Der Mitunterredner muß ein Eisenbahner von Jakobs Bahnhof sein, der aber auch Jerichow und Jakob, dessen Mutter und Cresspahl gut kennt und über Jakobs Verhältnis zu Sabine Bescheid weiß: wer also anders als Jöche, zumal dieser auch an Ausdrucks- und Denkweise kenntlich wird (Frau Abs ist »solche alte Frau«, D 54 wie D 91; die Formbarkeit durch Erziehung D 55 wie D 97 f.). – Das Gespräch findet in einem Krug statt, wo man Bier bestellen kann (D 46 / E 303 f.); es ist spät am Abend (D 98 / E 301 f.); beim Aufbruch vergewissert sich der ortsfremde Jonas des Weges zum Bahnhof (D 141).

Die Dialogpartien der ersten vier Kapitel sind demnach sozusagen vorweggenommene Teile des V. Kapitels. Den Dialogen wiederum sind die übrigen Erzählformen untergeordnet: wenn im Dialog ein Ereignis unzureichend oder zu knapp besprochen wird, so wird das betreffende Dialogstück durch Erzähl- oder Monologpartien ergänzt oder ersetzt. Dies Verhältnis wird zum

Beispiel an den Kapiteleingängen deutlich erkennbar. Für den Anfang des I. Kapitels wurde das schon gezeigt; II S. 72 gibt der Dialog das Thema an, geht dann aber mitten im Satz in Monolog über; und III D 143 wird sogar durch einen Doppelpunkt darauf hingewiesen, daß der folgende Monolog Gesines ein entsprechendes Dialogstück ersetzt. Im IV. Kapitel gibt der Dialog mehrfach expressis verbis die leitenden Themen an: die Dialogsprecher »mutmaßen« D 242 »zunächst einen Besuch« in Jakobs Turm, D 251 »zweitens die sichere Unterbringung eines Manuskripts«; die Mutmaßungen selbst werden dann aber in Erzählpartien ausgeführt, 242 durch Doppelpunkt angekündigt, 251 mit Wechsel der Erzählform mitten im Satz. Der zweite Fall ist besonders interessant, weil auf der folgenden Seite die Erzählung für einen Augenblick in den Stil des übergeordneten Dialogs zurückfällt, aus Präteritum und direkter Wiedergabe der Worte von Jakob und Jonas in Perfekt und indirekte Wiedergabe (E 253): »Jakob beugte sich vor und begann betulich eifrig: ›Jonas‹, er hat ihn gefragt ob er nicht Rangierer werden wolle. Da könne jedermann untergebracht werden, denn die Rangierer fehlen an allen Ecken und Enden. Darauf blieb Jonas sich treu und fragte nach den Ursachen. Warum will keiner diese Arbeit.«

Schwierig ist es, eine exakte Sprechsituation für die Monologe festzulegen. Nach Johnsons Darstellung (Bienek-Interview S. 95) sind auch sie Erinnerungen an Jakob, gehören also an einen Zeitpunkt nach dessen Tod. Das ist in einigen Fällen ohne weiteres einsichtig: wenn Monologe direkt den Dialog fortsetzen (wie in den eben beschriebenen Fällen mJ 72, mG 143) oder wenn sie ein gerade im Dialog aufgetretenes Stichwort oder Problem aufgreifen und kommentieren, ohne damit einen Beitrag zum Fortgang der Handlung zu leisten (mJ 85, mJ 85 f., mR 281 f.), so wird man sich solche Monologe als gleichzeitig mit den Dialogen gesprochen denken. Hiervon ausgehend, könnte man einen großen Teil der Monologe als wirklichen »inneren Monolog« deuten: als die in Ich-Form wiedergegebenen, in Wirklichkeit unausgesprochenen Gedanken, die während des Dialogs und durch diesen hervorgerufen im Bewußtsein der Dialogpartner erscheinen. Vor allem bei den Jonas- und Gesine-Monologen des III. Kapitels und bei den Gesine- und Rohlfs-Monologen des IV. Kapitels bietet sich diese Auffassung oft geradezu an.

Genau wie an ein Dialogstück können Monologe aber auch an

eine Erzählpartie anknüpfen; man vergleiche 72 D/mJ mit 76 E/
mR, 78 E/mJ, 114 E/mJ; oder 143 D/mG mit 108f. E/mJ.
Derartige Monologe muß man sich demnach als gleichzeitig mit
dem Erzählen des Autors vorstellen (also noch nach den Dialogen
liegend). – Ferner fügen sich der Deutung als innere Monologe
alle diejenigen Monologe nicht, denen ein Aufhänger im Dialog
fehlt: das sind vor allem die Rohlfs-Monologe in Kapitel I–III,
außerdem Gesines Monologe in I und Jonas' Monologe in IV.
Die Sprechsituation dieser Partien soll vermutlich durch die
auffallende Stelle gleich am Anfang des Buchs festgelegt werden,
S. 13: E »Aber wenn einer Sie mal fragen sollte:« / mR »Aber
wenn einer mich fragt:…«. Das ist ein Gespräch des Autors mit
Herrn Rohlfs, durch das zumindest die Rohlfs-Monologe als
gleichzeitig mit dem Erzählen des Autors erwiesen werden. (Mit
derartigen Andeutungen weist Johnson auch in den späteren
Büchern auf die Strukturverhältnisse hin; s. Anm. 5.)

Man wird also die Monologe so fixieren dürfen: auf jeden Fall
gehören sie in eine Situation nach Jakobs Tod; sie sind Erinnerungen der mitbeteiligten Personen, hervorgerufen teils durch die
Gespräche, die diese Personen rückblickend führen (in diesem
Fall sind es unausgesprochene innere Monologe), teils durch das
Erzählen des Autors, in Zustimmung oder Widerspruch zu seinem Erzählen (wofür sich eine konkrete Situation aus der
Geschichte nicht ableiten läßt). Im Ganzen des Romans haben die
Monologe in beiden Fällen die Aufgabe, zu erzählen, d. h. etwas
über die Geschichte Jakobs mitzuteilen, was der Leser vorher
nicht wußte.

Als Erzählungen geben sich die Monologe auch darin, daß sie
(anders als die Dialoge) im allgemeinen nicht über die jeweils
dargestellte Situation hinausblicken; nur selten geben die Sprecher zu erkennen, daß sie inzwischen den Fortgang der Ereignisse
miterlebt haben (so mR 48 »obwohl ich es erst viel später begriff
vielleicht gerade eben«; mJ 75 »er dachte bedachte ja etwas, heute
weiß ich was es war«). Vielmehr werden die Ereignisse oft so
stark vergegenwärtigt, daß sie wie aus dem Augenblick des
Geschehens heraus erzählt scheinen: besonders die Monologe des
Herrn Rohlfs stehen gern im Präsens. Das ist ein »historisches
Präsens«, eine Sache des Stils; man darf daraus nicht etwa auf die
Sprechsituation schließen: denn auch Monologe, die an sich im
Präteritum stehen, fallen gelegentlich ins Präsens (so gleich der

Eingangsmonolog des Herrn Rohlfs, mR 9–13).[6]

Vielleicht wird man sich gelegentlich die Frage stellen, warum zwar Gesine, Jonas und Herr Rohlfs Monologe sprechen, nicht aber Jakob, der doch die Hauptperson ist. Die Antwort scheint nahezuliegen: weil der Autor die Gedanken Jakobs eben nicht kennt, weil er über Jakob nur »Mutmaßungen« aussprechen kann. Aber diese Antwort ist falsch: denn der Autor kennt die Gedanken Jakobs, und er referiert sie zum Teil ganz ausführlich, aber in Erzählpartien, z. B. E 62 ff. oder E 132 ff.[7] In selbständigen Monologen werden solche Gedanken Jakobs vielmehr deshalb nicht mitgeteilt, weil die Monologe – wie alle Erzählformen des Buchs – eben aus einer Situation nach Jakobs Tod gesprochen sind. –

Es hat sich gezeigt, daß der Roman eine dreifache Schichtung aufweist:

1. Allem anderen übergeordnet ist eine Rahmenerzählung, die nach Jakobs Tod einsetzt. Sie besteht vor allem aus dem V. Kapitel; außerdem sind ihr wohl auch die beiden Sätze zuzurechnen, die außerhalb der Dialog-Klammer stehen: der erste Satz von I: »Aber Jakob ist immer quer über die Gleise gegangen«; und der letzte Satz von IV: »Und er ist immer über die Gleise gegangen«.

2. In diese Rahmenerzählung eingehängt sind die drei Dialoge: Gespräche, in denen Personen, die zu Jakob in verschiedenen Beziehungen gestanden haben, die Ereignisse erörtern, die zu seinem Tod geführt haben könnten. Diese zweite Schicht besteht also aus drei Stücken, die zeitlich aufeinander folgen.

3. In die Dialoge sind die übrigen Erzählformen eingehängt: die Gespräche werden teils ergänzt, teils ersetzt einerseits durch Monologe, in denen sich Herr Rohlfs, Jonas und Gesine an die Ereignisse erinnern; andererseits durch erzählende Partien, in denen der Autor »das hinzutut, was er auch noch weiß« (Johnson bei Bienek). In dieser Schicht laufen also vier Erzählstränge (die Autoren-Erzählung und die drei Monolog-Erzählungen) gleichberechtigt nebeneinander her.

Damit sich eine zusammenhängende Geschichte ergibt, muß Johnson sich aber entgegen diesem Abhängigkeitsverhältnis gerade von der untersten Schicht leiten lassen. Die vier erzählenden Formen sind so angelegt, daß sie dem chronologischen Ablauf der Ereignisse (vom Eingreifen des Herrn Rohlfs bis zu Jakobs Tod) folgen. Die Dialoge, obgleich an sich übergeordnet,

müssen so arrangiert werden, daß sie sich der eigentlich unterge-
ordneten Erzählung anpassen: deshalb unterhalten sich zuerst die
am wenigsten Verständigen, zuletzt Herr Rohlfs und Gesine, die
die Ereignisse am besten überblicken können; und darauf beruht
es, daß am Anfang die Dialogpartien unbedeutend sind und
durch sehr viel Erzählung ergänzt werden müssen, während sie
gegen Schluß hin an Umfang und an Bedeutung immer mehr
zunehmen. Die Rahmenerzählung schließlich muß sich auf
Nebensächlichkeiten beschränken, weil nicht die Geschichte
Jakobs in ihr Platz finden soll, sondern die Dialoge.

Die dreifache Schichtung des Romans und das Abwechseln von
acht verschiedenen Erzählsträngen, von denen keiner ein in sich
geschlossenes Ganzes bildet: das alles mag auf den ersten Blick
verwirrend erscheinen. Aus diesem Durcheinanderspiel aber
ergibt sich, sofern man nur richtig zuhört, klar und deutlich die
Geschichte Jakobs; sie ist durchaus vollständig und keineswegs
»mutmaßlicher« als irgendwelche anderen Geschichten. Der Titel
Mutmaßungen ist ja nachgerade zum Schlagwort geworden; man
täte indessen gut, zunächst über die Möglichkeiten der Namenge-
bung nachzudenken. *Das dritte Buch über Achim* etwa kann
meinen, daß der Roman selbst die dritte Darstellung der Person
Achims sei (wie *Amphitryon 38* die 38. Darstellung des Amphi-
tryon, nach der Zählung von Giraudoux); oder daß in diesem
Buch Entstehung oder Nichtzustandekommen eines »dritten
Buchs über Achim« geschildert werden. Der Titel kann also das
Verhältnis des Autors zu seinem Stoff bezeichnen oder aber den
Stoff selbst; bei wissenschaftlichen Abhandlungen ist wohl das
erste das häufigere, bei Dichtungen dagegen das zweite: als
Bezeichnung des Gegenstands selbst ist ja tatsächlich »Das dritte
Buch über Achim« gemeint, ebenso »Zwei Ansichten«; das Hör-
spiel *Träume* stellt Träume dar, ist aber nicht von Eich geträumt;
Irrungen Wirrungen sind nicht die Aufzeichnungen eines Irren-
den, *Im alten Eisen* nicht die eines Altmaterialhändlers. Und so
berechtigt denn in der Tat nichts dazu, den Titel *Mutmaßungen
über Jakob* so zu verstehen, als ob Johnson über einen Gegenstand Jakob nur Mutmaßungen ausspräche. Vielmehr: er stellt
einen Gegenstand »Mutmaßungen über Jakob« dar: die mutmaßenden Gespräche nach Jakobs Tod nämlich, die ja in den ersten
vier Kapiteln die übergeordnete und leitende Erzählschicht sind.

Die Zeitverhältnisse

Wer die Geschichte Jakobs als einen sinnvollen Geschehenszusammenhang erfassen will, muß die Zeitangaben des Romans scharf beachten. Das erste markante Ereignis, das eine ganze Kette von Folgen unmittelbar nach sich zieht, ist die Flucht von Frau Abs: sie wird sofort bei der ersten Erwähnung auf einen Mittwoch datiert, D 34. Von hier ab wird immer wieder durch Angabe des Wochentags auf die Zeitverhältnisse verwiesen; bis zum Ende des III. Kapitels vergeht gut eine Woche: am Donnerstag redet Herr Rohlfs mit Jakob; am Freitag fahren Jakob und Jonas nach Jerichow (das steht sehr einprägsam wiederholt an der Wende zwischen I. und II. Kapitel); am Dienstag kommt Gesine in den Osten (D 142 f.); auf den Mittwochabend fällt dann das große Treffen in Cresspahls Haus.

Darauf folgt »tote Zeit«; die nächsten prägnanten Ereignisse sind Jonas' Besuch in Jakobs Turm und Jakobs Abreise in den Westen. Auch sie werden bei der ersten Erwähnung datiert und zu dem Vorangegangenen in Beziehung gesetzt: über die Vorgänge nach dem Zusammentreffen in Jerichow sagt Herr Rohlfs D 237, »daß Herr Dr. Blach am folgenden Dienstag Jakob besuchte, das war der dreißigste Oktober, am folgenden Tag reiste Jakob ab in den Westen«. Da jetzt der Zeitraum einer Woche überschritten ist, werden die Zeitangaben der Eindeutigkeit wegen vom Wochentag auf das Datum umgestellt. Man kann nun zurückrechnen: die Flucht von Frau Abs fällt auf den 17. 10. Eine zeitliche Eingrenzung für die vor diesem Datum liegenden Ereignisse gibt Herrn Rohlfs' Bemerkung, er habe den Auftrag etwa am 7. 10. übernommen (mR 11).

Einen dritten datierbaren Block bilden die Ereignisse nach Jakobs Tod. Gesine nennt als Termin ihrer Verabredung mit Herrn Rohlfs am Ende des Telefongesprächs mit Jonas den 10. November, D 225. Jonas antwortet darauf: »das ist morgen« – er führt das Ferngespräch mit Gesine also am 9. 11.; unmittelbar darauf wird er verhaftet. Dann muß Jakobs Tod auf den 8. 11. fallen; denn: in den frühen Morgenstunden kommt Jakob ums Leben; am Nachmittag trifft Cresspahl in der Elbestadt ein (E 299 f. = E 301); Jonas kommt kurz mit ihm zusammen, fährt dann mit dem Spätzug nach Jerichow, wo er abends und nachts ein Gespräch mit Jöche führt; »am anderen Morgen« (E 304), also am 9. 11., kehrt er in die Elbestadt zurück, wo er wieder mit Cresspahl zusammentreffen will (E 301); doch dazu kommt es nicht mehr, weil er vorher verhaftet wird. – Zwischen dem 31. 10. und dem 8. 11. liegt wieder »tote Zeit«; fixierbar ist allein der Besuch Jakobs und Gesines im Flüchtlingslager: es bleibt nur das Wochenende des 3./4. 11. Die Landung der Engländer und Franzosen in Ägypten erfolgt am Montag, also am 5. 11.

Es zeigt sich, daß die Zeitstruktur der *Mutmaßungen* keineswegs undurchsichtig ist; die für die Geschichte wichtigen Ereignisse werden zueinander in ein exaktes Zeitverhältnis gesetzt und im Roman selbst präzise datiert. Und: die Datierungen beziehen sich auf wichtige Ereignisse der erzählten Geschichte – nicht auf historische Ereignisse; der ungarische Aufstand und die Invasion in Ägypten haben (genau wie die Geheimrede Chruschtschows) nur insoweit Bedeutung, als sie in die Geschichte integriert sind: und also nicht mit ihrem Datum. Deshalb braucht auch die Jahreszahl 1956 nicht genannt zu werden: die Geschichte umfaßt ja nur einen Monat.

Schlußbemerkungen

Als der erste Roman, der die Wirklichkeit des geteilten Deutschland darstelle, beginnen die *Mutmaßungen* bereits in die Literaturgeschichten einzugehen – aber dieses Urteil ist falsch. Das *Dritte Buch über Achim* gestaltet in der Tat »das komplexe Verhältnis zwischen Ost- und Westdeutschland«: dort wird die Wirklichkeit Ostdeutschlands mit den Augen eines Westdeutschen gesehen. Doch Gesine ist keine »Westdeutsche«. Sie lebt zwar im Rheinland; aber ihr Bewußtsein ist nicht das eines Bundesbürgers, der seit 1945 an der Geschichte Westdeutschlands teilhat, sondern das eines emigrierten Jerichowers. [...]

Da also die einzige von den Romanpersonen, die im Westen lebt, als Vertreterin des Westens ausscheidet, bleibt die Perspektive der *Mutmaßungen* rein ostdeutsch. Westdeutschland wird nur soweit sichtbar, wie es zur ostdeutschen Wirklichkeit gehört: als Möglichkeit, als Ausflucht oder als Bedrohung. [...]

Mit der »gesamtdeutschen« Interpretation verbindet sich gern die Meinung, daß die Gleise, über die Jakob immer gegangen ist, in irgendeinem symbolischen Bezug zu der Grenze stehen müßten. Auch diese Deutung läßt sich nicht halten. Denn ein solches Symbol könnte doch nur dann einen erkennbaren Sinn haben, wenn man erführe, über welche Gleise Jakob nun eigentlich »quer« geht: über die seiner Strecke, die parallel zur Grenze verläuft, oder über die der Interzonenstrecke, auf der er in den Westen fährt.[8] [...]

Es gibt, glaube ich, in den *Mutmaßungen* eine ganze Reihe von Symbolen: nur gerade die Gleise sind keines. Die allerdings sehr prononciert wiederkehrende Feststellung, daß Jakob doch immer über die Gleise gegangen sei, ist ja schon in ihrer unmittelbaren Funktion bedeutsam genug: sie ist Argument dafür, daß Jakob, der doch in der Welt seiner Arbeit zu Hause war, ruhig und verläßlich, der im Dienst auch die schwierigsten Situationen mit Geduld und Umsicht zu meistern wußte – daß dieser Jakob nicht einfach verunglückt sein kann, sondern daß hinter seinem Tod eine »Geschichte« stecken muß. Das Argument setzt also die Suche nach der Geschichte Jakobs – und das heißt: den ganzen Roman – in Bewegung. Bei dieser Suche aber stößt man – nicht auf die deutsche Teilung und nicht auf die Grenze, sondern auf den entscheidenden Zug der ostdeutschen *Wirklichkeit:* auf »das was Sozialismus genannt ist«. Das heißt nun allerdings nicht einfach, daß Herr Rohlfs Jakob in den Tod getrieben hätte; es zeigt sich vielmehr, daß der Sozialismus tatsächlich »sich auf jedes Leben auswirkt« (E 19) und daß die verschiedenen Antworten auf seine Herausforderung sich wieder wechselseitig beeinflussen und bedingen. [...]

Jerichow und die alte Zeit sind durch den Sozialismus verdrängt worden; selbst für Cresspahl existieren sie nur noch als Erinnerung. Jakobs Versuch, sich auf den Bereich seiner Pflicht zurückzuziehen, wird nicht anerkannt; Jonas wird verhaftet, weil er nach anderen Wegen sucht; Gesine zerstört ihr Glück, indem sie sich gegen das Bestehende entscheidet. Aber auch Herrn Rohlfs gelingt es nicht, die Überzeugungskraft seiner Idee zu bewähren. Und die Sache des Sozialismus wird siegen und übrigbleiben? Das wird nicht nur von den Verwaltern des sozialistischen Mehrwerts abhängen, sondern auch von uns: und insofern stellen die *Mutmaßungen über Jakob* allerdings eine »gesamtdeutsche« Aufgabe.

Anhang

Angaben zur Geschichte Jakobs
(Nach dem Schutzumschlag-Text der Originalausgabe)

I.

Jakob Abs ist im Jahre 1945 mit seiner Mutter (Frau Abs) in einem Treck aus Pommern in die kleine mecklenburgische Ostseestadt Jerichow gekommen. Der Kunsttischler Cresspahl hat die Flüchtlinge aufgenommen.

Jakob hat bei der Deutschen Reichsbahn Beschäftigung gefunden, im Herbst 1956 ist er Streckendispatcher im Befehlsturm des großen Bahnhofs einer Stadt an der Elbe. Cresspahls Tochter Gesine hat Anglistik studiert und ist dann in den Westen gegangen; 1956 ist sie Dolmetscherin einer amerikanischen NATO-Dienststelle in der Bundesrepublik.

Im Oktober 1956 erhält der Hauptmann des Staatssicherheitsdienstes Herr Rohlfs (er nennt sich auch Mesewinkel, Fabian, Kowalke, Seemann) den Auftrag, Gesine über Jakob und dessen Mutter für die militärische Spionageabwehr der Roten Armee zu gewinnen. Frau Abs geht nach der ersten Befragung in den Westen. Herr Rohlfs läßt Jakob beobachten und versucht in einer ersten Unterredung, ihn für sich zu gewinnen.

II.

In Jerichow lernt Jakob den Assistenten am Englischen Institut der Universität in Ost-Berlin, Dr. Jonas Blach, kennen. Jonas liebt Gesine. Er hält sich vorübergehend im Hause Cresspahls auf, um seinen Beitrag zu der Diskussion in einer oppositionellen Versammlung in Ost-Berlin für den Druck niederzuschreiben. In seinem Bericht über diese Versammlung spiegelt sich die Lage der Intellektuellen der DDR in der Zeit nach der Geheimrede Chruschtschows (des »Nachfolgers«) (auf dem XX. Parteikongreß der KPdSU im Februar 1956) und vor dem ungarischen Aufstand (23. 10. bis 4. 11. 1956).

III.

Gesine kommt ohne Aufenthaltsgenehmigung in die DDR und sucht Jakob in der Elbestadt auf. Am gleichen Tag brechen die Aufstände in Budapest aus. Jakob bringt Gesine, um sie zu verbergen, zu ihrem Vater nach Jerichow. Herr Rohlfs läßt die beiden ungehindert dorthin reisen. Der Weg von der Elbe nach Jerichow wird für Gesine zum Weg von Jonas zu Jakob.

In einem großen Gespräch in Cresspahls Haus (bei dem Herr Rohlfs, dessen Chauffeur-Sekretär Hänschen, Cresspahl, Gesine, Jonas und Jakob anwesend sind) versucht Herr Rohlfs, Gesine für seine Sache des Sozialismus zu gewinnen. Gesine fordert Bedenkzeit und vereinbart ein

Treffen mit Herrn Rohlfs in West-Berlin. – Herr Rohlfs bringt Gesine an die Grenze zurück.

IV.

Nach Berlin zurückgekehrt, verliert Jonas (dessen ›Fall‹ von Herrn Rohlfs übernommen worden ist) seine Assistentenstelle. Er sucht Jakob in dem Befehlsturm des Bahnhofs an der Elbe auf – gerade zu dem Zeitpunkt, als Jakob die Durchfahrt sowjetischer Truppentransporte (die mit der Niederschlagung des ungarischen Aufstands zusammenhängen) zu regeln hat. – Das Manuskript von Jonas' politischem Essay wird von Jakob dem Lokomotivführer Jöche aus Jerichow zur Aufbewahrung anvertraut.

Jakob fährt nach Westdeutschland zu Gesine. Befremdet beobachtet er die Unterschiede. – Jakob und Gesine besuchen Frau Abs im Flüchtlingslager.

Die Engländer bombardieren Ägypten.

Am Morgen nach seiner Rückkehr in die Elbestadt wird Jakob auf dem Weg zum Dienst beim Überqueren der Gleise von einer Lokomotive erfaßt und getötet.

V.

Am Abend des gleichen Tages fährt Jonas (der durch die Eisenbahnangestellte Sabine von Jakobs Tod erfahren hat) nach Jerichow zu Jöche, um das Manuskript seines Essays zurückzuholen. Jonas und Jöche sprechen über Jakob (→ Dialog Kap. I und II).

Am anderen Morgen kehrt Jonas in die Elbestadt zurück. Er führt ein Telefongespräch mit Gesine, um ihr Jakobs Tod mitzuteilen (→ Dialog Kap. III). Beim Verlassen der Post wird er von Herrn Rohlfs verhaftet.

Tags darauf trifft sich Gesine mit Herrn Rohlfs zu der vereinbarten Unterredung in West-Berlin. Auch sie sprechen von Jakob (→ Dialog Kap. IV).

Übersetzung der russischen Einsprengsel

S. 10: *galubuschka:* Täubchen
eto ujasno: das ist klar
jesli ana ostawajetssa galubka na kryschje: wenn sie eine Taube auf dem Dach bleibt
lutsche warabeja: besser als ein Spatz

S. 14: *dlja weschtschi ssozialisma:* für die Sache des Sozialismus
eto ujasno: das ist klar

S. 85: *wetschnaja slawa gerojam krasnoi armii pawschim w borbe sa swobodu i nessawissimostj naschej rodiny 1941–1945 god:* ewiger Ruhm den Helden der Roten Armee, die im Kampf für

Freiheit und Unabhängigkeit unseres Vaterlands gefallen sind /
1941–1945.

dlja weschtschi sozialisma: für die Sache des Sozialismus

S. 117: *jeschtschoras jeschtschoras: i on skasal: Na sdorowje, Towarischtsch, na sdorowje:* noch einmal, noch einmal: und er sagte:
Zur Gesundheit, Genosse, zur Gesundheit (vgl. mR 195)

glawnaja stanzija Moskwa. Angliskije i franzuskije schnurnalisty:
Hauptbahnhof Moskau. Englische und französische Journalisten

S. 118: *poidjom:* fahren wir; los

S. 127: *ssajus neruschimy (respublik swobodnych):* unverbrüchlicher
Bund (freier Republiken) – der Anfang der Nationalhymne der
UdSSR; vgl. mJ 224

nemezki kamrad: deutscher Kamerad

S. 154: *w wojennuju kommandanturu:* in die Militärkommandantur

S. 179: *schto lutsche tschewo:* was ist besser als was; was ist nun besser

S. 189: *rukiwwerch:* Hände hoch

S. 195: *na sdorowje, towarischtsch:* zur Gesundheit, Genosse (vgl. 117)

S. 197: *pogibschim sa tschestj i slawa naschy rodini:* den für Ehre und
Ruhm unseres Vaterlandes Gefallenen – vgl. die Inschrift des
Gefallenendenkmals mJ 85

S. 224: *ssajus neruschimy:* unverbrüchlicher Bund – s. zu 127

S. 249: *utschebnaja:* Fahrschule

S. 253: *tschelowek! sto gram!:* Kellner! Hundert Gramm! (nämlich
Wodka; vgl. dazu E 146)

da sdrastwujet twoja slawa: es lebe dein Ruhm

S. 292: *lutsche galubki na kryschje:* besser als eine Taube auf dem Dach

*Aus: H. Popp, Einführung in Uwe Johnsons Roman ›Mutmaßungen über
Jakob‹, Stuttgart: Klett 1967 (Beihefte zu DU 1), S. 5–10, 18–24, 88–95
(gekürzt), 95 f., 99.*

Anmerkungen

1 Die Seitenangaben beziehen sich auf die Taschenbuchausgabe st 147.
Vor der Seitenzahl ist jeweils die Erzählform gekennzeichnet: D =
Dialog, E = Erzählung, mG = Monolog von Gesine, mJ = Monolog
von Jonas, mR = Monolog von Herrn Rohlfs. Überlegungen des
Verfassers zur Behandlung des Romans im Deutschunterricht erschie-
nen in DU 20 (1968) H. 1.

2 Wenn in den Monologen Gespräche referiert oder entworfen werden,
steht ebenfalls dieser Gedankenstrich: weil der Name des Sprechenden
völlig uninteressant ist (mJ 85 f.) oder weil es sich von selbst versteht,

wer spricht (mR 13f., mR 78f., mG 149f.). So auch hier in den Dialogen: am Anfang würden die Namen »Jonas« und »Jöche« dem Leser nichts sagen; später sind die Sprecher für einen aufmerksamen Leser nicht zu verkennen.

3 Auf Jakob kommt es dabei nicht besonders an; wie man im Nebel über naß verschmierte Gleise geht, ließe sich an jedem beliebigen Eisenbahner beschreiben. Das »Vielleicht« (es »war vielleicht Jakob zu erkennen«) soll also nicht die ganze Geschichte ins Mutmaßliche verweisen; gemeint ist: etwa so hat man sich auch Jakobs Gehen vorzustellen.

4 Dafür einige Beispiele: E 36 wird ein israelisch-jordanisches Grenzgefecht erwähnt: der Überfall der Engländer auf Ägypten wird bedeutsam im IV. Kapitel. – E 38: Cresspahls Bemerkung über einen Brief »aus Berlin von der Wissenschaft« weist auf Jonas hin, 34 Seiten vor dessen Auftreten. – Daß Herr Rohlfs »so gut wie überhaupt nichts mit der Hand« schreibt, E 41, deutet auf den entscheidenden »Knick in seinem Lebenslauf« voraus, mR 127f. – mJ 74 sagt Jonas über seine erste Begegnung mit Jakob: »Ich fand mich vollständig von Aufmerksamkeit ergriffen wie nur einmal noch früher in meinem Leben«: erst mJ 109f. wird deutlich, daß er dabei an seine erste Begegnung mit Gesine denkt.

5 Genauso wird die Struktur des *Dritten Buchs über Achim* erst vom Ende her durchsichtig: die Gleichung [zitiert nach st 169] S. 300 »Wie war es denn? sagtest du« = S. 10 »Wie war es denn?« zeigt, daß das Ganze als Antwort Karschs auf die Fragen seiner Freunde zu denken ist. (Das ergibt natürlich de facto so etwas wie ein Gespräch des Autors mit dem Leser, wie Migner, *Uwe Johnson, Das dritte Buch über Achim. Interpretation*, München 1966 S. 27f., interpretiert: aber der fingierte Situation ist das nicht!) – Auch noch in den *Zwei Ansichten* legitimiert der Erzähler am Schluß des Buches sein Wissen (S. 239 und S. 242), obwohl das hier für die Struktur des Ganzen keine Bedeutung hat.
In beiden Büchern wird aber schon vorher andeutungsweise auf die Struktur hingewiesen; im *Achim* durch das ›stehengebliebene Versehen‹ S. 34: »Deswegen bliebst du da? Blieb Karsch da?«; in den *Zwei Ansichten* durch Parenthesen wie S. 108: »die müßigen Gänge hatten (meint sie) aber auch zu tun mit wahlloser Neugier«, S. 119: »(Das warn Ringkämpfe, Mensch: sagt sie.)« – Dann wird man also auch in den *Mutmaßungen* Andeutungen dieser Art als Hinweis auf die Struktur verstehen dürfen.

6 Ähnlich ist mJ 256 zu erklären: »ich fahre morgen früh«; maßgebend für den ganzen Monolog ist das zweimalige »dachte ich« am Anfang (254).

7 Es würde sich übrigens lohnen, etwa an diesen Stellen die verschiedenen Stilmöglichkeiten der Erzählpartien zu untersuchen. Auf einer Seite wie E 62f. beispielsweise findet man so ziemlich alle Stilformen genutzt: direkte und indirekte Rede, wörtliche Wiedergabe von Gedan-

ken (»er dachte wirklich«) und Ansätze zu innerem Monolog, erlebte Rede und Bewußtseinsanalyse (»Jakob wunderte sich daß aus dem dicken Sumpf von Scham allmählich Spottlichter aufflackerten«).

8 Die zweite Ansicht vertritt ausführlich G. Wunberg, *Struktur und Symbolik in Uwe Johnsons Roman »Mutmaßungen über Jakob«*, in: Neue Sammlung 2 (1962), H. 5, S. 440 ff. – S. 447: Die Gleise bezeichnen »eindeutig die Strecke, die Linie von Ost nach West, bzw. von West nach Ost«, es ist dies zugleich die Strecke, die Jakob bewacht. Aber selbst wenn das Gegenteil E 21 nicht ausdrücklich dastünde: ist es denkbar, daß die russischen Truppen auf dem Weg nach Ungarn einen Interzonenzug in die Bundesrepublik benutzen? – Außerdem: Frau Abs »bewerkstelligt ihre Flucht« (natürlich!) über Berlin, D 86. Das Auto, das Gesine hin und zurück mitnimmt, fährt gewiß nicht auf Schienen.

Ingrid Riedel
Johnsons Darstellungsmittel und der Kubismus

1. Die Übertragbarkeit bildnerischer Errungenschaften ins schriftstellerische Medium

Johnsons analytische Technik hat eine auffällige Parallele in der modernen Kunstgeschichte: die kubistischen Kompositionsmittel einschließlich ihres theoretischen Hintergrundes. Übertragungen von Kompositionsmustern und -mitteln aus der bildenden Kunst in die Literatur sind gerade in der Moderne nicht selten: So hat Walter Muschg Döblins Roman *Berlin Alexanderplatz* als »reifste Frucht des Berliner Futurismus« interpretiert.[1] Wenn auch gegen die Analogie zu sprechen scheint, daß Johnson erst in einem Abstand von Jahrzehnten Mittel des Kubismus in die Literatur übertragen hätte, so ist einzuwenden, daß die grundlegenden Entdeckungen der Moderne durchweg um 1910 gemacht wurden: seither ist ein ununterbrochener Einholungsprozeß im Gange, der die formalen Möglichkeiten, die potentiell in jenen Entdeckungen enthalten waren, realisiert.

Die formale Invention des Kubismus besteht vor allem in der Neukomposition der Bildfläche, aperspektivisch, more geometrico, zu einem fugenlosen, flächenhaften Strukturgeflecht eigener Logik. Die darzustellenden mehrdimensionalen Objekte werden in die Flächenhaftigkeit gezwungen, indem ihre Schnittflächen gleichsam in Scharniere verwandelt werden, um welche die verschiedenen Ansichten der Objekte nach vorne geklappt werden können. Ein und derselbe Gegenstand erscheint nun einmal »en profil« und einmal »en face«. Analog dazu berichtet auch Johnson ein und dieselbe Episode einmal in der Ich-Erzählung (en face) und einmal in der Er-Erzählung (en profil).

Einer Dekomposition des realen Objekts entspricht seine Rekomposition nach den Kompositionsgesetzen des Kubismus und seinen neuen Sehgewohnheiten, die zugleich die bisherige Vorstellung von der Realität des Objektes als Illusion, als nichts als eine veraltete Sehgewohnheit, entlarven. Insofern beruht die scheinbare Dekomposition des Objekts auf einer optischen Täuschung. Die neuen Sehgewohnheiten, die Diskontinuität, »Sprünge« in der Darstellung der Gegenstände in Raum und Zeit erlauben, werden durch Johnson ins literarische Medium übertragen, indem er eine Aufsplitterung der zu vermittelnden Realität, Sprengung der Handlungskontinuität, Verzicht auf logische oder psychologische Motivierung wagt.

2. Polyperspektivische Darstellung

Besonders auffällig an Johnsons Kompositionstechnik ist die Aufteilung der Erzählfunktion an den Er-Erzähler, die drei Ich-Erzähler und an die verschiedenen Dialogpartner. Diese polyphone Anordnung der darstellenden »Stimmen« ergibt zugleich eine polyperspektivische Ansicht des Dargestellten: Die gleiche Sache erscheint jeweils aus mehreren Blickwinkeln. Diese Darstellung ein und desselben Gegenstandes unter verschiedenen Perspektiven findet ihre sinnfälligste Parallele in der polyperspektivischen Kompositionsweise des Kubismus. Der Verteilung der Erzählfunktion an mehrere Sprecher entspricht die Auffächerung der Darstellung in verschiedene Perspektiven und Dimensionen. So wird beispielsweise ein Gesicht frontal und im Profil zugleich dargestellt (zuerst bei Picasso, *Les Demoiselles d'Avignon*, 1907), oder ein Glas wird simultan von außen und von innen in verschiedenen Aufsichten zugleich dargeboten. Zugrunde liegt wie bei Johnson eine Ablehnung der illusionistischen Darstellungsweise in einer einzigen Perspektive, die zwar den Gesetzen der subjektiven Optik, nicht aber denen der dargestellten Gegenstände entspricht.

Die Intention des Kubismus ist die eines neuen Realismus, der frei von Konventionen die Gegenstände zu erfassen sucht: »Ein Gegenstand hat keine absolute Form, er hat ihrer mehrere, er hat ihrer ebensoviele wie es Ebenen im Bereich der Bedeutung gibt.«[2] Als einen Prozeß der differenzierten »Wahrheitsfindung« beschreibt Metzinger auch in *Kubismus und Tradition*[3] die polyperspektivische Technik der kubistischen Maler: »Sie haben sich erlaubt, um das Objekt herumzugehen, um von ihm – unter Kontrolle des Verstandes – eine konkrete Darstellung, bestehend aus mehreren aufeinanderfolgenden Ansichten, zu geben.« Der Betrachter wird nicht mehr auf einen bestimmten, vom zentralperspektivischen Vorurteil vorgezeichneten Platz fixiert, sondern sozusagen um den Gegenstand herumgeführt und in eine »zentrifugale Perspektive« versetzt.[4] Schon die Bildgegenstände Cézannes, des großen Vorläufers des Kubismus, setzen sich über die Konvention der Zentralperspektive hinweg »als Ergebnis vielfacher Wahrnehmungen von unterschiedlichen Blickpunkten aus, die in der Vorstellung gespeichert und dann in einer einzigen zusammengesetzten Gestalt ausgedrückt werden«.[5]

Jacques Rivière fordert die Abschaffung der Zentralperspektive, da sie die Darstellung eines Objekts illusionistisch auf einen bestimmten Zeitaugenblick, eine bestimmte Position des Betrachters festlegt, während man in der Realität ungleich komplexere Wahrnehmungsmöglichkeiten habe: ein Schritt nach rechts oder links verändere die Perspektive, unter der der Gegenstand erscheint, entscheidend. Die komplexe Summe der realen Wahrnehmungen kann also nur durch ein unter komplexer Perspektive komponiertes Bild adäquat dargestellt werden. Auch Charles Lacoste beschreibt die grundsätzlichen Überlegungen des Kubismus wie folgt: »Statt sich darauf zu beschränken, einen Gegenstand in seiner natürlichen Ansicht wiederzugeben, das heißt, von einem einzigen Blickpunkt aus gesehen, könnte man versuchen, ihn so darzustellen, wie er in der Vorstellung erscheint, wo wir nicht allein das Bewußtsein, sondern auch die reale und simultane Vorstellung aller Flächen des Gegenstandes haben. Und weil man, um einen Gegenstand zu malen, nur über die ebene Bildfläche verfügt, geht es darum, dem Gegenstand eine synthetische Form aus all seinen Aspekten zu geben – jenen komplexen Aspekt also, den er mit seiner von allen Seiten gleichzeitig vorgestellten Gesamtform in unserem Geist annimmt.«[6] Es handelt sich um Überlegungen, die denen Johnsons in seinem Text *Berliner Stadtbahn* sehr ähneln.

3. Die Zerlegung des Objektes in Darstellungseinheiten

Die in abgeschlossene Erzähleinheiten aufgesplitterte Darbietung der Handlung, die die *Mutmaßungen über Jakob* charakterisiert, hat ihr bildnerisches Gegenstück in der aufgesplitterten Darstellung des Objekts im Kubismus. »Was Cézanne zu einem verdichteten Vorstellungsbild verarbeitet hatte, blieb im Kubismus der

Jahre 1911/12 getrennt in übereinandergelegte, verschränkte und aneinanderstoßende Flächen.«[7] Gleizès und Metzinger erklären diese Aufsplitterung der Gegenstandsdarstellung in dessen Bauelemente als Konsequenz der neuen polyperspektivischen Raumordnung: »Nach der zweiten Möglichkeit müssen – damit der Betrachter, dem selbst die Einheit zu erreichen überlassen bleibt, alle Elemente in der Reihenfolge erfassen kann, die die schöpferische Intuition ihnen anwies – die Eigenheiten jedes Teils unabhängig bleiben, das bildnerische Kontinuum also in tausend Überraschungen von Licht und Schatten aufgesplittert werden.«[8] Auch Johnson weist seinem Leser die Rolle zu, selbst die Einheit zu errichten: Auch er hat aus den noch nicht montierten Erzählelementen die Sache, das Objekt der Gesamterzählung zu konstruieren. Johnson führt ihm das Rohmaterial der verschiedenen ›Ansichten‹ noch unverbunden zu, damit er seine Schlüsse selbständig daraus ziehe.

Zur Aufsplitterung des Dargestellten gehört aber bei Johnson wie im Kubismus zugleich die Unterscheidung der kompositorischen Mittel. Versagt sich Johnson einen einheitlichen allwissenden Erzähler und gewährt er statt dessen den auftretenden Figuren eine eigene Stimme und eine eigene Sicht, die zu der des Erzählers einen Kontrast bilden kann; verzichtet er auf einen in Zeit und Raum linearen Handlungsverlauf zugunsten eines Kaleidoskops von Informationseinheiten, die räumlich und zeitlich den linearen Verlauf durchbrechen: so entspricht dem im Kubismus ein Divisionismus der bildnerischen Mittel. Als theoretische Grundfigur des Kubismus selbst gilt nach Michel Puy: »das regelmäßige Parallelepipedon, das man als Kubus bezeichnet; in der Praxis werden alle Körper auf Polyeder reduziert, die der Künstler anwendet, um die Kanten und Flächen heraustreten zu lassen und an ihren Platz zu setzen«.[9]

Da die Linien, Farben und Formen nun aus dem Zwang der zentralperspektivischen Raumkomposition entlassen sind, lassen sich reine und klare Formen voneinander abheben. Da mit der Aufhebung der Zentralperspektive auch die perspektivisch bedingte Beleuchtung aufhört, treten die Farben und ihre Kontraste wieder rein hervor. Schon Cézanne verformte die Objekte, um dadurch kräftige Formkontraste zu erreichen, damit zum Beispiel Linien in rechten Winkeln aufeinanderstießen. In Braques *Broc et Violon* von 1909/10 hat jedoch »die Facettierung der

Formen einen Punkt erreicht, wo die einander durchdringenden Flächen ihrer eigenen künstlerischen Logik zu folgen beginnen, in Übereinstimmung mit der rhythmischen Struktur des Bildes und der Notwendigkeit, den Gegenstand wiederzugeben«.[10] Auch in dieser fast paradoxen Kongruenz zwischen der komplizierten ästhetischen Struktur und der realistischen Treue der darzustellenden Wirklichkeit gegenüber treffen sich Johnsons Intentionen mit denen der Kubisten.

Mit Picassos Bild *La Clarinette* von 1912, in dem mehrere Objekte sowohl aufeinander als auch auf ein über die Fläche greifendes facettenartiges Kompositionsschema bezogen sind, taucht jedoch das Problem eines Übergewichts der ästhetischen Struktur über die konkrete Lesbarkeit des Bildes auf. Es ist das gleiche Problem, das das komplizierte System einander durchdringender, aber voneinander gesonderter Erzähleinheiten in Johnsons *Mutmaßungen über Jakob* im Blick auf die Lesbarkeit aufwirft. Nur die Art der Verknüpfung der Kompositionssplitter liefert eine Probe darauf, ob die realistische Intention dieser Darstellungstechnik gewahrt bleiben kann. Als gemeinsame Kompositionstendenz Johnsons und der Kubisten erweist sich die Absicht, scharfe Kontraste zwischen den Einzelelementen der Komposition zu schaffen: bei Johnson durch vielfache Durchbrechung des Handlungsverlaufs, durch Einschiebetechnik und Perspektivenwechsel, durch betonte drucktechnische Abhebung der Absätze voneinander; bei den Kubisten durch scharfe Umgrenzung der Formen und Kontrastierung der in verschiedenen Sehperspektiven dargestellten Objektsegmente.

4. Die Verknüpfungstechnik

Neben dieser die Objekte aufsplitternden Technik findet sich bei Johnson und den Kubisten auch eine Verknüpfungstechnik, die nötig wird, um die streng unterschiedenen Kompositionselemente durch ein gemeinsames Strukturmuster zu einem künstlerischen Ganzen zusammenzufügen. Hierher gehört bei Johnson die häufig beobachtete Stichwortverbindung zwischen getrennten Erzähleinheiten, die ein nahtloses Ineinanderpassen der beiden ›Bruchkanten‹ zwischen zwei ursprünglich zusammengehörigen, jetzt aber durch Einschübe unterbrochenen Erzählelementen gewährleistet.

Das Pendant hierzu stellt das »bildnerische Reimen« der Kubisten dar, bei dem zusammengehörige Elemente durch formverwandte Darstellung gekennzeichnet werden. Auch hierbei kommt es zum Ineinanderpassen der Bruchkanten. Vorspiel der kubistischen Verknüpfungstechnik war die »Passage« Cézannes, jene bildnerische Verschränkung von Vorder- und Hintergrundsfläche, von nahen und fernen Gegenständen, die eine neuartige Bildeinheit herzustellen vermochte. Doch Picasso und Braque intensivierten die Merkmale der »Passage« »in einem solchen Grade, daß das, was bei Cézanne Mittel gewesen war, dem visuellen Prozeß auf der Spur zu bleiben, um 1912 zu dem Beginn einer neuen, durchaus nichtillusionistischen und nichtabbildlichen Methode wurde, um die sichtbare Welt wiederzugeben«.[11]

Auch von Johnsons Kompositionstechnik läßt sich sagen, daß sie wohl der simultanen Darstellungstechnik der Dichter des »Bewußtseinsstromes« – Proust u. a. – einiges verdankt, daß sie aber selbst eine nicht-psychologische und nicht-abbildliche Technik der Wirklichkeitsdarstellung ist. Johnsons Methode wie die der Kubisten geht phänomenologisch, nicht psychologisch vor; Fry sieht auch die kubistische Methode eher in der Nachfolge Husserls als Bergsons.[12]

Das »visuelle Reimen« des Kubismus erscheint zuerst 1912/13 auf einigen Collagen Picassos: Es besteht darin, daß morphologisch gleiche Elemente, zum Beispiel Kreise, bei den Zeichen, zu denen sie gehören, hervorgehoben werden. Innerhalb der *Mutmaßungen über Jakob* finden sich ebenfalls eine Menge morphologisch gleicher Elemente – sie reichen von leitmotivisch gebrauchten Sätzen bis zu immer wieder auftauchenden Sprachschichten – und erfüllen eine ähnliche Funktion wie das visuelle Reimen der Kubisten.

5. Flächenhafte Darstellung

Die polyperspektivische Kompositionstechnik erfordert bei Johnson wie bei den Kubisten eine einheitliche Darstellungsebene: Was bei Johnson die dominierende Zeitebene der Gegenwart ist, auf die auch die Elemente der Handlung, die in anderen Zeitebenen spielen, projiziert werden, ist bei den Kubisten die Planierung der Bildfläche, die Zusammenschiebung der traditionellen drei Bildpläne in die vorderste Ebene. Im Medium des Bildnerischen entspricht die dominierend flächenhafte Darstellung dem, was im Medium des Erzählerischen eine dominierend in der Gegenwart spielende Darstellung ist. Ein Beispiel dafür ist der alle disparaten Zeitebenen der Erzählung übergreifende Dialog der *Mutmaßungen über Jakob,* der in der Gegenwart verläuft. Der Effekt der flächenhaften Darstellung des Kubismus ist die simultane Erscheinungsmöglichkeit aller disparaten Bildelemente, analog im Roman die Synchronisation aller disparaten Erzählelemente. Für die Raumebene im Bild gilt wie für die Zeitebene der Erzählung: »Während der Künstler seinen Gegenstand von mehreren Seiten zugleich zeigt, bringt er auch räumlich entfernte und sonst nicht gleichzeitig sichtbare Objekte in seinem Bild gleichzeitig zur Darstellung.«[13]

Vorläufer der flächenhaften Komposition ist wieder Cézanne, der sich als erster um eine einheitlich flächige Struktur seiner Bilder bemühte und durch die Erfindung der »Passage« eine gewisse Gleichrangigkeit zwischen nahen und entfernten Gegenständen herstellte. Für die kubistische Kompositionstechnik wurde »das flachstrukturierende Kontinuum der Bildfläche«[14] obligatorisch. Die Erzähltechnik wiederum verzichtet schon seit Thomas Mann und Musil in wachsendem Maß auf die »progressive Entfaltung der Welt«[15], auf das reihende Erzählen im linearen Zeitverlauf zugunsten einer eher flächenhaften synchronisierten Darstellung, wie sie schließlich auch Johnsons Romane beherrscht. Damit wird die Zeiterstreckung in die Gegenwart geholt wie bei den Kubisten die Raumausdehnung in die Fläche.

6. Montage und Collage

Auch in der Technik der Montage und Collage ergeben sich auffallende Parallelen zwischen der literarischen Kompositionstechnik Johnsons und der bildnerischen der Kubisten. Charakterisieren Johnsons Montagetechniken die übergangslosen Einsprengungen jeweils andersartigen Erzählmaterials – technische Sachbeschreibungen, fremdsprachliche Wendungen, Reklamesprüche –, so finden sich ähnliche Einsprengungen qualitativ anderen Materials in die gemalte Fläche in den Collagen des Kubismus. Fremdkörper, wie mit verschiedenen Materialstrukturen bedrucktes Papier, Zeitungsausschnitte, ausgeschnittene Buchstaben, zuletzt sogar reale Materialien wie eine Spiegelscherbe (Juan Gris, *Le Lavabo,* 1912), die »wörtlich sich selbst bedeuten«, werden in die Bildfläche eingeklebt.

Gerade diese Technik bestätigt wieder die realistische Intention Johnsons und der Kubisten: Die einmontierten Fremdkörper stehen als Abbreviaturen für ganze Wirklichkeitsschichten. So dokumentieren etwa die immer wiederkehrenden russischen und englischen Idioms bei Johnson die immer gegenwärtige Realität der Besatzungsmächte, obwohl diese sonst kaum dargestellt sind. Ebenso bringen das eingesetzte Spiegelstück oder die Strukturen eines Korbstuhles (Pablo Picasso, *Nature Morte à la Chaise,* 1912) Spiegel und Korbstuhl unübersehbar in die Komposition ein. »Mit der Erfindung des papier collée wurde es möglich, alle Raum-, Farb- und Texturqualitäten der Gegenstände anzugeben [...]. Doch enthielten diese Aufzeichnungen der sichtbaren Welt im Kubismus der Jahre 1913/14 nicht alle Eigenschaften eines gegebenen Objekts, sondern nur jene, die es hinlänglich gut charakterisieren, d. h. seine charakteristische Form, Farbe, Textur, Silhouette, um ein eindeutiges Erkennen zu ermöglichen.«[16]

Die Technik der papiers collées machte die Komposition wieder leichter lesbar, was den Kubisten in ihrer realistischen Absicht unerläßlich schien, und hält doch die formale Komposition frei von jeder illusionistischen Bindung an die natürlichen Gegenstandsformen. Picasso entdeckt darüber hinaus im papier collée »ein Mittel zum Ausdruck des Paradoxen, Mehrdeutigen und Witzigen«[17], wenn er zum Beispiel anspielungsreiche Zeitungsüberschriften einklebt, wie »La vie sportive« oder »(app)aration«. Der paradox-witzige Effekt solcher Collagen-Effekte ist auch in Johnsons Text unübersehbar, etwa bei den Einfügungen von Schlagerzeilen zu Beginn des zweiten Hauptteils der *Mutmaßungen über Jakob* – Jonas im Zug nach Jerichow – oder in den Dialogpassagen, in denen Schlagzeilen in »Parteichinesisch« auftauchen.

7. Die Feinstruktur

Eine facettenhafte Gliederung der Johnsonschen Erzählweise läßt sich bis in die Syntax hinein, bis zur parataktischen Aneinanderfügung der Satzteile nachweisen. Ähnlich facettenhaft erweist sich die Mikrostruktur der Komposition des analytischen Kubismus. Erst in der späteren symbolischen Phase des Kubismus tritt diese Aufgliederung der Mikrostruktur zugunsten großer Flächenkompositionen zurück. Über Picassos *Porträt von Ambroise Vollard* schreibt Fry: »Die ganze Fläche des Bildes ist in eine Reihe kleiner, einander durchdringender Flächen zerlegt, von denen jede sowohl hinter wie vor anderen angrenzenden Flächen gedacht werden kann. Nun zögert Picasso auch nicht mehr, die Konturen der Formen im Interesse seiner gesamten Bildstruktur aufzulösen.«[18] In diesem Bild ist also eine ähnliche Äquivalenz von Makro- und Mikrostruktur nachzuweisen wie in Johnsons *Mutmaßungen über Jakob*.

Viele der Kubisten gaben ihren Formen zusätzlich einen diaphanen glasartigen Charakter, um einander durchdringende Flächenstrukturen sichtbar machen zu können. Bei Johnson entsprechen dem die durchsichtigen Strukturen der Erzählung durch die zum Teil auch drucktechnisch sichtbare Darstellung der einander überlagernden Erzählmedien und Perspektiven.

Eine weitere merkwürdige Bestätigung erfährt der Vergleich zwischen Strukturen der Johnsonschen und der kubistischen Kompositionstechnik durch einige Besonderheiten der Wort- und Bildwahl in den *Mutmaßungen über Jakob*. Das Nomen »Kante« und sein Adjektiv »kantig« kommen samt dem dazugehörigen Wortfeld so ungemein häufig vor, daß sich Deschners Polemik gegen Johnsons Stil auch an dieser Erscheinung entzündete.[19] Diese Wort- und Bildwahl könnte jedoch innerhalb der »kantigen«, die Schnittflächen und Kontraste zwischen den Erzählelementen betonenden Gesamtstruktur des Werkes eine bestimmte Funktion haben: ähnlich der einer wörtlich sich selbst bedeutenden Aufschrift oder Spiegelscherbe in einer kubistischen Collage. Diese Wortwahl spiegelt in der Mikrostruktur der Komposition deren – wie wir nun sagen dürfen – »kubistische« Makrostruktur. Wie im analytischen Kubismus noch der kleinste Kompositionsbaustein kubistisch zugeschliffen ist, so werden bei Johnson durch die häufige Verwendung des Nomens »Kante« auch die kantigen Konturen seiner Gegenstände und Personen sichtbar gemacht. Als »kantig« werden mit Vorliebe die Gesichtszüge, Gesten und Gesamt-Charaktere von Cresspahl, Jakob und Gesine gekennzeichnet.

8. Die realistische Intention

Bei den Kubisten wie bei Johnson stießen wir auf die gleiche Antriebskraft für die Entwicklung ihres neuen Darstellungsmodus: auf einen neuen Realismus, der sich entschieden gegen den Illusionismus der abbildlichen Zentralperspektive wie gegen den eines zeitlich-linearen Erzählens durch einen allwissenden Erzähler wendet. Der Konstrukteur eines zentralperspektivischen Raumes wie der allwissende auktoriale Erzähler haben eines gemein: daß sie von einem einzigen Standort außerhalb des Werkes götterhaft die gesamte darzustellende Welt überblicken und von ihrem Standort her konstruieren. Dadurch erwecken sie die Illusion, als kenne die Realität keine weiteren Perspektiven. Ähnlich wie sich Johnson gegen die bloße Abschilderung einer Fabel wehrt, wehrt sich Olivier Howcade gegen die banalen Illusionen der bloßen optischen Wahrnehmung: »Der Maler weiß recht gut, wenn er eine runde Schale zu zeichnen hat, daß die Öffnung der Schale ein Kreis ist. Zeichnet er eine Ellipse, ist er nicht aufrichtig, er macht Konzessionen an die Täuschungen der Optik und der Perspektive, er täuscht willentlich [...]. Wenn Gleizès – und ich könnte das ebensogut auch von Lhote sagen – ein horizontal gezeigtes Buch wiederzugeben hätte, würde er davon ebenso den Deckel wie auch den Buchrücken zeigen.«[20] Auch wenn Johnson in dem Interview mit Bienek betont, daß er seine Kompositionstechnik nicht aus bloß formalen Überlegungen, sondern aus den darstellerischen Notwendigkeiten seines Gegenstandes entwickle, so erinnert das an Picassos Argumentation in einem Interview aus dem Jahr 1923: »Wenn die Gegenstände, die ich darstellen wollte, eine andere Ausdrucksweise verlangten, so habe ich nie gezaudert, sie mir zu eigen zu machen. Nie habe ich Versuche oder Experimente gemacht. Wenn ich etwas zu sagen hatte, dann habe ich es auf die Art gesagt, auf die es, wie mir schien, gesagt sein mußte. Andersartige Motive verlangen unvermeidlich auch andere Methoden.«[21] Den Kubisten ging es immer darum, eine neue Interpretation der äußeren Welt mit den dieser Interpretation entsprechenden formalen Erfindungen zu verbinden. Im Blick auf neue Gegenstände in der Malerei bemerkt Pierre Reverdy: »Was liegt an ihrer Neuheit, wenn man sie mit Hilfe von Mitteln benutzt, die nicht mit ihnen und für sie entstanden sind?«[22]

Die mächtige Spannung innerhalb der kubistischen Werke wie auch innerhalb Johnsons Erzählung liegt darin, daß sie dem Strukturell-Ästhetischen ein so großes Eigengewicht einräumen und es dennoch vom dargestellten Gegenstand her zu legitimieren suchen. So sagt Picasso: »Ein Kopf [...] ist eine Sache aus Auge, Nase, Mund, die verteilt werden können, wie immer man will, der Kopf bleibt ein Kopf«[23], womit sich wieder die Verwandtschaft zwischen phänomenologischer Betrachtungsweise und der Sicht des Kubismus bestätigt. Auch für das Paradox des Verhältnisses von Thema und Erzähltechnik in Johnsons Werk gilt, was Edward Fry über das »Paradoxon des Kubismus« sagt: Es bestehe darin, »daß er, indem er den endgültigen Bruch mit einer fast fünfhundert Jahre alten künstlerischen Tradition herbeiführte, dennoch diese Tradition durch eine Neubestimmung ihrer realistischen Voraussetzungen belebte und erweiterte. Anstelle eines abgenutzten Illusionismus [...] vereinigten die Kubisten eine neue Interpretation der äußeren Welt mit den dieser Interpretation entsprechenden formalen Erfindungen«.[24]

9. Die Aufgabe der Wahrheitsfindung

Wichtigste gemeinsame Intention der Kubisten und Johnsons ist die Wahrheitsfindung durch adäquate künstlerische Mittel, die experimentelle Haltung im Blick auf die angemessene Darstellung der Gegenstände und das analytische Vorgehen. Maurice Raynal beschreibt 1922 in seinem Aufsatz *Konzeption und Vision* präzise den intellektuellen Prozeß, der dem analytischen Kubismus zugrunde liegt: »In Wirklichkeit sehen wir niemals einen Gegenstand in allen seinen Dimensionen gleichzeitig. So kommt es darauf an, eine Lücke in unserem Sehen auszufüllen [...] Wenn also der Maler dahin gelangt, einen Gegenstand in allen seinen Dimensionen darzustellen, so realisiert er damit ein Werk höherer Ordnung als eines, das nur in seinen sichtbaren Dimensionen gemalt ist.«[25] Auf diese Weise wird für Raynal die Malerei zu einem Mittel, »nicht nur Geist und Sinn zu erfreuen, sondern auch die Erkenntnis zu vermehren«. Einen analogen Prozeß der Wahrheitsfindung will Johnson in den *Mutmaßungen über Jakob* in all seinen Aspekten und seiner Komplexität darzustellen versuchen. Es soll die perspektivisch bedingte Lücke in unserem Sehen dadurch ausgefüllt werden, daß der Leser alle möglichen Ansichten des Problems Jakob – und der Verhältnisse seines Lebens in der DDR – in unvermengten Stellungnahmen der einzelnen Sprecher vorgeführt bekommt. Die chronologische Ereigniskette wird zugunsten dieser Meinungspolyphonie zersplittert und im Erzählvorgang kontrapunktisch komponiert. Dialoge und Monologe zwingen schon durch ihre Sprach- und Zeitebene in der Gegenwart dazu, daß sich der Leser in den jeweils vertretenen Standpunkt hineinversetzt. So sieht sich der Leser veranlaßt, sich aus verschiedenartigen Stellungnahmen ein eigenes komplexes Urteil zu bilden. Die perspektivisch auffächernde Erzähltechnik Johnsons ist so angelegt, daß der Leser an den Schwierigkeiten der Wahrheitsfindung und ihrer epischen Darstellung partizipiert. Johnsons Erzähltechnik verfährt wie die der Kubisten kaleidoskopisch. Er setzt verschiedenartige perspektivisch modifizierte Partikeln der Wirklichkeit zusammen. Mit den Kubisten verbindet ihn vor allem, daß er sich betont von jeder illusionierenden Darstellungsweise abwendet und seine künstlerische Absicht wie seine gestalterischen Mittel offen darlegt. »Der Verfasser sollte zugeben, daß er erfunden hat, was er vorbringt [...].«[26] Die Erzähltechnik soll der Analyse der politisch-gesellschaftlichen Spaltung zwischen Ost und West und des Bewußtseins der von ihr betroffenen Menschen dienen. Als erste Konsequenz dieses Postulats wird der einseitige Standpunkt eines einzigen Erzählers aufgegeben und damit zugleich die Allwissenheit jedes möglichen Darstellers dieser komplexen Wirklichkeit. Jede mit Erzählfunktionen betraute Stimme ist mit dem gleichen Stoff, dem gleichen Komplex der gesellschaftlichen und persönlichen Umstände befaßt, die zu Jakobs Tod führen.

Mit der konsequenten Anwendung dieser Erzähltechnik ist aber auch die politische Wirkungsweise dieser Literatur entscheidend verändert: ihre Absicht kann nicht Agitation sein, sondern die volle Beteiligung des Lesers an der Mühsal der Wahrheitsfindung. Johnson befolgt in der Literatur die Forderung, die Jacques Lipschitz für die Kubisten erhob: dem »goldenen Käfig« ihrer formalen Prinzipien zu entfliehen und die Darstellungsmittel zu benutzen, »um etwas auszudrücken«.[27]

Aus: Über Uwe Johnson, hg. v. R. Baumgart, Frankfurt/Main: Suhrkamp 1970 (edition suhrkamp 405), S. 59–74.

Anmerkungen

1 Alfred Döblin, *Berlin Alexanderplatz*, Nachwort von Walter Muschg, Olten und Freiburg/Br. 1967, S. 501.

2 Albert Gleizes und Jean Metzinger, in: *Du Cubisme*, 1912, der einflußreichsten theoretischen Schrift über den Kubismus; abgedruckt in: Edward Fry, *Der Kubismus*, Köln 1966, S. 117.

3 Fry, a.a.O., S. 73.

4 Roger Allard, *Die Kennzeichen der Erneuerung in der Malerei*, 1912, in: Fry, a.a.O., S. 78.

5 Fry, a.a.O., S. 45.

6 *Über den Kubismus in der Malerei*, 1913, in: Fry, a.a.O., S. 129.

7 Fry, a.a.O., S. 46.

8 *Du Cubisme*, 1912, in: Fry, a.a.O., S. 116.

9 *Der Salon des Independants*, 1911, in: Fry, a.a.O., S. 71.

10 Fry, a.a.O., S. 23.

11 Ebd., S. 45.

12 Ebd., S. 45 ff.

13 Ebd., S. 38.

14 Ebd., S. 25.

15 Hans Geulen, *Max Frischs »Homo faber«. Studien und Interpretationen*, in: Quellen und Forschungen zur Sprache und Kulturgeschichte der germanischen Völker, NF 17, Berlin 1965, S. 18.

16 Fry, a.a.O., S. 46.

17 Ebd., S. 40.

18 Ebd., S. 24.

19 Karlheinz Deschner, *Talente, Dichter, Dilettanten*, Wiesbaden 1964, S. 212 ff.

20 *Die Tendenz der zeitgenössischen Malerei*, 1912, in: Fry, a.a.O., S. 80.

21 Fry, a.a.O., S. 78.

22 *Über den Kubismus*, 1917, in: Fry, a.a.O., S. 155.

23 Fry, a.a.O., S. 47.

24 Ebd., S. 49.

25 Ebd., S. 103.

26 Uwe Johnson, *Berliner Stadtbahn*, in: ders., *Berliner Sachen*, Frankfurt/Main 1975 (st 249), S. 20.

27 Fry, a.a.O., S. 41.

Rebellion und Tradition in der Sprache von Uwe Johnsons *Mutmaßungen über Jakob*

I

Unser Versuch, das sprachliche System ein wenig zu erhellen, das Uwe Johnsons *Mutmaßungen* zugrunde liegt, kann naturgemäß nur einen Anfang in der Interpretation des Werkes setzen. Die sprachlichen Irregularitäten Johnsons haben manche seiner Kritiker besonders provoziert und sie veranlaßt, ihn hart zu tadeln; so, als sei er ein Analphabet und mache einfach ›Fehler‹.[1] Was aber in der Alltagssprache Fehler sind, kann im geschlossenen Text eines literarischen Werkes eine durchaus eigene Funktion haben. Nach ihr gilt es zu fragen; daran muß sich dann freilich die Frage nach den Beziehungen zur Alltagssprache anschließen. Zuerst wenden wir uns einer relativ regulären Erscheinung zu; Orthographie, Syntax und Semantik sollen hier nicht getrennt werden. Uns interessieren aber im Endeffekt Fragen der Bedeutung.

Beim Lesen der *Mutmaßungen* stößt man besonders häufig auf sprachliche Gebilde folgender Art:

1. [...] obwohl Herr Kowalke nicht (Jakob nicht) Sonderurlaub westliche Fachzeitschriften Auslandsreisen Geldzuwendungen Westdeutschlandpässe angeboten hatte [...] (56)

2. Herr Rohlfs erfuhr Jakobs regelmäßige Anwesenheiten bei Versammlungen Sitzungen Aufbaueinsätzen, [...] (30)

3. [...] und wenn er an den Kreisen und Pfeilen und Zeichen des Ausrufs vorbei seinen eigenen Wegen nachging auf der Suche nach Straßen Brücken Verstecken Gestellwegen Hinterhalten, [...] (184)

4. So hat einer wenig teil an der Art seiner angeblich ganz unverwechselbaren Bewegung durch die Zeit, welche Heute ist und Hier und Das Wichtigste Was Zuerst Muß Getan Werden, sie will für sich die Zukunft haben und nimmt die Würde der Vergangenheit in ihren Anspruch obendrein. (67)

5. Es war so daß sein Aussehen sofort in mir unverwischbar sich abspiegelte, und wenn ich heute sage denke »er war groß und breit und kräftig, damals sah er ein bißchen schwermütig (nicht betrübt) aus für den

Betrachter«, so ist er verwechselbar mit jedem der ihm nur ähnlich wäre.
(74)

Dabei ist die eine Art der Erscheinungen gekennzeichnet durch Substantivketten von bis zu sieben, ja acht Gliedern, durch die etwas aufgezählt wird. Im Deutschen sind Ketten solcher Länge ganz ungewöhnlich; außerdem sind sie bei Johnson nicht durch Kommasetzung getrennt. Wer immer wieder von neuem auf diese Gebilde stößt, ist befremdet, verwirrt; sie liegen wie ein ungeformter Worthaufen mitten im Text. Normalerweise würden wir auch die Konjunktion ›und‹ vor dem letzten Glied erwarten; doch kommen bei besonders straffen Zusammenhängen solche Ketten ohne Endsignal vor dem letzten Glied auch sonst in der Literatur vor und liegen uns deshalb noch im Ohr. Man vergleiche etwa Thomas Manns Satz: »(Das Opiat der Musik) schafft Dumpfsinn, Beharrung, Untätigkeit, knechtischen Stillstand.«[2] Das fehlende ›und‹ hält jede Möglichkeit zur Verlängerung der Kette offen, es gibt damit zu erkennen, daß nur ein Teil der Beispiele angeführt wurde: die Aufzählung ist nicht abgeschlossen, der von ihr umfaßte Begriff ist komplexer, als es die aufgeführten Einzelteile auszudrücken vermögen.

Das gleiche Ergebnis wird bewirkt, wenn zwischen alle Glieder die Konjunktion ›und‹ tritt, wie dies bei einem anderen Teil der Beispiele der Fall ist. Auch hier könnte die Aufzählung noch weiter fortgesetzt werden; sie bricht an einer Stelle unerledigt ab. Die Konjunktion ›und‹ gibt dem auf sie folgenden letzten Glied abschließende Funktion. Fehlt sie oder wird sie konsequent zwischen allen Gliedern gesetzt, gebricht es den Wortketten an einem solchen Stoppsignal. Johnson will offenbar keinen Abschluß der Kette. Warum aber das Fehlen der Kommasetzung? Hier scheint mir ein sechstes Beispiel, wo zwei Aufzählungen nacheinander folgen, zu zeigen, daß Johnson zwei Arten von Aufzählungen unterscheidet. Dabei muß bedacht werden: es gibt ein eindeutiges Selbstzeugnis Johnsons dafür, daß die Zeichensetzung nicht auf ›Schlamperei‹ beruht, sondern geplant ist.[3]

6. [...] die Hetzjagd nach dem Verfasser, Klosterchroniken, Bürgerbücher, Familienregister, Gerichtsakten, Grabsteine. Dann der Druck des völlig durchforschten Textes mit Noten Einschüben Lesarten Glossen Exkursen Rechenschaftsbericht: dem textkritischen Apparat [...] (102)

In einem Fall finden wir, mit Beistrichen getrennt, die Aufzählung von innerlich unzusammengehörigen Einzelfakten, die durch eine äußere Situation zusammengeführt werden. Die zweite Art der Aufzählung mag man mit dem zitierten Satz von Thomas Mann vergleichen: ein einheitlicher Komplex wird durch seine Teilkomponenten aufgebaut.

Daß diese Art der Aufzählung für Johnson die entscheidende ist, wird einerseits an ihrer außerordentlichen Häufigkeit deutlich. Kaum ein paar Seiten, auf denen sie fehlt, während die andere Art ganz selten ist. Andererseits ist nicht zu verkennen, daß Johnson uns hier durch den eigenwilligen Gebrauch der Satzzeichen provozieren will. Wir sollen über das Problem stolpern, sonst hätte er wohl nicht die häufigere Art durch die auffallende Irregularität der Interpunktion hervorgehoben.

Nach dieser formalen Aufklärung müssen wir nun nach dem Funktionieren solcher Komplexe innerhalb der *Mutmaßungen* fragen. Man wird bemerkt haben, daß nur im sechsten Beispiel der Komplex durch einen Doppelpunkt von der zusammenfassenden Chiffre »dem textkritischen Apparat« getrennt wird. Dies ist ein ganz seltener Fall, und nicht von ungefähr liegt hier ein einfacher, leicht überschaubarer und vollständig aufzählbarer Komplex vor, zu dem das zusammenfassende sprachliche Zeichen präzise und ohne Nebentöne paßt: zu einem textkritischen Apparat gehören Noten, Einschübe, Lesarten, Glossen, Exkurse und Rechenschaftsbericht.

Jedermann weiß freilich auch, daß nicht alle hier aufgezählten Teile in jedem textkritischen Apparat erscheinen. Auch dies kann durch die satzzeichenlose Aufzählung dargestellt werden; denn die einzelnen Wörter sind nicht fest in eine lineare Kette eingespannt, sie sind austauschbar.

Zahlreiche derartige Beispiele finden sich im Text. Das Muster hierfür kommt zweifellos aus der gesprochenen Sprache, wo wir unbewußt solche kleinen Sammlungen von Wortschatz für die angemessene sprachliche Behandlung einer Frage gleichsam stotternd vornehmen. Überblickt man die ersten sechs Beispiele, so zeigt sich, wie beinahe penibel Bestandsaufnahmen von Fakten, Vorgängen und Zuständen vorgenommen werden. Es handelt sich aber um ein im ganzen sichtlich unvollständiges Inventar, um einen subjektiven Ausschnitt, um das unsichere Tasten nach genauerer Erfassung von Dingen und Vorgängen, die in der Schriftsprache gewöhnlich mit *einem* Ausdruck als genügend gekennzeichnet gelten. Gerade die Auflösung in ihre Komponenten enthüllt die ganze Unschärfe und Subjektivität der Gesamtbegriffe, desgleichen ihre Vertauschbarkeit, schließlich ihre ›mehrdimensionale‹ Verknüpfbarkeit.

Handelt es sich im ersten Beispiel um eine Bestandsaufnahme der Belohnung, die man Jakob für seine eventuelle Spionagetätigkeit bei der Nato anbieten könnte, so wird damit sogleich deutlich, daß es sich um ein sprachliches Abtasten seines Charakters handelt: Wird er etwa Sonderurlaub oder westliche Fachzeitschriften oder gar beides verlangen? Keine anderen Lustbarkeiten werden ihm zugetraut, keine Beförderung steht zur Debatte. Wer Jakob kennt, weiß, daß selbst diese Belohnungs-Überlegungen unmöglich sind: wollte er die Aufgabe übernehmen, wäre ›Treu und Glauben seinen Lohn wert‹. Dies ist denn auch der einzige Lohnbescheid an ihn.

Durch die Belohnungsliste werden wir zusätzlich darüber informiert, was für die Vorstellung eines SSD-Mannes Belohnungen sein könnten: westliche Fachzeitschriften, Auslandsreisen, Westdeutschlandpässe. Die selbstverständlichen Güter und Möglichkeiten dessen, gegen den spioniert werden soll, stehen als höchster Lohn. Dieser Komplex enthüllt damit eine Spaltung des Wertbewußtseins.

Wer bereit ist, mir zu folgen, dem tritt also in diesen Worthaufen, die der gesprochenen Sprache entstammen, ohne sprachlichen Mehraufwand auch die Möglichkeit entgegen, semantisch mehrschichtige Aussagen zu machen. Ihre Loslösung vom linearen Strom der Sprache entläßt sie in die Freiheit mehrdimensionaler semantischer Bindung. Dies, meine ich, will der Autor hervorrufen. Die freie Kombinierbarkeit der Zeichen mit allen Teilen des Satzganzen und ihre zum Nachdenken auffordernde Häufigkeit und Irregularität scheinen für diese Kraft als Mittel zu dienen.

Das fünfte Beispiel mag dies weiter verdeutlichen. Es geht um die Schwierigkeit, mit Sprache genaue Bilder zu vermitteln. Wir dürfen den Ausdruck einmal umsetzen, es wird gesagt: Verglichen mit dem ganzheitlichen und mehrdimensionalen Gesamteindruck, den das Aussehen eines Menschen bei einem andern unverwischbar erzielt, ist das Sprechen/Denken darüber inadäquat, in Einzelheiten zerlegt, ungenau und deshalb verwechselbar, besonders aus der Erinnerung.

Indem Johnson mit der Aufzählung von Einzelheiten mittels

eines Kataloges den jeweils faßbaren Bestand an Fakten darzustellen sucht, expliziert er uns die Suche nach den zusammenfassenden Begriffen und läßt uns so am Prozeß der Wahrheitsfindung teilnehmen. Es liegt, sehe ich recht, im sprachlichen Bereich dasselbe vor, was Johnson in der Skizze *Berliner Stadtbahn* für den erzählerischen Vorgang in folgender Weise formuliert hat: »Der Verfasser sollte nicht verschweigen, daß seine Informationen lückenhaft sind und ungenau. Dies eingestehen kann er, indem er etwa die schwierige Suche nach der Wahrheit ausdrücklich vorführt, indem er *seine* Auffassung des Geschehens mit der seiner Personen vergleicht und relativiert, indem er ausläßt, was er nicht wissen kann, indem er nicht für reine Kunst ausgibt, was noch eine Art Wahrheitsfindung ist.«[4] Daß die schwierige Suche nach der Wahrheit durch die Sprache selbst vorgeführt wird, geschieht seitens des Autors mit vollem Bewußtsein. Dies sei zunächst am siebenten Beispiel exemplifiziert:

7. [...] *und weil ich einen Namen gesucht hatte, nannte ich ihn »wie eine Katze so unbedenklich« wissen und daß es falsch war, und »hochmütig mißtrauisch zärtlich« treffen ja nur mit einem ganz entlegenen Teil von Bedeutung zu.* (75)

Der ›Name‹, der ›zusammenfassende Begriff‹, der Jakob hier gegeben wird, lautet: »wie eine Katze so unbedenklich«, aber auch dies ist falsch, und sogar die detaillierte Aufzählung von Eigenschaften wie »hochmütig mißtrauisch zärtlich« faßt den wirklichen Gesamtcharakter nur ganz am Rande.

Nirgendwo wird unser Problem deutlicher. Johnson – und hier wirken besonders die Anregungen Bertolt Brechts – zeigt die grundsätzlichen Schwierigkeiten beim Erfassen, beim Schreiben der Wahrheit, welche darin bestehen, daß alle – jeder Mensch, auch der Erzähler – ihre eigene Nomenklatur haben für das, was sie für wahr halten. Was Jakobs Mutter, die in den Westen geht, einfach ›wegfahren‹ nennt, nennen andere ›fliehen‹ und wieder andere ›Flucht‹.

8. Nein. Für sie war es bloß Wegfahren (ich weiß schon: Flucht) [...] (55 f.)

9. [Jonas]: [...] Ich wußte ja nicht weswegen seine Mutter geflohen
[Einwurf]: – Weggefahren
[Jonas] – weggefahren war [...]
[Funktionär]: Ist die Flucht bewerkstelligt worden mit Paß oder über Berlin? (86)

Auch Namen sind etwas Unfestes.

[...] er beugte sich vor und sagte »Entschuldigen Sie bitte«, obwohl Herr
Kowalke (der auch so nicht hieß aber vielleicht mit dieser Wendung des
Gesprächs auch wieder einen anderen Namen anzunehmen gewohnt war)
[...] nicht [...] Auslandsreisen [...] angeboten hatte. (56)

Unser Autor zeigt sich mehr und mehr als distanzierter Beobach-
ter der sprachlichen Konventionen; er führt uns mit allerlei
sprachlichen Mitteln die Ungenauigkeit der jeweils vorliegenden,
ja vielleicht je erreichbaren Informationen vor; er entlarvt die
Vertauschbarkeit der Namen. Er macht uns unsicher im Glauben
an einen festen Bezugspunkt.

Aber dann entfaltet er auch wieder eine dialektische Spannung
zwischen der sprachlich explizierten Relativität aller Fakten und
Meinungen – und dem Glauben der Romanfiguren an ihre unverwechselbaren Meinungen und Standpunkte von ihrer jeweiligen
Situation aus. Jöche sagt zum Beispiel einmal:

Und ich bin Lokführer, was am Ende nicht jeder ist, Anwärter auf eine
freigewordene Zweizimmerwohnung, Meinungen habe ich: alle meine
unverwechselbar [...] (97)

›Unverwechselbar‹ – das ist eine magische Vokabel, die sich durch
das ganze Buch zieht. Jeder und jedes will unverwechselbar sein –
und der Autor enthüllt auf der sprachlichen Ebene stets von
neuem, daß es dies in der ›Situation‹ nicht gibt, daß es nur die
Stellvertretung der Wahrheit durch die Fakten gibt.

Mit drei stellvertretenden Worten hatte er sich für eine Bekanntschaft
Gesines ausgegeben und so sich ausgewiesen für das Haus Cresspahls;
(88)
»Was ist ein Marktplatz«. »Für jeden was anderes« sagt er. »Jawohl« sage
ich: »Gewöhnen Sie sich nicht daran daß der kürzeste Weg für Sie vom
Tabakladen zur Post querüber führt. Für jeden liegt der kürzeste Weg
woanders, bedeutend [...]« (82)

Die Schwierigkeiten im Darstellen der Wahrheit finden ihren
Grund bei Johnson einerseits in der Relativität der Meinungen
über sie – gesehen unter der Spaltung zwischen Ost- und West-
sprache, West- und Ostideologie und dargestellt an der
Geschichte Jakobs –, andererseits aber darin, daß ihm die herkömmlichen Sprachmittel nicht ausreichen und nicht geeignet
erscheinen, um die tieferen Schichten der Wahrheit zu fassen.

Was Johnson für seine Art der Wahrheitssuche braucht, ist eine Umwertung der Bedeutung der Wörter, sind überhaupt neue Wörter. Außerdem braucht er ein besonderes Vehikel, um die neubewerteten Zeichen zueinander in Beziehung zu setzen. Er braucht eine besondere Grammatik.

Ich führe einige Umkehrungen der semantischen Verknüpfung an. Beim Telefonat heißt es einmal:

[...] da war die Verbindung schon tief eingedrungen in das [...] Fernsprechnetz der Reichsbahn. (65)

Oder:

Hinter Jakob stand die Müdigkeit. (64)

Wie aber verträgt sich ein Ding wie Unbescholtenheit mit der bewundernswerten Vielzahl von Ereignissen in dem Raum der Zeit? (65)

Dinge, Zustände, Eigenschaften werden syntaktisch und semantisch so verknotet, daß sie uns als selbständige Handlungsträger entgegentreten können. Wir kommen damit zu tiefgreifenden grammatischen und semantischen Irregularitäten, verglichen mit der normalen Alltagssprache. Sie erhalten Sinn nur aus den Kontextbeziehungen, die im geschlossenen Text eine neue Zeichenwelt aufbauen.

Nicht von ungefähr ist der Held der Geschichte ein Stellwerksbeamter. Hier kann das operative Funktionieren eines scheinbar abstrakten Systems, in dem es keinen einheitlichen Bezugspunkt gibt, am besten vorgeführt werden. Aus der Perspektive der fahrenden Züge – unter einem von ihnen kommt Jakob ja auch um – kann die Relativität aller Fixpunkte besonders deutlich gemacht werden.

Unter solchem Aspekt ordnen sich ganz neuartige semantische Verknotungen zusammen: Jöche »spuckte Zigarettenrauch in den raschen schmutzigen Fahrtwind, der Turm rutschte ihm entgegen [...]« (58 f.). Nur vom fahrenden Zug aus betrachtet ist der Fahrtwind rasch und rutscht der Turm entgegen. An anderer Stelle heißt es: »[...] *und als der sanfte Ruck das Bahnsteigpflaster ein Abschiedsgesicht einen Gepäckkarren zum Gleiten brachte und der Wagenboden sich dehnte unter meinen Füßen [...]*« (72).

Personen, Dinge, Abstraktionen, Eigenschaften, Vorgänge: im Fahrplan unseres Romans werden ihnen ganz andere Stellenwerte zugewiesen, als wir es gewohnt sind. Johnson, höchst reflektiert, ein rechnender Experimentator, beobachtet dabei sich und seine Figuren: »*Wenn ich mich recht erinnere, begann ich sogleich nach Worten zu suchen. Das Nächste war daß ich ein Wort nach dem anderen wegwarf, sie meinten sämtlich Eigenschaften, dieser schien keine zu haben.*« (74) So kommentiert eine der Personen, der anglistische Assistent Jonas, den rigorosen Vorgang der Wahrheitssuche, und es wird deutlich, wie zentral dabei die Sprache ist, wie ernst sie genommen wird, wie sie als Zugang zur Wahrheit gilt. Und deshalb destruiert der Autor Johnson die herkömmlichen semantischen und syntaktischen Muster und auch die Wortbildung:

da gibt es ein ›bedachtes Vertrauen‹,
da nickt einer ›neben sich‹,
da ist einer ›Aufsichter‹,
da gibt es einen ›grußmäßigen Blick‹.

Durch die Eingliederung in das synchrone Funktionsgefüge der Romanstruktur erhalten alle Wörter, woher sie auch kommen mögen, ihren neuen Platz und ihre neue Bedeutung. Freilich nehmen sie aus ihrer Vergangenheit Bestandteile mit, bringen so zusätzliche Informationen ein, machen die sprachlichen Aussagen transparent für Mitteilungen, Haltungen, Erkenntnisse.

Ich will nur einen solchen Bereich mit einigen Beispielen belegen. Die Übermacht des östlichen Staates, sein Anspruch, vorbildliche Normen zu setzen, und die radikale Trennung vom Westen, aus dem es keine Rückkehr gibt, all das wird häufig durch biblische Metaphorik dargestellt, manchmal verbunden mit den syntaktischen Archaismen des lutherischen Deutsch. So spricht einmal der Vertreter der östlichen Staatsmacht, Herr Rohlfs:

Es hat mir gefallen mein Auge zu werfen auf zwei verdienstliche unbescholtene Leute, die seit gestern abend in der Ziegleistraße zu Besuch sind bei Herrn Cresspahl. (81)

Oder:

Sie wandten ihr Gespräch inzwischen auf die Mächtigen der Erde und einigten sich über die Unvernunft in ihren Ratschlägen; für das Reden konnte Jöche allein gut aufkommen, nachdem sie getrunken hatten von den vergeistigten Säften, die das Gemüt erheben und bestärken in der Geduld gegen die Dinge die da kommen werden. (63)

Auf diese Weise wird gleichzeitig immer von neuem die außerordentliche Diskrepanz zwischen Anspruch und realer Möglichkeit dargestellt. Schließlich ein letztes Beispiel: »Jöche sagte, daß Cresspahl aus Jerichow zum Westen eingegangen sei.« (61) Die Endgültigkeit des Ganges, aber auch die gläubige Auslieferung an ein Neues, können kaum kürzer und prägnanter ausgedrückt werden als mit dieser Formel.

Wie sehr unsere Interpretation der Absicht des Autors entspricht, wird vielleicht an folgendem Beispiel sichtbar. Jonas, der anglistische Assistent Dr. Blach, sagt einmal zu Cresspahl, dem Vater der Gesine:

»Wir sind ja der Sache des Fortschritts unbelehrbar ergeben.« Cresspahl hatte an der SACHE DES FORTSCHRITTS wohl nichts mehr zu verteidigen gefunden (denn was war das?), aber über dem UNBELEHRBAR ERGEBEN war er bedenklich geworden. Denn UNBELEHRBAR war das Wort, das die sozialistische Staatsmacht für ihre Feinde gebrauchte und hieß soviel wie streitsüchtig besserwisserisch töricht unnütz, aber ERGEBEN verwandte sie für den anderen Teil der Bevölkerung und der internationalen Arbeiterklasse, der von dem einmal eingeschlagenen Weg zum Sozialismus UNBEIRRBAR überzeugt war und unermüdlich arbeitswillig die Anweisung der Parteileitung ausführte, und was hieß UNBELEHRBAR ERGEBEN (dachte Cresspahl:) wenn es in Jonas' Munde war? (171 f.)

Man erkennt leicht, wie mit verschiedenartigen sprachlichen Mitteln die Relativität der für wahr gehaltenen oder mit Absolutheitsanspruch auftretenden Erscheinungen dargelegt wird. Gewiß, skurrile Einfälle, oft der Topos der verkehrten Welt; aber in unserer Geschichte – und zunächst natürlich nur in ihr – konstituieren sie ein weithin außerhalb der Alltagssprache stehendes semantisches System: der rutschende Turm, ein Ding wie ›Unbescholtenheit‹ sind nicht das, was wir in ihnen zu sehen gewohnt sind.

Neben Neuwörtern, archaisierenden semantischen und syntaktischen Verknüpfungen treten Umdeutungen ein. Das verübelt ihm sein Kritiker Deschner sehr: er zeiht ihn der Dummheit.[5] Wenn man jedoch bereit ist, unsere Auslegung der Sprache Johnsons anzuerkennen, so müssen sich gerade die von Deschner genannten Beispiele hervorragend einfügen. Semantisch und gemessen an der Vorstellung einer unveränderlichen und unveränderbaren Norm sind sie allerdings Irregularitäten. Sollten aber die Vertauschbarkeit von Namen, Dingen, Eigenschaften, die Relativität von Beziehungen, die Unfestigkeit von Standpunkten, welche Thema des Buches sind, haltmachen vor der verfestigten Überlieferung in der Anwendung von Worten? Sind diese nicht in ihrer Bedeutung erst in der ›Situation‹ zu bestimmen? Freilich, auch die Kritiker leben im Wahn der unverwechselbaren Meinungen.

II

Nachdem wir uns über einige auffallende und befremdende semantische Besonderheiten Aufklärung verschafft haben, wenden wir uns den grammatischen und syntaktischen Mitteln zu, mit denen dieses eigenwillige semantische System in Bewegung und Beziehung gesetzt wird.

Schlägt man das Buch auf, so fällt zuerst der regelmäßige Wechsel zwischen Normaldruck und Kursivdruck auf. Prüft man zunächst ganz oberflächlich den Unterschied zwischen dem normalgedruckten und dem kursiven Text, so ergibt sich sogleich, daß die kursivgedruckten Abschnitte Ich-Erzählungen, innere Monologe oder vergleichbare »Äußerungen« jeweils nur einer Person bringen. Dazu einige Beispiele:

Mein Vater war achtundsechzig Jahre alt [...] (8)
Aber wenn einer mich fragt [...] (13)
Sie hat mir das Essen gekocht [...] (18)
»Nein«, sagte sie und stritt es rundweg ab mir ins Gesicht [...] (19)

In diesen Kursivtexten sprechen die Außenseiter: Gesine, die im Westen bei der Nato arbeitende Tochter Cresspahls; Rohlfs, der östliche Sicherheitsdienstler; Jonas, der anglistische Assistent, ein Oppositioneller und Freund Gesines. Jakob, die Hauptperson, erscheint nur zweimal kurz als Sprechender an solchen Stellen. Soweit ist die Frage der Kursivtexte einfach. Mit den normalgedruckten Textstellen verhält es sich etwas schwieriger. Im Kursivtext herrscht, um ganz von außen zu beginnen, das ›ich, mein, mir, mich‹ vor, dagegen ist es das ›er, wir, du, sie‹, sind es die Namen als Satzsubjekte im Normaltext.

Aber Jakob ist immer quer über die Gleise gegangen. (7)
Heinrich Cresspahl war ein mächtiger breiter Mann... (9)

Aber wenn einer Sie mal fragen sollte: (13)
Seit Gesine und Jakob aus Cresspahls Hause waren in der Welt [...] (18)

Dennoch stellt der normalgedruckte Text keine Einheit dar. Diesem Problem möchte ich mittels dreier Textstücke nachgehen. Sie bilden zusammen den Anfang, die erste Seite des Textes. Ich beginne mit dem Mittelstück dieses Textes:

unterhalb des hohen großglasäugigen Stellwerkturms kam eine Gestalt quer über das trübe dunstige Gleisfeld gegangen, stieg sicher und achtlos über die Schienen eine Schiene nach der anderen, stand still unter einem grün leuchtenden Signalmast, wurde verdeckt von der Donnerwand eines ausfahrenden Schnellzuges, bewegte sich wieder. An der langsamen stetigen Aufrechtheit des Ganges war vielleicht Jakob zu erkennen, er hatte die Hände in den Manteltaschen und schien geraden Nackens die Fahrten auf den Gleisen zu beachten. Je mehr er unter seinen Turm kam verdunsteten seine Umrisse zwischen den finster massigen Ungeheuern von Güterzugwagen und kurzatmigen Lokomotiven, die träge ruckweise kriechend den dünnen schrillen Pfiffen der Rangierer gehorchten im Nebel des frühen Morgens auf den naß verschmierten Gleisen (7f.)

Dieses Textstück ist syntaktisch gegenüber der Hochsprache fast ungestört. Als Tempus findet sich durchgehend das Präteritum (Imperfekt): »[...] kam eine Gestalt, [...] stieg sicher, [...] stand still, [...] wurde verdeckt [...]«. Die meisten Substantive haben ein oder mehrere Attribute: »des hohen großglasäugigen Stellwerkturms«, »das trübe dunstige Gleisfeld«, »unter einem grün leuchtenden Signalmast«, »an der langsamen stetigen Aufrechtheit«. Das Textstück enthält keine einzige Interjektion, keine Fragepartikel. Es erscheint nur die völlig neutrale Konjunktion ›und‹.

Suchen wir ganz real nach dem Standort, von dem aus dieses Stück der Geschichte übersehen wird, so werden wir ihn automatisch irgendwo außerhalb, erhöht über der Szene suchen. Der Betrachter der Szene ist ganz ruhig; er beschreibt genau und nach dem richtigen Ausdruck tastend, was er sehen kann. Wenn die Gestalt unter dem Turm ›verdunstet‹, wendet er sich ab, ohne Erregung. Die Wirkung, die von dieser Stelle auf uns ausgeht, ist wesentlich bestimmt von der syntaktischen Form, den gesättigten Adjektiv-Substantiv-Verbindungen, der Wirkung des Erzähl-Präteritums, der Interjektionslosigkeit. ›Erzählte Welt‹ ist die Szene, und es kann kein Zweifel sein, daß wir dieses Textstück einem imaginären Erzähler zuschreiben müssen.[6]

Dieser Erzähler steht über der ganzen Szene, er hat Überblick. Manchmal erzählt er ein wenig umständlich und wortreich, er erstrebt Genauigkeit bis ins letzte Detail. Sein Erzählduktus möchte ihn uns als Realisten ankündigen. Kontrast entsteht auf den ersten Blick nur durch einige Besonderheiten, die Unsicherheit, Neuwertung provozieren. Hierher gehört etwa der ›großglasäugige Stellwerkturm‹ wie auch der Komplex ›träge ruckweise kriechend‹.

Die komplexhaften Aufzählungen sowie eine Anzahl von semantischen Irregularitäten, die wir zu Beginn untersuchten, glaubten wir als Bemühungen um genaueste Erfassung der Wahrheit erkennen zu können, gleichzeitig aber als Warnschilder vor den Gefahren einer allzugroßen Sicherheit gegenüber den für wahr gehaltenen Dingen.

Verbinden wir diese Ergebnisse mit der Betrachtung des Erzählertextes, besonders auch außerhalb unseres Textstückes, so könnte sich vielleicht der Kontrast zwischen Regularitäten und Irregularitäten erhellen lassen. Er zeigt dann auf, daß hier etwas nicht ganz geheuer ist; daß die realistische Attitüde ein Versuch ist, der Ungewißheit und Mutmaßung Herr zu werden. Denn dieser Erzähler, so deutlich er alles, was er weiß, vorträgt, in der Abfolge der Ereignisse linear strukturiert, er ist keineswegs ein Erzähler, der allgegenwärtig wäre. Er erzählt das, was er sieht, deshalb so pedantisch und so genau wie möglich, weil er weiß, daß in den von ihm mitgeteilten Details ein Teil der Lösung stecken kann, er weiß nur nicht, wo. Er weiß auch, daß er nur einen unvollkommenen Ausschnitt gibt. Beobachten wir ihn doch:

Da geht ein Mann in stetiger Aufrechtheit über das Gleisfeld. Aber unser Erzähler hat seinen Standort zu weit entfernt, als daß er mit Sicherheit erkennen könnte, daß es Jakob ist (»war vielleicht Jakob zu erkennen«). Als dann die Umrisse der Gestalt sich unter dem Turm auflösen, beschreibt er noch eine Weile – mit dem konzentrierten Versuch, alle Details zu ergründen – die Szene, ehe er sich abwendet. Dabei ereignet sich gerade in diesem Augenblick, als er noch dabei ist, die Bewegung einer Lokomotive zu erfassen – »träge ruckweise kriechend« nennt er sie –, Jakobs rätselhafter Tod. Der Erzähler hat ihn nicht gesehen.

Wenn wir Johnsons schon zitiertes Eingeständnis betrachten, wonach der Erzähler selbst nicht vollständig informiert sei, sondern die Suche nach der Wahrheit erst vorführen müsse, so wird klar, daß es in unserer Geschichte keinen allwissenden Erzähler geben kann, dem Erzähler kann nur die Vermittlung eines Teiles der Geschichte anvertraut werden. Dies ist nicht eine Erfindung Johnsons, die Kurzsichtigkeit des Erzählers ist eine Augenkrankheit der neueren Literatur mindestens seit der Romantik. Natürlich ist zu fragen, ob es Einsicht oder Wille des Autors ist, daß ihm volle Informationen über alle Einzelheiten seiner Geschichte fehlen.

Einsicht kann es insofern sein, als ein kluger Autor heute weiß, daß beim Aufbau eines Textes die geplante Vergesellschaftung sprachlicher Zeichen, die in ein bestimmtes Verhältnis zueinander gebracht werden und die uns dann als der lineare Zug einer Geschichte entgegentreten, nicht das einzige und letzte bleibt. Es gehört zur ambivalenten Eigenart der sprachlichen Zeichen, daß sie sich nicht allein in der vom Autor beabsichtigten Richtung dechiffrieren lassen, nicht in sie ihre ganze Kraft verströmen, sondern daß sie auch noch reichlich Kraft behalten, um eine zunächst unabschätzbare Zahl von Querbeziehungen zu evozieren. Der Leser vollführt beim Entschlüsseln eines Textes sehr komplizierte Code-Erkennungsprozesse: er muß syntaktisches und semantisches System – Grammatik und Bedeutung – aufeinander beziehen und im Rahmen der ihm vertrauten Muster identifizieren. Dabei spielen psychologische und soziale Fakten sowie Bildung, Erfahrung des Lesers usw. eine große Rolle. Je neuartiger und komplizierter die vom Autor vorgenommene Vergesellschaftung der Sprachzeichen ist, um so öfter bieten sich dem Leser, der andere, jenseits der vom Autor vorgenommenen Codierung liegende Mustervorstellungen mitbringt, auch andere Dechiffrierungsmöglichkeiten an. Sie enthalten das Mißverständnis ebenso wie eine Fülle von legitimen Interpretationen. Diese Interpretationen kommen also aus einer sich dem Leser beim Decodieren aufdrängenden andersartigen Auflösung von Kontextzusammenhängen. Er formiert beim Lesen wenn nicht überhaupt ein anderes Sprachsystem, so doch sehr unterschiedliche Subsysteme, die recht eigentlich bereits den Reichtum großer Dichtung ausmachen. Was wären Goethes *Wahlverwandtschaften* ohne die interpretatorischen Subsysteme?

Insofern kennt also kein Autor seine Geschichte ganz, und so konnte auch der Wille entstehen, *vorzuführen*, daß es gar nicht möglich ist, die komplexen Beziehungen in einer Geschichte vollständig zu überschauen, daß es Informationslücken gibt, die nicht verdeckt werden dürfen. Es kann wichtiger sein, statt eine scheinbar runde Geschichte darzubieten, die zahlreichen verborgenen Beziehungen in dieser Geschichte erst zu suchen.

Ein solcher Autor ist Johnson. Er will die potentielle Findigkeit seiner Leser, deren teilweise größere, jedenfalls andersartige Erfahrung aktivieren; will sie dazu bringen, mit ihm die Bedingungen der Geschichte zu durchdenken, deren System zu finden und sich damit natürlich auch in tieferer und verbindlicherer Weise zu identifizieren, ja vielleicht sogar aus der gemeinsam erarbeiteten Geschichte Lehren zu ziehen.

Wenden wir uns der Umgebung des eben besprochenen Textes zu. Vor ihm findet sich folgender Abschnitt, mit dem das Buch beginnt:

Aber Jakob ist immer quer über die Gleise gegangen.
– Aber er ist doch immer quer über die Rangiergleise und die Ausfahrt gegangen, warum, außen auf der anderen Seite um den ganzen Bahnhof bis zum Straßenübergang hätt er eine halbe Stunde länger gebraucht bis zur Straßenbahn. Und er war sieben Jahre bei der Eisenbahn.
– Nun sieh dir mal das Wetter an, so ein November, kannst keine zehn Schritt weit sehen vor Nebel, besonders am Morgen, und das war doch Morgen, und alles so glatt. Da kann einer leicht ausrutschen. So ein Krümel Rangierlok ist dann beinah gar nicht zu hören, sehen kannst sie noch weniger.
– Jakob war sieben Jahre bei der Eisenbahn will ich dir sagen, und wenn irgendwo sich was gerührt hat was auf Schienen fahren konnte, dann hat er das wohl genau gehört (7)

Es folgt der schon behandelte Erzählerabschnitt; sodann heißt es weiter:

– wenn einer dann er. Hat er mir doch selbst erklärt, so mit Physik und Formel, lernt einer ja tüchtig was zu in sieben Jahren, und er sagt zu mir: Bloß stehenbleiben, wenn du was kommen siehst, kann noch so weit wegsein. »Wenn der Zug im Kommen ist – ist er da« hat er gesagt. Wird er auch bei Nebel gewußt haben.
– Eine Stunde vorher haben sie aber einen Rangierer zerquetscht am Ablaufberg, der wird das auch gewußt haben. (8)

Es fällt nicht schwer, die hauptsächlichen Unterschiede zwischen dem, was wir den Erzählerabschnitt nannten, und den hier behandelten Textteilen herauszulösen. Als Tempus dienen in erster Linie Perfekt und Präsens. »Jakob ist immer gegangen; er ist immer gegangen; wenn irgendwo sich was gerührt hat; hat er das gehört; hat er mir doch selber erzählt; hat er gesagt; haben sie einen Rangierer zerquetscht.« Dazu Präsens: »Sieh dir das Wetter an; kannst keine zehn Schritt weit sehen; da kann einer leicht ausrutschen.«

Im Vergleich zum Erzählertext fällt außerdem das völlige Fehlen aller Adjektiv- und Partizip-Attribute auf. Jedes Substantiv steht allein.

Das Erscheinen der entgegensetzenden Konjunktion ›aber‹ gleich im ersten und zweiten Satz diene als Beispiel für den anderen Duktus. Das Gegenüber in diesem Satz ist eine Situation, und mitten in dem durch sie geschaffenen ›Situationskontext‹ beginnt der Redetext. Es ist ein Redetext, der sich an einen anderen wendet: »sieh dir mal an; will ich dir sagen«: es ist gleichzeitig ein Redetext, der vom Schicksal eines anderen spricht: »aber er ist doch immer gegangen«. Aber es gibt auch allgemeine Bezüge (»Da kann einer leicht ausrutschen«), ja sogar Bezüge auf die Sprecher selbst durch ein Zitat des Besprochenen, der gesagt hatte: »Bloß stehenbleiben, wenn du was kommen siehst, kann noch so weit wegsein.« Schließlich ist es offenbar, daß die Sprecher sich einer saloppen, nicht ganz dialektfreien niederdeutschen Umgangssprache, vermischt mit fachlichem Jargon, bedienen: »ein Krümel Rangierlok; lernt einer ja tüchtig was zu«.

In diesem Text wird nicht ruhig aus dem Abstand die Welt erzählt; hier wird – um einen Terminus Weinrichs zu benutzen – die Welt besprochen. Da mangelt es freilich oft an Übersicht, und es mischen sich aus diesem Grund Vermutung und Gerüchte ein. Aber vieles kann eben doch nur aus solcher Nähe richtig bewertet werden. Da herrscht Beteiligung, denn der besprochene Vorgang kann sich ja beim Sprecher selbst wiederholen. Da wird eine Qualifikation dessen notwendig, dem das zugestoßen ist. Dazu kann auch etwas erzählt werden:

– Jakob war sieben Jahre bei der Eisenbahn will ich dir sagen [Wahrheitsbeteuerung für das Folgende, H. S.], und wenn sich irgendwo was gerührt hat was auf Schienen fahren konnte, dann hat er das genau gehört [...] (7)
– Wenn einer dann er [...] (8)

So ist der Blick hier nicht wie im Erzählerteil allein auf das

Ergebnis gerichtet, vielmehr handelt es sich um Dinge, die noch
anstehen: deshalb das ›Präsens‹, überhaupt die Beziehungen zwischen den verschiedenen Tempora und Modi. Doch brechen wir
hier ab.

Sprechertexte dieser Art, Unterhaltungen, Diskussionen, Reden
bekannter und unbekannter Romanfiguren finden sich das ganze
Buch hindurch im normalgedruckten Teil, vermischt mit den
Erzählertexten. Es herrscht durchweg der Duktus der gesprochenen Sprache, wenn auch zuweilen stark stilisiert. Die Texte sind
sozial abgestuft von der Jerichower Mundart bis zum russisch
und englisch durchmischten Behördenjargon des SSD und der
Nato, dem Aktendeutsch ländlicher Gemeindebehörden, den
Fachsimpeleien der Eisenbahner und zur niederdeutsch und säch-
sisch gefärbten Umgangssprache.

In diesem Bereich mit der Elle der hochsprachlichen Norm zu
messen, ist unangebracht – so wie es sinnlos wäre, Hauptmanns
Weber-Schlesisch die Abweichungen vom Hochdeutschen vorzuhalten. Hierher gehören vor allem auch die von Herbert Kolb
vorgeführten ›Rückfälle in die Parataxe‹, welche eine parataktische Weiterführung von Sätzen bringen, die hypotaktisch begonnen[7]: »*Ich sehe aus wie eine, die wartet auf den Bus*« (143); »*Es
gibt welche an denen kannst du vorbei [...]*« (177)

Die durch Peter von Polenz daraus gezogenen Schlüsse, wonach
dies eine umgangssprachliche Rebellion gegen die hochsprachli-
che Syntax sei[8], sind insofern einzuschränken und zu modifizieren, als sie nicht berücksichtigen, daß wir Rede- und Erzählertext
mit unterschiedlichen Aufgaben zu unterscheiden haben und daß
diese Erscheinungen ganz überwiegend im Redetext vorkommen.
Hier haben wir ein glänzendes Beispiel dafür, daß ohne eine
hinreichende Analyse des literarischen Textes als eines eigenständigen Systems grammatische Aussagen über die allgemeine Sprache nicht gelingen können. Dies gilt im höchsten Maße für das
beckmesserische Aufrechnen von Hunderten von ›Grammatik-
fehlern‹ durch Karlheinz Deschner.[9] Wer hier voreilig von ›Provokation‹ spricht wie Deschner, von ›defekter Sprache‹ wie
Joachim Maas und Kasimir Edschmid[10], hat nicht sorgfältig
genug gelesen.

Freilich muß man fragen, welche Funktion der Redetext in
seiner stark umgangssprachlichen Form im Buch hat – ob er
tatsächlich naturalistisch gemeint sein kann, wie es zunächst

scheinen möchte. (Wir erinnern uns, daß sich ja auch der Erzählertext recht realistisch gab und es am Ende nicht war.) Ich
glaube, wir müssen ihn zunächst als Mittel der Erzähltechnik
betrachten und ihn so auf seine Leistungskraft prüfen.

Wir hatten gesehen, wo die Beschränkungen des Erzählers
liegen; daß er nicht allwissend ist. Deshalb muß nach dem
ausgesprochenen Willen des Autors der Redetext einen Teil der
Ermittlungen über den Tod Jakobs übernehmen, genauso wie die
Einzelreden des Kursivtextes. Einen Teil seiner sprachlichen Leistungskraft haben wir bereits erkannt, als wir Erzählertext vom
Redetext abhoben und die Haltung der ›besprochenen Welt‹ von
der Haltung der ›erzählten Welt‹ sprachlich unterschieden.

Anderes kommt nun hinzu. Der Erzählertext ist, wie wir auch
an unserem Beispiel sehen, vornehmlich linear strukturiert. Er
kennt, wie Schriftsprache allgemein, wesentlich nur den zeitlich-
kausalen Ablauf. Die Wirklichkeit tritt uns jedoch mehrdimensional entgegen. Das zeitliche Nacheinander stellt dabei nur eine
Bezugsebene dar. Wir haben daneben gleichzeitig ein mehrdi-
mensionales lokales Miteinander und Ineinander von psychi-
schem Kontext: die Beobachtungen der verschiedenen Sinne –
Gesicht, Gehör, Geruch, Gefühl –, schließlich wohl als Subklasse
des psychischen den sozialen Kontext, den des Sozialmilieus.
Dies alles muß in lineare Zeichenabläufe umgesetzt werden, die
besonders bei geschriebener Sprache gewisse Grenzwerte für die
Aufladung mit Information besitzen. Sie können infolgedessen
einen Teil der Wirklichkeitskontexte nicht übertragen, denn bei
ihrer Aufspreizung in zu lange Zeichenketten ginge viel Information und Unmittelbarkeit verloren. Zudem muß genügend
Redundanz – überschüssige Information – eingeplant werden,
um die Informationsverluste zwischen Sender und Empfänger,
zwischen Autor, Buch und Leser aufzufangen; hat ein Leser doch
nicht einmal die supralinearen Merkmale des Akzentes, der Into-
nation zur Verfügung.

Um der übersichtlichen Anordnung willen muß also auf eine
gewisse Unmittelbarkeit und mehrdimensionale Wirklichkeits-
übertragung vom Sender zum Empfänger verzichtet werden.
Hier liegt die Stärke gesprochener Sprache, die wir alle ausnut-
zen, allerdings ohne das immer gerne einzugestehen, weil wir
vom übermäßigen Prestige der Schriftsprache gebannt sind.

Wer würde nicht beim Sprechen seine Wortketten immer wieder

zerreißen? Wer sucht nicht durch Einschübe und Erweiterungen, durch gleichsam in Klammern gesprochene Vermutungen, durch lust- oder unlustbetonte Ausrufe, durch ›ha‹ und ›oohh‹, durch erklärendes ›warum‹, durch wahrheitsbeteuerndes ›wirklich‹ seinem Gegenüber ein möglichst direktes und vollständiges Bild von der mehrdimensional geschauten Wirklichkeit zu geben, mit allem psychischen und sozialen Kontext? Und eben dieses assoziative Sprechen der gesprochenen Sprache ist das Mittel, mit dem auch Johnson im Redetext weithin arbeitet. Ich will, ohne auf eine detaillierte Auffächerung der jeweils angesprochenen Wirklichkeitskontexte einzugehen, hierfür nur ein Beispiel bringen. Johnson ist sich in seiner sich selbst kontrollierenden Art genau der Leistungskraft und der Wirkung solchen Sprechens bewußt, wenn er den Erzähler von einem Professor berichten läßt:

[...] die Worte reichten ihm vor lauter Abgeschliffenheit und Dürftigkeit nicht aus für die übermäßige Verschränktheit der bewiesenen und der vermutbaren Tatsachen, unermüdlich erweiterte er die begonnenen Sätze und brach sie rücksichtslos ab, wenn sie ihn einmal an einen brauchbaren Neuansatz gebracht hatten [...] (269)

Die ›übermäßige Verschränktheit der bewiesenen und der vermutbaren Tatsachen‹ ist es denn wohl auch, die Johnson veranlaßt, die große Leistungskraft der Sprachhaltung der ›besprochenen Welt‹ mit der assoziativen Sprechart der alltäglichen Sprechsprache zu verbinden. Gekoppelt mit dem Duktus der ›erzählten Welt‹ im Erzählerteil, der andere Informationsbereiche aufschließt, wird ein Optimum an Ermittlungsarbeit und Informationssammlung für den rätselhaften Tod Jakobs geleistet, werden die Fallen und Unsicherheiten im Erfassen der Wahrheit, die semantisch einprägsam hervortreten, soweit wie möglich (und soweit der Autor es will) überwunden. Auch hier ist es primär kein Naturalismus im Raum der besprochenen Welt, sondern Ausnutzung der inneren Leistungskraft der gesprochenen Sprache. In diesem Bereich, will mir scheinen, herrscht keine Provokation. Freilich, ein anderes bleibt. Denn warum läßt uns Johnson ohne klares Zeichen für diesen ständigen Wechsel der Sprechhaltungen, warum führt er uns geradezu in die Irre? Werfen wir doch einen Blick auf unser letztes Beispiel: »Aber Jakob ist doch immer quer über die Gleise gegangen [...]«, den Redetext und den Erzählertext zusammen. Es ist ganz eindeutig, daß Johnson den Satzzeichenkode an den Übergängen absichtlich verwirrt hat. Alle Zeichen, die wir bei einem solchen Wechsel füglich erwarten dürfen, fehlen: Anführungsstriche beim Redetext, Großbuchstabe beim ersten Wort des neuansetzenden Duktus, Punkt an seinem Ende, Einführung der sprechenden Personen. Ja, häufig gehen die beiden Erzählhaltungen ineinander über.

Hier will der Autor offenbar den Leser verwirren und ihn dazu provozieren, im schrittweisen Vor- und Zurückgehen den Ermittlungsprozeß ganz mitzumachen, sich selbst daran zu beteiligen, selber in der ›übermäßigen Verschränktheit der bewiesenen und vermutbaren Tatsachen‹ die Informationslücken zu schließen. Ob er damit freilich seine Leser nicht überfordert hat und ob ihm sein Vorhaben stets gelingt, ist eine andere Frage.

Die Probleme der Kursivtexte brauche ich nicht mehr im einzelnen zu erörtern. Durch die Ich-Form und die Häufigkeit des Monologue intérieur wird dort eine dritte Informationsebene errichtet, die jedoch sprachlich keine grundsätzliche Neuerung bringt. Wiederum überwiegt der Redetext, wenngleich bei der gedanklichen Rekapitulation vor allem von Sicherheitsdienstermittlungen immer wieder auch andere Stile auftauchen, ›erzählte Welt‹, Amtsdeutsch usw. Die Eigenart dieser Informationsebene ist nicht zuletzt dadurch bestimmt, daß hier die Außenseiter – der SSD-Mann Rohlfs, Gesine und Jonas – das Geschehen aus anderen Blickwinkeln betrachten als der Normalbeobachter.

Eine außerhalb unseres gegenwärtigen Vorhabens liegende Fragestellung ist die nach der historischen Einordnung solcher Sprachbehandlung und Erzähltechnik. Berührungen im Sprachlich-Syntaktischen gehen – von den offensichtlich stark einwirkenden Vorbildern Brecht und Faulkner einmal abgesehen – weit zurück. Die Kataloge sind im Prinzip und als Kunstform bereits durch Homers berühmten Schiffskatalog vorgebildet. Andere Berührungen reichen zurück bis ins' spätere Mittelalter, im Erzähltechnischen und Semantischen bis zum Sturm und Drang, zu Jean Paul und zur Romantik und über sie hinweg wohl bis zum Barock. Grundstürzende Neuerungen enthalten die *Mutmaßungen* nicht, soviel scheint mir sicher.

Sie stellen uns ingesamt vor die Frage nach dem Verhältnis solcher Texte zur überlieferten Norm der allgemeinen Schriftsprache und nach der etwaigen Verantwortung des Autors gegenüber der Sprachgemeinschaft. Inwieweit hat gesprochene Sprache ein legitimes Anrecht, stärker die verbindliche Norm der deutschen Hochsprache zu bestimmen, weil ihr – jedenfalls innerhalb eines geschlossenen Textes – mehr Leistungskraft innewohnt, die für die Aufgaben des menschlichen Geistes genutzt werden könnte?

Hier werden wir uns vor Augen halten, daß alles das, was der Autor gegenüber der hochsprachlichen Grammatik und Semantik im geschlossenen Text verändert, *Sprachstil* ist, der seine eigene Aussage erst am Maß der uns als Sprachgefühl gegenwärtigen Norm gewinnt. Wer also seine sprachformalen wie weltanschaulichen Vorstellungen in anderer Richtung angesiedelt hat als unser Autor und sich an die am Sprachstil des 19. Jahrhunderts orientierte Norm halten will, wird befremdet und provoziert sein von Johnsons Stil und ihn ablehnen als ›defektes Deutsch‹, als Zerstörung wertvollen sprachlichen Erbes. Auch dies ist Wirkungsgeschichte moderner Literatur zu aller Zeit. Die Gruppe derjenigen aber, denen die hier als Stil vorgetragenen Neuerungen auf Grund ihrer eigenen Haltung als eine Art und Weise erscheinen, die Wahrheit besser zu ergreifen, bei denen durch diesen Stil ein eigenartiges Weltbegreifen evoziert wird – sie werden ihn akzeptieren.[11] Und damit beginnt die positive Wirkungsgeschichte eines Autors. Es beginnt auch der komplizierte Auseinandersetzungsprozeß zwischen Kunst und Wirklichkeit, zwischen der Kunstsprache geschlossener Texte und der Alltagssprache offener Texte. Es hat dabei den Anschein, daß Stilentwürfe transformiert werden können für ihre jeweiligen Zwecke. Anders wäre die Überführung von Elementen der Kunststile in die Grammatik der Gebrauchssprache schwer möglich.

Die ›Anhänger‹ eines Autors werden den Entwurf seines Stiles übernehmen und weiterbilden. Ein solcher Entwurf tritt uns, durch ein Bündel von untereinander in Beziehung stehenden Stilmerkmalen, als die einheitlich begründete Setzung eines Sozialdialektes entgegen und unterscheidet sich so von willkürlicher Neuerung.[12] Die Übernahme des Entwurfs bedeutet nicht eine Übernahme oder Nachahmung aller zur Durchführung des Stilentwurfs gemachten Einzelvorschläge, mag es sich um Rezeption und Neuordnung bereits vorhandener Sprachmuster handeln oder um Neusprache. Hier wird vieles zurückgewiesen, hier ist der Bereich, in dem ein Stilentwurf für seine Alltagsaufgaben umgeformt wird. Dem Autor scheint fast alles aus der Hand genommen, die Gruppe entfaltet weithin selbständig den Stilentwurf durch Wortschatz und Satzmuster, verformt ihn »nach ihrem Bilde« und breitet ihn über andere Gruppen jeder Art aus. Bleibt er als Sprechattitüde auf einen engen Kreis beschränkt, so kann er dort wohl zu Grammatik und Semantik gruppenhaften Sprechens eingeschmolzen werden – Stefan George und sein Kreis liefern hierfür ein hervorstechendes Beispiel –, stirbt aber nach einiger Zeit ab.

Freilich ist es eine völlig offene und unerforschte Frage, ob in unserer Zeit überhaupt noch dichterischer Stil zu grammatischer Norm gerinnen kann, ob nicht eher der Stil von Wetterberichten und Nachrichtentexten, die Sprache der wirtschaftlichen und technokratischen Führungsgruppen diejenigen sind, die auf Grund stärkerer Verbreitung und größeren Prestiges auf die Dauer die neue Form abgeben.

Dann wäre die Provokation durch die Sprache moderner Dichtung ein festliches Feuerwerk zum Begräbnis *des* Zeitalters, das die richtungsweisende Verbindlichkeit der Sprache aus dem Wort der Dichter nahm.

Nur wo sie evoziert, hat die Provokation Zukunft.

Aus: H. Steger, Zwischen Sprache und Literatur. Drei Reden, Göttingen: Sachse und Pohl 1967, S. 46–69. (Der Aufsatz ist um die allgemeine Einleitung gekürzt.) Dieser Text wurde zuerst 1965 als Vortrag in kürzerer Fassung gehalten. Alle Zitate nach der Ausgabe st 147.

Anmerkungen

1 Karlheinz Deschner, *Talente, Dichter, Dilettanten*, Wiesbaden 1964, S. 187ff.

2 Duden, *Grammatik der deutschen Gegenwartssprache*, Mannheim 1959, S. 499.

3 Horst Bienek, *Werkstattgespräche mit Schriftstellern*, München 1962, S. 95.

4 Uwe Johnson, *Berliner Stadtbahn*, in: Merkur 15 (1961), S. 722ff. [jetzt auch in: *Berliner Sachen*, Frankfurt/Main 1975 (st 249), S. 7–21].

5 Deschner, a.a.O., S. 214 (»Nicht nur primitiv, sondern auch albern«).

6 Harald Weinrich, *Tempus. Besprochene und erzählte Welt*, Stuttgart 1964, bes. S. 44 ff. – Jost Trier, *Stilistische Fragen der deutschen Gebrauchsprosa*, in: *Germanistik in Forschung und Lehre*, Berlin 1965, S. 195 ff.

7 Herbert Kolb, *Rückfall in die Parataxe*, in: Neue Deutsche Hefte 10 (1963), H. 96, S. 42–74.

8 Peter v. Polenz, *Sprachnormung und Sprachentwicklung im neueren Deutsch*, in: Der Deutschunterricht 16 (1964), H. 4, bes. S. 87 f.

9 Deschner, a. a. O.

10 Zitiert bei Deschner, a. a. O., S. 227 ff.

11 Hugo Steger, *Gruppensprachen*, in: Zs. für Mundartforschung 32 (1964), S. 125 ff.

12 Werner Winter, *Relative Häufigkeit syntaktischer Erscheinungen als Mittel zur Abgrenzung von Stilarten*, in: Phonetica 7 (1961), S. 193 ff.

Bernd Neumann

Utopie und Mythos
Über Uwe Johnson: *Mutmaßungen über Jakob*

Für Kari

> »Ich verspräche gerne diesem Buch die Liebe der Deut-
> schen. Aber ich fürchte, die einen werden es lesen wie
> ein Kompendium und um das fabula docet sich zu sehr
> bekümmern, indes die anderen gar zu leicht es nehmen,
> und beide Teile verstehen es nicht. Wer bloß an meiner
> Pflanze riechet, der kennt sie nicht, und wer sie pflückt,
> bloß, um daraus zu lernen, kennt sie auch nicht. Die
> Auflösung der Dissonanzen in einem gewissen Charak-
> ter ist weder für das bloße Nachdenken, noch für die
> leere Lust.«
>
> *Friedrich Hölderlin*

Uwe Johnson wurde 1934 in Kammin (Pommern) geboren. Er
ging in Güstrow zur Schule und besuchte bis 1956 die Universität
Leipzig. Dort absolvierte er ein Studium der »Germanistik und
weiterer Folgen des Krieges«, das er mit einer Arbeit über Ernst
Barlachs *Gestohlenen Mond* bei Hans Mayer abschloß. Hernach
wurde er, so wiederum seine eigene Formulierung, »als nicht
geeignet [erkannt] für Beschäftigung in staatlichen Institutionen«.[1] 1959 übersiedelte Johnson daher nach Westberlin, ging
also in jenen Teil Deutschlands, wo im gleichen Jahr sein erster
Roman, *Mutmaßungen über Jakob*, erscheinen konnte.[2] Diese
biographischen Einzelheiten müssen erwähnt werden. Denn die
Mutmaßungen basieren auf Johnsons Erlebnissen mit und in dem
Staat DDR, sie wurden auf dessen Territorium in den Jahren
zwischen 1956 und 1959 konzipiert, geschrieben und auf ein
»Studium der Eisenbahnverbindungen zwischen Sachsen und
Mecklenburg«[3] gegründet, das seinerseits angeregt wurde durch
das Erlebnis von Zugverspätungen im Herbst des Ungarn-Aufstands 1956. Johnson hatte in Leipzig bei Hans Mayer und Ernst
Bloch studiert und dort die »östliche« Literatur und Literatur-
theorie ebenso gründlich wie die »westliche« kennengelernt.[4] Er
verfolgte die politischen und ideologischen Debatten und Verän-

derungen innerhalb des Ostblocks mit Aufmerksamkeit und Engagement, insbesondere nach Chruschtschows berühmter Entstalinisierungsrede auf dem XX. Parteitag der KPdSU. Er hatte nicht nur William Faulkner, Alfed Döblin und Thomas Mann mit Aufmerksamkeit und großer Anerkennung gelesen, sondern auch das Werk Bertolt Brechts, dessen unabhängig-sozialistische Stalinismuskritik *Me-Ti. Das Buch der Wendungen* er im Rahmen von 5 Bänden Brecht-Prosa 1965 herausgab. Die *Mutmaßungen* wurden in der DDR offiziell mit Schweigen oder harter Kritik bedacht.[5] Sie haben dennoch gerade in der DDR-Literatur eine Rezeptionsspur hinterlassen, die möglicherweise tiefer ist als die von Johnsons Werk in der Literatur der Bundesrepublik. In diesem Zusammenhang ist in erster Linie an Christa Wolfs *Geteilten Himmel* von 1964 zu denken, ein wichtiges Buch innerhalb der Entwicklung hin zu einer eigenständigen DDR-Literatur, das dennoch, wie mir scheint, in einigen zentralen Passagen auf Johnsons Erstling direkt antwortet.[6] Aus jüngerer Zeit kann Hans-Joachim Schädlich erwähnt werden, dessen Schreiben sehr häufig mit dem Uwe Johnsons in Verbindung gebracht wurde und der ebenfalls aus dem Osten in den Westen Deutschlands übersiedelte. (Übrigens wurden auf Betreiben Johnsons die *Mutmaßungen* gleich nach ihrem Erscheinen im Suhrkamp Verlag dem Aufbau Verlag in der DDR angeboten, ohne daß darauf eine Antwort erfolgte.) Man kann also der Forderung Marcel Reich-Ranickis nur zustimmen: Um Johnsons Roman angemessen zu verstehen, muß man die Tatsache mitbedenken, daß es sich um das Buch eines Autors handelt, der zur Zeit der Niederschrift in der DDR lebte, in deren politischer, ideologischer, kultureller und natürlicher Landschaft der Roman ja auch zur Hauptsache spielt.

Im Westen Deutschlands geriet Johnsons Erstling zu einem ganz außergewöhnlichen Debüt-Erfolg in der Literaturkritik, einem der größten in der Geschichte der bundesrepublikanischen Literatur überhaupt und vergleichbar mit Günter Grass' *Blechtrommel* – auch wenn die Auflagenziffer von Johnsons Roman dem von Grass' Bestseller bei weitem nicht die Waage halten konnte. Unter dem Gesichtspunkt der künstlerischen Vollendung gesehen, scheint der Vergleich mit Thomas Manns *Buddenbrooks*, diesem legendären Erstlings-Erfolg des Jahrhunderts, vertretbar. Die Zustimmung zu Johnsons Roman vereinigte Kritiker der verschiedensten literaturtheoretischen und weltanschaulichen Überzeugung (beispielsweise, um zwei Namen zu nennen, Hans Magnus Enzensberger und Günter Blöcker). Diese überwiegend positive Aufnahme prägte zugleich Johnsons literarisches Image. Er galt nun als ein in formalen Belangen »schwieriger« und »moderner« Autor, zugleich als der »Dichter der beiden Deutschland«. Als die literarischen Vorbilder Johnsons wurden u. a. James Joyce, zuweilen auch Alain Robbe-Grillet, vor allem immer wieder William Faulkner genannt; letzteres ein Hinweis, dem nachzugehen sein wird. Die lexikalische Festschreibung des referierten Tatbestandes lautet: »Bedeutender junger Erzähler von experimenteller Prosa im labyrinthischen, andeutenden Stil Faulkners [...] bei weitgehender Dunkelheit des nur mutmaßlichen Wirklichkeitszusammenhanges. Thematisch auf die Situation des geteilten Deutschland bezogen.«[7] Im Einklang mit dem damals dominierenden Existentialismus und mit Hinweis auf Faulkner meinte man auch, daß Inhalt und fabula docet der *Mutmaßungen* sich im Dunkel eines »schlechthin Undurchdringliche[n] der Existenz« verlieren würden und daß beidem jedes »Mehr an Deutlichkeit, das man sich manchmal vielleicht wünschen möchte«, nur schädlich sein könnte.[8] Später hat Hansjürgen Popp in einer akribischen Rekonstruktion des Inhalts der *Mutmaßungen* dargetan, welch hochgradige Stimmigkeit in Johnsons Buch herrscht.[9] Es kann keine Rede davon sein, daß über die Realität und die handlungsmäßigen Vorgänge im Buch lediglich Mutmaßungen angestellt würden. Der Inhalt des Romans fügt sich vielmehr – was allerdings eine intensive und eine mehrfache Lektüre erfordert – in der Art eines literarischen Puzzlespiels am Ende ohne jede Lücke zusammen, bis hin zur Datierung der einzelnen Handlungstage. Die Berechtigung der Titelgebung liegt nicht darin, daß »Johnson über einen Gegenstand Jakob nur Mutmaßungen ausspräche. Vielmehr: er stellt einen Gegenstand ›Mutmaßungen über Jakob‹ dar; die mutmaßenden Gespräche nach Jakobs Tod nämlich«, die sämtlich um die faszinierende Persönlichkeit des nunmehr toten Jakob kreisen.[10] Der tote Jakob ist der »Held« des Romans; das Romanthema ist die Schwierigkeit, zu verläßlichen Aussagen über den »wahren Jakob« zu gelangen, was vor allem deshalb schwierig ist, weil alle Versuche, die Persönlichkeit des Toten zu ergründen, notwendigerweise im Spannungsfeld der Gegensätze zwischen beiden deutschen Staaten vor sich gehen.

Der »Fall« des verunglückten Jakob soll aufgeklärt werden. Diese Grund-Anlage macht Johnsons Erstling zugleich zu einem Detektivroman in jenem besonderen Sinn, den Johnsons Leipziger Philosophielehrer Ernst Bloch meinte, als er seine Vorliebe für das Genre Kriminalroman bestimmte. Daß nämlich der Detektiv wie auch der (Sozial)Philosoph ihre Arbeit erst dann beginnen, wenn das Übel bereits in die Welt getreten und nun mit Hilfe von Nachforschung, Intuition, Reflexion und Mutmaßungen aufzuklären ist. Die Tätigkeit des Detektivs setzt den ungeklärten Todesfall voraus; der Flug der Eule der Minerva die historische Dämmerung, die Vollendung einer Epoche. Die »Spannung« solcher Detektivgeschichte sollte die des aufklärerischen Suchens sein. Deshalb läse der emanzipierte Leser solcher Literatur die letzten Seiten zuerst, um sich von der bloß süchtigen Spannung aufs überraschende Ende freizumachen.[11] Deshalb auch steht gleich auf der ersten Seite der *Mutmaßungen* Jakobs Unfall zur Rede und beginnt das Buch mit dem diesem Unfall leitmotivisch zugeordneten Satz »Aber Jakob ist immer quer über die Gleise gegangen.« Bloch hat weiterhin geschrieben: »Feinere Spannung geht an als die nach dem letzten Streich hin, sorgfältig verrät das Unterwegs, was es kann«[12] – Bertolt Brecht sei deshalb »nicht grundlos ein Lernender aus dieser Art Literatur« gewesen.[13] Ernst Bloch nannte als die Kennzeichen der Detektivgeschichte »zuerst die Spannung des Ratens; sie weist, als ohnehin detektivisch, zum zweiten auf das Entlarvende, Aufdeckende hin [...]; und das Aufdecken geht zum dritten auf Vorgänge, die aus ihrem Unerzählten, Vor-Geschichtehaften erst herauszubringen sind. Dies dritte Kennzeichen ist das charakteristischste der Detektivgeschichte [...] Vor ihrem ersten Wort, vor dem ersten Kapitel geschah etwas, niemand weiß es, scheinbar auch der Erzähler nicht.«[14] Diese Kennzeichnung läßt sich in jedem einzelnen Punkt auf Johnsons Erstling applizieren. Und ebenso wie Bloch dürfte Johnson in der de-tektivischen Grundhaltung eine Art literarischer Analogie zur wahrheitssucherischen Intention der Wissenschaften von Freud und Marx erblickt haben. Auch diese sind laut Bloch »Detektions-Gebilde sui generis, dramatischer Art und analytischer«.[15] Was am Anfang geschehen ist: der Verlauf der frühen Kindheit oder die Aufspaltung der frühen Gesellschaft in Klassen, muß aufgeklärt werden, nachdem die späteren Fehlentwicklungen unübersehbar geworden sind. Dabei geht es, bei Bloch ebenso wie bei Johnson, dramatisch und analytisch zu: die *Mutmaßungen* können mit Fug ein analytischer Dialog-Roman heißen. Und schließlich: »Das Problem des ausgesparten Anfangs wirkt durchs ganze Detektorische hindurch, macht seine Form. Die Form eines Vexierbildes, dessen Verstecktes früher als das Bild ist, erst allmählich dahin eintritt.«[16] Uwe Johnson selbst hat, geradezu mit den zitierten Worten seines Lehrers Bloch, die *Mutmaßungen* als »literarisches Vexierrätsel« bezeichnet.

Johnsons Erstling geht also, seiner de-tektivischen Grundanlage entsprechend, aus von dem, was das Ende seiner Fabel ausmacht: vom rätselhaften Unfall-Tod des attraktiven »Helden«. Die Nato-Angestellte Gesine und der SSD-Offizier Rohlfs, die nicht nur Vertreter von Bundesrepublik und DDR, sondern zugleich Vertreter der beiden Ordnungen sind, die um die Herrschaft der Welt ringen, treffen sich auf dem gleichsam neutralen Boden des »einen deutschen Drittelstaates« Westberlin (M/J S. 172). Der »Fall« des Verunglückten wird damit auch zum Streitfall zwischen den beiden gesellschaftlichen und politischen Lagern, die beide vertreten (Gesine freilich mit einer erheblich größeren reservatio mentalis als Rohlfs). Ost und West streiten um den »wahren Jakob«. In diese Auseinandersetzung ist das menschliche Interesse untrennbar hineinverwoben: Gesine liebte Jakob und verlor ihn durch ihre politische Entscheidung; Rohlfs, dessen politische Überzeugung existentiell beglaubigt und dessen persönliche Integrität nicht in Zweifel zu ziehen ist, reklamiert in Jakob den Musterfall eines sozialistischen Menschen für sich: wie der Vater den Sohn. Daher kommt dem Schluß-Dialog zwischen Rohlfs und Gesine eine übergeordnete Bedeutung zu. Der Kunstcharakter von Johnsons Erstling zeigt sich zuallererst darin, daß und wie er auch erzähltechnisch-formal diesen Sachverhalt realisiert. In den *Mutmaßungen* gibt es drei Erzählebenen: die auktorial erzählten Partien, die der Er-Erzähler bestreitet, die Inneren Monologe der drei Hauptfiguren Gesine, Rohlfs und Blach (von Jakob gibt es konsequenterweise keine »Innenansicht«), schließlich die Dialoge, deren Sprecher nicht immer ausdrücklich benannt werden, aber zu ermitteln sind. (Es sprechen miteinander über Jakob: Jonas Blach mit dem Lokomotivführer Jöche im Jerichower »Krug« am 8. 11. 1956; Gesine und Blach, Blach ruft von Dresden aus an, über Telefon am 9. 11.; schließlich Gesine und Rohlfs in Westberlin am 10. 11.).[17] Mir scheint, daß diese drei Erzählebenen in einem – ebenso wie der Inhalt der *Mutmaßungen* logisch einsehbaren – hierarchischen Verhältnis zueinander stehen. Der Erzähler kann über den Inneren Monolog der Figuren verfügen[18]; diese können als Dialogpartner dem Erzähler den Einsatz geben, bzw. dieser schaltet sich ein.[19] Den Inneren Monolog einblenden können auch die Dialogpartner selbst, wenn es sich um ihre eigenen Erinnerungen handelt.[20] Die dominierende Ebene des Buchs jedenfalls ist die des Dialogs. Auf dieser Ebene steigert sich die Kompetenz der Dialog-Partner sukzessive: zunächst spricht Jonas Blach mit Jakobs Arbeitskollegen, dem Lokomotivführer Jöche, über seinen verunglückten »Bruder«; dann sprechen Gesine und Jonas miteinander; schließlich unterhalten sich Gesine und Rohlfs.[21] Beider Beziehung zu Jakob ist denkbar intensiv, ist die von Schwester/Geliebter und von politisch-weltanschaulichem Ersatz-Vater. Subjektives und objektives Wissen kommen zueinander: Gesine hat das Erlebnis von Jugend und Liebe mit Jakob gemeinsam; Rohlfs als das Auge der »Großen des Landes« hat Zugang zum akkumulierten Geheimdienst-Wissen: »So aus Begegnungen und Nachbarschaften und telefonischen Gesprächen und gleichgültigem Blickwechsel in den Fahrzeugen des städtischen Verkehrs ergaben sich Berichte und Vermutungen, die nahmen Gestalt an in laufenden Tonbändern und schreibenden Maschinen und in der innigen Atmosphäre des Flüsterns und wurden sortiert und gebündelt und geheftet und in einem fensterlosen Zimmer in einem unauffällig erblindeten Miethaus [...] aufbewahrt für einen Mann, der seine Namen austauschte vor jedem Gegenüber und also schon dem Namen nach keine andere Teilnahme an Jakobs Ergehen verwalten konnte als eine allgemeine und öffentliche« (M/J S. 28).

Das V. Kapitel ist, die ungleiche Zahl sagt es, eines für sich. Es wird hauptsächlich aus der Perspektive des Er-Erzählers erzählt. Man erfährt, daß Rohlfs Blach verhaftet, und erhält Aufschluß über Orte und Umstände der drei Dialoge. Die Besonderheit dieses letzten Kapitels liegt im Erzähltechnischen. Die Möglichkeiten aller bisherigen Erzählperspektiven werden nun genutzt und gebündelt, ohne daß ihre Besonderheit noch, wie vorher ganz überwiegend geschehen, durch den Druckspiegel deutlich gemacht würde. Der Erzähler des letzten Kapitels verfügt über die Gesamtheit der Informationsquellen. Er kennt den Beginn des Ferngesprächs zwischen Gesine und Blach (M/J S. 305), hat Einblick in die Unterlagen Rohlfs'[22], und in Jonas' Bewußtsein[23]. Diese neue »Allwissenheit« rührt daher, daß die Perspektive des Er-Erzählers mit der von Gesine und Rohlfs gebündelt wird. Neben dem Er-Erzähler sprechen nun, ihr Dialog ist abgeschlossen, auch Gesine und Rohlfs als Erzähler. Dies wird, wie nahezu alles in diesem Roman, durch strenge Symmetrie deutlich gemacht. Jeweils im letzten Satz des ersten und des letzten Absatzes des V. Kapitels heißt es: »Mein Vater wird sich zu Tode trinken« (Gesines Innerer Monolog, ohne daß dieser kursiv gesetzt wäre) (M/J S. 301); und: »Ich wäre froh eine Schwester zu haben« (Rohlfs Innerer Monolog, ohne daß dieser kursiv gesetzt wäre) (M/J S. 308). Darauf folgt noch der überhaupt letzte Satz des Romans, der wiederum eine Sache für sich ist. »Und sie sah nicht aus wie eine, die geweint hat; das wollen wir doch mal sagen.« Nimmt man diesen Plural beim Wort, kann man folgern: das Bewußtsein von Gesine und Rohlfs ist das (selbst fiktionale) Medium, durch das der Erzähler (und möglicherweise auch der Autor)[24] die Geschichte Jakobs zur Hauptsache erfährt und teilweise erzählt.

Das Treffen zwischen Gesine und Rohlfs gewinnt den Charakter einer in den Roman verlegten Werkstatt des Autors. Verschiedene Versionen werden aneinander erprobt, gebilligt oder verworfen, Material wird gesichtet, geordnet, montiert. Kein fertiger Roman wird dem Leser vorgestellt; sondern dessen Zustandekommen wird ihm demonstriert, und er wird eingeladen, daran mitzuarbeiten. Dies hat aber nichts mit einer prinzipiellen Unerkennbarkeit der Wirklichkeit oder damit zu schaffen, daß Johnson die literarische Modernität darin gesehen hätte, nur noch über die Unmöglichkeit des Erzählens zu erzählen. Gesine und Rohlfs zusammen eignet zumindest annäherungsweise, Johnson selbst hat darauf verwiesen, was den realistischen »allwissenden« Erzähler des 19. Jahrhunderts (Johnson nannte in diesem Zusammenhang Balzac) auszeichnete: die Innensicht auf seine Personen und der »göttergleiche Überblick« eines, der die Abläufe überblickt wie »ein Schiedsrichter beim Tennis«.[25] Freilich, Gesine und Rohlfs stehen einander gegenüber »wie zwei fremde Tiere« (M/J S. 148), getrennt durch Erfahrung, Geschlecht, Weltanschauung usw. Gerade dies jedoch ermöglicht jene Schreibhaltung, die Johnson in seinem programmatischen Text *Berliner Stadtbahn* von 1961 als die optimale, einzig noch vertretbare für einen Autor in einem geteilten Land festgeschrieben hat. Berlins Stadtbahn, gegen deren unsinnigen Boykott als Reaktion auf den Bau der Mauer sich Johnson seinerzeit mutig einsetzte, verband den Osten mit dem Westen. Wer sie benutzte, konnte beide Seiten er-fahren. Freilich bekam er nur deren verschiedene Oberflächen zu Gesicht. Er mußte sich zudem zu den verschiedenen, zumeist sich widersprechenden Informationen verhalten, die beide Seiten für ihn bereithielten und die von der Propaganda bis zur ernstzunehmenden Analyse reichten. Uwe Johnsons Ideal war in dieser Frage eines der höchsten Objektivität. Es verwirklichte sich ihm in der allergrößten Genauigkeit und Sorgfalt der schriftstellerischen Arbeit, die ihm Lebenstätigkeit war. Die Züge puritanischer Innerlichkeit und protestantischen Gewissenszwangs, die sein Schreiben auch trägt, hatten darin ihre politische Entsprechung. Solche Objektivität auf der Suche nach dem »wahren Jakob« demonstrieren die *Mutmaßungen* als ein nicht-aristotelisches Romankunstwerk. Gesine und Rohlfs werten die Informationen und Materialien, sie werten die Wirklichkeit selbst aus nach »zwei gegensätzlichen Tendenzen der Wahrheitsfindung«, und dieses »zweiseitige Problem der Wahrheitsfindung wirkt [...] hinein in die Phase der Konzeption«.[26] Diesen Vorgang legen die *Mutmaßungen* dem Leser offen, und dies macht ihre Einzigartigkeit in der deutschen Romanliteratur aus. Johnsons dramatischer, dialogischer Roman zerstört den Illusionscharakter des traditionellen epischen Romans – so wie Brechts episches Theater den Illusionscharakter des traditionellen Dramas zerstörte. Er demonstriert dem Leser den Prozeß der schwierigen Wahrheitsfindung, und es unterbleibt der letzte Schritt, den der ungarische Literaturtheoretiker deutscher Sprache Georg Lukács am Beispiel Goethes, Tolstois und Balzacs herausgearbeitet und treffend das »Zudecken« benannt hat.[27]

Johnson wandte sich also im Sinn der Brechtschen Realismus-Konzeption gegen den Entwurf von einer sozialistischen und realistischen Romankunst, den Georg Lukács konzipiert hatte und der in den fünfziger Jahren in der DDR als die offiziell gewünschte Kunstdoktrin verbindlich war. Diese Feststellung klingt zunächst einmal paradox angesichts der Tatsache, daß Lukács' Werke nach 1956 in Ostdeutschland auf den Index gesetzt wurden. Georg Lukács hatte sich nämlich als Kulturminister an der Regierung des Imre Nagy beteiligt, die aus dem Ungarn-Aufstand hervorgegangen war. Nach der Niederschlagung des ungarischen Befreiungskampfes war er verhaftet und deportiert, später wieder – bekannt, wie er war – freigelassen worden. In der DDR wurde Lukács' Konzept dennoch, insbesondere in seiner Frontstellung gegen »Dekadenz« und »spätbürgerlichen Modernismus«, beibehalten. *Mutmaßungen über Jakob* ist auch ein politischer Roman, und ein politisch gerechter dazu. Als solcher ergreift er Partei für den politischen Lukács, wo er den Kunsttheoretiker ablehnt. Ich meine plausibel machen zu können, daß die Ereignisse des Ungarn-Aufstands mit entscheidenden Vorgängen innerhalb der *Mutmaßungen* parallelisiert werden. Letztere erhalten dadurch eine politisch-symbolische Dimension. In die Konzeptionsphase des Buches fielen Johnsons Erlebnisse mit Zugverspätungen und Arretierungen, ausgelöst durch die ungarischen Ereignisse. Der Dispatcher Jakob gibt am 30. 10. 1956 den sowjetischen Militärtransporten die Fahrt nach Ungarn frei, in der Überlegung, daß Sabotage nichts nützt, und im Interesse des »freundlichen Reisens«: »Die Leute wollen nach Hause« (M/J S. 247). Dies ist ein direkter Bezug; die indirekten sind zahlreicher und wiegen schwerer.

In der historischen Realität begann am Abend des 23. 10. 1956 der Ungarn-Aufstand; die stalinistische Geheimpolizei AVO und Teile der Bevölkerung Budapests kämpften um den Rundfunksender. Es hieß, daß die Waffen für die Aufständischen von westlichen Geheimdiensten in die ungarische Hauptstadt eingeschmuggelt worden wären. In Johnsons *Mutmaßungen* reist am Abend des gleichen 23. Oktober die Nato-Dolmetscherin und Rundfunksprecherin Gesine mit einem amerikanischen Dienstfahrzeug illegal in die DDR ein. Sie hat eine Minikamera und eine Pistole bei sich. Am nächsten Tag (24. 10.) toben Kämpfe in Budapest, sowjetische Panzer unterstützen die Geheimpolizei. Man findet schließlich einen Kompromiß: Die bisherigen stalinistischen Machthaber treten ab, der Nationalkommunist Imre Nagy wird zum Ministerpräsidenten ernannt. Er verspricht Reformen und Demokratisierung. Die sowjetischen Panzer ziehen sich zurück. In den *Mutmaßungen* treffen sich am Abend des gleichen Tages alle Hauptbeteiligten im Haus von Gesines Vater Heinrich Cresspahl. Ein Kampf zwischen Cresspahl (der nun mit

Gesines Pistole bewaffnet ist) und Rohlfs wird durch eine Absprache verhindert. In diesen Kampf hätte die »sowjetische Kommandantur über die Straße« eingegriffen (M/J S. 272). Cresspahl und Rohlfs sind nicht nur antagonistische Vater-Figuren. Sie verkörpern auch die verschiedenen Gesellschaftsordnungen: Cresspahl ein unabhängiger, selbständiger Kunsttischler; Rohlfs ein beglaubigter Antifaschist, der seine Arbeit für den Staatssicherheitsdienst mit aller Konsequenz versieht. Gesine erhält freies Geleit unter der Zusicherung, mit Rohlfs über eine eventuelle Spionagetätigkeit für den SSD zu reden. Rohlfs und Gesine verabreden sich für Westberlin (daraus wird dann der Haupt-Dialog des Romans). Der kommende Tag (25. 10.) ist ein normaler, ja entspannter Tag. In Ungarn verkündet Nagy sein Reformprogramm; die Arbeiterräte, wichtigstes Organ des angestrebten demokratischen Sozialismus, werden legalisiert. Eine eigenständige Entwicklung Ungarns scheint möglich. Die ungarische Geheimpolizei wird aufgelöst, über den Abzug der sowjetischen Truppen wird verhandelt (so auch eine Meldung der »Prawda« vom 31. 10.). Polnische und jugoslawische Zeitungen sprechen ebenso wie die westliche Presse vom Sieg der ungarischen Revolution.

Auch in den *Mutmaßungen* normalisiert sich vom 25. 10. an das Leben. In dieser Zeit (25. 10. bis 31. 10.) überarbeitet im Roman der oppositionelle Intellektuelle Jonas Blach sein Manuskript zu Fragen des freiheitlichen Sozialismus und findet eine philosophische Zeitschrift dafür. Vor allem aber stammen aus dieser Zeit die Bilder von Jakobs unentfremdetem, selbstbestimmtem, darum eudämonistischem Arbeitsleben, die so bestrickend ausgefallen sind wie sonst nur die Erinnerungs-Bilder an die Heimat in Mecklenburg/Pommern. Das »Reich der Freiheit« scheint real geworden zu sein, in Ungarn ebenso wie in Johnsons Roman. »Heimat« im Verstand der Philosophie des Ernst Bloch scheint verwirklicht: das Zuhausesein des Menschen in der Natur und in der hochtechnisierten Arbeit gleichermaßen, das Angekommen- und Angenommensein bei sich selbst und in der Gesellschaft. In Blochs Worten: »Mit diesem Blick also gilt: Der Mensch lebt noch überall in der Vorgeschichte, ja alles und jedes steht noch vor Erschaffung der Welt, als einer rechten [...] Die Wurzel der Geschichte aber ist der arbeitende, schaffende, die Gegebenheiten umbildende und überholende Mensch. Hat er sich erfaßt und das

Seine ohne Entäußerung und Entfremdung in realer Demokratie begründet, so entsteht in der Welt etwas, das allen in die Kindheit scheint und worin noch niemand war: Heimat.«[28]

Das Ende dieser Utopie kommt natürlich so sicher wie das Amen in der Kirche. Es ereignet sich am 30. 10. Jakob gibt, am Ende seiner Dienstzeit, den Weg für die sowjetischen Militärtransporte frei. Am gleichen Tag und fast zur gleichen Stunde stellen in der historischen Realität Großbritannien und Frankreich ihr Ultimatum an Ägypten, das Einverständnis für die Landung ihrer Truppen in der Suez-Kanal-Zone erheischend. So kommt in Gang, was Johnsons Roman treffend die Reaktionen innerhalb der »politischen Physik« (M/J S. 271) nennt: die Zerschlagung des eigenen ungarischen Wegs als Reaktion auf die englische und französische Aggression gegen Ägypten oder, mit dem gleichen Recht, auch umgekehrt. (Georg Mikas hat in *Revolution in Ungarn* dazu geschrieben, daß der Überfall der Engländer und Franzosen »tatsächlich einen großen Einfluß darauf hatte, daß sich Rußland entschloß, in Ungarn einzugreifen. Wäre das anglo-französische Ultimatum eine Woche später abgegangen, könnte Ungarn heute ein zweites Polen sein.«[29] Dies wurde 1957 geschrieben; heute stehen die Dinge in Ungarn sicherlich besser als in Polen.) Am 31. 10. gibt Imre Nagy über den Rundfunk bekannt, daß er über den Austritt Ungarns aus dem Warschauer Pakt verhandle. Am gleichen Tag reist Jakob in den Westen; er hat seine Reise »vorschriftsmäßig auf dem dienstlichen Weg« (M/J S. 272) angemeldet. Er besucht Gesine, die nun auch zu seiner Geliebten wird. Damit hat sich ihre Liebe erfüllt. Doch beiden bleibt nicht viel Zeit; ihre Hoch-Zeit endet zusammen mit den ungarischen Hoffnungen. Die beiden großen Ereignisse innerhalb der »politischen Physik« jener Tage werden in den Spätnachrichten vom 4. 11., die beide hören, zusammengebunden: die endgültige, gewaltsame Niederwalzung des ungarischen Freiheitskampfes durch sowjetische Panzer und die endgültigen Vorbereitungen der Engländer und Franzosen zur Invasion gegen Ägypten. Am kommenden Tag (5. 11.) wird beides zur Gewißheit; wenige Stunden später steht auch die Trennung zwischen den Geschwister-Geliebten fest. Gesine bleibt im Westen. Jakob kehrt nach Dresden zurück und gerät unter die Züge. »Eine Schuldfrage kann kaum erhoben werden.« In der Stunde seines Todes möge Jakob das gleiche Bild als Augentrost gegenwärtig gewesen sein, das ihm in der Abschiedsnacht in den Augen der Geliebten aufgeschienen war (so wie ja auch Gesine in den *Jahrestagen* sich einen Erinnerungs-Anblick aus der mecklenburgischen Jugend, den Blick über die Felder weit hinaus aufs offene Meer, für die Todesstunde wird wünschen dürfen): »Sie legte sich zurück. Ihre Augen waren offen. ›Wo bist du gewesen‹ fragte sie. So hatten sie sich früher nach ihren Gedanken gefragt. ›Meine Liebe‹ sagte Jakob: ›auf den Rehbergen, Drachen steigen lassen, und du warst auch mit‹. Es war aber die Wahrheit, und nun erinnerten ihre offenen Augen [...] ihn an das Drachensteigen auf den Rehbergen. Sie war vierzehn, eine Woche lang hatte sie in Cresspahls Werkstatt gearbeitet an dem Drachen, den sie nun tanzen ließ an dem riesigen zerschrundeten Himmel über ihnen [...]. Wenn Sonne aufkam, leuchtete der ganze Himmel wegen des Drachens, und ihre Augen wurden unruhig: die Wolkengebirge erschienen dann ganz weiß, [...] sie waren räumlich, betretbar« (M/J S. 295 f.).

Wolken sind, wir wissen es, nicht betretbar; selbst der biblische Jakob stand nur am Fuße der Himmelsleiter, er erstieg sie nicht. Die Utopie des demokratischen Sozialismus wurde, so wie sie 1956 gedacht war, keine Realität. Und die angeführten Parallelen wollen auch nicht besagen, daß die *Mutmaßungen* als Parabel des Ungarn-Aufstandes zu lesen seien. Sie berechtigen allerdings dazu, von einer parabolischen Dimension des Romans zu sprechen, die diesem durch die impliziten historischen Bezüge zuwächst. Jakobs eudämonistische Arbeits-Existenz erscheint hierbei an die gesellschaftlichen Bedingungen der Arbeiterselbstverwaltung in einem demokratischen Sozialismus gebunden. Arbeit ist ihm Lebenstätigkeit. Was der Dispatcher tut, hat eine unmittelbare und direkte Entsprechung in der Realität. Selbst Rohlfs, der bei aller persönlichen Integrität den Sieg des Sozialismus nur als Machtfrage denken kann und dessen Verachtung der theoretisierenden Intellektuellen notorisch ist, steht vor dem Phänomen Jakob »beinah da wie einer von diesen intellektuellen Ochsen vor dem Sozialismus« (M/J S. 26). Der arbeitende Jakob ist der wahre Jakob. Johnson hat dem Autor dieses Aufsatzes in einem Gespräch in Westberlin bestätigt, daß er sich die *Ökonomisch-Philosophischen Manuskripte* von Karl Marx während seiner Leipziger Studienzeit beschafft hatte (sie waren damals in der DDR nicht erhältlich). Die Marxschen Frühschriften mit ihrer

Mischung aus »Existentialismus« und »Marxismus« waren den Oberen der DDR nicht genehm; sie sind andererseits von großer Bedeutung für das Denken von Johnsons Leipziger Lehrern Hans Mayer und Ernst Bloch. Die Frühschriften enthalten gleichsam die philosophische Entsprechung zur politisch-»ungarischen« Dimension des Romans. Um dies mit gebotener Kürze und an lediglich einem, freilich zentralen, Beispiel zu verdeutlichen: Dr. Jonas Blach, Anglistik-Assistent an der Humboldt-Universität, ist im Roman Jakob brüderlich-feindlich zugeordnet. Der Intellektuelle neidet dem qualifizierten Arbeiter Jakob schmerzlich dessen eudämonistische Arbeits-Existenz (worin, nebenbei, auch typische Züge des Selbsthasses »linker« Intellektueller deutlich sind). Jonas, der Prophet eines gerechten Sozialismus, der die Manifeste dessen schreibt, was Jakob ist – er möchte zu einem ›eigenen unverwechselbaren Leben‹ kommen, möchte davon fortgelangen, daß er dem Leben lediglich ›zusieht‹, »abseits entlegen urteilsüchtig«, mit der Folge: »ich bin nur zum Spaß bei Euch gewesen, nehmt es nicht ernst« (M/J S. 252). Jakob verkörpert für Jonas die Negation der eigenen, als defizitär empfundenen Existenz. Dies aber entspricht auch dem Gedankengang der Marxschen Frühschriften. Die Arbeit als die »Lebenstätigkeit« gerät zum Gradmesser der Selbstverwirklichung des Menschen. Dieser materialistische Existentialismus sei durch ein Zitat aus den *Ökonomisch-Philosophischen Manuskripten* belegt: »Das produktive Leben ist aber das Gattungsleben [...]. Der Mensch macht seine Lebenstätigkeit selbst zum Gegensatz seines Wollens und seines Bewußtseins. Er hat bewußte Lebenstätigkeit [...]. Indem er sich nicht nur wie im Bewußtsein intellektuell, sondern werktätig, wirklich verdoppelt und sich selbst daher in einer von ihm geschaffenen Welt anschaut.«[30] Im Sinn dieser Gedankengänge läßt Johnson Jonas Jakob bei dessen Arbeit zuschauen und »eine unbändige Lust auf solche Arbeit« bekommen; denn »was in Jakobs Kopf vorfiel und geschah, das hatte eine wirkliche Entsprechung, da fiel in der Tat etwas vor« (M/J S. 244). Dieses Arrangement bildet die sozialphilosophische Entsprechung zur geschilderten »ungarischen« Dimension des Johnsonschen Erstlings. Beides kann begriffen werden als demokratisch-sozialistische Kritik an der damaligen stalinistischen Form des »real existierenden Sozialismus«. Im Gegensatz zur im Stalinismus herrschenden durchgängigen Fremdbestimmtheit soll die Arbeit als die eigentliche humane Lebenstätigkeit durch die Selbstbestimmung der Arbeiter zu sich selbst gebracht werden. Dies wiederum hat seinen unmittelbar politischen Aspekt. Bertolt Brecht hat zum Arbeiteraufstand des 17. Juni in der DDR geschrieben: »Vor dem 17. Juni und in den Volksdemokratien nach dem XX. Parteitag erlebten wir Unzufriedenheit bei vielen Arbeitern und zugleich hauptsächlich bei den Künstlern. Diese Stimmungen kamen aus ein und derselben Quelle. Die Arbeiter drängte man, die Produktion zu steigern, die Künstler, dies schmackhaft zu machen. [...] Wir müssen das Produzieren zum eigentlichen Lebensinhalt machen und es so gestalten, es mit so viel Freiheit und Freiheiten ausstatten, daß es an sich verlockend ist.«[31]

Wer diese Dimension des Buchs eine »marxistische« heißt, dürfte der Intention des Autors näher kommen als der, der das Phänomen Jakob ausschließlich existentialistisch oder religiös verstehen will (vor allem, wenn man bedenkt, daß »marxistisch« zugleich »kritisch« meint). Es scheint sich aber bei dem Johnson der *Mutmaßungen* um eine Art materialistischen Existentialisten gehandelt zu haben, der allerdings den Charakter der Arbeit als Modus der Existenz in den Mittelpunkt stellte (und eben deshalb dem frühen Marx nahestand). Zu denken ist dabei auch an jene Versuche, Marxismus und Existentialismus zusammenzudenken, die in den 50er Jahren und 60er Jahren ihre Konjunktur besaßen und für die die Namen Jean-Paul Sartre und Adam Schaff stehen können. Auch Hans Mayer und Ernst Bloch (der alte Anglistik-Professor in den *Mutmaßungen*, Blachs Chef, erhält in vielen Zügen Blochs Vita zugeschrieben) sind in diesem Zusammenhang wichtig. Entscheidend bleibt die zentrale Stellung der Kategorie der Arbeit. Dies gilt sowohl mit Blick auf den ungarischen Freiheitskampf, wie auch hinsichtlich der Marxschen Frühschriften (und es gilt auch für beider gemeinsame Gegnerschaft zur DDR-Orthodoxie). Vor allem aber entsprach die Hochschätzung selbstbestimmter Arbeit Johnsons eigenem Arbeitsethos. Ihm war die Genauigkeit und Qualität der schriftstellerischen Arbeit gleichbedeutend mit persönlicher Integrität; sie war ihm zuallererst Sinn und Inhalt des Lebens. Die Schreib-Werkstatt war Mittelpunkt seiner Existenz. Dahinter stand sicherlich ein Jahrhunderte altes, sehr deutsches und sehr protestantisches Arbeitsethos (dessen Gegenseite die Abhängigkeit vom Alkohol sein kann; Adorno nannte den »Suff« nicht ohne triftige Gründe ein

»puritanisches Laster«). Uwe Johnson selbst hat einen solchen Typ, »modernisiert« und im Sinn der Konsumgesellschaft »verwestlicht«, in dem »jungen Herrn B.« der *Zwei Ansichten* dargestellt. Die eigentliche Problematik von »Arbeit als Lebenstätigkeit« ist freilich in den Horizont der *Mutmaßungen* noch nicht eingeschrieben. »Arbeit« gilt dem in ihnen herrschenden existentialistischen Materialismus vielleicht zu umstandlos als Möglichkeit der eudämonistischen Selbstverwirklichung. Daß sich der Mensch über einen Zweck nicht selbst versäumen darf (Infragestellung der Pflichtethik des Ostpreußen Kant), wird in den *Mutmaßungen* noch ausschließlich politisch gedacht und diskutiert (Absage an das leninistische Kaderprinzip). Als existentielles Problem: daß sich der Mensch über seine Arbeit auch selbst versäumen kann, taucht es dann erst in den *Jahrestagen* auf, dort freilich irreparabel. Als Uwe Johnson in seinen New Yorker Jahren Joggern im Central Park begegnete, sagte er mit achtersinniger Ironie: »Die glauben, sie leben länger.« Darin ist die Problematik von »Arbeit als Lebenstätigkeit« hintergründig und vertrackt anwesend. Denn Kunst, ganz sicher eine Roman-Kunst wie die Johnsons, ist dauerhafter als das Leben. Dennoch ist kein Leben ein bloßer Stoff für die Arbeit, auch dann nicht, wenn es sich um die Arbeit eines hochbegabten Künstlers handelt. Goethe wußte dies wie kein anderer. Es ist zuweilen auch das Thema eines anderen norddeutschen und realistischen Autors, den Johnson schätzte: ein Fontane-Thema.

»Die Form eines Kunstwerks ist nichts als die vollkommene Organisierung eines Inhalts, ihr Wert daher völlig abhängig von diesem.«[32] Nach meinem Dafürhalten trifft dieser Brecht-Satz auf die *Mutmaßungen* zu wie auf sonst kein deutschsprachiges Romankunstwerk seit 1945. Sein Kontext: die Debatte zwischen Brecht und Lukács in den 30er Jahren, verweist zugleich auf die Notwendigkeit, die Techniken der literarischen Moderne in Anspruch zu nehmen.[33] Diese sogenannte »Expressionismus-Debatte« zwischen Brecht und Lukács drehte sich in Wahrheit um den Realismus und in diesem Zusammenhang um die Aneignung der literarischen Moderne. Brecht verteidigte die literarischen Techniken der Joyce, Dos Passos, Döblin und Kafka gegen Lukács' Vorwurf der »Dekadenz«. Georg Lukács, konservativ wie er auf ästhetischem Gebiet war, sah mit dem Kapitalismus zusammen auch sämtliche avancierte bürgerliche Literatur in einem Sumpf von Fäulnis und Dekadenz versinken. Brecht hielt dagegen: »Die Techniken der Joyce und Döblin sind nicht lediglich Verfallsprodukte.«[34] Er nannte in diesem Zusammenhang den Inneren Monolog, den Stilwechsel, die Assoziation, die Dissoziation, Montage und insgesamt die Verfremdung.[35] Diese Debatte zwischen Brecht und Lukács hatte sehr weitreichende Folgen; sie wurde zwar in den 30er Jahren ausgefochten, entfaltete ihre eigentliche Wirkung aber erst nach dem Krieg und vor allem in der DDR. Die »gesamte weitere Entwicklung der Realismustheorie wurde, vor allem in Deutschland, ganz entscheidend von diesen beiden Konzeptionen beeinflußt.«[36] Gerhard Zwerenz, aus dem gleichen intellektuellen Umfeld wie Johnson kommend, hat dazu geschrieben: »Der Kampf, der in der Expressionismus-Debatte seinen Ausdruck gefunden hatte, tobte noch immer [...] Einige wenige Kenner begriffen, weshalb Georg Lukács gleich zu Anfang in der DDR [...] so viel gedruckt wurde. [...] Die berühmten gelben Bändchen begründeten [...] den Kulturstalinismus, indem sie die Kulturpolitik fortführten, zu der die KPD in der Moskauer Emigration unter dem bestimmenden Einfluß Stalins gekommen war [...]. Lukács galt den Parteiführern dabei als Garant, was er in der Expressionismus-Debatte gewesen war.«[37] Uwe Johnson ging es in seinem Erstling darum, an die erzähltechnischen Standards derer anzuschließen, die in der damaligen DDR offiziell »spätbürgerliche Dekadenz« geheißen wurden: an die Erzähltechniken von William Faulkner zumal. *Mutmaßungen über Jakob* ist der gelungenste deutschsprachige Gegenentwurf zu Lukács' Konzept von einem Roman, der aus dem Dreischritt von intuitivem Erfassen, analytischem Erkennen und »künstlerischem Zudecken« entsteht und der dann dem Rezipienten als eine hermetisch abgedichtete Totalität gegenübertritt. Johnson unterläßt den letzten Schritt, um dem Rezipienten – der ja selbst in die Thematik des Buchs: die deutsche Teilung, verstrickt ist – intellektuelle Eingriffsmöglichkeiten im Abwägen der verschiedenen Versionen zu eröffnen. Also ein offenes, kein »zugedecktes« Kunstwerk – was sich bruchlos mit der von Ernst Bloch beschriebenen de-tektivischen Intention verträgt. Es besitzt auch eine zentrale Entsprechung zum Brechtschen Konzept des »Epischen Theaters«. *Mutmaßungen* sind ein dialogischer, ja »dramatischer« Roman. Die »aristotelisch«-abgeschlossene Präsentation der Fabel wird entschlossen aufgegeben. Brecht hat Ähnliches in seinem Cäsar-Roman unternommen; *Die Geschäfte des Herrn Julius Cäsar* wurde 1957 zum ersten Mal komplett veröffentlicht und dürfte der Aufmerksamkeit Uwe Johnsons gewiß gewesen sein, der sich seinerseits mitten in der »Inkubationszeit« der *Mutmaßungen* befand. Jedenfalls verhält sich die Intention des Autors Johnson diametral entgegengesetzt zu dem, was Lukács als das Verhältnis des Werks zum Leser bestimmte: Das Werk sei nicht nur als »geschlossenes Ganzes« zu verstehen, »sondern als etwas unveränderbar Gegebenes. [...] Der Rezeptive konzentriert sich also ganz [...] in die Kontemplation des Werks als Ganzheit.«[38]

Brecht plädierte, wie gesagt, für eine kritische Aneignung der literarischen Moderne. Solche Aneignung scheint mir im Fall der Adaption Faulkners durch Johnsons *Mutmaßungen* vorzuliegen. (Dabei geht es nicht um die Ermittlung von »Einflüssen« im Sinn passiver Rezeption, sondern darum, dem adäquaten Verständnis von Johnsons Roman ein Stück näher zu kommen.) Es reicht nicht aus, lediglich Übereinstimmungen im Formalen kenntlich zu machen. Vielmehr soll versucht werden, die sozialgeschichtlichen Elemente, die sich in den zentralen Themen Faulkners wie Johnsons niedergeschlagen haben und deren Gesamtheit sich zu einem sozialphilosophischen Konzept zusammenfügt, in großen Zügen herauszuarbeiten. Komplizierter, doch auch genauer formuliert: Die Romane beider Autoren sollen einander als Spiegel konfrontiert werden, die sich gegenseitig erhellen und in deren Widerspiegelung erst die sozial- und kulturgeschichtlich unverwechselbare Kontur des abgebildeten anderen aufscheint. Johnson wurde durchgehend eine besondere Beziehung zu William Faulkner bescheinigt. Horst Bienek vermochte diesen Sachverhalt 1962 in der Formel von Johnson als einem »deutschen Faulkner« zu resümieren. Johnson selbst hat sich verschiedentlich über sein Verhältnis zu Faulkner geäußert.[39] Als die Quintessenz dieser Äußerung kann gelten, daß er den Amerikaner zwar nicht als »ein totales, gesamtes Vorbild« gelten ließ, wohl aber der Ansicht war, daß sich »das Handwerkszeug früherer Schriftsteller« übernehmen und anwenden ließe.[40] Faulkner erhielt 1949 den Nobelpreis zugesprochen. Er wurde in den 50er Jahren ganz sicher in den Kreisen der Leipziger literarischen Intelligenz diskutiert. Es liegt also nahe anzunehmen, Johnson habe eine Applikation Faulknerscher Techniken vorgenommen, als er das erste Kapitel der

Mutmaßungen umschrieb. »Ursprünglich war in diesem Werk geradlinig erzählt worden; die neue Form wurde dann tatsächlich polyphon, die Fabel unzählige Male durchbrochen.«[41] Während seiner Arbeit an dem Roman las Johnson die Werke des Amerikaners im Original. Freunden trug er zuweilen aus *The Sound and the Fury* vor. Die Begegnung mit Faulkner war das »eigentliche große Erlebnis vor Johnsons Umzug nach dem Westen, das Erlebnis, das auch sein späteres Schaffen nachhaltig beeinflussen sollte.«[42]

1936 ließ Faulkner einen Roman mit dem Titel *Absalom, Absalom!* erscheinen. Der Titel des Romans bezieht sich programmatisch auf die in der Bibel erzählte Geschichte Absaloms, eines Sohnes des Königs David. Kurt J. Fickert meint in einem 1981 erschienenen Aufsatz über biblische Einflüsse in Johnsons *Mutmaßungen*, nicht nur Jakobs Vorname sei ein Verweis auf die Bibel (was evident erscheint), sondern auch der Nachname Abs: als Abkürzung von Absalom.[43] Ich schließe mich dieser Auffassung an, habe ich doch schon früher die Ansicht vertreten, daß die *Mutmaßungen* zu *Absalom, Absalom!* in einem besonderen Verhältnis stehen.[44] Faulkner ging es in vielen seiner Romane, ganz besonders in *Absalom, Absalom!*, um die Möglichkeiten eudämonistischen Lebens, das Mensch und Natur, Individuum und Gesellschaft zu einer glücklichen Übereinstimmung bringen soll. Die Aneignung der Natur durch die Arbeit des Menschen soll zugleich dessen Einbettung in die Natur vollziehen; derart sollen Natur und Gesellschaft eins werden. Seine Gegenwart galt Faulkner als eine Zeit, in der die Natur durch die Technik unterworfen und zerstört worden sei; als deren Insignien gelten Automobile, Banken, skrupellose Geschäftemacher und rebellierende Sklaven. Die frühere vitale Lebendigkeit des Lebens scheint abgestorben zu sein. Deshalb dominiert die sehnsuchtsvolle Rückerinnerung an die feudale Plantagenwirtschaft des Old South viele Romane Faulkners. Auch dies zeigt der Titel *Absalom, Absalom!* an: Der Anruf meint die Klage des Königs David: »O Absalom, mein Sohn, mein Sohn!« (2. Samuel 19, Vers 1) um seinen toten Sohn, der sich zwar gegen ihn empört und ein gewaltsam-schmähliches Ende gefunden hat, der aber doch auch der schönste Mann im Land und zudem einer gewesen war, dessen Lebensfülle sich in der legendarischen Fülle seines Haars ausgedrückt hatte. Derart klagt Faulkner um den rebellischen, gewalttätigen, aber eben doch auch bestrickend schönen und nunmehr toten Old South. Dort allein ist noch eine quasi geschichtslose, sich im Kreislauf von Säen und Ernten erfüllende eudämonistische Übereinstimmung des Menschen mit der Natur zu finden. Und dies Bild glücklichen Lebens erweist sich als identisch mit dem Lebensstil der großen Familien des Old South, wie er vor dem verlorenen Sezessionskrieg Wirklichkeit gewesen war. Dieses Bild strahlt bei Faulkner ebenso auratisch wie bei Johnson die Bilder vom erfüllten Arbeitsleben Jakobs. Im Fall Faulkners besitzt es sein materielles Zentrum in der Sklaverei als der ökonomischen Basis der Gesellschaft. Die Old South-Aristokratie als Herrenschicht konnte zur Arbeit und zu den die Arbeit ausführenden Sklaven ein besonderes, doppeltes Verhältnis gewinnen. Einerseits macht Sklaverei die Arbeit insgesamt zu etwas Unehrenhaftem, zu etwas, was kein Freier freiwillig ausführt. Andererseits können die Herren als Produkt eigener Tätigkeit ansehen, was die Sklaven für sie produziert haben. Sklaven gelten weder als Subjekte noch als Menschen, sie sind im Bewußtsein der Herren als »bloß unorganische Bedingung der Produktion in die Reihe der anderen Naturwesen gestellt, neben das Vieh oder als Anhängsel der Erde«.[45] In einer solchen Gesellschaft kann sich folglich die »herrschende, d. h. die nicht manuell arbeitende Klasse mit der Gesellschaft insgesamt identifizieren«.[46] In Johnsons *Mutmaßungen* liegen die Dinge spiegelverkehrt: Eudämonie soll sich im Vollzug hochtechnisierter und selbstbestimmter Arbeit realisieren, die nicht der privaten Bereicherung eines einzelnen, sondern der allgemeinen Bereicherung aller dient: Arbeit im Dienst des »freundlichen Reisens«. Die Arbeit nicht als Entwürdigung, sondern als Bereicherung, als Selbstverwirklichung, eben als »Lebenstätigkeit« des Menschen. Naturbeherrschung mit Hilfe der Technik als das Gegenstück mühsamer sklavischer Bearbeitung des Landes: die klassenlose, utopische Einlösung der Faulknerschen rückwärts gewandten Utopie.

  In Faulkners Roman geht es darum, dieses vergangene, faszinierende Leben der Südstaaten-Aristokratie erinnernd, mutmaßend und rekonstruierend aufzuarbeiten. Dies geschieht am »Fall« des Obersten Thomas Sutpen. Verschiedene Personen (in erster Linie Rosa Coldfield, Schwester von Sutpens zweiter Frau und selbst kurzfristig seine Verlobte, und Quentin Compson, Enkel von

Sutpens einzigem Freund) kommen zusammen, um ihr Verhältnis zu dem faszinierenden Toten in einem teils mutmaßenden, teils recherchierenden Dialog (auch vergilbte Photographien spielen ihre Rolle) zu erörtern. Derart entsteht polyphones Erinnerungs-Erzählen zwischen Partnern verschiedener Überzeugung, das dem Leser die mit Sicherheit »richtige« Version vorenthält. Der Lebenslauf Sutpens steht parabolisch für den Versuch, das gute Leben der Südstaaten-Aristokratie zu usurpieren. Er sei deshalb kurz referiert. Thomas Sutpen verläßt früh die kargen Berge West-Virginias, wo er als Sproß puritanischer Landproletarier aufgewachsen war. Er geht nach Haiti, unterwirft sich dort eine Anzahl frei lebender Neger und zieht mit ihnen in den Süden der USA. 1833 siedelt er sich in der Nähe von Jefferson an: herrsch-süchtig und tapfer, gewalttätig und großzügig, ein Mann von titanischer, aber eben auch unkontrollierter Arbeits-, Willens- und Lebenskraft. Die unverbrauchte Arbeitskraft seiner Sklaven erschließt das Land in einem Umfang von 100 Quadratmeilen. Die Plantage »Sutpen's Hundred« entsteht, in ihrem Zentrum ein ausgedehntes weißes Herrenhaus, errichtet gemäß dem Stil fran-zösischer Baukunst und von einer französisch-klassizistischen Parklandschaft umgeben – beides Wahrzeichen für Sutpens nun-mehrige gesellschaftliche Bedeutung und für seine Herrschaft über die Natur zugleich. Sutpen bestätigt seine Herrschaft jeden Abend aufs neue, wenn er in brutalen, orgiastischen Ringkämp-fen seine wilden Sklaven herausfordert und stets erneut besiegt. Bei Fackelschein und Alkoholgenuß versichert er sich seiner Zugehörigkeit zur weißen Herrenrasse; er herrscht über die Natur in ständigem Kontakt mit ihr, unter Einsatz der Totalität seiner Fähigkeiten, seine Superiorität gründet sich gleichermaßen auf Ratio, Willens- und Muskelkraft. Dieses eudämonistische Herrenleben wird durch die Rassenmischung zerstört. Nämlich Sutpens erster Sohn, Charles Bon, von diesem unwillentlich mit einer Mulattin gezeugt, bindet aufgrund seiner auratischen Anziehungskraft, seiner geradezu dämonischen attrattiva die Halbschwester Judith inzestuös an sich. (Der Ausdruck »attrat-tiva« ist weither geholt insofern, als er dem Terminus entspricht, den Goethe für die eminente Strahl- und Anziehungskraft Egmonts als einer »dämonischen« Persönlichkeit gefunden hat. Er sei hier übernommen, weil er die Aura der attraktiven Mittel-punktspersonen bei Faulkner wie bei Johnson auf einen profilierten Begriff bringt.) Der drohende rassenmischende Inzest führt dann zur Katastrophe: Henry Sutpen, der andere Sohn Sutpens, erschießt, selbst durchaus eifersüchtig, seinen attraktiveren Halbbruder Charles; die Mulattin Clytemnestra(!) besiegelt das Ganze, wenn sie am Ende das verfallene Herrenhaus den Flammen übergibt.

Der Roman besitzt noch eine andere Bedeutungsebene, auf der *Absalom, Absalom!*, diese Klage um das verlorene, gute und lebendige Leben, als Parabel der Sozialgeschichte des Old South gelesen werden kann. Sutpens Jugend als Kind von »armen Weißen« war gezeichnet von einem arbeitsamen Puritanismus, zu dem die haltlosen Aufstiegsphantasien und die Trunksucht seiner Eltern als die andere Seite der Medaille durchaus stimmten. Der Zwang zur täglichen proletarischen Arbeit überschattete alles andere. Thomas Sutpens Traum von einem besseren Leben entspringt dieser Jugenderfahrung. Er kristallisiert sich für ihn, »traumatisch fast in seiner Intensität«[47], im Bild des weißen Herrn, der, von Negern bedient, in einer Hängematte ruht. Diesem Wunschbild werden alle Insignien aristokratischen Südstaatenlebens assoziiert: große weiße Herrenhäuser ebenso wie fein gekleidete Herren auf edlen Pferden. Vor diesem Traumbild entwertet sich alle Arbeit zu einem schmutzigen und tierischen Akt, am Ende droht die Verwandlung des Arbeitenden in ein blind schuftendes Tier.[48] Thomas Sutpen erreicht über den haitianischen Umweg den Aufstieg zum Mitglied der Pflanzeraristokratie des Old South. Nun entfaltet seine Person die attrattiva des unentfremdet lebenden Voll- und Herrenmenschen, geradezu mythisch-dämonisch in ihrer Ausstrahlungskraft. So bleibt er allen, die ihm nahestanden, in der Erinnerung. Im Vollzug seines Lebensplans, seines »design«, ist Sutpen nach oben gelangt. Wie die Südstaaten ihre Sklaven als das Mittel ihres Reichtums und ihrer Macht aus Afrika, so holte Sutpen die seinen aus Haiti. Und auch im Abstieg teilt Sutpen das Schicksal der Südstaaten-Aristokratie. Denn sieht man sich die Stationen des Abstiegs näher an, so entdeckt man: Der Beginn des Verfalls von »Sutpen's Hundred« fällt mit dem Beginn des Sezessionskrieges zusammen; während des Bürgerkriegs wird der Konflikt seinem Höhepunkt entgegengetrieben (Charles Bon und Judith versichern sich brieflich, einander unter allen Umständen anzugehören); die endliche Katastrophe (Henry erschießt Charles) fällt in die Zeit der Heimkehr der geschlagenen Südstaaten-Armee. Der strahlende Absalom bezahlt seine Rebellion mit der tödlichen Niederlage. Gott als der Herr der Geschichte ist auf der Seite König Davids. Die Stationen des Sezessionskriegs, der auch ein Krieg zwischen der alten feudalen und der neuen kapitalistischen Produktionsweise war, werden bei Faulkner im Gewand des griechischen und des biblischen Mythos durchgespielt. Thomas Sutpen, der vor dem puritanischen Kapitalismus der Nordstaaten in den Süden floh, wird von seinem Schicksal buchstäblich eingeholt und erst wirtschaftlich, dann auch physisch vernichtet. Am Ende kommt er durch die Hand des Squatters Wash Jones ums Leben, der als »poor white« den gleichen sozialen Status auf Sutpens Plantage besitzt, dem Sutpen auf dem »feudalen Weg« zu entkommen suchte: Landproletarier und kleiner Krämer zu sein.

Man kann zusammenfassen: In Faulkners *Absalom, Absalom!* wie in Johnsons *Mutmaßungen* steht die Definition verstorbener Personen zur Debatte, deren Identität eine sozialhistorisch geprägte und eine mythisch-biblische zugleich ist. Wie Sutpen und Bon Aufstieg und Fall des Old South verkörpern, verkörpert Jakob Abs Aufstieg und Fall der Hoffnungen, die für ihren Autor mit einer bestimmten Entwicklungsphase der DDR verknüpft waren. Beide gemahnen zudem an Figuren in der Bibel: an den Patriarchen Jakob und den Aufrührer Absalom. Dies verweist auf die Wichtigkeit und den Doppelcharakter der Mittelpunktsfiguren, die gleich Zentralgestirnen die restlichen Personen (und die Phantasie der Leser) um sich versammeln. (Wer zu weit in ihr Gravitationsfeld hineingerät, verglüht in ihrer Hitze: so entgeht es Quentin in Faulkners Roman; Gesine bei Johnson entgeht dem möglicherweise durch ihren Abschied von Jakob.) Solchen Zentralsonnen gleichen also Jakob Abs bei Johnson und Charles Bon bei Faulkner. Beide werden in das Bild der Katze gefaßt, präziser formuliert: sie assoziieren beim faszinierten Betrachter das Bild einer Katze als der Verkörperung eines selbstgewissen, fraglosen, unabhängigen, im Haus wie in der freien Natur gleichermaßen beheimateten, bestrickend lebendigen Lebens. Als der Intellektuelle Blach auf den ihm bis dahin unbekannten Jakob stößt, verspürt er unabweisbar die Emanation eines solchen Lebens. Er nennt Jakob »wie eine Katze so unbedenklich«, und: »Ich habe einen gesehen dem man das Leben ansehen kann« (M/J S. 75). Von Charles Bon, der bindungslos, unstet und selbstgenügsam lebt, wird bei Faulkner gesagt, daß ihm »wie einer Katze, ein Ort wie der andere war – das kosmopolitische New Orleans so gut wie das ländliche Mississippi«.[49] Doch Charles Bon (dessen Name an Charles Baudelaire erinnern mag; Faulkner hatte in seinen Anfängen eine enge Beziehung zum französischen Symbolismus) erscheint als ein Lebemann Beardsleyscher und Wildescher Provenienz, versehen mit den Insignien des Fin-de-siècle-Menschen: von blasierter Welterfahrung und mit dem katzenartigen Charme der Dekadenz, in Seide gehüllt und von androgyner Erscheinung.[50] Die Figur Charles' ist die des Dandys, ihre Bestandteile scheinen dem Konzept des Dandyismus verpflichtet, wie es der französische Symbolismus entwarf. Der Dandy also als der, der in den Zeiten durchgesetzter prosaischer Bürgerlichkeit eine attraktive Lebendigkeit bewahrt und der, die »höchste Inkarnation der Idee des Schönen«,[51] dennoch zum Untergang verurteilt ist. Diesem Dandy ist ebenfalls das Symbol der Katze zugeordnet. Gerade daß der Dandy auf einer nicht-spezialisierten, geistig-sinnlichen Total-Existenz besteht, stellt ihn außerhalb der bürgerlichen Gesellschaft und droht ihn am Ende auch physisch zu vernichten. »Wollust« und »Wissenschaft« als die Pole des spezialisierten, zerrissenen Lebens gelangen im Bild des Dandys noch einmal zur Synthese, zu einer Synthese freilich, die keinen Bestand haben kann.[52] Demgegenüber erscheint Johnsons Held Jakob als genauer Kontrapunkt. Er ist angelegt als ein bedachtsam-freundlicher, kommunikativer, heimatverbundener, hart arbeitender und sozialistisch denkender Mensch. Seine Ausstrahlung resultiert aus der Atmosphäre kollegialer und solidarischer Zusammenarbeit, die er in der technisierten, vom Streß beherrschten Welt seines Dispatcherraumes sehr wohl zu bewahren versteht. Deshalb erscheint seine Arbeit in den Augen seiner »Melderin« »als wäre es Spazierengehen und Blumenpflücken, so« (M/J S. 234). In Jakob kommen Sinnlichkeit und Intellekt zu neuer, höherer Natürlichkeit zusammen, er erscheint auch als das aufgelöste Rätsel des Kleistschen Marionettentheater-Aufsatzes. Im Sinn der Marxschen Frühschriften gründet sich Jakobs Aura auf die selbstbestimmte, solidarische Welt der Produktion, die für ihn zum »Spiegel« werden kann, »woraus sich unser Wesen entgegenleuchtet«.[53] Auf dieser Ebene des Romans kommen die noch »existentialistisch« eingetönten Gedankengänge des jungen Marx mit dem Arbeitsethos zusammen, das dem Autor Johnson in spezifischer Weise zu eigen war. Jakobs Tätigkeit ist zudem eine im Interesse der Gesamtgesellschaft; das »freundliche Reisen«, das er dirigiert, ist sozusagen ein Bild des real gewordenen, reibungslos ablaufenden, zwanglos-freien Kommunismus/Sozialismus. Dies ist auch die Wiedererrichtung griechischer Polis-Demokratie und hellenistisch-ganzheitlichen Menschentums, ruhend auf umgestülpter ökonomischer Basis: nicht mehr auf Sklavenarbeit, sondern auf die selbstverwaltete Tätigkeit aller Gesellschaftsmitglieder gegründet. Dies wäre: der Himmel auf Erden, niedergestiegen zu Jakob, wie die Engel in der Bibel die Himmelsleiter niederstiegen. Deshalb strahlt Jakobs Aura besonders intensiv, als er im Selbstgenuß seiner Tätigkeit, auf einer Zugreise, dem Intellektuellen Blach im Speisewagen begegnet und diesen sofort in seinen Bann schlägt. Anstatt, wie bei Faulkner, die private herrenhafte Muße, gilt bei Johnson die Arbeit im Gesamtinteresse als Garant eines erfüllten, eudämonistischen Lebens. So kommen Existentialismus und Materialismus unter der Dominanz von »Arbeit als Lebenstätigkeit« in der Figur Jakobs zusammen.

Dies alles weist auf die Zugehörigkeit von Johnsons Erstling nicht nur zur literarischen, sondern auch zur philosophischen Moderne hin. Charles Baudelaire, einer der Erzväter der literarischen Moderne, schrieb 1852 über das Werk Edgar Allan Poes (also über die Prosa eines durchaus de-tektivisch schreibenden Autors, an den Bloch bei seiner Bestimmung des aufklärerischen Detektivromans gedacht hatte): »Ich möchte auf eine sehr kurze und bestimmte Weise die Literatur Poes charakterisieren, denn es ist eine völlig neue Literatur. Was ihr einen wesentlichen Charakter verleiht und sie vor allen anderen auszeichnet, ist, man verzeihe mir diese merkwürdigen Ausdrücke, der Mutmaßungscharakter und der Probabilismus.«[54] Diesen »Probabilismus« der literarischen Moderne adaptiert, ihn im Sinn der Brechtschen Kunsttheorie ausgearbeitet und bruchlos auf die deutsch-deutsche Situation der 50er Jahre appliziert zu haben zeichnet den besonderen Kunstcharakter der *Mutmaßungen* aus. Eben deshalb kommen in diesem Buch Form und Inhalt auf eine so zwingende Weise zueinander wie in vielleicht sonst keinem anderen Roman-Werk nach 1945.

Und doch enthält dieses programmatisch »moderne« Buch zugleich eine sehr »alte«, eine wichtige mythisch-biblische

Dimension. Johnson selbst hat, rückblickend, in den *Mutmaßungen* ein »zu hohes Angebot an biblischen Namen« konstatiert und »religiöse Bezüge« dementiert.[55] Dennoch enthalten die *Mutmaßungen* biblische Sprachanklänge und biblische Namen (Jakob, Jonas, Jerichow) die Fülle. »Mit dem biblischen Tonfall mag es angehen. Ich bin protestantisch erzogen worden und habe viel in der Bibel gelesen. Daß es einen Heiligen Jakob der Gerechte gab, wußte ich nicht« – so der Autor selbst.[56] An ihn haben wir uns zu halten und folglich nicht an Jakob, den »Gerechten« (was in der Literaturkritik zuweilen geschah), sondern an die biblische Geschichte vom Patriarchen Jakob. Doch wollen wir zunächst noch ein letztes Mal zu Johnsons »Vorbild« Faulkner zurückkehren. Durch Faulkners Werk zieht sich das Thema des Inzests. Es ist neben *The Sound and the Fury* insbesondere für *Absalom, Absalom!* von zentraler Bedeutung. Faulkners Romantitel bezieht sich nachdrücklich auf die biblische Absalom-Geschichte, in deren Mittelpunkt ebenfalls ein Inzest steht. In Samuel 2,13 tötet Absalom seinen Halbbruder Amnon, weil dieser mit Thamar, der Schwester Absaloms, intim zusammengewesen ist. Daraus entsteht Auflehnung gegen den Vater, Revolution und Krieg, was dann alles mit Absaloms schmählichem Tod, der einem Tod durch Erhängen gleicht, endet. In der griechischen Tragödie ist, wie bekannt, der Inzest zentral; in diesem Zusammenhang mag der Hinweis auf das Geschick des König Ödipus hinreichend sein. In allen genannten Fällen geht es um unentrinnbare Verstrickung, um Schuld und daraus folgenden Tod; ein mythisches, weil unabwendbares Schicksal nimmt seinen ehernen Lauf. In diesem Sinn appliziert auch Faulkner das Inzestthema auf den Untergang der Pflanzeraristokratie des Old South. Uwe Johnson ordnet in seinem Erstling die Konstellation der Personen zunächst einmal ganz ähnlich an. Der *attrattiva* des katzenartigen Jakob verfallen Jonas wie auch Gesine. Gesine ist aber lediglich die Ziehschwester Jakobs, ihm also nicht blutsverwandt. Auf diese Weise gebrochen, klingt das Inzestthema auch bei Johnson an. Auch in diesem Zusammenhang ist eine Beziehung der *Mutmaßungen* zur Bibel zu konstatieren. Denn Gesines Spruch: »Es ist meine Seele, die liebet Jakob« (M/J S. 213) knüpft offensichtlich an den ganz ähnlich lautenden, formelhaften Gebrauch der Liebeserklärungen im Hohen Lied Salomonis an. Umgekehrt finden in die erfüllte Liebe des Hohen Liedes Elemente der Geschwisterliebe Eingang, wenn es heißt: »O, daß du mir gleich einem Bruder wärest, der meiner Mutter Brüste gesogen« (Das Hohe Lied Salomonis, 8,1). Johnson bricht, wie gesagt, diesem Thema die Spitze ab; bei ihm waltet nicht mythische Verstrickung, sondern die »politische Physik« – die sich freilich selbst zu mythischer Unentrinnbarkeit entwickelt. Johnson deckt zwar den Mythos in der Politik (die – der bekannte Spruch sagt es – unser aller Schicksal ist) auf, aber Literatur wurzelt für ihn nicht in der Politik (im Sinne Brechts und Benjamins), sondern im Mythos.[57] Der aufklärerische Optimismus Brechts und Benjamins war Uwe Johnson nicht mehr zugänglich (so wenig wie etwa auch dem Brecht der späten *Buckower Elegien*); seinem Buch liegt schließlich die unabweisbare Erfahrung des Stalinismus zugrunde. In den 30er Jahren konnte Bloch im amerikanischen Exil den Stalinismus noch zu rechtfertigen suchen; inzwischen war er zu einer abgeschlossenen, unbestreitbar barbarischen Epoche geworden. Das Übel war in die Welt getreten, der Flug der Eule der Minerva mußte beginnen. Aufzuklären war, wer Jakob ums Leben gebracht und so verhindert hatte, daß dieser zu dem Patriarchen wurde, der er in der Bibel ist.

Der »wahre Jakob« heißt, so meine ich in Übereinstimmung mit Kurt J. Fickert[58], Jakob Abs(alom). Johnson erzählt die Geschichte eines Mannes, der Jakob hätte werden sollen, aber doch wie Absalom endete – und zwar aus Gründen der bereits mehrfach zitierten »politischen Physik«, deren mythisch-blinder Zwangscharakter ihm keine Chance ließ. Beide biblische Geschichten, die Jakobs ebenso wie die Absaloms, sind Geschichten eines Bruderzwistes. Das macht sie zu Parabeln für das deutsche Geschick nach 1945 – jedenfalls (so eine zentrale These meiner Interpretation) in den Augen Johnsons, des marxistischen Bibellesers und Schülers von Ernst Bloch und Hans Mayer. Ich versuche mir im Folgenden vorzustellen, wie er zuerst die Geschichte Jakobs, dann diejenige Absaloms als präfigurale Gestaltung des Lebens seines Reichsbahndispatchers Jakob Abs gelesen haben könnte, beziehungsweise (andersherum) wie er dessen Lebensweg als Postfiguration jener biblisch-mythischen Gestalten angelegt hat. Das sind Mutmaßungen, zugegeben, aber doch solche, die einige Plausibilität für sich haben und jedenfalls zur Diskussion zu stellen sind.

Ausgangspunkt ist ein Bruderzwist, auf den die deutschen Verhältnisse nach 1945 wie zugeschnitten erscheinen. Von Jakobs und Esaus Mutter Rebekka heißt es: »Und die Kinder stießen sich in ihrem Leibe[...]. Und der Herr sprach zu ihr: Zwei Völker sind in deinem Leibe, und zweierlei Leute werden sich scheiden aus deinem Leibe; und ein Volk wird dem anderen überlegen sein und der Ältere wird dem Jüngeren dienen« (1. Mose 25, Vers 22–23).

Der ältere Bruder sollte, entgegen patriarchalischem Recht und der Prophezeiung des Herrn zufolge, dem jüngeren dienen. Jakob und Esau verkörpern zudem nicht nur verschiedene Individualcharaktere, sondern auch verschiedene Gesellschaftsstufen: den Übergang von der Jäger- zur Ackerbaugesellschaft. Esau ist ein Jäger, von dichter rötlicher Behaarung und umherschweifender Lebensweise; Jakob ist glatt, »ein sanfter Mann und blieb bei den Hütten« (1. Mose 25, Vers 27). Er nimmt Esau durch List dessen Erstgeburtsrecht und gewinnt auf gleiche Weise den Segen seines Vaters. Er versöhnt sich aber später mit Esau, läßt es auf keinen Kampf ankommen, Esaus Stärke kennend, wird schließlich zu einem der Patriarchen, dessen Samen sich über die ganze Erde ausbreiten wird. Derart erfüllt sich Gottes Prophezeiung. Die Bedingung jedoch ist, daß Jakob maßvoll bleibt, sich mit Esau wieder versöhnt und an Gott dem Herrn festhält.

Ich übertrage auf die *Mutmaßungen:* ›Zwei Völker sind in deinem Leibe, und zweierlei Leute werden sich scheiden aus deinem Leibe‹ – so kamen aus dem Schoß des Dritten Reiches nach dem Zweiten Weltkrieg die feindlichen deutschen Brüder zur Welt. Der ältere Bruder ist, von der Gesellschaftsordnung wie von der Proklamation des Grundgesetzes und der Zugehörigkeit zu einem der beiden großen Militärpakte her, die Bundesrepublik Deutschland. In allem folgte die DDR ihr auf dem Fuße: so wie in der Bibel Jakob bei der Geburt Esaus Ferse hielt. Jakob Abs ist wie der biblische Jakob sanft und ›bleibt bei den Hütten‹, ist seiner Mutter zugetan, wie jener der Liebling Rebeccas war. Der Jakob des Alten Testaments wird in die Fremde gehen, um Rahel zu gewinnen – wie der Jakob bei Johnson in den fremden Westen gehen wird, zu Gesine.

Der Sozialismus ist gegenüber dem Kapitalismus die jüngere Gesellschaftsformation, und er soll die ältere Gesellschaftsformation Kapitalismus enterben. Dieser Sieg ist aber an zwei Bedingungen geknüpft: daran, daß er mit List, also ohne Gewalt, geschieht, und daran, daß später Versöhnung, Ausgleich, Kompromiß statthat. Dies wiederum, so mutmaße ich weiter, bedeutet: Der Sozialismus kann nur kraft Überzeugung, kraft größerer Gerechtigkeit, kraft des besseren Gedankens, der tieferen Einsicht in den Gang der Weltgeschichte siegen. Und er muß (das zeigen die *Mutmaßungen*) zum Kompromiß bereit sein: Er muß die entscheidende historische Errungenschaft des Kapitalismus, die Demokratie nämlich, übernehmen, um so überhaupt erst zu einem authentischen, eudämonistisch ausstrahlenden werden zu können. Dann würde Jakob Abs quasi zum Patriarchen: So wie des biblischen Jakob Same würde der authentische, demokratische Sozialismus sich über die ganze Erde ausbreiten.

Das fabula docet, appliziert auf den deutschen Bruderkampf, ist klar: Der Sozialismus, der jüngere Bruder, hat den »göttlichen«, den historischen Auftrag, den älteren Bruder Kapitalismus zu enterben. Aber nur in Form des viel diskutierten »dritten Weges«: kraft seiner eudämonistischen Überzeugungskraft und als demokratischer Sozialismus. Dann würden die ›Wolken betretbar‹ – so wie im Buch Genesis (vgl. M/J S. 296) die Engel auf der Himmelsleiter herniederstiegen und Gott selbst Jakob Israel in die Weltherrschaft einsetzte: »du sollst ausgebreitet werden gegen Abend, Morgen, Mitternacht und Mittag; und durch dich und deinen Samen sollen alle Geschlechter auf Erden gesegnet werden« (1. Mose 28, Vers 14). Der biblische Jakob träumte dies, bevor er auszog, Rahel zu gewinnen. Der Glanz der Bilder von Jakobs erfülltem Arbeitsleben strahlt am intensivsten, als der eigene ungarische Weg zum Sozialismus möglich scheint und bevor er in den Westen reist, Gesine zur Frau zu gewinnen. Die Versöhnung der beiden deutschen Staaten hätte den Himmel auf die Erde gebracht. Hier wird nun ein anderes Paradigma kenntlich: Die demokratisch-sozialistisch wiedervereinten Deutschen wären die Erben der griechischen Eudämonie – eine mögliche Johnsonsche Neuaufnahme von Gedanken der deutschen Klassik, wie sie in seinem Roman im Verweis auf Friedrich Schillers *Briefe über die ästhetische Erziehung des Menschengeschlechts* durchaus anwesend sind.[59] Dies wäre dann die größte, eudämonistischste, utopischste aller Konvergenzen: die Verschmelzung zwischen biblischer und marxistischer Verheißung; im historischen Zusammenhang: die Aussöhnung zwischen

Juden und Deutschen; der glückliche, gerechte Kompromiß zwischen den antagonistischen Gesellschaftssystemen. Es wäre das Ende der mythisch-gewaltsamen »politischen Physik«, das Ende der Geschichte als einer von Gewalt und immer wieder Gewalt bestimmten. Der Hegelsche Weltgeist wäre zu sich selbst gelangt und der Tag-Traum der Blochschen Hoffnungs-Philosophie wirklich geworden. Der Mensch wäre erneut ein geistig-sinnliches Totalwesen und herrschte über die Natur in zwanglosem Einverständnis mit ihr.

Doch die Verhältnisse, sie sind nicht so. Rohlfs, der Repräsentant jener ›Großen, die ein Auge auf Jakob warfen‹ (vgl. M/J S. 28), ist in Johnsons Roman nicht Jakobs physischer Vater; der Stalinist kennt immer wieder nur die ›Machtfrage‹. Nicht Kompromiß, sondern Konflikt tritt auf den Plan. Mit dem Beginn des Bruderkampfes zwischen den Systemen (Niederwalzung des ungarischen Befreiungskampfes; Invasion gegen Ägypten) endet auch die parabolische Parallelführung zur Geschichte des biblischen Jakob bei Johnson. Nun übernimmt die Absalom-Geschichte die mythische Leitfunktion innerhalb des Romans. Man erinnert sich: Absalom ist der dritte Sohn Davids, ist der attraktivste Mann im ganzen Land, gewinnend in seiner Art. Sein Bruder Amnon schläft mit Thamar, beider Schwester, und jagt sie anschließend aus dem Haus. Dabei hätte er sogar für seine Liebe, die ihn krank machte, die Zustimmung Thamars sowohl als auch König Davids, ihres Vaters und Statthalter Gottes auf Erden, erhalten können: »Rede aber mit dem König«, sagt Thamar zu dem wollüstigen Amnon, »er wird mich dir nicht versagen« (2. Samuel 13, Vers 13). Selbst Geschwisterliebe ist möglich, wenn das gesellschaftliche und individuelle Einverständnis vorliegt. Amnon aber setzt seinen Willen mit Gewalt durch – so wie Stalin den Sozialismus, so wie später die Sowjets in Ungarn einmarschierten. Auf diese Art tritt also die mythisch-gewaltsame Verstrickung, der blinde Handlungszwang, tritt Gewalt, die ihrerseits Gewalt zeugt, in die Welt. Der Mythos inmitten der Politik (die ursprünglich-griechisch als Prozeß zwangloser Überzeugung, als Diskurs auf öffentlichem Markt, gedacht war) kommt an den Tag. Auf das Unrecht Amnons reagiert Absalom mit Mord: Er tötet den Bruder und begeht Aufruhr gegen den eigenen Vater, zeigt blinde, selbstüberhebliche Unversöhnlichkeit. So findet er, ursprünglich der beliebteste Mann im ganzen

Land, den schändlichen Tod des Aufrührers. Im Gegensatz zum biblischen Jakob hinterläßt er keinen Sohn.

Was von dieser Konstellation hat Johnson für die Geschichte seines feindlichen Brüderpaares ›Kapitalismus-Sozialismus‹ benutzt? Der Westen, die Engländer und die Franzosen, reagierten zunächst auf sowjetische Maßnahmen gegen Ungarn: wie Absalom mit Recht gegen Amnon vorgeht, der Thamar geschändet hat. Dann aber vergingen sie sich gegen den ›Willen des Weltgeistes‹ (vielleicht ist die Parallele zu Absaloms Auflehnung gegen David, den Statthalter Gottes, erlaubt) und fielen, entgegen der Logik der Geschichte, nur um ihrer überlebten imperialistischen Interessen willen, in ein Land ein, dessen Befreiung vom Imperialismus auf der Tagesordnung stand. So verwandelte sich »Recht« in »Unrecht«; ihre Zeit als Kolonialmächte war um. Die Utopie schlägt an diesem Punkt in die schreckliche, die gewaltsame, die unlösbar verstrickende Form des Mythos um. Die »politische Physik« gerät zum mythischen Gewalt-Ablauf. Jakob stirbt unter den Zügen; anders als der biblische Jakob hinterläßt er keinen Sohn. Anders als Absalom aber doch die Tochter Marie. (Utopien sterben nicht. Wenn Marie/Maria ihren Joseph, den Sohn Jakobs [!], findet, wird sie, aber auch nur vielleicht, den ›Erlöser‹ gebären?)

So mag also in der utopischen Dimension der *Mutmaßungen* Jakob Abs »ein Gerechter« sein. In der »historischen Realität« des Romans kommt dahinter ein Fragezeichen zu stehen. Der biblische Jakob diente 14 Jahre in der Fremde, um Rahels willen. Jakob reist heim, nachdem Gesine seine Frau geworden ist; er trennt sich von ihr. Er tut dies um seiner Arbeit im Sozialismus willen, stellt diese höher als seine Liebe. Von diesem Blickwinkel, dem Blickwinkel Gesines aus, betrachtet, ist *Mutmaßungen* auch der Roman eines für beide definitiven Abschieds: Auch Gesine trennt sich von Jakob. So lautet der letzte Satz des Buches: Gesine sah auch »nicht aus wie eine, die geweint hat« (M/J S. 308). Unbeschadet der Tatsache, daß Utopien weiterleben, muß sich doch entscheiden, wer in der zerrissenen Realität lebt. Gesine hat sich so entschieden wie ihr Autor Johnson, mit dem sie zusammen »in den Westen einging«. Zuletzt gelangten beide bis in die USA, bis nach New York, diese westliche Metropole par excellence. Hier spielen dann die *Jahrestage* und geht deren letzter, vierter Band, der wohl gelungenste von allen, zu Ende, ohne daß

Gesine noch einmal »zu Jakob« gereist wäre: Sie schwankt durchaus zwischen dem Traum von einem menschlichen Sozialismus und dem Akzeptieren des »real existierenden Kapitalismus«; sie fährt aber nicht, wovon im Buch häufig die Rede geht, in die ČSSR des »Prager Frühlings« von 1968. Die *Jahrestage* enden am 20. August 1968, einen Tag bevor sowjetische Panzer diesmal den tschechoslowakischen Traum von einem demokratischen Sozialismus zermalmten. Der *demokratische Sozialismus:* die friedliche Vereinigung der verfeindeten Geschwister, kommt nicht zustande – ebensowenig wie eine dauerhafte erotische Vereinigung der (Zieh)Geschwister Jakob und Gesine. Ob beider Tochter Marie/Maria ihren Joseph finden wird, der in der Bibel der (Lieblings)Sohn Jakobs ist (so im 1. Buch Mose und entsprechend in Matthäus 1) und der dann gleichsam ihr Bruder-Geliebter und der irdische Vater des Erlösers Jesus Christus sein würde, bleibt offen: in der Realität ebenso wie in den *Jahrestagen* und nun auch im Gesamtwerk Uwe Johnsons. Johnson ist tot, dieser Psalm an sein Ende gelangt. Doch ›Sela‹ bedeutet nicht nur ›Psalmende‹, wie der nach Brechts Urteil ›todessüchtige‹ Gottfried Benn schrieb, sondern ebenso ›Pause‹ oder ›Zwischenspiel‹. Schriftsteller sterben, nicht aber Utopien.

Welche geradezu existentielle Bedeutung übrigens die Geschichte der feindlichen Brüder und die Idee ihrer Versöhnung für Uwe Johnson gehabt hat, mag eine sonst kaum erklärbare Eigenheit aus seiner letzten Lebenszeit in Sheerness-on-Sea erhellen: Die Leute des Städtchens kannten kaum seinen richtigen Namen; meist ließ er sich ›Charlie‹ nennen. Einmal jedoch, in einer Kneipe so angesprochen, korrigierte er: Er heiße ›Charles‹, eigentlich ›Charles Henry‹.[60] *Charles* Bon und *Henry* Sutpen aber heißen die feindlichen Brüder in Faulkners *Absalom, Absalom!*.

Jedenfalls wurde in den *Mutmaßungen* ein biblisch-mythisches, ›zeitloses‹ Grundmuster durch eine eingelegte Dimension historischer Bezüge ver-wirklicht. Der Mythos wurde zeitgenössisch, und Zeitgenössisches wurde mythisch. Auch dies machte den Erstling Johnsons, zu dem, was er bis heute ist: einem der bedeutendsten Romankunstwerke, die im deutschen Sprachraum seit 1945 entstanden, mustergültig in seiner nahtlosen Verquickung von Form und Inhalt, und angesichts der fortdauernden Spaltung Deutschlands und der Fortdauer der Debatten um eine gerechte

Gesellschaftsform von unverminderter Aktualität und Faszination.

Originalbeitrag.

Anmerkungen

Mutmaßungen über Jakob wird nach der Ausgabe Frankfurt/M. 1974 (st 147) zitiert; vor den Seitennachweisen im Text steht dafür die Sigle ›M/J‹.

1 So Uwe Johnsons selbstverfaßte *Vita* in: Reinhard Baumgart (Hg.), *Über Uwe Johnson*, Frankfurt/Main 1970 (es 405), S. 175.

2 Johnsons ersten Roman im wörtlichen Sinn stellt die unveröffentlichte *Ingrid Babendererde* dar. Vgl. dazu auch Wilhelm Johannes Schwarz, *Der Erzähler Uwe Johnson*, Bern und München 1970, S. 8f.

3 So Johnsons *Vita*, S. 175.

4 Vgl. dazu auch Wilhelm Johannes Schwarz, a.a.O., erstes Kapitel des Buches.

5 Uwe Johnson existiert für die offizielle Literaturkritik und Literaturgeschichtsschreibung der DDR so gut wie gar nicht; wenn überhaupt erwähnt, dient er als Objekt für Abgrenzungsbestrebungen. Beispielsweise in: Arno Hochmuth (Hg.), *Literatur im Blickpunkt*, Berlin 1967.

6 Vgl. dazu Bernd Neumann, *Utopie und Mimesis. Zum Verhältnis von Ästhetik, Gesellschaftsphilosophie und Politik in den Romanen Uwe Johnsons*, Kronberg 1978, S. 58ff.

7 Gero von Wilpert (Hg.), *Lexikon der Weltliteratur*, München 1971.

8 So Günter Blöcker, *Roman der beiden Deutschland*, in: Frankfurter Allgemeine Zeitung, 31. 10. 1959 (hier zitiert nach *Über Uwe Johnson*, a.a.O., S. 12/13).

9 Hansjürgen Popp, *Einführung in Uwe Johnsons Roman »Mutmaßungen über Jakob«*, Beiheft I zu: Der Deutschunterricht, 19 (1967), Stuttgart 1967.

10 Hansjürgen Popp, a.a.O. (hier zitiert nach *Über Uwe Johnson*, S. 45/46).

11 Ernst Bloch, *Die Form der Detektivgeschichte und die Philosophie*, in: Die Neue Rundschau, 1960, S. 669f.

12 Ernst Bloch, a.a.O., S. 670.

13 Ernst Bloch, a.a.O., S. 673.

14 Ernst Bloch, a.a.O., S. 669.

15 Ernst Bloch, a.a.O., S.673.

16 Ernst Bloch, a.a.O., S.683. Im übrigen hat sich Johnson selbst, freilich ohne wörtlich von detektivischem Erzählen zu reden, im Sinn des oben Ausgeführten geäußert in seinem Interview mit Arnhelm Neusüß, in: konkret, 1962, H. 1, S. 18f.

17 Der Dialog Gesine – Rohlfs findet sich: S. 233/234; S. 237ff.; S. 251; S. 261ff.; S. 272–290; S. 300.

18 So etwa S. 19: der Erzähler überläßt dem Inneren Monolog des Herrn Rohlfs das Wort, weil dieser kompetenter ist. Rohlfs war Akteur und Zeuge innerhalb des Vorgangs, den der Erzähler berichtet, daher seine Kompetenz.

19 So etwa S. 31/32 und, sehr deutlich, S. 242: anstatt daß Rohlfs und Gesine weiter »mutmaßen« (S. 242), berichtet der Erzähler aus dem »vernünftigen verantwortbaren praktischen Leben«, d.h. er beschreibt Jakobs Dispatcher-Tätigkeit.

20 So S. 163. Jonas als Jöches Gesprächspartner blendet seinen Inneren Monolog ein.

21 Der Dialog Jonas – Jöche reicht bis S. 141. Mit ihm endet Kap. II. Der Dialog Gesine – Blach eröffnet das Kap. III (S. 142). Der geht bis zur S. 226 und beendet Kap. III. Der Dialog Gesine – Rohlfs beginnt S. 233 und endet S. 300: Ende des Kap. IV.

22 Uwe Johnson, *Mutmaßungen...*, S. 301: Jakobs Begründung für seinen West-Besuch: »Wünsche meine Mutter zu besuchen.«

23 Uwe Johnson, *Mutmaßungen...*, S. 302: Jonas Assoziationen werden eingeblendet: »und Jakobs Stimme sagte Wir haben [...] die Schienenstösse verschweisst.«

24 So Äußerungen Johnsons über sein Verhältnis zu Gesine, allerdings bezogen auf die *Jahrestage:* »Grundsätzlich aber ist es so, daß der Verfasser von seiner Person die Lizenz und den Auftrag hat, die Vorgänge in ihrem Bewußtsein darzustellen.« (In: Die Zeit, 26. 11. 1971.) »Einfacher« als die *Mutmaßungen* wären die *Jahrestage* dann insofern, als ihrem Verfasser nur noch ein einziges Bewußtsein, das Gesines, zum Medium dient. In dem bereits erwähnten Interview mit Arnhelm Neusüß sagte Johnson über die *Mutmaßungen:* »Der Verfasser weiß die Geschichte von außen und man könnte sagen, daß der Verfasser mit den Personen zusammenarbeitet, wo Gelegenheiten auftreten, in denen sie es eigentlich besser wissen müßten, weil sie zu dem fraglichen Gegenstand ein intimeres Verhältnis haben, oder: wenn sie dabei waren, dann sollen sie es eben sagen. Es ist eine Verteilung der Kompetenzen.« In: konkret, 1962, H. 1, S. 18f.

25 Uwe Johnson, *Berliner Stadtbahn*, in: Merkur 15, August 1961, S. 733, jetzt in: U.J.: *Berliner Sachen*, Frankfurt/Main 1975 (st 249), S. 7–21, hier S. 20.

26 Uwe Johnson, *Berliner Stadtbahn*, S. 728; *Berliner Sachen*, S. 14.

27 Georg Lukács, *Essays über Realismus*, Berlin 1948, S. 143.

28 Ernst Bloch, *Das Prinzip Hoffnung*, Frankfurt/Main 1959, Bd. III, S. 1628.

29 Georg Mikas, *Revolution in Ungarn*, Stuttgart 1957, S. 155.

30 Karl Marx, *Ökonomisch-philosophische Manuskripte*, Leipzig 1970 (Reclam Verlag), S. 157ff.

31 Bertolt Brecht, *[Zum 17. Juni 1953]*, in: *Gesammelte Werke*, hg. v. Suhrkamp Verlag in Zusammenarbeit mit Elisabeth Hauptmann, Frankfurt/Main 1967, Bd. 20, S. 327f.

32 Bertolt Brecht, zitiert nach Werner Mittenzwei, *Die Brecht-Lukács-Debatte*, in: Klaus Jarmatz, *Kritik in der Zeit*, Halle 1970, S. 793.

33 Vgl. dazu Bertolt Brecht, *Notizen über realistische Schreibweisen*, insbesondere Kap. IV, in: *Gesammelte Werke*, Bd. 12, S. 359ff.

34 Bertolt Brecht, *Notizen ...*, S. 361.

35 Bertolt Brecht, ebd.

36 Werner Mittenzwei, a.a.O., S. 786.

37 Gerhard Zwerenz, *Der Widerspruch. Autobiographischer Bericht*, Frankfurt/Main 1974, S. 134.

38 Georg Lukács, *Von der Eigenart des Ästhetischen*, in: *Gesammelte Werke*, Neuwied und Berlin 1963, Bd. 11, S. 514.

39 So in: Horst Bienek, *Werkstattgespräche mit Schriftstellern*, München 1962, S. 94.

40 In: Wilhelm Johannes Schwarz, a.a.O., S. 89.

41 Wilhelm Johannes Schwarz, a.a.O., S. 11.

42 Wilhelm Johannes Schwarz, a.a.O., S. 11. Schwarz' Angaben beruhen auf Auskünften Johnsons und auf Erinnerungen von Freunden aus dessen Leipziger Zeit.

43 Kurt J. Fickert, *Biblical Symbolism in »Mutmaßungen über Jakob«*, in: The German Quarterly, 54 (1981), S. 60.

44 Bernd Neumann, a.a.O., S. 12ff.

45 Karl Marx, *Grundrisse der Kritik der politischen Ökonomie*, zitiert nach: Georg Klaus / Manfred Buhr, *Philosophisches Wörterbuch*, Leipzig 1971, S. 991.

46 Friedrich Tomberg, *Mimesis der Praxis und abstrakte Kunst*, Neuwied und Berlin 1968, S. 40f.

47 Martin Christadler, *Natur und Geschichte im Werk William Faulkners*, Heidelberg 1963, S. 85.

48 William Faulkner, *Absalom, Absalom!*, New York 1951, S. 236.

49 William Faulkner, *Absalom, Absalom!*, Hamburg 1948, S. 313. Die Stelle lautet im Original, a.a.O., S. 315: »one place was the same as another, like to a cat – cosmopolitan New Orleans or bucolic Mississippi«.

50 In diesem Zusammenhang ist Walter Benjamins Baudelaire-Buch wichtig: *Charles Baudelaire. Ein Lyriker im Zeitalter des Hochkapita-*

lismus, hg. v. Rolf Tiedemann, Frankfurt/Main 1969. Weiterhin: Gert Mattenklott, *Bilderdienst. Ästhetische Opposition bei Beardsley und George*, München 1970.

51 Charles Baudelaire, *Neue Anmerkungen zu Edgar Poe*, zitiert nach: Michel Butor, *Ungewöhnliche Geschichte. Versuch über einen Traum von Baudelaire*, Frankfurt/Main 1961, S. 134.

52 So etwa in Charles Baudelaires Gedicht *Die Katzen*, wo die »Wollust« und die »Wissenschaft« in der Katze zusammenkommen, aber auch zugleich den »Hades« assoziieren, der die Katzen vor seinen Wagen zu spannen trachtet. Vgl. dazu weiterhin Michel Butors Interpretation, a.a.O., S. 170f.

53 Karl Marx, *Aus den Exzerptheften: die entfremdete und die unentfremdete Gesellschaft...*, *Marx-Engels-Studienausgabe*, hg. v. Iring Fetscher, Frankfurt/Main 1966, Bd. II, S. 261.

54 Zitiert nach Michel Butor, a.a.O., S. 131.

55 Wilhelm Johannes Schwarz, a.a.O., S. 95.

56 Wilhelm Johannes Schwarz, a.a.O., S. 95.

57 In diesem Punkt habe ich meine Ansicht geändert. Im entgegengesetzten Sinn argumentiert noch mein Johnson-Buch von 1978, S. 32ff.

58 Kurt J. Fickert, a.a.O., S. 60.

59 Vgl. dazu mein Johnson-Buch, a.a.O., S. 48/49.

60 Tilman Jens, *Der Unbekannte von der Seine. Auf den Spuren des toten Dichters Uwe Johnson*, in: stern, 17. 5. 1984, S. 126–136, hier S. 133.

Das dritte Buch über Achim

Horst Bienek
Werkstattgespräch mit Uwe Johnson

BIENEK Warum haben Sie zur zentralen Figur dieses Buches [*Das dritte Buch über Achim*], zum Gegenstand einer Analyse des zweigeteilten Deutschland ausgerechnet einen Radrennfahrer gewählt, im Gesamtkolorit der DDR ausgerechnet einen Rennfahrer? Diese bewußte Banalität der Biographie scheint mir doch mit Absicht vorgenommen ...

JOHNSON Ich würde nicht sagen, daß irgendein menschliches Leben banal ist. Jede individuelle Existenz enthält von ihrer menschlichen, von ihrer sozialen Umwelt genug Bezüge. Man kann die Umgebung darin sichtbar machen und auch daraus erschließen, sogar auf erzählerische Weise. Allerdings ist dieser Rennfahrer mit einiger Absicht ausgewählt, denn ich halte ihn für ziemlich stellvertretend für das, was Sie »das Gesamtkolorit der DDR« nennen. Er ist beliebt bei den Leuten und beliebt bei den Oberen, da aber die Leute und die Oberen etwas auseinander sind, ist er eine sehr vermittelnde Figur, und das machte ihn mir interessant. Es hätte allerdings auch ein Boxer sein dürfen.

BIENEK Sie wollten also im Sportlermilieu bleiben. Man hätte ja meinen können, daß man sich zur Biographie eine künstlerische Persönlichkeit oder einen Staatsmann wählt.

JOHNSON Wissen Sie, ich meine nicht, daß es in der modernen Industriegesellschaft noch so etwas gibt wie fest abgegrenzte, undurchlässige Milieus. Eins hängt mit dem andern zusammen und ist von ihm abhängig. Zum anderen, für mein Vorhaben wäre eine künstlerische oder überhaupt eine intellektuelle Existenz nicht geeignet gewesen, denn die intellektuelle Situation ist nicht geeignet, einem größeren Kreis vorgetragen zu werden. Und was die Sorgen der Intellektuellen angeht, so kann ihnen dabei niemand helfen.

BIENEK Herr Johnson, darf ich ein paar Einzelheiten zur Rolle des Erzählers fragen. Die klassische Perspektive, die des allwissenden Erzählers, ist bei Ihnen aufgehoben. Was aber wissen Sie von Ihren Figuren? Von ihrer Zukunft, ihrer Vergangenheit, ihrem Geschehen. Können Sie das vielleicht etwas definieren?

JOHNSON Die klassische Perspektive ist nur insofern aufgehoben, als sie sich auf die Manieren des Erzählers, diese Allwissenheit, bezieht. In der anderen Hinsicht ist sie natürlich nicht aufgehoben, denn die Geschichte umfaßt nach wie vor alles, was sie zusammensetzt und ihr einen Anfang und ein Ende gibt.

BIENEK Darf ich ein Beispiel für Ihren Stil nennen. Auf den Seiten 157 bis 160 schildern Sie zwei Herren vom Amt der Literatur, die an der Wohnungstür von Frau Liebenreuth klingeln, wo Karsch in Untermiete wohnt. Sie dringen in das Zimmer von Karsch ein, der gerade im Stuhl vor dem Schreibtisch liegt und ein dickes Buch über den Radsport liest. Es heißt dann bei Ihnen: »Aber damit dieses alles wahrhaftig so vorgefallen sein könnte, müßte der eine von linkischem Wesen Herr Fleisg gewesen sein und der andere auch ein Mitarbeiter des Verlages für Junge Literatur, die nämlich unterwegs waren, um nachzusehen, ob die vertraglich gebundenen Schriftsteller auch etwas taten für die Vorschüsse, von denen sie lebten, und konnte ein Entmutigter den Abgesandten einmal nicht ein Manuskriptbündel von erwartbarem Umfang vorblättern, sollten sie ungefähr sagen: Also mein Lieber, woran liegt es denn?« – »Aber damit dies alles wahrhaftig so vorgefallen sein könnte [...] sollten sie ungefähr sagen [...]«: Diese Unbestimmtheit, dieses Unverläßliche, diese Mutmaßung: ist das bei Ihnen ein Prinzip, und was möchten Sie damit ausdrücken?

JOHNSON O nein. Das ist kein Prinzip. Was Sie zitieren, hat sich nicht aus einer Einzelheit der Geschichte ergeben. Karsch wird nach seiner Rückkehr aus Ostdeutschland in Hamburg von den anderen Leuten, die dageblieben sind, gefragt, wie es denn war und ob man da leben könne, und wie es dem und jenem geht. Und nachdem Karsch dies eine Weile beschrieben hat, wird er, und an dieser Stelle, zurechtgewiesen von dem zwischenfragenden Leser: es ist so gar nicht spannend! Daraufhin versucht Karsch sich gefällig zu erweisen und etwas Spannendes zu erzählen, daß da also zwei finstere Herren kamen, zunächst sehen sie gefährlich aus. Nach dem könnte das, denkt Karsch sich, um Spannung zu erzeugen, der Besuch des Verlags sein, der nachsehen will, ob der mit Vorschüssen ausgestattete Autor auch etwas tut für sein Geld. Nachher fällt ihm ein – denn diese übliche Vorschrift solcher Verlagsverträge für junge Autoren hat er streichen lassen bei sich –: so kann es also gar nicht gewesen sein. Er unternimmt im gleichen Kapitel noch einige Versuche, es spannend zu machen, muß dann aufhören: Spannend war es nicht. Aber er setzt hinzu: Das ist ja auch gar nicht versprochen worden. – Das ist nichts Prinzipielles.

BIENEK Wenn ich Sie richtig verstanden habe, dann ist *Das dritte Buch über Achim* sozusagen die Erzählung Karschs, der nach Westdeutschland zurückkehrt und seinen Freunden die Erlebnisse in Ostdeutschland berichtet.

JOHNSON Sozusagen. Das ist die Beschreibung einer Beschreibung, die Umstände einer Biographie und was in dieser Biographie enthalten sein sollte.

BIENEK Ja, aber das, was Sie aufgeschrieben haben (wollen wir das einmal genau festhalten), sind also nichts anderes als Karschens Erzählungen?

JOHNSON Es sind seine Erzählungen.

BIENEK Ist es richtig, Herr Johnson, wenn ich sage, daß Ihr Stil mich im gewissen Sinne an die Starrheit von Fotos erinnert, fast an das Negativ von Fotos, ja sogar an Röntgenbilder. Nicht von ungefähr scheint es mir, daß Sie ja auch häufig starre Fotos beschreiben.

JOHNSON Ja, ich mag tatsächlich in diesem Buch viele Fotos haben, die sogar beschrieben werden. Aber ich habe nicht beabsichtigt, Ihnen diesen Eindruck zu verschaffen, und dieser Vergleich mit der Fotografie: es ist doch so, daß das allgemeine Denken unserer Zeit von der Fotografie entscheidend beeinflußt ist. Denken Sie an die Familienalben und denken Sie auch an die Pressefotos in der Zeitung, die uns das Geschehen des Vortags, bei dem wir zugegen waren, in einer ganz anderen Haltung und Bedeutung servieren. Und die Fotografie ist ja von unserem Denken zunächst einmal geschaffen und dann geformt worden, so daß wir sie benutzen. Ich glaube nicht, daß ich so besonders fotografisch denke.

BIENEK Wenn ich noch ein Beispiel dafür geben darf, wie Sie röntgenartig durch die Erscheinungen sehen, dann möchte ich noch einmal eine Stelle zitieren. Auf Seite 157 (auch hier das Ungefähre, das Konjunktivische): »Sehr aufregend könnte an Frau Liebenreuths Klingelknopf eine sauber um den Nagel gerundete Fingerspitze erschienen sein, die mit Druck und Senkung den offenen Stromkreis schließt und auf der anderen Seite regelmäßige Schläge der Hammerfeder gegen eine isoliert aufgehängte Glockenscheibe auslöst.« Und jetzt kommt: »Das bekannte Klingelrasseln dröhnt durch den düsteren Flur, der noch leer zwischen den geschlossenen Türen steht, und endet so entschieden wie es begann.« Also, die Deutung einer Erscheinung, die nicht sichtbar ist, es sei durch den Röntgenblick – und dann das Bekannte, das man sieht oder hört, also mit den gewöhnlichen Sinnen aufnehmen kann. Mir geht es jetzt darum, auf diese Vermischung hinzuweisen.

JOHNSON Man sollte dazu sagen, daß dieser Satz zu Anfang eines etwas spaßhaften Kapitels steht, in dem Karsch sich bemüht um Spannung. Es scheint mir erlaubt, daß man eine Situation vom bildhaften Ende her anfängt zu erzählen. Also, man muß nicht immer gleich alles auf einmal sagen wollen: Türen und zwei Herren und Klingeln und Türenschlagen drinnen: auf einmal. Ich habe mit der Einzelheit angefangen. Das ist ein sehr üblicher Vorgang in der Tätigkeit des Gehirns, diese punktförmige Erinnerung ist von Arno Schmidt auf überzeugende Weise beschrieben worden. Das ist nicht programmatisch, aber in diesem Falle empfahl es sich. Es war der Versuch der Spannung, Karschens Versuch.

BIENEK Sie wollen also nur beschreiben, aufzählen, darstellen, was ist. Vorhin sagten Sie, *Das dritte Buch über Achim* hieß ursprünglich *Beschreibung einer Beschreibung*. Das deutet über den Titel hinaus zugleich auf die Position des Erzählers hin, der ja dann nichts anderes als ein Beschreiber sein will. Ist das Ihre Haltung?

JOHNSON Das ist meine Haltung – gewesen, meine Haltung zu einer bestimmten Geschichte. Sehen Sie, das vorige Buch hieß *Mutmaßungen über Jakob*, und mutmaßliche Mutmaßungen etc. wurden sogleich Kennworte für meinen mutmaßlichen Stil. Sehen Sie, und das zweite Buch, das *Beschreibung einer Beschreibung* geheißen hatte, gibt nun wiederum so ein Signalwort ab. Nein, es ist lediglich ein erzählerisches Verhalten, das für diese Geschichte erfunden und benutzt wurde, und, so glaube ich, nur für diese Geschichte geeignet war.

Aus: H. Bienek, Werkstattgespräche mit Schriftstellern, München: Hanser 1962, S. 85–98 (Auszug).

Walter Jens
Johnson auf der Schwelle der Meisterschaft

Wieder einmal hat's sich erwiesen, daß es gut ist, geduldig zu
warten. Fünfzehn Jahre lang haben die Kritiker nun darüber
gegrübelt, warum ausgerechnet das Thema der Themen, das
Kardinal-Problem jedes deutschen Schriftstellers: die Teilung des
Landes, nicht gestaltet worden sei.

Es gab Versuche, gewiß, höchst ehrenwerte Versuche, Gerhard
Zwerenz' Reportagen über das Leben in der DDR, handfest und
grimmig, oder Gaisers redliche Verschlüsselungen (Graubünden
als Marmorklippen-Modell des zerspaltenen Deutschland), aber
all diese Versuche zeigten doch nur die Existenz eines Problems,
das weder durch realistische Wiedergabe noch durch vordergrün-
dig-symbolische Überhöhung, weder durch den Jargon der
Straße noch durch pathetische Umschreibungen veranschaulicht
und zum verbindlichen Gleichnis erhoben werden konnte. Das
große Thema bedurfte eines großen Schriftstellers, und ich
glaube, daß der Autor, der jetzt als erster das Kardinal-Problem
auf der Ebene der Kunst analysiert hat, ein solcher Schriftsteller
ist.

Die Fabel ist einfach: Ein Hamburger Journalist namens Karsch
wird von einer alten Freundin, der Schauspielerin Karin, telepho-
nisch zu einem Besuch eingeladen. Karsch macht sich auf den
Weg, passiert die Grenze, lernt Karins Freund, den berühmten
Radsportler Achim, kennen, beschließt, im Auftrag eines mitteldeutschen Verlags, ein Buch über den Nationalhelden zu schreiben, tut sich um, sammelt Material, macht Notizen, vergleicht
und streicht aus, wird bedroht und gelobt, gerät unter die Räder,
sieht mehr als er darf (was tat Achim am 17. Juni? wie verhielt
sich Karin auf einer LPG-Versammlung? warum verweigerte sie
die Unterschrift? und was hat Karsch mit all dem zu tun?), packt
seine Koffer und kehrt nach Hamburg zurück.

Sein Buch, das dritte über Achim, ist nicht geschrieben worden;
Karsch verfehlte jenes Ziel, das der Autor Johnson, eine mißlin-
gende Beschreibung beschreibend, um so sicherer erreicht. In
Karschens Schatten verborgen, einem imaginären Frager Kassiber

zuschiebend, betrachtet er das Leben in der DDR, dieses in Achims flüchtig-ruhmreichem Radfahrer-Dasein gespiegelte Leben; mit den Augen eines Mannes, der von einem anderen Stern herunterschaut: Karsch in Leipzig (der Name fällt nicht) – das ist der Mondmensch im Bannkreis der Erde, das ist – ein bescheidener Vergleich – James Tienappel, der die Welt des *Zauberbergs* betritt: höflich-selbstbewußt, dann achselzuckend und ein wenig verwirrt, später bedroht und endlich, von panischem Schrecken erfüllt, auf eiliger Flucht ins Flachland, nach Hamburg.

Nicht anders als dem *Zauberberg*-Gast wird auch dem Journalisten Karsch erst langsam bewußt, auf welches Abenteuer er sich eingelassen hat: Was zu Beginn noch, unverbindlich und privat, als 14-Tage-Tour erschien, wird bald – so sieht es jedenfalls der Leser – zu einer Auseinandersetzung auf Leben und Tod. Der Besuch führt zur Bekanntschaft mit einem Rennfahrer-Dasein, dessen Darstellung den Zeitungsmann aus Hamburg begeistert: die (immer noch harmlose) »darstellende Vorführung eines Lebens«; die Beschreibung dieses Lebens wiederum erweitert sich notgedrungen zur Analyse der Lage, in der sich ein abgetrennter Teil des einst vereinten Volkes befindet; die Art und Weise dieser Darstellung schließlich, die Manier, mit der Karsch aus Westdeutschland Achim aus Ostdeutschland beschreibt (und vom Autor bei dieser Beschreibung fixiert wird), läßt auf den Bewußtseinszustand des anderen Volksteiles schließen und macht deutlich, daß die vor Zeiten Verbundenen sich heute offenbar am fremdesten sind.

Karschens DDR-Aufenthalt, sein Tun und sein Schreiben, seine Nachforschung und seine Erkenntnis, daß es augenscheinlich nicht nur zweierlei Länder, sondern auch zweierlei Sprachen gibt, demonstrieren »die Grenze: die Entfernung: den Unterschied«.

Wer aber, fragt der Leser, ist der Held des Buches, der Radsportler und Volkskammer-Angehörige Achim, nun wirklich? Ist er der Hitlerjugend-Pimpf? (Einschränkung der Orthodoxie: »Nicht seine Fehler sind wichtig, sondern was ihn mit der neuen Zeit verbindet.«) Ist er der radelnde Fanatiker, der sich, ehrgeizig-unpolitisch, während eines Pioniertreffens nach Westberlin absetzt, um sich eine Gangschaltung zu beschaffen, die es bei ihm zu Hause nicht gibt? (Erneuter Einwand: Nicht zufällige Teilstrecken eines Lebenslaufes sind zu beschreiben; zu zeigen ist vielmehr, wie Achim sich neuerdings versteht.) Ist Achim der, der er ist, oder ist er, der er war? Kann er wirklich nach Belieben ummontiert werden? Ist er also ein Brechtscher Galy Gay, ein Mann, den nicht der Kapitalismus, sondern die »Sachwalter«-Partei sich selbst entfremdete, indem sie ihm, diktierend, die Verfügung über seine eigene Vergangenheit nahm? Und wie sah diese Vergangenheit aus?

Was beispielsweise tat Achim nach dem Ende des Krieges, was tat er am 17. Juni, und wie verhielt er sich sonst?

Fragen über Fragen, und alles bleibt offen. Doch gerade dies ist der eigentliche Kunstgriff des Buchs: je diffuser Achims von den Händen des reiselustigen Karsch betastetes Leben sich ausmacht, je mehr es, einmal ans Licht gekommen, verschwimmt und hinterher in kontroversen Deutungen jegliche Kontur verliert: desto deutlicher wird die Lage von Millionen, die in eben dieser Unsicherheit aller Verhältnisse, dieser Austauschbarkeit, Vieldeutigkeit und Anonymität, diesem Vagen und Labilen, diesem »ich war's und war's doch wieder nicht« besteht.

Das dritte Buch über Achim beschreibt eine Welt, in der das »so und nicht anders« dem »sowohl als auch« gewichen ist – eine Welt ohne Indikative, ein Konjunktiv-Reich.

Jede Handlung ist mehrschichtig, jeder Schritt läßt mannigfache Möglichkeiten zu: in der großartigsten Szene dieses Romans betritt ein alter Mann eine Handlung für Büromaschinen, um sich zu erkundigen, ob beim Kauf eines tschechischen Kopiergerätes die Nummer des Personal-Ausweises aufgeschrieben würde. Nein? Der Mann bedankt sich, tritt auf die Straße hinaus und taucht unter. Dann heißt es: »Statt seiner würde nächstens nun vielleicht ein junger Mann in verwechselbarer Lederjacke eintreten, einen oft gesehenen Haarschnitt schwenken und nach Durchsicht des gesamten Angebotes sich kurz und gut für eine tschechische Kopiermaschine entscheiden, so daß nach einigen Wochen erstaunte Haushalte in unbeschrifteten Briefumschlägen vervielfältigte Texte erhalten würden mit der Aufforderung: im Interesse der berufstätigen Bevölkerung doch nicht die Abendstunden für den Einkauf zu wählen; natürlich ist das nur eine Annahme. Aber wer wäre nach dem zufälligen Erscheinen und Verschwinden eines schlichten Mannes in zementstaubiger Kleidung eines Tages der vervielfältigten Maschinenschrift an der Hauswand gewiß, die den Notstand der Lebensmittelversorgung mit den Maßnahmen der Regierung in einen ursächlichen Zusammenhang oder einen der Folge bringen wird, je nach Betroffenheit und Gesinnung.«

»Statt seiner würde nächstens nun vielleicht« ... »verwechselbare Lederjacke« ... »oft gesehener Haarschnitt« ... »nur eine Annahme« ... »wer wäre gewiß?« ... »je nach Betroffenheit und Gesinnung«: in der Tat, hier wird ein Geisterreich beschrieben, Fragezeichen-Bezirke zeichnen sich ab, Masken laufen umher, Vermummte tauschen Grüße aus, niemand fällt auf, ein jeglicher hält sich zurück, anonyme Gesichter huschen durch die Straßen, die vertauschbar sind. Man spricht, indem man verschweigt, man schweigt, indem man spricht, Wiederholung der Sachwalter-Sprüche kann Treue bedeuten, doch auch Revolte; Nuancen entscheiden über Gedeih und Verderb.

Wahrlich, es bedarf der Kunst eines erfahrenen Romanciers, um bei der Beschreibung solcher Regionen nicht in Klischees zu verfallen – und Johnson besitzt diese Kunst. Das Zwielichtig-Vage, Vieldeutig-Diffuse ist hier nicht das Ergebnis lyrischer Meditationen, sondern Resultat exakter, oft mathematisch-penibler Beschreibung.

Ich habe, mit der Lektüre des Romans beschäftigt, immer wieder an Alfred Döblin gedacht: auch bei Johnson finden sich die berühmten »Sach-Einsprengsel« aus dem *Alexanderplatz*, die umständlich genauen Apparatur-Analysen (wie ein Expander funktioniert, woraus ein Rennrad besteht), die Dialekt-Volten, die Objektivationen eines fremden Blicks (der westdeutsche Karsch schaut den ostdeutschen Radsportlern zu; der hungernde Transportarbeiter beobachtet Leute, die sich Essen ins Gesicht werfen), endlich die Überschriften-Technik und die assoziative Anhäufung von minuziös zugespitzten Realitäts-Partikeln ... zufällige Ähnlichkeiten, gewiß, aber Ähnlichkeiten eben doch, die beweisen, auf welche Ebene dieser zweite Johnsonsche Roman gestellt werden will.

Es ist ein Buch auf der Schwelle der Meisterschaft, eine Epopöe, deren Diktion so unverwechselbar anmutet, daß der Autor getrost auf seine orthographischen Eigenwilligkeiten hätte verzichten können. Wer eine so souveräne Konzeption wie der Stratege Johnson besitzt (auch die Szene *Berliner Stadtbahn* gab jüngst davon Zeugnis), sollte ihr vertrauen und den Gesamtplan nicht durch tausend taktische Verdeutlichungshilfen zerstören,

die in Wahrheit den Fluß der Prosa ebenso hemmen wie einige
manierierte Subjekt-Wechsel.

Johnsons Stärke ist die Präzision; er hat das große Pathos der
Genauigkeit und weiß, daß tausend pedantische Detailschilde-
rungen sehr wohl in der Lage sind, ein diffuses Totalbild zu
erzeugen: gerade deshalb darf er im einzelnen niemals (wie es
bisweilen, etwa bei der Beschreibung einer Arena, geschieht) ins
Schwimmen geraten und jene »Stimmung« geben, die sich erst am
Ende herstellt ... dort, wo sich auch erweist, mit welcher
staunenswerten Sicherheit *Das dritte Buch über Achim* zwischen
der Scylla »Symbolik« und der Charybdis »Reportage«, zwischen
Allegorie und Traktat hindurchgesteuert worden ist.

Einzig das Kapitel *Was hatte Achim eigentlich gegen West-
deutschland?* fällt ganz aus dem Rahmen, gibt unverwandelte
Globke- und Brentano-Porträts (»ein Irgend, der den Bertolt
Brecht verglichen hat mit einem Zuhälter und Schläger«) und
zeigt gerade durch sein Für-Sich-Stehen die Meisterschaft eines
Mannes, der das Thema der Themen mit jener Verantwortung
und Unbarmherzigkeit beschrieben hat, die allein es vermag, im
Leser das Gefühl des MEA RES AGITUR zu erwecken.

Es ist tröstlich zu wissen, daß in einem Augenblick, da die
Politiker von »unseren Brüdern und Schwestern« wie von
Gebrauchsgegenständen sprechen, gerade ein Schriftsteller, unpa-
thetisch und sanft überzeugend, jenes »Etwas« exemplarisch
demonstriert hat, an dessen Zustandekommen wir nicht minder
beteiligt sind als die »drüben«: die Grenze, die Entfernung, den
Unterschied.

Aus: Die Zeit, 6. 10. 1961.

Karl Pestalozzi

Achim alias Täve Schur

*Uwe Johnsons zweiter Roman
und seine Vorlage**

Der rätselhafte Titel von Uwe Johnsons zweitem Roman *Das
dritte Buch über Achim* findet zunächst im Buch selbst eine
Erklärung. Karsch, ein westdeutscher Journalist aus Hamburg,
fährt zu Besuch nach »drüben« und unternimmt es dort, die
Biographie des berühmten Radrennfahrers Achim T. zu schreiben, den er durch seine Freundin Karin kennengelernt hat.
Karsch schreibt zunächst aus freien Stücken, bekommt dann aber
von östlichen Stellen einen offiziellen Auftrag. Im Zusammenhang damit heißt es:

Aber es gibt doch schon zwei Bücher über Achim!
  – Über den Sportler: sagte Herr Fleisg und hob die Hand als Haltezei-
chen aufgerichtet [...]: mit der Beschreibung sämtlicher Radrennen nach
dem Krieg und mit Anekdoten aus Achims Kindheit und dem Rennfah-
rerleben (nun ja! sagte er: die Bücher erfüllen ihren Zweck!) sei nicht die
ganze Person gegeben (S. 59).

Auf die beiden Bücher wird im weiteren Verlauf hie und da Bezug
genommen. Das Buch, das Karsch schreiben will und nicht
schreiben kann, ist also das dritte – daher der Titel.
  Nun beruht aber diese Fiktion auf Wirklichkeit. Achim T.
nämlich ist nicht eine frei erfundene Person. Er hat sein lebendes
Modell in dem ostdeutschen Radchampion Gustav Adolf Schur,
beim Volk Täve genannt.[1] Umrahmt von Velo-Utensilien kann
man seiner Photographie in den Schaufenstern von Ostberliner
Sportgeschäften begegnen. Auf blauem Grund, mit Sonnenbrille,
das Staatswappen auf hellem Trikot, lacht er vom Deckel eines
Buches, das den Titel trägt: *Unser Täve. Ein Buch über Gustav
Adolf Schur.* Verfasser ist ein Klaus Ullrich. Das Buch ist 1960 im
Sportverlag Berlin erschienen. Es bezeichnet sich im Impressum
als erweiterte Neuauflage eines früheren, das *Unser Weltmeister*
geheißen hatte. Nicht allein Achim, auch zwei Bücher über ihn

resp. Täve gibt es wirklich. Johnsons Roman erzählt nicht nur die mißlingende Entstehungsgeschichte des dritten Buches, es ist selbst dieses dritte Buch.

Herauszufinden, woher es ein Autor hat, gehört zu den kriminalistischen Vergnügen der Literaturkritik, zumal dann, wenn es wie hier am Ende eines Buches heißt: »Die Personen sind erfunden. Die Ereignisse beziehen sich nicht auf ähnliche [...]« (S. 337). Es geht jedoch nicht darum, den Verfasser zu überführen. Nur ein längst überholtes Verständnis von Originalität könnte ihm einen Vorwurf machen wollen. Mit dem bloßen Nachweis der Stoffquelle ist noch gar nichts getan. Gerade in unserm Falle ist jedoch damit die Möglichkeit gegeben, die spezielle Eigenart der neuen Behandlung des Stoffes schärfer in den Blick zu bekommen. Der Roman verweist ja selbst schon in seinem Titel auf seine Vorlage. Und so mag es denn legitim sein, für einmal statt Achim Täve zu lesen und das dritte Buch über ihn zum zweiten in Beziehung zu setzen.

Unser Täve erzählt auf 350 Seiten die Biographie Täve Schurs: Er ist am 23. Februar 1931 in Heyrothsberge bei Magdeburg geboren. Nach der Schulzeit kommt er in Köbelitz zu einem Handwerksmeister in eine Lehre als Maschinenmechaniker. Auf einem alten Tourenrad lernt er radfahren. In der Saison 1951 nimmt er zum erstenmal an einem lokalen Rennen teil. Dann aber führt seine Karriere bald steil aufwärts. In vielen Rennen im In- und Ausland, besonders an den Friedensfahrten durch die östlichen Länder kommt er in die vordersten Ränge, nimmt in der deutschen Mannschaft an der Olympiade von Melbourne teil und wird Weltmeister der Amateurrennfahrer. Im November 1958 wird er als Abgeordneter der »Freien deutschen Jugend« in die Volkskammer der DDR gewählt. Arbeiterbrigaden tragen heute seinen Namen, und er gehört zu den populärsten Figuren des Zonenstaates. Photographien zeigen Täve in verschiedenen Situationen: »Täve bei einem Endspurt, das Gesicht gezeichnet von der Härte des Weltmeisterschaftsrennens«, Täve umringt von autogrammhungrigen Backfischen, Täve als Volkskammerkandidat, der seinen Wählern Rede und Antwort steht, Täve ausgezeichnet von Walter Ulbricht.

Schon am Anfang wird man jedoch darauf hingewiesen, daß das Buch nicht eine gewöhnliche Sportlerbiographie sein will:

Die Alten können es bestätigen: in den Annalen der berühmtesten Rennen Europas finden sich deutsche Namen und auch in den Ehrentafeln der Olympischen Spiele.

Und sie können auch bekräftigen: die Berühmtesten von einst waren populär und umschwärmt, wurden geehrt und gefeiert, standen im Mittelpunkt, wo immer sie erschienen – wie unser Täve heute. [...]

Und doch ist es um Täve etwas Besonderes. Er hat das Glück, in einer Zeit zu leben, da dem tüchtigen, dem besonnenen und ehrlichen Sportler alle Wege offenstehen, da ein Arbeiterjunge wie er, der bis zum 20. Lebensjahr noch kein Theater von innen gesehen hatte, eines Tages im Hörsaal einer Universität sitzen durfte. [...] Nur wo die Arbeiter und Bauern den gemeinsam erarbeiteten Reichtum gemeinsam und sinnvoll verwalten, wo Millionen für die Bildung des Volkes in den Etats stehen, ist das möglich.

Täve ist ein Sohn seiner Zeit, ein Sohn der Deutschen Demokratischen Republik. Er fuhr nicht nur auf den ersten in unserer Republik hergestellten Reifen, probierte nicht nur als einer der ersten die neuen Räder aus den Diamant-Fabrikhallen, er stand selbst am Amboß, in den schweren Jahren des Hungers. Sein Aufstieg ist der Aufstieg unseres Staates, an einem tüchtigen, fleißigen Menschen demonstriert, an einem Menschen, der den Millionen bewies, was Wille und Fleiß für eine gute Sache vermögen. (S. 3 f.)

Das ist ein reiner Überbietungstopos, wie er nach Curtius schon in der Antike zu einem Panegyrikus gehört. Täve soll abgehoben werden von früheren Velohelden. Er ist kein Star im üblichen und hergebrachten Sinne, sondern – darauf will das ganze Buch hinaus – die Inkarnation des neuen, des sozialistischen Menschen. Seine Anlagen und Ansprüche stehen nicht mehr im Widerspruch zu den gesellschaftlichen Verhältnissen seiner Zeit, die veränderten Umstände ermöglichen ihm, mit seiner Umwelt und sich selbst übereinzustimmen. Die Selbstentfremdung scheint in ihm überwunden. Er untersteht nicht mehr dem Urübel der Arbeitsteilung: Sportler ist er nur als Amateur, daneben arbeitet er im Baufach; er besucht aber auch die Universität, mindestens die »Deutsche Hochschule für Körperkultur und Sport« zu Leipzig. Und von den Gütern der Kultur ist er nicht ausgeschlossen: *Aida* ist seine erste Oper. In seiner Freizeit obliegt er der Jagd, jenem Vergnügen, das früher den privilegierten Ständen vorbehalten war. Schließlich hilft er als Abgeordneter mit, die Geschicke des Staates zu bedenken.

Die neuen Verhältnisse, welche diesen Universalismus möglich machen, heben auch die Spaltung der Existenz in eine private und eine öffentliche auf. Individueller und öffentlicher Anspruch decken sich in »unserm Täve«. Seine Erfolge sind Erfolge der DDR, sein Ruhm ist ihr Ruhm. Als man in Melbourne zur Siegerehrung nur das Deutschlandlied spielt und nicht die Hymne der DDR, verläßt er unter Protest den Saal. Er ist geradezu das Symbol dieses Staates, und sein schnelles Fahren soll dessen rapide Entwicklung anschaulich machen. Im Nachwort heißt es:

[Er ist ein] Sportler, der als Sohn der Deutschen Demokratischen Republik heranwuchs, der wie die Deutsche Demokratische Republik wuchs und der den Namen und den Ruf dieses ersten von Arbeitern und Bauern regierten deutschen Staates in alle Welt trug. Somit wurde er ein Vorbild, das sich nicht nur bei der Jugend größte Popularität erwarb; ein echtes Vorbild unserer Tage, der Tage des gewaltigen Umbruchs der Zeiten und Länder, das Vorbild eines dem Sozialismus zustrebenden Menschen. (S. 347)

Dabei ist erstaunlich, wie sehr diese Darstellung des exemplarischen Daseins eines Rennfahrers Züge einer säkularisierten Heiligenvita annimmt: Täve ist ehrlich, lauter und bescheiden, hilfsbereit bis zur Aufopferung. »Sich selbst bezwungen« ist ein Abschnitt überschrieben, in dem geschildert wird, wie er mit Hilfe seines Tagebuchs mit sich selbst ins Gericht geht, nachdem er einmal versagt, d. h. bei einem Rennen die Chance zum Ausreißen nicht benützt hat. Askese ist ein Grundzug seines Lebens: »die andern gingen tanzen, ich ging schlafen«, heißt es. Er ist nicht verheiratet. Immer lebt er staatsgefällig. Anfechtungen im kapitalistischen Ausland besteht er im Bewußtsein seiner Sendung. Blaue, gelbe und regenbogenfarbige Trikots sind seine Heiligenscheine. Von Walter Ulbricht erhält er den Titel »Verdienter Meister des Sports« verliehen. Sein Biograph erhebt ihn zum Vorbild, das nicht nur Sympathie erheischt, sondern Verehrung. Denn nirgends auf dem ganzen Bild ist ein Fleck oder auch nur ein dunkler Punkt.

Wie sich in der Heiligenvita Wundertat an Wundertat reiht, so folgt hier ein sportlicher Erfolg dem andern. Und je mehr alles Negative verschwindet, um so größer wird die monotone Gleichförmigkeit und damit die Langeweile. Wo das Ergebnis immer schon im voraus feststeht, versandet die Spannung. Inhaltlich und sprachlich ist das Buch auf weiten Strecken tautologisch, unanschaulich auch dort, wo es sich aufs Detail einläßt, und penetrant in seiner Lehrhaftigkeit. Der Verfasser schließt mit einer Art Selbstrechtfertigung:

Irgendein Dummkopf hat dieses Buch ein papiernes Denkmal genannt. Würde man ein Denkmal aus Bronze gießen, dem Bildhauer würde es so schwerfallen wie dem Journalisten, ein wirklich echtes Bild von Täve zu formen. Nichts nämlich ist schwieriger, als einen natürlichen, einfachen, bescheidenen Menschen zu schildern, zumal der Betreffende seine Natürlichkeit, seine Einfachheit und seine Bescheidenheit als etwas Selbstverständliches empfindet. Wäre es anders, würde er diese Eigenschaft über Nacht verlieren. So bleibt jeder Versuch, ein Lebensbild dieses Sportlers zu skizzieren, ein schwieriges Unterfangen. Nirgendwo darf man die von der Wirklichkeit abgesteckten Grenzen überschreiten; entschiedener und sicher berechtigter Protest des zweifachen Weltmeisters wäre die vorauszusehende Reaktion. Seiner Bescheidenheit Rechnung tragend, diese Grenzen enger zu ziehen, wäre ungerecht und nicht zu vertreten. So bleibt es zum letzten fast ein Katalog, der Siege, Niederlagen und viele gute Taten enthält. (S. 347)

Diese krause Argumentation umspielt wiederum ein Requisit antiker Panegyrik, den Unsagbarkeitstopos, der unterstreichen soll, daß sich das Idol allen landläufigen Vorstellungen entzieht. Was hier reine Floskel ist, wird von Uwe Johnson beim Wort genommen. Sein Roman greift in grundsätzlicher Weise den Satz auf, »daß jeder Versuch, ein Lebensbild dieses Sportlers zu skizzieren, ein schwieriges Unterfangen« sei. Das »Dritte Buch« ist damit die Reflexion auf das zweite, die Frage nach den Bedingungen der Möglichkeit, ein solches Lebensbild zu schreiben. *Beschreibung einer Beschreibung* sollte es bekanntlich erst heißen. Das Problem der Beschreibbarkeit ist nur am Rande erkenntnis- und sprachkritisch im allgemeinen Sinn. Es geht Johnson um die konkrete Frage, ob und wie ein Mensch, wie ihn *Unser Täve* darstellt, unter diesen Umständen schriftstellerisch faßbar sei. Daß sich Johnson dabei bewußt mit der Biographie Täve Schurs auseinandersetzt, zeigt sich abgesehen vom Lebenslauf im großen und in einzelnen Details manchmal bis ins Sprachliche. Am hörbarsten in der folgenden Passage.
In *Unser Täve* heißt es in einer Art Interview:

»Wann wirst du denn heiraten?«
»Ich würde morgen heiraten, wenn ich die richtige Frau fände!«
Das überrascht. »Hast du sie bisher nicht gefunden?«
»Nein!«

Ob er vielleicht zu anspruchsvoll sei? Es liegt an den Umständen, erläuterte er, und wer sich die Mühe macht, sich in seine Lage zu versetzen, versteht das.

»Wo soll ich meine Frau suchen? In einem Restaurant? Wo ich auftauche, umringt mich alles, bittet um Autogramme und stellt mir tausend Fragen. Schon wenn ich mir nur ein Pfund Äpfel kaufen will, komme ich kaum vorwärts. Es ist verdammt schwer für mich, denn die Leute sehen in mir immer nur den berühmten Rennfahrer, selten verstehen sie, daß man auch mal seine Ruhe haben möchte. So kam ich nicht dazu, eine Frau zu suchen oder gar zu finden!«

»Und kamen nicht auch Heiratsanträge mit der Post?«

»Ja, das auch, aber es waren nur wenige, und man weiß nie genau, wie ernst sie gemeint sind und was sich dahinter verbirgt.«

»So wirst du wohl noch einige Zeit brauchen, bis du eines Tages die Frau fürs Leben gefunden hast?«

»Damit habe ich mich auch schon abgefunden, aber vielleicht läuft sie mir eines Tages doch irgendwo über den Weg, aber dann geht es sicher schnell mit dem Heiraten!« (S. 254)

Johnson montiert diese Stelle folgendermaßen dem *Dritten Buch über Achim* ein:

Karsch hielt sich an die Mittelblätter. Das zweite aufgeschlagen, trug den Bildbericht von der Eröffnung der Radsportsaison. [...] Der begleitende Text rühmte die Kräftigung des sportlichen Radfahrens seit dem Krieg und befaßte die Aussichten für das diesjährige große Rennen in die östlichen benachbarten Staaten und zurück, zu dem Achim aufgestellt war. Am Rande in einen Kasten war eine ältere Aufnahme Achims gesetzt neben ein Interview. Die Rede ging zunächst an die Ergebnisse des Trainings. Die letzte Frage machte sich auf dem größten Raum an Achims Geburtstag und schien scherzhaft. Wann wirst du denn nun heiraten, Achim? Achim antwortete: Eine Frau mußt du erst finden, Einwände erstaunten sich, das ging ihnen nicht zusammen mit dem Ruhm. Achim erklärte daß ihn jede Öffentlichkeit umringe mit Bitten um Autogramme und Meinungen und Andenken. Schon wenn ich mir ein Pfund Äpfel kaufen möchte, komme ich kaum vorwärts. Da kann ich nicht suchen. [...] Und die vielen Heiratsanträge in Achims Post? Kurzum die Antwort: So oft kann ich mich gar nicht verabreden. Ein Rennfahrer hat nicht viel Freizeit. Frage: Bist du etwa auch zu anspruchsvoll? Gelassen fast überdrüssig Achim: Ist da wohl jeder. Eines Tages werde ich die Frau fürs Leben noch finden. Ihr könnt euch darauf verlassen; dann heirate ich. (S. 39 f.)

Das Buch, das die offiziellen Stellen von Karsch über Achim erwarten, hat die in *Unser Täve* angelegte Tendenz noch zu steigern. Das Exemplarische der Rennfahrerexistenz soll noch deutlicher herauskommen. An Achim sollen die epochalen Umbrüche illustriert werden, welche die kapitalistische in eine sozialistische Welt verwandelten. Es interessiert nicht der private Mensch mit seinem privaten Schicksal. Objektive Wahrheit hat für die Auftraggeber Achims Biographie erst und nur dann, wenn sich in ihr der Gang der Weltgeschichte widerspiegelt, wie ihn der dialektische Materialismus sieht.

Daß Karsch außerstande ist, diesen Erwartungen zu entsprechen, hängt an seinem westlichen Denken. Er hat einen andern Wahrheitsbegriff, den man östlicherseits als »objektivistisch« bezeichnen müßte. Das zeigt sich an seinem Vorgehen. Er sammelt zunächst alles, was er an Stoff aus Achims Leben erreichen kann. Er forscht nach Herkommen, Elternhaus, Kindheitserlebnissen. Einer schüchternen Liebesgeschichte kommt er auf die Spur, welche, da Achim dann in einen andern Ort zog, der Anlaß dafür wurde, daß er auf Zeit fahren lernte. Karsch vertieft sich ferner in die Geheimnisse des Radsports, begleitet Achim auf seinen Rennen, läßt sich von ihm erzählen, bekommt alte Wochenschauaufnahmen vorgeführt und durchsucht illustrierte Zeitungen.

Karschs Schwierigkeiten liegen jedoch nicht in der möglichst lückenlosen Dokumentation. Zur Ordnung des Materials braucht er ein Auswahlprinzip und einen roten Faden. Auch er also muß eine Vorstellung haben, was der Mensch sei. Karsch verfährt nach dem Schema der traditionellen Biographie, welche das menschliche Dasein als Entwicklung versteht, an deren Anfang eingeborene Anlagen und Kindheitseindrücke die Richtung festlegen. Daher das Interesse an den frühen Erlebnissen. Karsch sagt einmal: »Daß Achim bei mir der selbe ist, der er in seiner Kindheit war.« (S. 132)

Derselbe! Karsch sucht das Identische im Wechsel der Umstände und Lebensalter. Und dieses Identische versteht er als ein Individuelles. So bevorzugt er das Einmalige und Einzigartige vor allen Bedingungen politischer, wirtschaftlicher und soziologischer Art. Unter den Anfängen, die Karsch erwägt, ist auch der, mit dem das Buch über Täve Schur beginnt: Im Jahr von Täves Geburt fahren frühmorgens ein paar Arbeiter in einem Vorortszug nach Leipzig, und ihre Zeitungslektüre und Gesprächsfetzen sollen die Lage von 1931 evozieren. Aber das kann Karsch nicht brauchen.

Schließlich widerstrebte es Karsch: dir in halben Worten eines erfundenen Gesprächs und Andeutungen von der Beschaffenheit des Bahnsteigpflasters eine Meinung über die Vorgeschichte der deutschen Verschiedenheiten [...] tückisch und heimlich beizubringen, da du sie lieber nehmen solltest aus dem, was da ist, was ist da? und wie kam es dazu? das wollte er darstellen auf die angesagte Weise, es fügte sich aber nicht. [...] zudem entfernte die neuere deutsche Geschichte die Aufmerksamkeit von Achims Person in fast unleidlichem Maß, wenn sie auch über ihn entschieden hatte, bevor er die Welt überhaupt sah. Karsch entschied, daß er solche Anmerkungen über den weiteren Gang des zu schreibenden Buches verteilen müsse. (S. 56 f.)

Daß Karsch die Zustimmung der Partei nicht findet, hat seinen Grund darin, daß beide von verschiedenen Auffassungen ausgehen, was denn die Wahrheit und zumal die Wahrheit über den Menschen sei. Als Formel für diese Unvereinbarkeit könnte jener fundamentale Gegensatz stehen, den das *Kommunistische Manifest* für die ökonomischen Verhältnisse aufstellt: »In der bürgerlichen Gesellschaft herrscht die Vergangenheit über die Gegenwart, in der kommunistischen die Gegenwart über die Vergangenheit«. Karsch will Achim sich aus seiner Kindheit entwickeln lassen, die Partei aber bestimmt den Lebensgang vom momentan Erreichten her.

Es ist nun aber nicht nur die Unvereinbarkeit dieser beiden Auffassungen, an welcher Karschs Vorhaben scheitert. Die Frage, wie die offiziellen Stellen und wie Karsch Achim sehen, tritt zurück vor der brennenderen, wie Achim sich selber versteht. Daran wird die schriftstellerische zur menschlichen Problematik. Wer ist Achim?

An seinem dreißigsten Geburtstag umjubelt ihn die Menge. Es heißt von ihm: »Wieder und wieder erhob er die Blumen mit der rechten Hand gegen das heitere Geschrei, das in ovaler Kurve mit ihm zog, lachend zeigte er die Zähne im Gesicht des berühmten Rennfahrers der er war.« (S. 17) Dieser Satz enthält die ganze Problematik von Achims Existenz: er zeigt nicht sein eigenes Gesicht, sondern die Maske des berühmten Rennfahrers. Nicht nur die Darstellungen machen ihn zum »Verdienten Meister des Sports«, er selber lebt diese Rolle. Dazu gehört, daß er lacht, daß er repräsentiert, daß er alle die guten Eigenschaften zur Schau stellt, die man ihm nachsagt. Sein Gesicht ist gewöhnlich durch die Sonnenbrille »verstellt und bemüht so gesehen zu werden,

wie Achim sich Achim vorstellt« (S. 106). Das öffentliche
Bewußtsein von seiner Person hat Achim zu seinem eigenen
gemacht. Diese Auffassung Achims von sich selbst bestimmt
nicht nur seine Gegenwart, sondern auch sein früheres Leben. Es
heißt: »Achim verlängerte seine Meinung und bündelte sein
Leben damit in eins«. (S. 201)

Die selbstgewählte Verpflichtung, ein Idol zu sein, macht es
unmöglich, daß Achim er selber ist. Seine Uneinigkeit mit sich
selbst wird nun aber gerade durch Karschs Bemühungen sichtbar.
Karschs Fragen bringen Vergessenes und Verdrängtes ans Licht:
die Fremdheit gegen den Vater, die Mitgliedschaft in der Hitlerju-
gend, die Liebesgeschichte, ein verstohlener Einkauf in Westberlin. Einerseits erinnert sich Achim nicht ungern, als spürte er, daß
dadurch der zum Vorschein kommt, der er eigentlich oder mindestens auch noch ist. Er findet es schade, daß Karsch schließlich
aufgibt. Und doch behält sein offizielles Bewußtsein immer die
Oberhand, korrigierend und stilisierend. Er selbst zensuriert
Karschs Entwürfe nach dem Bild, das er von sich haben will.

Dir nicht und Karsch nicht gehört was Achim hergeben wollte von
seinem Leben. Was am Ende bei Karsch stand auf dem Papier und
käuflich wurde als Achims Leben in Worten: das sollte ihn zeigen wie er
sich neuerlich verstand. Es sollte sagen: Seht euch an. Ich, Achim T., war
jung nach dem Krieg und wollte nur noch leben irgend wie. Ich habe euch
Häuser gebaut, von euch bekam ich etwas auf den Leib und zu essen. Ich
habe gearbeitet und hinterher gelebt wie ihr, ich hatte nichts gegen euch,
ich habe mich nicht gekümmert um euch, wir haben Geld getauscht und
Anstrengung. Dann kam der Staat in der Partei des Sachwalters und sagte:
Es genügt nicht. Da tat ich mehr. Da half mir der Staat zu meinem
Vergnügen und machte es mir zum Beruf, da gab er mir etwas zu tun und
Verantwortung für die besondere Art unseres Zusammenlebens, da hatte
ich etwas für euch und kümmerte mich. Ihr, ehe ihr den Sachwalter so
sehr befeindet und seinen Staat, bedenkt doch was er für euch tut und
setzt einen Radfahrer in seine Vertretung des Volkes und spricht mit ihm.
Das sollte es sagen. Achim leugnete vor sich nicht, er deckte den
flaumütigen Einkauf nicht zu in dem Tag des begeisterten Festes: vor sich,
er entsann sich aber entsann sich mit Scham und nannte es Fehler. (So wie
er den Achim nicht gerne wiedersehen mochte, der rüde ein Mädchen
verlassen hatte in einem feindseligen Dorf vor fast vierzehn Jahren wie
taub.) Es sollte nicht heißen: Achim ging nie über die Grenze und
verbrachte nie Geld im Widerspruch zur zweiten Durchführungsbestim-
mung des Gesetzes über den innerdeutschen Verkehr der Währungen, es
sollte nur nicht laut werden, unabgestritten blieb es im Leben, Achim

hatte das Recht sich dessen zu schämen. Wer ihm zujubelte am Rand der Straße, oder ihn unterwies in den Fragen der staatlichen Wohlfahrt oder ihm Ehe, Verehrung, Nachfolge anbot in Briefen mengenhaft, der sollte aber Den meinen von heute in grauem Anzug in ehrendem Empfang bei der Macht des Staates und in lächelnder Verbeugung und beim kameradschaftlichen Händedruck den, der gern mit Notwendigkeit gekommen sein wollte durch die Zeit hierher aber nicht durch Zufall und bloß überredet dazu. Zu ihm, der Geld nahm vom Sachwalter und Orden und Vergünstigung in allen Behelfen des Lebens, paßte nun nicht mehr der vergangene Tag, an dem er dies Geld verschleppte wie Abfall, an dem er eigensüchtig gewesen war und mißtrauisch gegen sein Land als würde es niemals Rennräder kaufen für ihn und schließlich auch bauen für ihn. Er wollte nicht der sein, der roh und gern war im alten und zerschlagenen Verband der staatlichen Jugend, das streichen Sie mal; nicht einer, den ängstigte die Rote Armee, der hätte seinen Vater verraten (für eine schlechte Sache verraten), den haben wir ja mit Gewalt hineinbringen müssen ins blaue Hemd und eingesehen hat er es doch nicht. Er wollte gelebt haben schon wie immer jetzt und seit fünf Jahren Mitglied in der Sachwalterpartei: so endlich unterwiesen und entschieden für eine staatliche Gerechtigkeit, die ihm nicht anders denn angenehm gefiel. Er suchte nach den Spuren dieses Denkens und nicht nach anderen in seinem Leben, das wollte er von seinen Wahrheiten, und ihm gehörten sie wohl. (S. 237–239)

An Achims innerer Unstimmigkeit mißlingt Karschs Unternehmen, daran, daß Achim nicht mit allem identisch sein will, das er war. Den letzten Ausschlag gibt Achims Verhalten beim Aufstand vom 17. Juni 1953. Karsch wird auf undurchsichtige Weise eine Photographie zugespielt, die Achim Arm in Arm mit den aufständischen Arbeitern zeigt an jenem Tag, der im Bewußtsein vieler Zonenbewohner fast säkulare Bedeutung hat. Achim verleugnet seine Teilnahme, sucht die Photographie zu entkräften. Umsonst. An diesem Gesinnungsumbruch, der radikaler überhaupt nicht mehr zu denken ist, wird Karschs Vorstellung von der Identität der Person Achims endgültig zuschanden. Er versteht nicht mehr. Westliches und östliches Denken scheiden sich unüberbrückbar. Er fährt nach Hamburg zurück, Achim seinem »stellvertretenden Leben« (S. 332) überlassend.

In Achims Verleugnung seiner Vergangenheit liegt gewiß eine Schuld. Er empfindet selbst zuweilen eine Ahnung davon. Aber es ist ihm zuzugestehen, daß die Umstände, in denen er groß geworden ist, Naziterror, Bombenangriffe, denen die Mutter zum Opfer fiel, Greuel der Besatzungstruppen, nicht einfach als

Jugend akzeptiert und in der Erinnerung folgenlos mitgetragen werden können. Daß Achim in sich selbst gebrochen und feige ist und in eine öffentliche Rolle flüchtet, übersteigt den Bereich seiner eigenen Verantwortlichkeit. Wie denn ja auch sein Fall sich nicht auf die Literatur beschränkt. Aus solchem Herkommen ist eine organische Entwicklung, wie Karsch sie sucht, nicht mehr möglich. Daß Karsch das im Grunde nicht versteht, belastet auch ihn. So geht es denn Johnson gar nicht um die säuberliche Scheidung von Recht und Unrecht, nicht einmal von Richtig und Falsch, sondern um die Untauglichkeit fester Menschenbilder überhaupt vor einem solchen inkonsequenten Dasein. An die Stelle des fraglosen Heldenlebens von Täve Schur kann nur eine kaleidoskopische Vielfalt von Aspekten treten.

Soweit das dritte Buch über Achim das zweite über Täve korrigiert und revidiert, ist es politisch. Aber so eindeutig diese aktuellen Bezüge sind, das östliche Vorbild wird von Johnson seltsam verschlüsselt. Ortsnamen sind ausgespart, die Partei heißt Verein, Ulbricht kommt nur als »der Sachwalter« vor. Daran wird die Tendenz deutlich, aus Täve Schur wiederum einen Modellfall zu machen, nun aber für eine Existenzweise, die nicht auf das Gebiet jenseits der Zonengrenze beschränkt bleibt. Opportunistische Selbstentfremdung, wie er sie lebt, gibt es auch anderswo, und Achim hat Geistesverwandte in Stiller und Homo Faber von Max Frisch, die beide ebenfalls ihrer Vergangenheit abgeschworen haben. Aber sie werden von ihr eingeholt, ihre Identität, die der gleicht, welche Karsch sucht, setzt sich durch. Achim aber wird nicht, der er war, er bleibt sich fremd. Einen Hinweis darauf, wie denn der heutige Mensch allen Entfremdungsverlockungen zum Trotz er selber sein kann, scheint in Johnsons Buch eine Figur zu geben, von der bisher noch nicht die Rede war: Karin, die als Freundin beider zwischen Achim und Karsch vermittelt. Sie lädt Karsch ein, und Achim hängt sehr an ihr, unter anderem darum, weil sie ihn an seine verlassene Jugendfreundin erinnert. Zunächst freilich scheint Karin die veränderlichste von allen zu sein. Sie ist Schauspielerin, das Spielen von Rollen ist ihr Beruf. Als umschwärmter Filmstar nimmt sie zeitweilig in der Öffentlichkeit eine ähnliche Stellung ein wie Achim. Auch an ihr ist der Staat interessiert. Aber sie liefert sich ihm nicht aus. Wie sie erkennt, mit welchen Methoden er vorgeht, zumal bei der Kollektivierung der Landwirtschaft, distanziert sie sich nicht nur innerlich, sondern nutzt ihre Stellung dazu aus, ihren Widerspruch zu demonstrieren. Weder also läßt sie sich ihre Existenz von außen zudiktieren, noch fällt ihr die Identität mit sich selbst pflanzenhaft als Selbstverständlichkeit zu. Wo sie sich selber gleich bleibt, ist es ihre Leistung. Sie als einzige *führt* ihr Leben. Karsch hat von ihr den Eindruck, »daß sie hier wie immer (so zu sagen) hinter sich stand, ihren Haltungen zusah und sie prüfte auf ihr Recht hin« (S. 37). Sie muß sich dazu immer wieder aufraffen, sich ständig neu gewinnen. Es heißt von ihr:

Sie blieb lange verschlafen morgens, nur allmählich nahm sie ihr Gesicht zusammen, vergewisserte sich ihrer Bewegungen; sie saß vor ihm mit drei Fingern an leicht geöffneten Lippen, die Augen waren halb geschlossen, das Lächeln unbeaufsichtigt. Morgens war sie sich noch nicht ähnlich. (S. 31)

Nicht volle Identität, höchstens noch Ähnlichkeit mit sich selbst kommt so zustande. Diese aber macht Karin zur lebendigsten Gestalt des Buches. Und gerade darum ist sie sprachlich am wenigsten präsent. Bei ihrer Beschreibung gerät der Berichterstatter ins Stottern. Ihr allein scheint Johnson das »individuum ineffabile« zuzugestehen.

Die bilderstürmerische Tendenz des Romans gilt somit nicht nur dem papierenen Standbild Täve Schurs, sondern allen festen Götter- und Menschenbildern. Nun ist es aber nicht zuletzt die Literatur, die solche Bilder schafft. Das ist Johnson offensichtlich bewußt. Daraus sind seine vielgescholtenen formalen Eigentümlichkeiten zu verstehen. Indem er die Erzählung auflöst in einen Dialog imaginärer Gesprächspartner, im Verzicht auf die herkömmliche Syntax und Interpunktion, durch Ironie und Parodie versucht er, sein eigenes Werk offen zu halten, zu erzählen, als erzählte er nicht. Er stellt sich selbst radikal unter das Gebot: Du sollst dir kein Bildnis noch irgendein Gleichnis machen – damit freilich an die äußerste Grenze der Kunst überhaupt.

Aus: Sprache im technischen Zeitalter 6 (1963), S. 479–486.

* Zitiert wird nach: *Uwe Johnson, Das dritte Buch über Achim*, Frankfurt/Main 1961.

HINWEIS DER HERAUSGEBER: »Einverstanden, Herr Pestalozzi.« So, aber auch die Aussagen Pestalozzis korrigierend, hat sich Uwe Johnson mit diesem Text in: *Begleitumstände. Frankfurter Vorlesungen* (Frankfurt/Main, edition suhrkamp 1019, S. 177–193) auseinandergesetzt.

Ree Post-Adams

Explizite Erzählreflexion:
Das dritte Buch über Achim

In Uwe Johnsons zweitem Roman *Das dritte Buch über Achim* ist die Darstellungsproblematik wesentlich greifbarer und nachdrücklicher formuliert, als es in seinem ersten Buch der Fall war. Während es in den *Mutmaßungen über Jakob* dem Leser überlassen war, an den vielfältig ineinander verschränkten Monologen, Dialogen und Berichtpartien, an der Montage der verschiedenen Perspektiven, an den wiederholten Abbrüchen und Neuansätzen der einzelnen Erzählpartien die Schwierigkeiten des Erzählers beim Erzählen und seine Reflexion darauf selber abzuleiten und zu begründen, wird ihm im *dritten Buch über Achim* mit der Kunstfigur eines selbst-bewußten Erzählers[1] eine Hilfskonstruktion geliefert, durch welche die Darstellungsprobleme verbalisiert werden. Während also in den *Mutmaßungen* die Darstellungsproblematik nur implizit am Mangel der bestehenden Erzählformen deutlich wird, wird dagegen in *Achim* auf diese Problematik explizit reflektiert. Ja, die Erzählproblematik wird hier zum eigentlichen Thema. Der Autor hat dies selber mehrfach bestätigt. Auf die Frage, was das Thema seines neuen Buches sei, antwortete er in »Les lettres françaises«: »Une étude sur les difficultés d'une biographie moderne«[2], und in New York sagte er dazu »the possibility and the problem of a biography«[3] und in Deutschland: »Das ist die Beschreibung einer Beschreibung, die Umstände einer Biographie.«[4] Der Gegenstand des Buches läßt sich demnach definieren als die Bedingungen und Möglichkeiten einer Biographie und des literarischen Erzählens überhaupt.

Die Darstellungsproblematik durchzieht leitmotivisch die verschiedenen Erzählebenen des Buches, und eine reflexive Haltung dem Erzählprozeß gegenüber verbindet den Helden und den Erzähler mit dem Autor.

Karsch, ein Journalist aus Hamburg, folgt einem Anruf einer früheren Freundin, Karin, und fährt nach Mitteldeutschland, um sie zu besuchen. Er kommt sich vor wie ein Fremder in dieser

Stadt, und vieles bleibt ihm unverständlich. Als er den prominentesten Radrennfahrer Ostdeutschlands, Achim T., kennenlernt, beschließt er, sich mit dem Land und diesem Menschen auseinanderzusetzen: Er will eine Biographie (die dritte, denn es gibt schon zwei) über Achim schreiben, der als Held des Volkes und als hochdekoriertes Mitglied der Volkskammer zwischen der oberen und der unteren Schicht vermittelt. Als ein Auftraggeber für dieses Buch tritt dazu ein ostdeutscher Verlag an Karsch heran. Aus dem auf wenige Tage geplanten Besuch wird ein Aufenthalt von mehreren Monaten. Mühsam sammelt Karsch nun das Material, indem er Bücher zur Technik des Radsports liest, selber am Training und an verschiedenen Rennen als Zuschauer teilnimmt und indem er versucht, die verschiedenen Stadien in Achims Leben zu markieren.

Die Erzählebene des Biographen

Karschs Schwierigkeiten beim Schreiben einer Biographie werden an seinen Erlebnissen mit den Menschen im Osten und seiner Auseinandersetzung mit dem anderen Gesellschaftssystem greifbar. Dabei wird der Journalist von dem Erzähler zu einem Erzählmedium reduziert, an dem die Schwierigkeiten beim Schreiben konkret erläutert werden können. Seine Bewußtseinslage bei der Ausgangsposition macht ihn dafür in besonderem Maße geeignet: Ohne persönliche Probleme oder Engagement, ist er politisch neutral und vorurteilslos dem System und Achim gegenüber: »Karsch weiß nicht mehr als ihm auffiel« (S. 19), »für Karsch waren es ja lediglich Umstände für die Beschreibung eines Lebenslaufs« (S. 149).[5] So verzeichnet er, was ihm begegnet und für sein Quellenmaterial relevant erscheint. Diese Haltung des werturteilsfreien Registrierens beim Erzählen verbindet Karsch mit dem Erzähler, der dem Fragesteller das im Osten gesammelte Material als Dokumentation eines Scheiterns vorträgt.

  Der Unterschied, der Karsch unmittelbar bei seiner Einreise in die DDR auffällt, ist die Atmosphäre des Landes und der Stadt; ihre Unzugänglichkeit wird an seiner Reaktion auf das fremde Straßenbild deutlich: »[er] sah von der Galerie hinunter auf den dichten Strom nachmittäglicher Fußgänger und war sicher daß er nichts verstehen werde mit Vergleichen. [...]: dies war etwas für sich allein und zu erfassen nur von sich aus, er kannte es nicht« (S. 15/16).[6] Hermetisch verschlossen scheint für Karsch, was unter der Oberfläche des Straßenbildes vorgeht. Nach seinen Eindrücken befragt, antwortet er deshalb auch wiederholt: »Ich seh ja immer nur das Straßenbild.«[7] Auch von Achim lernt er zunächst nur die Fassade kennen: »Das Sinnbild für die Kraft und Zukünftigkeit des Landes« (S. 29).[8] Aber der Biograph begnügt sich nicht damit, Achims Stellung in der Partei oder dessen Triumphe als Radrennfahrer zu beschreiben, wie es die beiden anderen Bücher über Achim tun, sondern er will auch seine Entwicklung dahin verfolgen und den Privatmenschen kennen- und verstehen lernen: »Das muß doch herauszukriegen sein« (S. 32). Die Suche nach der Wahrheit von Achims Leben bedeutet einen Anreiz und ein Abenteuer für ihn. Die Hindernisse, die sich Karsch dabei stellen, sind zunächst politischer Art, denn er ist mit dem Gesellschaftssystem, in dem Achim sich bewegt, nicht vertraut, zum anderen sind sie ideologischer Natur, da Karsch von Vertretern des Staates und von Achim selber in seinem Denken beeinflußt wird.

Die politisch-ideologischen Schwierigkeiten und Unterschiede in den Bewußtseins- und Wertkategorien werden an einer Szene illustriert, die Achim und Karsch in konträrer Meinung zeigt: Als bei einer Aktion zur Kollektivierung der Landwirtschaft ein alter Bauer aus Protest Selbstmord begeht, bezweifelt Karsch den Sinn solchen staatlichen Vorgehens, worauf Achim ihm »zum siebenten Mal und mit der Langmut eines Nachhilfelehrers« auseinandersetzt, »daß es bei der Umwandlung der landwirtschaftlichen Struktur ankomme auf die Zukunft des ostdeutschen Teilstaates und nicht auf private Mißverständnisse« (S. 164). Für Achim besteht demnach kein Unterschied zwischen privatem und gesellschaftlichem Interesse. So will er bei sich auch keinen Unterschied zwischen dem Leben als Rennfahrer und der Privatperson Achim T. machen und wird für einen Biographen damit unzugänglich. Als Karsch versucht, Achims Vergangenheit nachzuzeichnen, bekommt er denn auch nur widerwillig Informationen zu dessen persönlicher Entwicklung. Die Angaben, die er tatsächlich erhält, führen zu neuen unbeantworteten Fragen, so daß er zunehmend entmutigt wird: »Und Achims Zusammenhang mit seinem Land (das Land und Achim selbst) war ihm unverständlich, das sollte er aufschreiben« (S. 49) und »Karsch war ratlos«[9] (S. 70). Wenn Karsch aber dennoch Anmerkungen Achims über seine Kindheit und Jugend zu einer Darstellung ausarbeitet, wird er von diesem immer ungeduldiger zensiert: »und dies hier streichen Sie mal« (S. 128)[10], oder sind die politischen Begebenheiten nicht so gezeigt, wie Achim sie gesehen haben will, so wird er korrigiert: »das müssen Sie beschreiben als hätten Sie es verstanden« (S. 128).[11]

Aber nicht nur wird dem Biographen Information vorenthalten, selbst sein Aufnahmeprozeß wird ständig durch von außen auf ihn eindringende Kräfte beeinflußt. Der staatliche Verlag für junge Literatur, der das dritte Buch über Achim verlegen will und vertreten ist durch den Kontaktmann Herrn Fleisg und die Lektorin Frau Ammann, verspricht sich einen Propagandanutzen von diesem Buch eines Westdeutschen über eine strahlende Persönlichkeit Ostdeutschlands, sowohl im Inland wie im Ausland. Herr Fleisg macht dem Biographen klar, was er von der Niederschrift erwartet, er führt aus: »Nun sehe man einen Gast aus dem westlichen Bruderland mit seinem Besuch den guten Willen zeigen. In herzlichem vertrauensvollem Gespräch treten die Gemeinsamkeiten der deutschen Nation hervor [...]. Achim [...] sei [...] doch ein Sinnbild für die Kraft und Zukünftigkeit des Landes. In Herrn Karsch jedoch treffe die westdeutsche Publizistik auf dies Sinnbild« (S. 29). Die beiden Agenten des Staatsverlages machen Karsch ständig auf die wünschenswerte Akzentuierung aufmerksam, wodurch die Lebensbeschreibung zu einem »nützlichen Buch« (S. 84) werden soll; besonders darauf, die Verbindung zwischen Sport und Politik stärker in den Mittelpunkt zu rücken, manche persönlichen Erfahrungen Achims hingegen wegzulassen: »Zu privat, zu privat« (S. 95).[12] Aber das politische Moment ist nur eines von vielen Hindernissen, die den Durchstoß auf den Wahrheitsgehalt vereiteln. Der politische Aspekt erschöpft das Thema nicht.

Für Karsch ergeben sich nicht nur Schwierigkeiten bei der Materialsammlung, sondern auch in der Auswahl, die an sich schon eine Deutung ist; um so mehr, als auf diese Auswahl Einfluß genommen wird, deren Sinn und Zweck Karsch entgeht: »Das ging über Karschs Einsicht« (S. 71) heißt es in diesem Kontext. Vor allem zwischen dem Biographen und dem Radrennfahrer kann der Leser Kommunikationsschwierigkeiten beobachten, die Person Achims und ihre Motive betreffend, die sich von anfänglicher abwartender Zurückhaltung zu Verständnislosigkeit und offener Gegenüberstellung entwickeln. Gegen Ende des Buches heißt es: »Er [Karsch] wußte nicht was Achim da fragte« (S. 140/141). »Die Frage verstehe ich gar nicht« (S. 206, Achim zu Karsch) und: »Karsch hätte es gern verständlich gehabt, selten war es eindeutig« (S. 149).

Um den Forderungen einer offiziellen Version seines Buches teilweise entgegenzukommen und um den ständigen Auseinandersetzungen über seine Darstellung auszuweichen, fügt Karsch eindeutige zweifelsfreie Passagen ein, in denen er etwa die historische Entwicklung der Stadt Achims nachzeichnet, so wie sie heute allgemein anerkannt und als objektiv überliefert ist[13], oder in denen er die Technik des Radrennsports im Detail vorführt. Über die Selbstlenkung heißt es: »Der Rahmenkopf ist nach hinten geneigt, die Vorderradgabel am unteren Ende nach vorn geknickt [...]. Verlängert man die Mitte des Rahmenkopfrohrs bis auf den befahrenen Boden [...], so liegt der Laufpunkt des Vorderrades [...] hinter dem Schnittpunkt der Rahmenkopfverlängerung mit der Fahrfläche: das Rad läuft dem Schnittpunkt nach« (S. 175). Das Sichtbare, das sinnlich Erfahrbare, ist bis ins einzelne beschrieben in der Hoffnung, Genauigkeit zu erreichen. In ihrer Ausführlichkeit und Funktionslosigkeit verweisen diese Detailbeschreibungen auf sich selber: Sie machen auf die Unsicherheit des Schreibers aufmerksam, der auf objektiv beschreibbare Gegenstände zurückgreifen muß, um zuverlässig darstellen zu können.

Karschs unsichere Position als Biograph, seine Zweifel an der Darstellbarkeit von Achims Leben, werden schließlich grundsätzlich in Frage gestellt. Als Karsch von Achims Teilnahme am Aufstand des 17. Juni erfährt, dies aber nicht als Material verwenden darf, gibt er auf: »Mir fällt nichts mehr ein« (S. 221). Diese Entdeckung kann der Biograph nicht unterschlagen, ihn interessieren die Gründe, aus denen Achim 1953 dabei war, aus denen er nicht verfolgt wurde, und zu denen er heute, 1960, rückblickend in einem anderen Verhältnis steht. Der Biograph sieht sich einem unauflösbaren Widerspruch gegenüber und fährt ab.

Die Erzählebene des Erzählers

Für den aufmerksamen Leser wurden die erkenntniskritischen Schwierigkeiten Karschs, die weitgehend auf politisch-ideologischer Basis zu suchen waren, an den dargestellten Szenen implizit deutlich. Explizit als Problem thematisiert und reflektiert werden die Schwierigkeiten beim Schreiben erst auf der Gesprächsebene. Dabei wird von dem geschilderten Fall abstrahiert und die Problematik als allgemeine Erfahrung eines Schriftstellers heute diskutiert. Karsch ist jetzt nur noch ein erzählerisches Vehikel: »Auf ihn kam es gar nicht an« (S. 9).[14] Hingegen kommt es dem Erzähler auf einen Vergleich an, was er in dem ersten Absatz des Buches bezeugt hat. Dieser einleitende Passus ist als reiner Erzählerkommentar erst später angefügt worden, wie dem Fragesteller erklärt wird: »der erste Absatz ist neu« (S. 30). Erst danach beginnt der Erzähler mit seiner Dokumentation, und zwar nicht anhand von Karschs Manuskript (»das Manuskript hat Achim behalten« [S. 57]), sondern anhand von fragmentarischen Notizen, die er selber aus dem Gedächtnis niederschreibt. Diese Notizen liest er seinem Zuhörer vor und durchsetzt sie mit ergänzendem oder relativierendem Kommentar. So habe Karsch auch gearbeitet, erläutert er dazu: »da bestand alles nur aus kurzen Notizen meist mit Fragezeichen so ungefähr ich sie dir eben herausschreiben kann« (S. 57). Von dem Erzählvorgehen und der Erzählerhaltung ausgehend, kann von einer Annäherung des Erzählers an sein Objekt, Karsch, bis zu einer Fastidentität geschlossen werden –, worauf noch näher eingegangen wird. Der Fragesteller bestätigt diese Beobachtung durch eine Zwischenfrage: »Deswegen bleibst du da? Blieb Karsch da?« (S. 25).

Das Vorgehen des Erzählers besteht also darin, die Schwierigkeiten eines Schriftstellers an Karsch exemplarisch und unter verschiedenen Aspekten vorzuführen. Der Leser kann dabei selber Schritt für Schritt die Versuche Karschs nachvollziehen und selbst entscheiden, ob und wie eine Methode erfolgreicher war als eine andere und wo der Biograph vielleicht hätte anders vorgehen sollen. Zunächst geht Karsch chronologisch vor: »Wie wuchs Achim auf?« (S. 41), er leistet dabei zunächst nur Vorarbeiten und »Versuche« (S. 57, 58) und schreibt sich ins Notizbuch, was er von seinen Fahrten und Gesprächen behalten hat (S. 45). Schnell bemerkt er während der Materialsammlung, daß es hier primär um eine Aufgabe der Unterscheidung (S. 40) ging.[15] Der Erzähler führt hier erkenntnistheoretische Schwierigkeiten an: Zunächst meinte Karsch noch, Karin und er »hätten gleiche Worte für Vergleichbares« (S. 7); während in diesem Satz durch den Irrealis Einschränkungen lediglich syntaktischer Art gemacht werden, heißt es etwas später explizit: »Karsch suchte nach den Unterschieden, noch war nichts zu vergleichen« (S. 40). Auch Bedenken an der Methode des Journalisten werden geäußert. Er schreibe nach dem Gedächtnis auf[16], Erinnerung und Gedächtnis sind aber für den Erzähler und für den Autor keine verläßlichen Quellen oder Speicher, wie der Autor in Interviews bestätigt: »Die Erinnerung deformiert ja das, was man aufbewahrt hat.«[17] Hieraus folgt, daß nicht nur die darstellende Sprache durch die subjektiv enge Perspektive an eine Grenze gebracht wird, selbst das Medium dieses Erzählens, die Erinnerung, entdeckt ihre eigene Fragwürdigkeit. Daß Erinnerung funktioniert, daß sie das Gewesene genau wiedergibt und zuverlässig auskristallisiert, wird hier bezweifelt. Der Erzähler und sein Gegenüber äußern demnach auch Zweifel an der Verläßlichkeit und Genauigkeit solchen Vorgehens: »Ist das genau wie Achim es gesagt hat?« (S. 69). Der Erzähler schränkt dann bereitwillig ein: »natürlich ist das nur eine Annahme« (S. 79), er gesteht ein, daß er sich oft nur mit Mutmaßungen begnügen muß und lediglich um Wahrscheinlichkeit bemüht sein kann: »Etwa so. So ungefähr. [...] Karsch ergänzte nun bedenkenlos, was er wußte aus dieser Zeit und was er für Achim wahrscheinlich glaubte« (S. 52). Der Biograph bemüht sich trotz allem um Genauigkeit, und um dies zu belegen, liest der Erzähler dessen Sachbeschreibungen vor, worauf der Zuhörer ablehnend reagiert: »Na ja und? [...] Hör endlich damit auf!« (S. 171, 177). Selbst der Erzähler läßt sich zu Dingbeschreibungen verleiten, allerdings nur, um dem Zuhörer zu beweisen, daß solche Versuche die Wahrheit eines Geschehens auch nicht genauer erfassen. »Ich kann ja etwas über den Stuhl sagen« (S. 100) bietet er bereitwillig an und läßt eine genaue seitenlange Beschreibung eines Liegestuhls folgen, oder er beginnt eine Hausbeschreibung mit der Einschränkung: »Wozu jedoch sollte ich die beiden Häuser beschreiben« (S. 81)[18]. Diese um Objektivität bemühten Sachpassagen verweisen in ihrer Struktur wiederum auf den Inventurstil des »noveau roman«, wo durch den Versuch, das Erzählersubjekt auszuschalten, eine umständlich genaue, sachliche Beschreibung der wahrnehmbaren, gegenständlichen Gegebenheiten gemacht wird, als objektive Entzifferung der Umwelt. Die Grenze auch solchen Erzählens wird in diesem Buch vom Erzähler aufgezeigt. Denn um die Genauigkeit bei Sachbeschreibungen geht es ihm nicht; sie bringen ihn nicht der Wahrheit näher. Hingegen kommt Karsch der Wahrheit mit Annäherungswerten näher. Er liest Achim seine Ausführungen, mit denen er sich an den wahren Sachverhalt herantastet, vor und wartet auf dessen Gutachten: »– Vielleicht so? sagte Karsch. – So eher: sagte Achim. Vielleicht: sagte er: Irgend wie [...]. Irgend wie (dachte Karsch) war sehr genau. Irgend wie war Irgend wie vielleicht auch zu beschreiben« (S. 155). An dieser Szene wird die Schwierigkeit des Schriftstellers in einer paradoxen Zuspitzung umrissen: Das Vage als das Genaue. Mit vorsichtigen Annäherungswerten allein besteht noch die Möglichkeit, Genaueres über die Wahrheit auszusagen.

An ihren verschiedenen Haltungen zur Sachbeschreibung wird ein poetologischer Unterschied zwischen dem Erzähler und Karsch deutlich. Während der Journalist mit den Detailbeschreibungen noch einen ernsthaften Versuch unternimmt, die Genauigkeit eines Nicht-Faßbaren vorzutäuschen, und um seine Unsicherheit beim Erzählen zu überwinden, verwendet der Erzähler diese Erzählkonvention lediglich spielerisch und zeigt damit dem Zuhörer, wie obsolet diese für ihn geworden ist.

Als einen weiteren Aspekt für die Probleme beim Schreiben nennt der Erzähler den der Fiktivität. Er stellt die Frage, inwieweit eine fiktive Darstellung die Wirklichkeit des Geschehenen tatsächlich treffen kann. Die zweite Phase in Karschs Arbeitsprozeß besteht nun darin, das gesammelte Material, die Fragmente und Andeutungen, die Achim ihm gab, zu einer Darstellung zu verarbeiten. Zum Beispiel versucht er einen schulfreien Tag zu beschreiben, um zu veranschaulichen, wie Achim sich mit den verschiedenen politischen Gruppen an den Straßen auseinandersetzen muß. Sofort aber werden Zweifel an der Interpretation laut: »Wenn es nun doch ganz anders war?« (S. 57). Der Erzähler verteidigt auf diesen Einwurf des Zuhörers hin Karschs Ausführungen: Achim hätte dazu gesagt »So könnte es auch gewesen sein« (S. 58)[19]. Der Rennfahrer bestätigt damit seinem Biographen, daß diese fiktive Beschreibung den Wahrheitsgehalt trifft.

Die Kunst des Schreibens besteht demnach auch bei einer Biographie nicht in der genauen Abschilderung der objektiven Gegebenheiten, sondern eher darin, Situationen zu schaffen, die das zu Sagende den Personen gemäß macht: diese Schlußfolgerung kann der Leser aus der Gegenüberstellung von genauer Sachbeschreibung und szenischer Darstellung ziehen.

Ein anderer Einwurf des Fragestellers kommentiert die Wiedergabe und die Wirkung der Erzählung: »Es ist so gar nicht spannend!« (S. 104). Der Erzähler versucht daraufhin, eine Episode etwas packender auszumalen (S. 106 und 107), gibt dann aber entmutigt zu: »Spannend war es nicht, ist dir auch nicht versprochen worden« (S. 109). Der Erzähler räumt damit ein, daß seine Geschichte nicht unterhaltend sei, fügt aber hinzu, daß das auch nicht beabsichtigt sei. Was hingegen geplant sei, wird nicht gesagt. An dieser Stelle im Text entsteht eine Leerstelle, wie sie zahlreich in den *Mutmaßungen über Jakob* zu finden sind und die der Leser füllen kann. Die Frage, was ist der Sinn der Geschichte, und ihre Beantwortung, nämlich das Bewußtmachen und Darstellen eines Problems, ist die Denkarbeit, die von einem kritischen Leser gefordert wird.

Ein weiterer Gesichtspunkt, den der Erzähler hervorhebt, ist das fortschreitende Scheitern von Karschs Erzählversuch, das allmähliche Versagen eines Vergleichs, das zu einer zunehmenden Verunsicherung des Biographen und schließlich zu einer völligen Orientierungslosigkeit beim Schreibprozeß führt. Karsch macht wiederholt Neuansätze[20] oder stellt verschiedene Fassungen von Achims Leben vor dem Krieg nebeneinander[21], ohne sich für eine entscheiden zu können, und immer wieder untersucht er das gesammelte Material auf seine Erzählbarkeit.[22] Die Ausführungen werden immer seltener, die Überlegungen zur Durchführbarkeit immer häufiger, bis schließlich der Erzähler vor seinem Gegenüber die letzten Notizen aus Karschs Zettelkasten ausbreitet, auf denen dieser »Stücke aus Achims Leben bereit hielt« (S. 177). Es handelt sich dabei um sechs verschiedene Modelle und methodische Ansätze, das Leben des Radrennfahrers zu beschreiben, die alphabetisch von A–F unterschieden werden und beliebig bis Z fortgesetzt werden können.[23] Aber keine der Versionen ist allein zufriedenstellend, kann die Person Achims erfassen, so daß sie nacheinander verworfen werden, beziehungsweise als gleichwertig nebeneinandergestellt werden.

Ein Vergleich mit *Mutmaßungen über Jakob* bietet sich hier an: Jede der sechs verschiedenen Perspektiven wird als gleichwertig neben die andere gestellt, keine kann allein die Person Jakobs fixieren, erst in ihrer Summe kann es dem Leser gelingen, für sich ein abgerundetes und komplexes Bild Jakobs zusammenzusetzen. In *Das Dritte Buch über Achim* wird diese Möglichkeit ausgeschlossen: Die Varianten sind beliebig und unzählig und können in ihrer Gesamtheit nicht nebeneinander angeführt und zu einem Ganzen zusammengefügt werden: die Möglichkeiten sind endlos. Die Willkür allen Erzählens, die fundamentale Richtungslosigkeit und Obdachlosigkeit[24] des Schriftstellers heute wird hier Dokument.

Der Erzähler führte vor, wie alle genannten Varianten von Achims Leben vor der Wirklichkeit versagten, wie Karsch den Widerspruch nicht zu lösen vermag und es ihm nicht gelingt, Achims Leben als Sinnzusammenhang darzustellen. Für den Erzähler ist das Problem zu einem Schreibproblem geworden; er nimmt die Geschichte zum Vorwand, um etwas anderes zum Ausdruck zu bringen: um die Schwierigkeiten beim Schreiben zu entfalten.[25] Dieses Problem sieht er primär als ein erkenntnistheoretisches an. Gegen Ende ihres Gesprächs diskutiert der Erzähler mit seinem Gegenüber die Relativität des Wahrheitsbegriffs (S. 156–159). Er setzt ihm auseinander, wie die verschiedenen Personen unterschiedliche Wahrheitsvorstellungen haben. Für Achim ist diejenige Version seines Lebens wahr, die seine Vergangenheit der Partei und ihm selber annehmbar macht;[26] Karsch sieht es anders, und der Zuhörer würde es wiederum anders sehen.[27] Ein erkenntnistheoretisches Problem beim Schreiben wird hier diskursiv dargestellt.

Die menschliche Erkenntnis wird seit Kants *Kritik der reinen Vernunft* als im Dienst der inneren und äußeren Anschauung der Dinge stehend gesehen. In diesem Sinne ist die eigentliche Aufgabe des Erkennens, die Wirklichkeit so wie sie ist zu registrieren: ihr Spiegel zu sein. Im Akt dieses Erkenntnisvorgangs wurde Karsch beobachtet, und der Leser sah, daß es ihm auf solchem Weg nicht gelang, die Wahrheit von Achims Leben zu erfassen. Ihm gelang lediglich eine Beschreibung dessen, was er persönlich erkannte, das aber stimmte nicht mit dem Bild überein, das andere sich von Achims Leben gemacht hatten. So produziert unsere Erkenntniskraft zwar nicht die Wirklichkeit selbst, wohl aber die Art und Weise, wie sie uns erscheint, wie sie unserem Bewußtsein entgegentritt. Nach Kant ist die Wirklichkeit immer subjektiv bedingt. Die Wirklichkeit, wie sie an und für sich unabhängig von unserem Erkennen besteht, bleibt grundsätzlich unerkennbar. Der Erzähler von *Das dritte Buch über Achim* entfaltet diese erkenntnistheoretische Schwierigkeit des Schriftstellers am Schreibprozeß selber, an dessen progressivem Scheitern. Im Gespräch wird dieser Prozeß kritisch von verschiedenen Seiten beleuchtet. Dabei exponiert und formuliert der Erzähler das Problem explizit als Problem in seiner Widersprüchlichkeit, vermag es aber nicht zu lösen; das heißt für den Schriftsteller, er vermag das dritte Buch über Achim nicht zu schreiben.

Die Erzählebene des Autors

Die dargestellte Schreibsituation und diskutierte Darstellungsproblematik des Erzählers legt einen Analogieschluß zwischen Erzähler und Autor nahe. Dieser schreibt unter denselben zeitgeschichtlich bedingten Umständen wie der Biograph und sein Erzähler. Ihr Vorgehen ist vergleichbar: Karsch will ursprünglich seine Darstellung damit beginnen, den städtischen Hauptbahnhof zu beschreiben als Monument der gegenwärtigen und der vergangenen Zeit.[28] Aber er gibt dieses Vorhaben auf; der Kommentar des Erzählers hierzu lautet: »Aber schon hier war Karsch nicht wohl« (S. 35). Einen vergleichbaren Ansatz macht der Autor in der Skizze *Berliner Stadtbahn*, die ihm aber zu einem poetologischen Essay gedeiht[29]: zu einer Beschreibung der Schwierigkeiten des Verfassers beim Beschreiben eines Berliner S-Bahnhofs. Nur auf diese Art, als Szene mit integrierter Darstellungsproblematik, ist es ihm noch möglich, die Komplexität des Gegenstandes zu erfassen.[30]

Eine weitere Analogie ergibt sich durch den Gegenstand ihrer Beschreibung: den Radrennfahrer Achim T. Aber während Karsch scheitert, schreibt der Autor nicht nur die mißlungene Entstehungsgeschichte des dritten Buches über Achim, sondern es ist es auch selbst. Auch der Autor hat für seine Lebensbeschreibung eine Vorlage in der Wirklichkeit: den gefeierten ostdeutschen Weltmeister im Radsport Gustav-Adolf (Täve) Schur. Die Übereinstimmung in den Daten und Fakten ist an den beiden bereits vorhandenen Büchern über den Radchampion zu verifizieren. Besonders in dem Buch von Klaus Ullrich mit dem Titel *Unser Täve. Ein Buch über Gustaf-Adolf Schur* wird der Radrennfahrer zu einem Nationalhelden und zur Inkarnation des sozialistischen Menschen hochstilisiert, der die Selbstentfremdung überwunden hat und mit der Umwelt und sich selber in harmonischer Übereinstimmung lebt.[31] Daß Johnson bewußt auf die vorliegenden Biographien als Quellenmaterial zurückgreift, zeigt sich, abgesehen von Übereinstimmungen im Lebenslauf, an Szenen, die bis ins sprachliche Detail von Johnson in seinen Text montiert wurden.[32] Johnsons Porträt unterscheidet sich von den Modellvorlagen durch das Fehlen jeglicher positiver oder negativer Wertungen.[33] Hingegen wird der Erzählprozeß mit kritischer Selbstreflexion durchsetzt, die die Darstellung kontinuierlich relativiert. Indem die Persönlichkeit in ihrer Vieldeutigkeit und Unbestimmtheit dargestellt wird, gelingt es, sie in ihrer Komplexität umrißhaft festzuhalten.

Verbindet das gemeinsame Vorhaben Karsch mit dem Autor, so unterscheiden sie sich doch in der Ausführung. Während Karsch an den Widersprüchen des Gegenstandes, der sich der künstlerischen Umformung widersetzt, scheitert, schreibt der Autor *Das dritte Buch über Achim* nieder. Er tut dies, indem er die Schwierigkeiten ideologischer, erkenntnistheoretischer und schriftstellerischer Art, die sich ihm während des Schreibens stellen, nicht *ad hoc* zu lösen versucht, sondern indem er sie im Gespräch zwischen Erzähler und Fragesteller zur Darstellung gelangen läßt: Uwe Johnson hat das Dilemma aufgelöst, indem er die Aporie selbst thematisch werden läßt und sie der Fiktion unterordnet.[34]

Aus: R. Post-Adams, Uwe Johnson. Darstellungsproblematik als Romanthema, Bonn: Bouvier 1977, S. 72–84.

Anmerkungen

Zitiert wird nach: Uwe Johnson, *Das dritte Buch über Achim*, Frankfurt/Main 1969 (Fischer Taschenbuch 959).

1 Eine Übernahme des anglo-amerikanischen Begriffs des »Self-conscious Narrator«. Vgl. bei Wayne C. Booth, *The Rhetoric of Fiction*,

Chicago und London, 1961, S. 155ff.

2 Jean Tailleur, *Uwe Johnson, Deux ans après le prix Formentor*, in: Les Lettres Françaises, 1. bis 7. Oktober 1964, S. 1 u. 7.

3 Phyllis Meras, *Talk with Uwe Johnson*, in: New York Times Book Review, 23. 4. 1967.

4 Horst Bienek, *Werkstattgespräche mit Schriftstellern*, München, 1965, S. 109/110.

5 Vgl. auch Achim über Karsch: »Vom Sozialismus hat er kaum etwas gewußt vorher. Nur theoretisch, verstehst du« (S. 74).

6 Vgl. andere Beispiele im Text: Auf S. 21 sprechen Karsch und Karin über »die Unterschiede der beiden deutschen Straßenbilder«; auf S. 214 erwidert Karsch: »Ihr fragt mich immer nach dem Straßenbild.« Achim selber reagiert ähnlich auf das Westberliner Straßenbild: auch ihm ist es fremd, aber hauptsächlich, weil es ihm so »sonntäglich« vorkommt (S. 152–155).

7 Auf S. 28/29 auf Anfragen von Herrn Fleisg; auf S. 84 auf Nachfrage von Frau Ammann.

8 Vgl. auch S. 31: Seine gerühmten Tugenden sind: »Höflichkeit, Bescheidenheit, Kameradschaft.« Und weiter unten heißt es: »Der Staat liebte ihn und er liebte den Staat.«

9 Vgl. auch: »Karsch war kaum je vorher so unsicher gewesen in einem fremden Land.« (S. 31).

10 Befiehlt Achim in bezug auf eine Stelle in Karschs Manuskript, an der er eine Jugendfreundin des Radrennfahrers beschreibt. Vgl. auch an anderen Stellen, S. 44, 159, 164, 77.

11 Weitere Beispiele: »Sein Leben nach dem Krieg gefiel Achim nicht wie es bei Karsch vorkam.« (S. 122) Zu unbequemen Ereignissen in Achims Jugend heißt es: »...gehörte zu Achims Jahr neunzehnhundertsechsundvierzig, er hatte sich dessen nicht entsonnen, warum also ihm zurückgeben was er heute nicht mehr brauchte?« (S. 123)

12 Vgl. auch auf S. 85: Frau Ammann geht es auch um einen Vergleich der beiden Staaten. Auf S. 38/39 bringt Herr Fleisg zum Ausdruck, daß ihm die Seiten Karschs nicht gefallen. Auf S. 150 macht er deutlich, was er dagegen erwartet.

13 Vgl. etwa auf S. 151.

14 Vgl. auf S. 24: »Ich habe dir schon gesagt, daß es auf ihn nicht ankam.«

15 Karschs Such- und Erzählvorgehen steht im Zentrum des Frage-und-Antwort-Systems. Von 70 Zwischenfragen beziehen sich 45 auf Karschs Position und seinen Gegenstand im allgemeinen und 25 ganz spezifisch auf den Schreibprozeß selber. Fragen wie »Läßt sich faßlich und genau beschreiben wie die Unterschiede der beiden deutschen Staaten ihm entgegenkamen auf der Straße?« (S. 16), »Und wieso sind es dann noch so eine Masse Seiten« (S. 80), »Und was hatte Frau

Ammann gegen Karschs Entwürfe?« (S. 90), »War Achim das so recht?« (S. 122).

16 Vgl. S. 69: »Das ist nach Gedächtnis aufgeschrieben –«, S. 95: ». . . ich wiederhole nach ungefährem Gedächtnis« u. a.

17 *Uwe Johnson / Reinhard Baumgart*, in: Werner Koch (Hg.), *Selbstanzeige. Schriftsteller im Gespräch*, Frankfurt/Main 1971, S. 48.

18 In einigen Fällen hat die Sachbeschreibung symbolischen Wert. Zum Beispiel, wenn das Fahrrad im Detail beschrieben wird: als ein einspuriges Gerät, welches den Fahrer zwingt, Tretbewegungen zu machen. Diese Charakteristik läßt sich unter Umständen auf Achim übertragen, welcher einspurig denkt und zu Tretbewegungen nach unten hin veranlaßt wurde, um seinen hohen politischen Posten zu erreichen.

19 Ein anderes Mal wirft der Zuhörer ein: »Ist das genau wie Achim das gesagt hat?« Antwort: »Das ist nach Gedächtnis aufgeschrieben. Achims Sätze waren mehr in der Zeit der unvollendeten Vergangenheit gehalten, und einige Wörter würde er nicht freiwillig benutzen. Als er es durchsah, meinte er aber daß er es gern gesagt hätte wie es hier steht« (S. 69).

20 Vgl. S. 136: ». . . da riß er durch was er geschrieben hatte. Da wollte er erst noch einmal fragen.«.

21 Vgl. S. 101: »Welche Fassung willst du denn nun abliefern«; S. 103: »Aber sie hatte sich erst zu einer Antwort auf diese Frage verstanden, nachdem Karsch entschlossen war zu einer neuen Fassung von Achims Leben vor dem Krieg«.

22 Vgl. S. 156: »Das ließ sich unter diesen Umständen schreiben«; vgl. auch die Gegenüberstellung von Karsch und Achim auf S. 135.

23 Im Schema A soll Achims Karriere vom augenblicklichen Höhepunkt her aufgerollt werden. Im Schema B soll chronologisch vorgegangen werden. Schema C soll Achims Aufstieg als soziale Parabel nachzeichnen. Die vierte Darstellung, Schema D, könnte eine psychologische Darstellung sein. Schema E könnte Achim filmisch darstellen. Schema F könnte Achims Leben als Anekdote erzählen. Diese Skala möglicher Darstellungsformen ließe sich endlos modifizieren. Vgl. Varianten A–F auf S. 177 bis 188 im Text. Danach heißt es: »G. Oder noch anders. H. Oder gar nicht. I. Wieviel Buchstaben hat das Alphabet.«.

24 Hier auch im Sinne von Georg Lukács zu verstehen, wie er es in *Die Theorie des Romans*, Neuwied 1965, S. 35, gebraucht.

25 Dieses Phänomen wird von R. M. Albérès als eines der grundsätzlichen Wesensmerkmale des Romans angeführt. Die Geschichte eines Romans, so sagt er, stellt doch nur ein »Alibi« dar und »das Material für die Arbeit des Dichters« (*Die Geschichte des modernen Romans*, Düsseldorf 1964, S. 414).

26 Vgl. S. 159: »Er [Achim] wollte gelebt haben schon wie immer jetzt und seit fünf Jahren Mitglied in der Sachwalterpartei: so endlich

unterwiesen und entschieden für eine staatliche Gerechtigkeit, die ihm nicht anders denn angenehm gefiel. Er suchte nach den Spuren dieses Denkens und nicht nach anderen in seinem Leben, das wollte er von seinen Wahrheiten, und ihm gehörten sie wohl.«.

27 Vgl. S. 159: »was du wahr nennen würdest, denn dir kommt es so vor.«.

28 Vgl. S. 32: »Zunächst hielt er den städtischen Hauptbahnhof für ein Mittel glücklicher Erklärung.«.

29 Abgedruckt in: Merkur 15 (1961), S. 722–733. Jetzt in: Uwe Johnson, *Berliner Sachen*, Frankfurt/Main 1975 (st 249), S. 7–21.

30 Auch Eingriffe von außen, wie Karsch sie von Herrn Fleisg und Frau Ammann erklärt, hat der Autor selber erlebt. Sein erstes Romanmanuskript, *Ingrid Babendererde*, wurde ihm zurückgegeben. Uwe Johnson führt aus: »Der Verlag schätzte die literarischen Qualitäten des Romans, aber wünschte sich einige Änderungen politischer Natur...« (Gespräch mit Horst Bienek, *Werkstattgespräche*, S. 105).

31 Eine zweite Darstellung ist von dem Nationalpreisträger Bert Heller verfaßt worden.

32 Vgl. dazu die Ausführungen von Karl Pestalozzi, *Achim alias Täve Schur*, in diesem Band, S. 152. Vgl. auch den Artikel *Medium zwischen Volk und Regierung; Radrennfahrer Gustav-Adolf Schur, der Muster-Sportler der DDR*, in: Der Spiegel, 31. 7. 1972.

33 Uwe Johnson registriert lediglich. Vgl. dazu Marcel Reich-Ranicki *Registrator Johnson*, in: *Deutsche Literatur in West und Ost*, München 1963, S. 231–246.

34 Die Einbeziehung der erzählerischen Selbstreflexion wurde schon von André Gide in vergleichbarer Form vorgenommen. In *Les Faux Monnayeurs* (1926) erörtert die Zentralfigur Edouard, ein Romancier, in seinem Tagebuch und in Gesprächen ausführlich die Schwierigkeiten seines Metiers. Gides etwas später veröffentlichtes *Journal des Faux Monnayeurs* führt vor, daß die Darstellungsprobleme dieses Autors denen seiner Figur entsprechen. Während aber Edouard angesichts der Fülle des zu Beschreibenden, das sich der künstlerischen Umformung widersetzt, resigniert und sich mit der Entstehungsgeschichte des nicht abzuschließenden Werkes begnügt, hat Gide selber den Roman zustande gebracht, indem er seine Problematik thematisch werden ließ.

Peter Lorson

Uwe Johnsons *Das dritte Buch über Achim* im Unterricht

Das Unterrichtsmodell ist aus der Praxis erwachsen und als Hilfe für den Unterricht gedacht. Demgemäß versucht es aufzuzeigen, was sich mit einer Oberstufenklasse unter normalen Arbeitsbedingungen erreichen läßt. Dieser praxisnahen Konzeption entspricht es auch, daß es immer um die Interpretation des Romans geht, nicht um Auseinandersetzung mit Sekundärliteratur. Diese wird vom Schüler nur in Ausnahmefällen und auf Anregung des Lehrers befragt.

Didaktische Vorüberlegung:

Das dritte Buch über Achim dürfte aus folgenden Gründen ein lohnender Unterrichtsgegenstand sein:

1. Der Roman handelt von aktuellen politischen Themen: von den grundsätzlichen ideologischen Gegensätzen, die die Welt in zwei Lager spalten, und von der Teilung Deutschlands. Daher kommt er einem augenblicklich bestehenden Informations- und Diskussionsbedürfnis entgegen.

2. Das Werk zeigt die Merkmale eines modernen Romans: Verschlüsselung, Perspektivismus, zeitliche Strukturierung, distanzierte und verfremdende sprachliche Gestaltung u. a.

3. Der Roman ist belehrend-aufklärerisch. Er informiert nicht nur über die Lage, sondern auch über das Wesen von Informationen und demonstriert die Problematik der Wahrheitsfindung in einer ideologisch deformierten Wirklichkeit. Dabei bedient sich der Autor linguistischer und formaler Prinzipien, um die im gängigen Sprachgebrauch immer zugleich mitgelieferte Deutung zu vermeiden und einen neuen Erkenntnisprozeß in die Wege zu leiten. Ein solches Werk kann natürlich in besonderer Weise zur Ausbildung eines kritischen Unterscheidungsvermögens beitragen und Vorbehalte gegenüber Schlagworten und Pauschalurteilen wecken.

Uwe Johnson ist mit den *Mutmaßungen über Jakob* schlagartig ins Licht der literarischen Öffentlichkeit getreten. Man kann daher durch einen kurzen Überblick über das Leben Uwe Johnsons und durch eine ausführliche Information über die *Mutmaßungen* und ihre Aufnahme in der literarischen Kritik das Interesse der Schüler für *Das dritte Buch* wecken, ohne daß man sie zu sehr vorprogrammiert. Vor Beginn der Besprechung ist der Roman zu lesen, wozu man den Schülern mindestens 14 Tage Zeit lassen sollte.

Die Durchnahme im Unterricht (Unterrichtsorganisation, Lernziele und Ergebnisse)

1. Unterrichtseinheit

In der 1. Unterrichtseinheit werden der äußere Geschehnisablauf (Inhaltsangabe) erarbeitet und die Themen und Probleme formuliert, die für das Verständnis des Romans wichtig zu sein scheinen.

1. Sachliche Information: Dabei zeigt sich sofort, daß eine Reihe von Sachfragen zu klären sind. Denn als zeitgeschichtlicher (politischer) Roman fordert *Das dritte Buch über Achim* zum Erwerb von historischen und politischen Kenntnissen heraus (z. B. Entstehung der Grenze nach dem letzten Weltkrieg, Bodenreform, Kollektivierung, Zeitungswesen in der DDR, Literaturbetrieb, Partei- und Staatsaufbau, Entnazifizierung in Ost und West). Den Schülern sind die dafür notwendigen Informationsmöglichkeiten bereitzustellen (vgl. Literaturhinweise).

2. Die eigenwillige Form (Struktur) des Romans bedarf einer besonderen Untersuchung. Dazu wie zu Punkt 3 kann das Werkstattgespräch mit Bienek[1] und vielleicht die programmatische Schrift *Berliner Stadtbahn*[2] herangezogen werden.

3. Stil und Sprache des Romans müssen untersucht werden und auf ihre Beziehung (Aussagekraft) zum Thema befragt werden.

4. Die Rolle der einzelnen Personen ist zu klären. Ihre Stellung zum Staat, ihr Verhältnis untereinander, die Bedeutung der Ideologie.

5. Das Thema des Romans wird umrissen als Dokumentation des Auseinanderlebens.

Nach dieser Erarbeitung von Themen, die weit gefaßt sind und im Sinne der Weckung eines Problembewußtseins wirken sollen, ohne dem Denken des einzelnen allzu starke Fesseln anzulegen und die eigenen Denkbemühungen abzuschneiden, wird das Thema für die nächste Stunde festgelegt. In dieser Weise wird von Stunde zu Stunde verfahren, so daß am Ende jeder Stunde nicht nur ein Ergebnis steht, sondern zugleich einige offene Fragen. Die Form der Fragen sollte von den Kategorien abhängen, die den Schülern zur Verfügung stehen. Ich schlage im Folgenden absichtlich ganz einfache Fassungen vor. Die Fragen können arbeitsteilig bearbeitet werden, und die Ergebnisse können als freier Vortrag nach Stichworten oder als Kurzaufsatz in den Unterricht eingebracht werden. Die Klasse nimmt Stellung, diskutiert, ergänzt. Am Ende steht eine Zusammenfassung.

2. Unterrichtseinheit: Die Erzählebenen und die dialogische Struktur des Romans

Aufgaben:

1. Wer erzählt? An wen richtet sich der Erzähler?
2. Karsch als zweiter Erzähler.
3. Welche Funktion haben die Kapitelüberschriften?

Nach Sichtung und Deutung der Ergebnisse wird die Form des Romans beschrieben:

Fiktives Gespräch zwischen dem Autor (Ich-Erzähler) des Romans und einer oder mehreren Personen, die offensichtlich Karsch kennen (Wechsel von »du« zu »ihr« im 1. Kap. S. 7: »damit *du* überrascht wirst«; S. 9: »So habt *ihr* gesagt«).

Gegenstand des Gesprächs: Karschs Erzählungen von seinem Besuch in einer mitteldeutschen Großstadt und seinen Bemühungen, eine Biographie des Radsportlers Achim zu schreiben.

Rolle des Autors: Der Autor gibt Stück um Stück die Erzählungen Karschs preis.

Rolle des bzw. der Gesprächspartner: Durch Zwischenfragen, Ausrufe bestimmt der Leser in gewissem Maß den Fortgang des Berichts mit. Er verhält sich aktiv. Er formt mit dem Autor *Das dritte Buch über Achim.*

Die Zwischenfragen und Zwischenbemerkungen pumpen den Bericht weiter. Das Kapitel steht in einem meist assoziativen Zusammenhang zu der Bemerkung des Gesprächspartners.

Die Fragen erwecken den Eindruck der Genauigkeit. Das Erforschen, Entdecken, Ergründen ist ja das Thema des Romans. Und so verhalten sich auch die Gesprächspartner. Dieser Aufbau spiegelt sich in der Zeitstruktur.

1. *Erzählebene* (1960, nach der Rückkehr Karschs):

Autor – Gesprächspartner (= fiktiver Leser)

Erzählabschnitte – Fragen, Ausrufe, Einwände, Zusätze, Zwischenbemerkungen

2. *Karschebene:*

a) Karschs Aufenthalt in der mitteldeutschen Großstadt (einige Monate in der 1. Hälfte des Jahres 1960).

b) Die eingearbeitete Erzählung von Achims Leben (1930–60).

3. Unterrichtseinheit: Die Erzählhaltung, Sprache und Stil, (assoziative) Verknüpfung

Aufgaben:

Genaues Studium des 1. Kapitels, des Kap. »Es ist gar nicht so spannend« (S. 141–148) und des Kap. »Hör endlich damit auf« (S. 237–247).

1. Abweichungen von der herkömmlichen Grammatik und Interpunktion
2. Ungewöhnliche Wortwahl
3. (Erzählhaltung) Einschübe des Autors, Modus
4. Verknüpfung einzelner Erzählteile

Zu 1) Die Normen herkömmlicher Grammatik werden durchbrochen, kaum überschaubare Perioden werden gebaut.

Erzählerkommentar und Romanhandlung werden syntaktisch nicht deutlich voneinander abgesetzt.

Unvermittelter Übergang von der abhängigen in die unabhängige Rede, ein Herausfallen aus der ursprünglichen Satzkonstruktion.

Rückfall in die Parataxe, sparsame Verwendung des Kommas, Vorliebe für Doppelpunkte u. a.

Zwischenergebnis: Der Autor durchbricht die Normen der Grammatik und Zeichensetzung. Dahinter steckt ein Prinzip, wie er in dem Werkstattgespräch mit Bienek betont.[1] Dieses Durchbrechen der Normen steht in auffallender Parallelität zu dem Thema des Romans, der ja auch die Normen durchbrechen will. Die sprachtheoretische Überzeugung, die dahintersteht, besagt, daß in einer genormten Grammatik genormte Vorstellungen sich verfesten. Das Durchbrechen der grammatischen Norm bedeutet damit Öffnung der Sprache für neue Erkenntnisse. (Es bietet sich ein Vergleich mit Handkes *Kaspar* an.)

Zu 2) Diesem Ziel dienen auch ungewöhnliche Wortverbindungen und Begriffe. So spricht Johnson vom »ostdeutschen Teilstaat« (S. 154), Ulbricht nennt er »Sachwalter« (S. 154). Hitler »Hausanzünder« (S. 129), die Nationalsozialisten »Verein für große Verschlechterung des Lebens in Deutschland« (S. 129). An die Macht gekommen waren sie als »Verein, der für kleine Verbesserungen eingetreten war« (S. 48).

Zwischenergebnis: Die Wortwahl strebt einmal nach Objektivierung (auf der Mauer), ein andermal macht sie Wesentliches sichtbar (»Hausanzünder« für Hitler, »Gebärerinnen« [S. 129] für Mütter in der Nazizeit).

Zu 3) Der Autor läßt den Leser an seinen Überlegungen teilnehmen (»da dachte ich schlicht und streng anzufangen so«) und schaltet sich zwischendurch ein, indem er Möglichkeiten zur Diskussion stellt. Dadurch schafft der Erzähler Distanz zum Erzählgegenstand. Die Darstellung wird als mögliche Fassung, als Erzählmodell aufgegeben. So wird der Eindruck der Objektivität, der Sachlichkeit erweckt. Zugleich wird deutlich, daß es so etwas wie eine allgemeingültige Wahrheit nicht gibt. Wahrheit ist das, was sich aus einer Vielzahl von Meinungen als wahrscheinlich ergibt. So ist der ganze Roman ein Erzählmodell, um das Thema des Auseinanderlebens zu dokumentieren. Karsch sieht sich immer wieder vor die Frage gestellt, wie es wirklich war, und er spielt einzelne Möglichlichkeiten durch. So bringt er 4 Erzählmodelle für Achims Leben vor dem Krieg (S. 144). Für die Darstellung der Rennfahrerlaufbahn bietet er sogar 6 Modelle an (S. 237–252). Karin fragt einmal: »Welche Fassung willst du denn nun abliefern?« (S. 137).

Diese Auffassung von der Wahrheit zeigt sich auch in der Vorliebe für den Konjunktiv und im Gebrauch von Wendungen, die konjunktivische Funktion haben (»vielleicht sollte ich«, S. 7). Man hat von einem konjunktivischen Mutmaßungsstil gesprochen. Er stellt auch die genormte Wirklichkeit in Frage.

Zwischenergebnis: Das Streben, genormte Darstellungen zu vermeiden, führt zur Auflösung des Romans in Erzählmodelle und zur Verwendung konjunktivischer Formen. Anstelle einer verläßlichen Wirklichkeit tritt eine Vielzahl von Möglichkeiten.

Zu 4) Die Verknüpfung wirkt oft willkürlich, sie ist weniger logisch als assoziativ. Dies gilt auch für die Überleitungen der einzelnen Kapitel, für die Fragen, Ausrufe und Bemerkungen des fiktiven Lesers. Ein Aspekt aus dem bisher Erzählten wird meist mehr zufällig als folgerichtig herausgegriffen (S. 16; S. 12; S. 38). Oder der Leser sagt einfach: »Nun mal was anderes« (S. 252). Oft leitet aber auch der Erzähler den Erzählgang, indem er ganz bewußt den Eindruck des Zufälligen erweckt:

»Frag mich was anderes« (S. 12)
»Ich habe dir schon gesagt, daß es auf ihn nicht ankam« (S. 327)
»ich kann ja etwas über den Stuhl sagen« (S. 135)
»Jetzt einmal was vom Radfahren« (S. 70)

Ergebnis: Die verfremdende Sprache (Orthographie, Zeichensetzung, Grammatik, Wortwahl, Gebrauch des Konjunktivs), die Erzählhaltung und die Verknüpfungstechnik unterstreichen die Problematik der Wahrheitsfindung, die keine Sache der Anwendung der Gesetze der Logik ist. Die neuen Mittel schaffen eine neue Wirklichkeit, deren Kennzeichen das Mögliche, das Unverläßliche ist. Sie sind die Konsequenz des Mißtrauens dem gegenüber, was man Wahrheit nennt.

4. Unterrichtseinheit: *Das dritte Buch über Achim*
als Dokumentation des Auseinanderlebens
der beiden deutschen Staaten *oder*
Die politische Wirklichkeit in wechselnder Perspektive

Aufgaben:

1. Die Selbstdarstellung (das Selbstverständnis der DDR)
2. Die Bundesrepublik in der Sprachregelung der DDR
3. Die DDR in der Sprachregelung der Bundesrepublik
4. Die Erzählhaltung des Autors als Bemühung um Objektivität
Für die Behandlung dieser Themen sollen vor allem die Kapitel
»Was hatte sie denn für Sorgen?« (S. 189–200) und »Was hatte
Achim eigentlich gegen Westdeutschland« (S. 273–288) herangezogen werden.

Zu 1) Es wird immer wieder auf die Segnungen des Sozialismus
und die Friedensliebe hingewiesen (S. 231–232). Die Aussagen
erscheinen z. T. als Propaganda, z. B. auf Plakaten (S. 43), oder
als Äußerungen von Personen, die sich zum Sprachrohr der
staatlichen Propaganda machen, so Achim bei einem Aufenthalt
in der Bundesrepublik, wo er die DDR als freien, demokratischen, rechtmäßigen Staat bezeichnet und betont, daß in ihr das
Recht der Arbeiterklasse herrsche (S. 281).

Zu 2) Dagegen wird die Ordnung in der Bundesrepublik als
kapitalistisch hingestellt, es wird von gaunerhaften Methoden
westdeutscher Berichterstattung geschrieben (S. 197), von den
Kriegsrüstungen Adenauer-Deutschlands mit seiner klerikal-
faschistischen Regierung und von der verbrecherischen Sabotage
der westdeutschen Regierung an der Wiedervereinigung (S. 195).
Zugespitzt erscheint die gegensätzliche Sprachregelung S. 190:
»Die städtisch regierende Zeitung berichtete nur von der kriegeri-
schen Rüstung des westdeutschen Staates, sprach von ungerechten Gerichtsurteilen gegen Volksredner und von der zunehmenden Verrohung der Sitten«. Oder S. 281: Dort wird Demokratie
und Rechtmäßigkeit der Bundesrepublik abgesprochen und für
die DDR beansprucht. Achim spricht aus einer staatlich für ihn
festgelegten Perspektive.

Zu 3) Dazu besonders das Kapitel: »Was hatte sie denn für
Sorgen?« (S. 189–200). Es ist ein Bericht über die Berichterstat-

tung des westdeutschen Journalisten, der mit Karsch befreundet ist.

Er hält die leeren Schaufenster im Bild fest, die Hand der Verkäuferin am verborgenen Butterstapel (Nahrungsmittelknappheit). Er hat westdeutsche Zeitungen, in denen von Kriegsrüstungen, den ungerechten Gerichtsurteilen gegen Leute, die öffentlich ihre Meinung sagen, von dem Druck auf die Bauern bei der Kollektivierung der Landwirtschaft die Rede ist. »Er beschrieb die Frage nach dem Friedenswillen, die ihm in allen besuchten Dörfern dargestellt worden war als Mangel an Ausweg und Wahl.« (S. 196)

Ergebnis: Alle Informationen werden nicht als endgültig, als objektiv gegeben, sondern stehen in einem perspektivischen Zusammenhang und sind auf dem Hintergrund einer ideologisch bedingten Sprachregelung zu sehen, die den tiefen Graben zwischen den beiden deutschen Staaten (die Grenze, die Entfernung, den Unterschied) deutlich macht.

Das Verfahren an sich, Wechsel der Perspektive und Wiedergabe von Meinungen, ist Ausdruck des Strebens nach Objektivität. Hinzu kommt die direkte Gegenüberstellung von Meinung und Gegenmeinung, wie wir sie schon oben aufgezeigt haben. Des weiteren sind hier die Erzählhaltung und die neutrale Begriffsbildung zu erwähnen, Karschs Versuche und Bemühungen, die Unterschiede zu erfassen, und das Ausweichen auf die Wiedergabe und Beschreibung von äußerlich Faßbarem. Wir haben also in dem Roman keine Untersuchung der Lebensbedingungen unter bestimmten Kategorien, sondern Meinungen in der Sprachregelung des ost- und westdeutschen Teilstaats mit dem Ziel, frei von Vorurteilen, so wie Karsch es versucht, den andern zu verstehen.

5. Unterrichtseinheit: Karschs Bemühungen, eine Biographie zu schreiben, als Dokumentation zwischenmenschlicher Entfremdung (Die diskutierte Biographie)

Aufgaben:

1. Der Anstoß zur Biographie und die Erwartungen, die an Karsch herangetragen werden
2. Karschs Vorgehen
3. Frau Ammanns Einflußnahme
4. Achims Verhalten
5. Karins Verhalten

Zu 1) Im Auftrag von Herrn Fleisg verfaßt Karsch einen Zeitungsartikel über die Sportveranstaltung zu Achims 30. Geburtstag. Dieser Artikel, der von Fleisg dem Setzermeister gezeigt worden war, wird Gegenstand einer kleinen innerbetrieblichen Diskussion, und der Meister ist der Ansicht, daß so ein Buch über Achim geschrieben werden müßte (S. 52–53). Achim sollte als »Sinnbild für die Kraft und Zukünftigkeit des Landes« (S. 40) dargestellt werden, an ihm sollte gezeigt werden, wie »ein Sportler und Sohn bescheiden lebender Eltern aufwuchs zu einem Sinnbild und zum Vertreter des Volkes gegenüber der regierenden Partei des Volkes« (S. 51). Fleisg spricht von der »*ganzen* Person« und nennt dabei »die neue Zufriedenheit des Lebens« (S. 54).

Zu 2) Karsch nimmt die Aufgabe an: Er will ein Buch schreiben, »wie Achim zu Ruhm kam und lebte mit dem Ruhm« (S. 44). Das Buch »sollte enden mit der Wahl Achims in das Parlament des Landes, das war die Zusammenarbeit von Sport und Macht der Gesellschaft in einer Person, so scheint sie dem Durchreisenden abgeschlossen« (S. 44). Und das Verfahren liegt für ihn fest: »Auf dies Ende hin sollte der Anfang laufen und sein Ziel schon wissen« (S. 44). Diese Stelle zeigt, daß Karsch glaubt, das Buch im Sinne der Auftraggeber verfassen zu können. Und er ist bereit, vorauszusetzen, daß eine ordentlich gewählte Regierung in der DDR existiert (S. 48). Schon bald aber stellt er sich im Hinblick auf Achims Biographie kritische Fragen: »und hatte es Achim wirklich zu allem gebracht, was der Mensch sich wünscht?« (S. 52). Um den gegenwärtigen Achim zu begreifen, durchforscht er seine Kindheit. Ab und zu findet er Einzelheiten in der Vergangenheit, die ihm aufschlußreich zu sein scheinen. So sieht er in Achims Bekanntschaft mit einem Mädchen die Ursache für seine Haltung zu beschützen: »Da hat er das Beschützen gelernt« (S. 63). Und Karin nimmt das auf: »Ich bin ihr ähnlich, im Aussehen bin ich ihr damals ähnlich gewesen« (S. 64). Obwohl Karsch »Achims Zusammenhang mit seinem Land unverständlich« (S. 67) ist, macht er sich an die Arbeit im Sinne einer »runden« (S. 54) Biographie, die mit der Kindheit im Elternhaus beginnt. Er ergänzt »bedenkenlos was er wußte aus dieser Zeit und was er für Achim wahrscheinlich glaubte« (S. 71). Er betrachtet es als »Vorarbeiten« (S. 78). Anfangs verhält sich Achim seinem Biographen gegenüber mißtrauisch. Das ändert sich; nachdem Achim einen entsprechenden offiziellen Anstoß bekommen hat, gibt er Karsch sogar eine Schreibmaschine. Und Karsch unterschreibt einen Vertrag »zur vertrauensseligen gemeinsamen Arbeit am Lebensbilde eines deutschen Radrennfahrers« (S. 111).

Zu 3) In den Gesprächen mit Frau Ammann werden die politischen Erwartungen, die man an die Biographie stellt, deutlich. Der Schriftsteller muß »an Befestigung und Ausbau des in Aussicht genommenen Weges« (S. 115) mitarbeiten. Frau Ammann tritt ein für »das Interesse des Staates an einer neuen und nützlichen Literatur« (S. 118). Sie unterzieht dann auch Karschs Entwürfe einer strengen Kritik: »Was hier anfing mußte früher begonnen haben, wer inzwischen fünfzehn Jahre gearbeitet hat für unseren Sozialismus muß dazu bereit gewesen sein und geeignet, Veränderung ist möglich aber nicht Vertauschung, wer auf unserer Seite steht muß da längst gestanden haben, der Verteidiger der sozialistischen Ordnung muß es schon gewesen sein zur Zeit der Verbrechen« (S. 122). Und als Karsch verschiedene Modelle für die Rolle Achims während der Nazizeit anbietet, sagt sie: »Daraus kann man nichts lernen. Denken Sie an all die Menschen, die das Buch lesen werden und glauben und ihr eigenes Leben verändern nach dem von Achim« (S. 125–126). Oder sie wendet ein: »Und so ist es noch zu privat« (S. 127). Und mit Beziehung auf Achims Vater sagt sie: »Nicht seine Fehler sind wichtig sondern was ihn mit unserer neuen Zeit verbindet« (S. 132).

Zu 4) Nachdem Achim sich auf staatliche Anweisung hin zur

Mitarbeit entschlossen hat, gibt er Karsch stückweise seine Vergangenheit preis und nimmt Einfluß auf die Biographie. So diktiert er Karsch als Ersatz für 10 Seiten, in denen die über ein Jahr dauernde Ablehnung der Partei gestanden hatte: »Nach anfänglichem Zögern erkannte ich (also da müssen Sie schreiben: er), daß man sich nicht mit dem eigenen Leben zufrieden geben darf, sondern sich beteiligen muß an der Gesellschaft, und bat um Mitgliedschaft« (S. 171). Er gibt ihm auch Anweisungen wie: »und dies hier streichen Sie mal« (S. 172). Und er rät ihm, das zu schreiben, was wichtig ist. So sind nicht die Übergriffe entscheidend, sondern »daß die Rote Armee uns vom Faschismus befreit hat und geholfen beim neuen Leben« (S. 174). Er will nicht wie Karsch »die Gegenstände und Ereignisse nach der Reihenfolge und gegenseitigen Wirkung« (S. 180) aufgeschrieben haben, sondern seine Meinungen: »Achim verlängerte seine Meinung und bündelte sein Leben damit in eins« (S. 180). In sein Buch paßt nach seiner Auffassung nicht der Erwerb einer Gangschaltung in Westberlin, was ja als Devisenvergehen zu werten ist. »Im Gespräch vertraulich ja aber nicht in der Beschreibung wollte er gelebt haben mit dem Erwerb eines Zubehörteils« (S. 210). Oder an einer anderen Stelle: »es sollte nur nicht laut werden, unabgestritten blieb es im Leben« (S. 213).

Achim wollte erscheinen, »wie er sich neuerlich verstand« (S. 212). Dazu sollte Karsch seine »Entwicklung zu einem politischen Bewußtsein« (S. 214) darstellen. Er zeigt Karsch gegenüber die »Langmut eines Nachhilfelehrers: daß es bei der landwirtschaftlichen Struktur ankomme auf die Zukunft des ostdeutschen Teilstaates und nicht auf private Mißverständnisse« (S. 220). Viele Einzelheiten bringt Karsch zusammen, die in dieses Bild Achims als eines sozialistischen Mustermenschen hineinpassen (der Aufstieg als Radfahrer, die Ausbildung, Achims Verhalten bei Rennen im westlichen Ausland). Aber alles wird hinfällig, als Achim trotz des eindeutigen Beweisstücks seine Teilnahme am Aufstand des 17. Juni 1953 nicht zugeben will.

Zu 5) Karin nimmt Anteil an der Biographie und wirkt mit. Sie stiehlt sogar Papier für Karsch und interviewt Achims Vater. Sie gibt auch preis, was sie von Achim weiß. Das ist aber sehr wenig. Sie ist von vornherein kritisch. S. 188 heißt es: »sehr geduldig auch erheitert wandte sie die Augen über Karschs Blätter und gab ihm Achims mögliches Leben zurück ohne Einwände aber ungläubig«. Sie weiß, daß man mit Achim über gewisse Dinge nicht reden kann: »Mit Achim brauchst du gar nicht zu reden darüber« (S. 200). Und an mehreren Stellen sagt sie zu Karsch: »Du sollst nicht über mich lachen, sondern über ihn« (S. 26). Je weiter die Materialsammlung zu Achims Biographie fortschreitet, um so mehr entfernt sie sich von Achim. Die Photographie, die Achims Teilnahme am Aufstand des 17. Juni beweist, bewirkt die Trennung: Nicht, daß sie das nicht billigte, aber daß Achim es in all den Jahren nicht gesagt und sich ihr nur von außen gezeigt hat, verzeiht sie ihm wohl nicht.

Ergebnis: Nach den Vorstellungen der Auftraggeber soll Karschs Biographie Achim als sozialistischen Mustermenschen darstellen, mehr als bei den bereits vorliegenden Büchern, die hauptsächlich nur den Sportler verherrlicht haben.

Im Sinne des sozialistischen Realismus soll dabei ein nützliches Buch herauskommen, ein Buch, das dem Staat dient, in dem Achim als Symbol des Fortschritts erscheint. Achim identifiziert sich mit den Auftraggebern und gibt nur Ereignisse preis, die das bestätigen, oder aber er weist gewisse Einzelheiten dem privaten Bereich zu.

Karin ahnt den negativen Ausgang. Das zeigt sich in einzelnen Bemerkungen und in der Verbitterung und Verärgerung, die ab und zu sichtbar wird.

Das Scheitern des Biographen Karsch ist eine Dokumentation des Auseinanderlebens am Beispiel zweier Menschen, die an eine Art Wiedervereinigung auf privater Ebene glauben.

6. Unterrichtseinheit: Die Personen, insbesondere Karin (der Mensch im totalitären Staat)

Aufgaben:

1. Karsch als Autor neben dem Autor
2. Wie wirkt sich die ihm vom Staat zugedachte Rolle auf Achims Leben aus?
3. Inwiefern nimmt Karin im politischen und menschlichen Bereich eine Zwischenstellung ein?

Zu 1) *Das dritte Buch über Achim* ist die Erzählung von Karschs Aufenthalt in der DDR und seinen Bemühungen, die Biographie

Achims zu schreiben, in der die Zusammenarbeit von Sport und Gesellschaft symbolisch verdichtet werden soll. Karsch versucht systematisch, die ostdeutsche Wirklichkeit zu erfassen, und bemüht sich, nicht der Täuschung zu erliegen, in den ihn die gemeinsame Sprache des Alltags immer wieder hineinredet (S. 23). So gelangt er zu der Überzeugung, daß sich die Realität den Vergleichen entzieht, und er sucht nach den Unterschieden. Karin kennt seine Gründlichkeit und Ehrlichkeit und respektiert sie. Karsch ist dabei ausgesprochen gutmütig, er will die ihm gestellte Aufgabe, eine Biographie Achims zu schreiben, im Sinne der staatlichen Auftraggeber lösen und legt auch Wert auf die Zustimmung Achims. Aber es geht ihm doch um ein festes Ziel, von dem er nicht abweicht: um die Wahrhaftigkeit einer Existenz, die in vorbildlicher Weise ein Ideal des Staates verkörpert (Entwicklung zu einem politischen Bewußtsein). Deshalb beharrt er trotzig auf Ereignissen, die diese Existenzform in Frage stellen (z. B. bei dem Erwerb der Gangschaltung in Westberlin). Im übrigen entwickelt er aber geduldig Modelle und bespricht sie mit Frau Ammann. Die ihm zugespielte Photographie, die Achims Teilnahme am Aufstand des 17. Juni beweist, muß ihn aber zur Rückkehr und zum Abbruch der ihm gestellten und der von ihm in echter Neugier bejahten Aufgabe bewegen. Achims ›Lüge‹ beweist nämlich, daß die Einheit von persönlicher und öffentlicher Existenz nur eine Zweckkonstruktion ist und zur Selbstentfremdung führt. Karschs Verzicht, die Biographie zu schreiben, ist kein Scheitern im negativen Sinne, sondern eine positive Entscheidung gegen eine Beschlagnahme des Individuums durch den Staat. Man kann den Roman lesen als Erzählung nach der Rückkehr von Karsch. Damit wäre auch eine plausible Erklärung dafür gegeben, daß die Gesprächspartner der Erzählebene Bekannte von Karsch sind. In bewußter Distanzierung würde Karsch in der dritten Person von sich selbst sprechen (vgl. Caesars *Bellum Gallicum*).

Zu 2) Achim ist das »Mannequin« der Propaganda. Er will so scheinen, wie der Staat ihn sehen will: Der kleine Mann, der aufgestiegen ist vom Handwerker zum gefeierten Rennsportler und Mitglied der Volkskammer. Er identifiziert sich mit der Rolle, die der Staat ihm zugewiesen hat. Dies führt zur Verarmung seines Lebens: »Das ist doch kein Leben, wie der lebt« (S. 202). Er lebt im Zustand der Selbstentfremdung und Lüge. So verleugnet er die enge Bindung an Karin nach außen, Karin selbst verheimlicht er seine Teilnahme am Aufstand des 17. Juni.

Die Photographie ist ein eindeutiger Beweis dafür, daß er am Aufstand des 17. Juni in vorderster Reihe mitgezogen ist. Sein erster Gedanke ist: »die wollen mich reinlegen« (S. 288).

Er muß seine Teilnahme und die Monate, die er anschließend in Haft war, abstreiten.

Er bedauert es, daß Karsch abreist (S. 296f.). Vielleicht hatte er gehofft, sich selbst zu finden. Achim ist ein Beweis für die Selbstentfremdung des Menschen im totalitären Staat. Da persönliche und öffentliche Existenz zusammenfallen sollen, ist die Ausschaltung des Individuellen eine notwendige Folge.

Zu 3) Karin nimmt eine Zwischenstellung ein. Sie lädt Karsch ein; vielleicht hängt es mit ihrer Sehnsucht nach einem Land zusammen, in dem das Leben »unparteiisch« behandelt schien (S. 268). Sie steht positiv zu der Arbeit Karschs. Die Grundsätze von Karsch, Reich-Ranicki nennt ihn einen Trotzkopf[3], kennt und achtet sie. »Du bist wie früher. Wem nützt es, daß du gerecht bist!« (S. 137). So will sie ihm einmal Geld vorschießen, damit er zurückreisen kann (S. 137), denn sie hält gewisse Dinge für unvereinbar mit seinen Grundsätzen.

Sie ist bekannt und beliebt. Auch sie ist ein Aushängeschild für den Staat, und in Filmrollen hat sie positive Entscheidungen für den Staat verkörpert (S. 16–18); aber sie läßt sich nicht wie Achim vereinnahmen. Sie bewahrt ihre Freiheit. So gibt sie Ulbricht nicht die Hand, und sie mißbilligt die Kollektivierung (S. 270). Als Preis muß sie ihre Karriere opfern. Sie verliert »die Erlaubnis zur Mitwirkung in einem neu aufgeführten Stück im Theater« (S. 198). Ihre Trennung von Achim bedeutet zugleich die Verurteilung seiner auf Selbsttäuschung aufgebauten Existenz.

Ergebnis: Karin und Achim verkörpern zwei gegensätzliche Möglichkeiten im totalitären Staat. Dabei zeigt sich, daß Achim, indem er sich mit dem Staat identifiziert, an Lebensmöglichkeit und an Menschlichkeit verliert, Karin dagegen, indem sie sich gegen den Staat entscheidet, gewinnt an Freiheit und echtem menschlichen Wert. Karsch wird gewissermaßen zum Prüfstein der Leiden. Er bleibt ein »Durchreisender« (S. 14), Karin aber wird durch ihn zur Erkenntnis und damit zur Ablehnung Achims geführt.

Die Besprechung von *Das dritte Buch über Achim* im Unterricht

Einführung:

Information über Uwe Johnson und die *Mutmaßungen über Jakob*

1. Unterrichtseinheit:

Thema: Vorläufige Festlegung der Themen

Aufgabe: Lektüre des Romans

Ergebnis: 1. Im Unterrichtsgespräch wird der äußere Geschehnisablauf (Inhaltsangabe) erarbeitet.
2. Die Themen und Probleme werden festgehalten, die für das Verständnis des Romans wichtig zu sein scheinen.

2. Unterrichtseinheit:

Thema: Die Erzähleben und die dialogische Struktur des Romans

Aufgaben: 1. Wer erzählt? An wen richtet sich der Erzähler?
2. Karsch als zweiter Erzähler
3. Funktion der Kapitelüberschriften

Ergebnis: 1. In einem fiktiven Gespräch formen Autor und Gesprächspartner (fiktiver Leser) gemeinsam *Das dritte Buch über Achim:*
a) Die Erzählebene: (1960, nach der Rückkehr Karschs) Autor – Gesprächspartner (= fiktiver Leser)
b) Karschebene: 1. Karschs Aufenthalt in der DDR (Anfang 1960) 2. Erzählung von Achims Leben (1930–1960).

3. Unterrichtseinheit:

Thema: Die Erzählhaltung, Sprache, Stil, Verknüpfung

Aufgaben: 1. Abweichungen von der herkömmlichen Grammatik und Interpunktion (vorwiegend Kap. 1)
2. Ungewöhnliche Wortwahl
3. Einschalten des Autors, Modus (vorw. Kap. 1)
4. Verknüpfung einzelner Erzählteile

| Ergebnis: | Die verfremdende Sprache, die distanzierende Erzählhaltung und die assoziative Verknüpfungstechnik stehen im Dienste der Wahrheitsfindung. — |

4. Unterrichtseinheit:

Thema:	*Das dritte Buch über Achim* als Dokumentation des Auseinanderlebens der beiden deutschen Staaten (Die politische Wirklichkeit in wechselnder Perspektive vor allem S. 189–200 u. S. 273–288)
Aufgaben:	1. Die Selbstdarstellung (das Selbstverständnis der DDR)
	2. Die Bundesrepublik aus DDR-Sicht
	3. Die DDR aus bundesrepublikanischer Sicht
Ergebnis:	Alle Aussagen stehen in einem perspektivischen Zusammenhang und sind auf dem Hintergrund einer ideologisch bedingten Sprachregelung zu sehen, die den tiefen Graben zwischen den beiden deutschen Staaten (die Grenze, die Entfernung, den Unterschied) deutlich macht.

5. Unterrichtseinheit:

Thema:	Karschs Bemühungen, eine Biographie Achims zu schreiben, als Dokumentation zwischenmenschlicher Entfremdung (die diskutierte Biographie)
Aufgaben:	1. Der Anstoß zur Biographie und die Erwartungen, die an Karsch herangetragen werden
	2. Karschs Vorgehen (Methode)
	3. Frau Ammanns Einflußnahme
	4. Achims Verhalten
	5. Karins Verhalten
Ergebnis:	Nach den Vorstellungen der Auftraggeber soll die Biographie ein nützliches Buch werden, in dem Achim als sozialistischer Mustermensch zum Symbol und Aushängeschild des Staates wird. Zugleich soll eine Art Wiedervereinigung auf privater Ebene zustande kommen. Das Scheitern des Biographen Karsch ist damit ein Beweis für das Auseinanderleben am Beispiel zweier Menschen (unterschiedliches Biographieverständnis).

6. Unterrichtseinheit:

Thema: Die Hauptpersonen (der Mensch im totalitären Staat)

Aufgaben:
1. Karsch und sein Verhältnis zum Autor
2. Wie wirkt sich die ihm vom Staat zugedachte Rolle auf Achims Lebens aus?
3. Inwiefern nimmt Karin im politischen und im menschlichen Bereich eine Zwischenstellung ein?

Ergebnis: Achim und Karin verkörpern zwei gegensätzliche Möglichkeiten im totalitären Staat. Achim, der sich mit dem Staat identifiziert, verliert an Lebensmöglichkeit und menschlicher Glaubwürdigkeit, während Karin, indem sie sich gegen den Staat entscheidet, an Freiheit und echter Menschlichkeit gewinnt. Der »Durchreisende« (S. 44) Karsch führt die Klärung der Positionen herbei.

Diskussions- bzw. Aufsatzthemen zu *Das dritte Buch über Achim*

1. Welche Faktoren erschweren die Wahrheitsfindung? Wie zeigt sich das in der Sprache des Romans?
2. Warum gerät Karsch bei der Abfassung der Biographie in einen unüberbrückbaren Gegensatz zu Achim?
3. Halten Sie es für richtig, daß Karsch auf die Abfassung der Biographie verzichtet?
4. »Er [Karsch] war kaum je vorher so unsicher gewesen in einem fremden Land; in diesem war ihm der Rückhalt seiner Lebensweise gänzlich abgegangen« (S. 42). Erläutern Sie diese Feststellung!
5. Inwiefern ist Uwe Johnsons *Das dritte Buch über Achim* ein pädagogischer (aufklärerischer) Roman?
6. Wie versucht Karsch die ostdeutsche Wirklichkeit zu erfassen? (Interpretation ausgewählter Kapitel bzw. Textstellen.)
7. Vergleichen Sie die journalistischen Methoden Karschs mit denen seines Besuchers aus Westdeutschland!
8. Karins Stellung zwischen Achim und Karsch – Ist der Roman nicht doch nur eine Dreiecksgeschichte?
9. Wie macht Uwe Johnson in seinem Roman »die Grenze: die Entfernung: den Unterschied« (S. 9) sichtbar?
10. Ist Achim ein gewissenloser Opportunist?

11. Ein Arbeiter sagt von Achim: »Das ist doch kein Leben wie der lebt.« (S. 202) – Deuten Sie diesen Ausspruch und nehmen Sie Stellung!

12. Zeigen Sie an dem Verhältnis Achims zu seinem Vater, in welcher Weise der Konflikt zwischen den Generationen im totalitären Staat verschärft wird!

13. Kritische Auseinandersetzung mit dem sozialistischen Realismus – Nützt eine gelenkte Literatur wirklich dem Menschen?

Aus: P. Lorson, Lerngegenstand Literatur. Studien und Unterrichtsmodelle zu Max Frisch, Peter Weiss, Ingeborg Bachmann und Uwe Johnson, hg. v. E. Schäfer, Göttingen: Vandenhoeck & Ruprecht 1977, S. 103–117 (Zeitschrift für Literaturwissenschaft und Linguistik, Beiheft 5), geringfügig gekürzt.

Anmerkungen

Zitiert wird nach: Uwe Johnson, *Das dritte Buch über Achim*, Frankfurt/Main 1973 (st 169).

1 Horst Bienek, *Werkstattgespräche mit Schriftstellern*, München 1965 (dtv 291), S. 102–119.
2 Uwe Johnson, *Berliner Stadtbahn*, in: ders.: *Berliner Sachen*, Frankfurt/Main 1975 (st 249), S. 7–21.
3 Marcel Reich-Ranicki, *Registrator Johnson*, in: ders., *Deutsche Literatur in West und Ost*, Reinbek 1970 (rororo 1313–15), S. 165.

Literaturhinweise

Jörg-Bernhard Bilke, *Auf den Spuren der Wirklichkeit, DDR-Literatur: Traditionen, Tendenzen, Möglichkeiten*, in: DU 21 (1969), H. 5, S. 24–60.
Werner Bretschneider, *Zwischen literarischer Autonomie und Staatsdienst*, Berlin 1972.
Ernst Deuerlein (Hg.), *DDR 1945–1970. Geschichte und Bestandsaufnahme*, München ³1971 (dtv Dokumente 347).
Günter Fischbach (Redaktion), *SBZ von A–Z. Ein Taschen- und Nachschlagebuch über die sowjetische Besatzungszone Deutschlands*, Bonn 1966.
Kurt Sontheimer / Wilhelm Bleek, *Die DDR. Politik, Gesellschaft, Wirtschaft*, Hamburg 1972.

Karsch

Günter Blöcker
Uwe Johnsons anderes Deutschland

Das kritische Echo, das Uwe Johnsons Buch *Karsch und andere Prosa* gefunden hat, gibt Anlaß zu einiger Nachdenklichkeit. Wir sprechen dabei – Gott behüte – nicht von literarischen Manieren, nicht von dem sonderbaren Unterton hämischen Triumphs, der im deutschen Blätterwald immer dann zu vernehmen ist, wenn man einen bis dahin integren und erfolgreichen Mann bei einer Schwäche zu ertappen meint. Wir sprechen auch nicht davon, wie in merkwürdiger Übereinstimmung sogar des Vokabulars die Musilsche Formel vom »Nachlaß zu Lebzeiten« die kritische Runde machte, weil's nämlich kein Hauptwerk war (oder was man sich unter einem solchen vorstellt), das es da zu besprechen galt, sondern eine Sammlung von Einzelstücken, in denen sich der Verfasser die Bildnerfreiheit nimmt, einmal Geschaffenes erneut anzuschauen und anschauen zu lassen, es weiter in sich zu bewegen und nach einer Wahrheit zu befragen, die vollständig gezeigt zu haben er nie behauptet hatte. Im Gegenteil, daß er solchen Anspruch entschieden von sich wies, eben das hatte dazu beigetragen, ihn glaubwürdiger zu machen als jeden andern, der heute in deutscher Sprache schreibt.

Dies alles war nun rasch beiseite geschoben und vergessen; ja, fast schien es, als habe man nur darauf gewartet, es zu tun. Seitdem die Zweckbewegungen eines ehrgeizigen Managements irrtümlich für literarisches Leben und nicht für dessen Tod gehalten werden, stehen Gelassenheit und wohlwollende Erwartung bei der Kritik so niedrig im Kurs wie schöpferische Geduld und Skepsis im Umgang mit sich selbst bei den Autoren. Den Schutz der Stille, die Bewährungsprobe durch Ruhenlassen, das Selbstgericht der verfließenden Zeit – wer sucht das noch? Ein literarischer Typus wie Johnson, bedachtsam und in sich gekehrt, ist heute fast schon ein Anachronismus, der provozierend wirkt, geeignet, eine gewisse Sorte von schreibenden Fäusten in Bewegung zu setzen. Vor allem dann, wenn sich dieser scheinbar Abgewandte nicht scheut, das jeweils heißeste Eisen des Tages anzufassen.

Das nicht sehr umfangreiche Prosastück, das solche Unmutswelle auslöste, heißt *Eine Reise wegwohin,* 1960 und trifft das bundesrepublikanische Selbstgefühl allerdings an einigen seiner empfindlichsten Stellen. Daß Johnson mit seinen beiden Romanen in die einsame Rolle eines Mannes eingetreten war, der fern von Reportage und Polemik, fern auch aller privaten Wehleidigkeit, dichterisch Zeugnis ablegt von der Situation des geteilten Landes – das hatte man sich gern gefallen lassen. Besonders, solange seine poetischen Befragungen vornehmlich dem östlichen Landesteil galten. In seinem zweiten Roman war das sogar ziemlich ausschließlich der Fall gewesen; und eben dies dürfte der Punkt sein, an dem sich der Autor mißverstanden und zur Korrektur genötigt fühlte. Er hatte eine Geschichte schreiben wollen, mit allen Abgrenzungen und Akzentsetzungen, die zu der gewählten Perspektive gehören. Nicht ohne Grund betonte er immer wieder, sein Roman sei die »Beschreibung einer Beschreibung«, nämlich Rechenschaft über den vergeblichen Versuch eines westdeutschen Zeitungsmannes, die Biographie eines ostdeutschen Volkshelden zu verfassen. Auf den Zeitungsmann selbst (Karsch) war es nicht angekommen, und er blieb denn auch einigermaßen undeutlich. So sehr, daß sich das westliche Überlegenheitsgefühl seiner bemächtigen und ihn als vollbewußten, forschen und prinzipienfesten Vertreter der eigenen Lebensart und Gesinnung interpretieren konnte – ein wenig vorschnell und gegen die Absicht des Autors, wenn auch nicht ganz ohne sein Zutun und Verschulden.

An dieser Stelle hakt nun Johnsons Erzählung ein. Der Beschreibung der mißglückten Beschreibung wird eine weitere angefügt, die dem Beschreibenden gilt. Die Optik verbreitert sich, die Verpflichtung auf den Ausschnitt entfällt, der touristische Aspekt (wenn dieses Wort hier statthaft ist) wird nachgetragen, die kritische Bestandsaufnahme des Zonen-Alltags ergänzt. Vor allem aber lernen wir Karsch kennen. Aus einer vorwiegend instrumentalen Figur, der es aufgegeben war, die oststaatliche Mentalität in der Person des Radrennfahrers Achim T. zu ergründen, wird ein dreidimensionaler Mensch – man denkt von ferne an Paul Valéry und die nachträgliche, die nachgelieferte Menschwerdung seines Edmond Teste. Wir erfahren, daß Karsch sich in einer Krise befindet. Er hat den Punkt erreicht, an den jeder Schreibende einmal kommt: sein Handwerk ist ihm verdächtig geworden; das Trügerische einer allein auf das erbötige Wort gegründeten Existenz lastet bis zur körperlichen Qual auf ihm. Wieso dieser Zuwachs an Volumen, der selbstverständlich auch ein Zuwachs an persönlicher Problematik ist, Karschs Glaubwürdigkeit und Überzeugungskraft in Frage stellen soll, wie man überall lesen konnte, ist nicht recht einzusehen. Von alters her war es das Vorrecht des Dichters, solche Reizzustände als das natürliche Element des Werdens aufzusuchen und poetisch fruchtbar zu machen. Mit größerem Recht ließe sich sagen, daß Karsch nun erst in der geeigneten Verfassung ist, in einem Zustand krisenhafter Empfänglichkeit, der ihn sein Thema – das deutsche Dilemma – mit der vollen Schärfe persönlicher Betroffenheit empfinden läßt; und genau das ist der Inhalt der Erzählung.

Karsch kommt als ein Veränderter von seiner 90-Tage-Reise zurück. Er atmet die westliche Luft mit Erleichterung und Entzücken. Auf welche Seite er gehört, daran kann kein Zweifel sein. Doch die Erleichterung wird ihm zugleich zum Vorwurf. Er ist reif zu sagen, was die meisten von uns verdrängt oder zu Deklamationsübungen herabgewürdigt haben. Damit aber beginnen die Schwierigkeiten, äußere wie innere. Die Zeitung, für die Karsch bis dahin der geschätzte Verfasser elegant informierender Serien war, winkt ab; man unterstellt dem unbedacht Vorprellenden, er wolle die politische Anerkennung Ostdeutschlands propagieren, obwohl er so weit noch gar nicht gedacht hatte. Johnson gibt diesen Vorgang ohne tendenziöse Überschärfung wieder. Es ist ein Stück journalistischen Alltags, dessen Wahrhaftigkeit nicht bestritten werden kann. Wo wäre wohl der politische Redakteur in Deutschland, der sich von einem Outsider bereitwillig ins Handwerk pfuschen ließe? Ein Anlaß zu pharisäerhaften Ausbrüchen ist weit und breit nicht zu erblicken. Auch bei uns sollte man wissen, daß Meinungsfreiheit nicht nur von Staats wegen, sondern auch von unten und von innen bedroht sein kann und daß es in einem Zeitalter, dem die demokratische Maske lose genug sitzt, Diktatoren aller Größenordnungen gibt – auch solche, die ihren Platz auf Redakteurssesseln haben.

Hinzu kommen die inneren Schwierigkeiten. Karsch ist kein Kämpfer, er ist leichte Erfolge gewöhnt, er hängt an seiner Zeitung, sogar (eine psychologische Bemerkung von feinstem Karat) an ihrem Papier und ihrer Art des Umbruchs. Zwar versucht er, sich anderweitig Gehör zu verschaffen, und tut es, er reist durchs Land, äußert sich im Fernsehen – aber er macht das ungeschickt, wirkt gereizt und zerfahren. Es fehlt ihm – ein wahrhaft deutsches Schicksal – die Konstitution des Politikers, und so resigniert er. Daß man ihm im Fernsehen den Ton abdreht, geschieht mehr aus begreiflicher Verwirrung als aus bösem Prinzip; und daß er seine politische Analyse möglicherweise in einer anderen Zeitung hätte unterbringen können, wird in der Erzählung nirgends bestritten – es ist also auch unnötig, es dem Verfasser mit Emphase vorzuhalten. Karsch jedenfalls versäumt es, und das charakterisiert ihn. Von seinem *Achim*-Roman her gesehen, tut Johnson hier einen Schritt vorwärts oder zurück (wie man will) in die Psychologie. Er gibt, wie es Sache des Künstlers ist, ein Stück allgemeiner Erfahrung im Material eines besonderen Schicksals. Eine politische Demonstration ist das erst unter den Federn seiner Interpreten geworden.

Nochmals: hier wird eine Geschichte erzählt, aber wie jede gute Geschichte ist sie mehr als sie selbst. In Karsch ist Johnson eine deutsche Figur gelungen wie in Jakob Abs. Beide sind Repräsentanten der deutschen Gespaltenheit, beide fühlen sich weder auf der einen noch auf der anderen Seite zu Hause, beide tragen sie schwer an der zwiefachen Heimatlosigkeit. Jakob Abs starb daran. Wie wird es Karsch ergehen? Indem er ausspricht, was die andern kaum noch denken mögen, wird er lästig. Indem er die deutsche Unglaubwürdigkeit artikuliert, dem Wiedervereinigungs-Mythos kritisch zu nahe tritt, zieht er Haß und Verfolgung auf sich; und da er es seinen Gegnern nicht schwer macht, dürfen sie ihn sogar verachten. Er ist ein Fleisch gewordener Vorwurf, und so macht man ihn zum Prügelknaben, der die Ohrfeigen bezieht, die man eigentlich sich selber zu verabfolgen hätte. Seinem Autor scheint mit dieser Erzählung ein ähnliches Los beschieden zu sein. Wobei die vielfach vorgeschützte ästhetische Argumentation die Gereiztheit und Betroffenheit in der außerästhetischen Sache nur unzulänglich verdeckt. Tatsächlich gibt es da wenig zu argumentieren: die Erzählung steht sprachlich nicht nur auf der Höhe des Romans, dessen notwendige Ergänzung sie ist, sondern übertrifft ihn. Johnsons Diktion hat nichts von ihrem eigensinnigen Ehrgeiz eingebüßt, unserer abgeschliffenen Sprache eine neue kantige Genauigkeit zu geben, wohl aber an Souveränität und Gelöstheit spürbar gewonnen.

Aus: Merkur 18 (1964), S. 590–592.

Christian Grawe

Literarisch aktualisierte Bibel:
Uwe Johnsons Kurzgeschichte
Jonas zum Beispiel

Die hier vorliegende Geschichte ist offensichtlich eine Paraphrase
des biblischen Buches *Jonas* aus dem *Alten Testament;* ja strek-
kenweise hat man den Eindruck, man lese dieses selbst, so groß
ist die scheinbare Nähe der *Bibel,* die durch den gleichen Hand-
lungsablauf und die teilweise Übernahme der heute altertümli-
chen Bibelsprache Luthers hervorgerufen wird. Indessen täuscht
der Eindruck. Sowohl sprachlich als auch von der Problematik
her hat Johnson den Text ganz und gar verwandelt; und gerade,
wie er auf kleinstem Raum das *Jonas*-Buch aktualisiert und durch
eine Fülle von winzigen Veränderungen ihm seine eigenen Intentionen unterlegt, macht die Erzählung zu einem kleinen Meisterwerk der deutschen Nachkriegsliteratur. Quod erit demon-
strandum:

Johnson geht von der Einsicht aus, daß die *Bibel* dem Leser im
20. Jahrhundert nicht mehr ohne weiteres verständlich ist, daß er
sie also seinem veränderten Horizont anpassen müsse. Sie selbst
erscheint dann allerdings in ironisch-kritischem Licht. Der Verfasser verlängert und verkürzt den biblischen Text. Er läßt zwar
das lange Gebet Jonas' im Bauch des Fisches aus – also beinahe
das ganze zweite Kapitel von den vier biblischen Kapiteln – und
meldet überhaupt der Tatsache gegenüber, daß Jonas sich im
Fisch befunden habe, mit dem lapidaren Satz »so heißt es« seine
Zweifel an, fügt aber den ersten und letzten Abschnitt seiner
Geschichte, also Anfang und Ende, frei hinzu.

Der neue Anfang klärt die Voraussetzungen für die Geschichte,
wie sie hier neu erzählt wird. Dem Verfasser gelingt dabei die
schier unglaubliche sprachliche und gedankliche Leistung, Inhalt
und Sinn des *Alten Testaments* in weniger als zehn Zeilen wiederzugeben. Es geht in ihm laut Johnson um einen Vertrag – zum
besseren Verständnis für den modernen Leser benutzt er folgerichtig diese juristische Vokabel statt des biblischen ›Bund‹ –

zwischen Gott und dem jüdischen Volk, der von Gott falsch konzipiert ist, denn er »übersteigt die menschlichen Kräfte«. Tatsächlich handelt das *Alte Testament* ja von den immer neuen Vertragsbrüchen und der Erneuerung der alten jüdischen Gotteskindschaft. Hier haben die Propheten nach Johnson ihre Funktion: sie sind es, die die Juden zu Gott zurückführen. Sie sind dazu auf Grund einer besonderen psychischen Verfassung fähig. Damit sie nämlich Gottes Stimme hören können, müssen sie »empfindlich und wissend und zweiflerisch« sein – jedes Wort von dem anderen durch das dazwischengeschobene »und« abgesetzt und damit gewichtig gemacht. Ihre Stellung bei den Menschen freilich ist weniger erfreulich; Jesaja und Jeremia sind beredte Beispiele dafür. Deutlich wird also, daß für Johnson nicht so sehr, wie in der *Bibel*, die Berufung durch Gott als vielmehr die seelische Struktur des Propheten in den Mittelpunkt rückt.

Die Sprache, in der Johnson in diesem ersten Abschnitt das biblische Geschehen reflektiert, unterstreicht schon seine Distanz zur Vorlage. Die zweimalige Verwendung des inversiven und dadurch in einem Hauptsatz zurückverwandelten Relativsatzes – ein weiteres Beispiel im dritten Abschnitt – erwecken im Leser unzweifelhaft Assoziationen an den Klang von Grimms Märchen. (Es war einmal ein König, *der hatte* drei Söhne, anstatt: [...] *der* drei Söhne *hatte*.) So in ein märchenhaftes Licht gerückt, verliert die *Bibel* ihren absoluten Wahrheitsanspruch. Der Leser soll nicht an sie glauben; er soll sie überdenken. Er, der der Handlung gläubig folgen möchte, erfährt nun, daß das alles vielleicht gar nicht wahr sei. Wir haben schon erwähnt, daß Johnson dasselbe Prinzip mit dem eingeschobenen »so heißt es« verfolgt.

Viel bemerkenswerter aber ist, daß der Verfasser die Distanz des Lesers zum Erzählten die ganze Geschichte hindurch immer wieder erzwingt. Hier liegt das Erzählprinzip des Textes. Der Leser muß dem Autor sprachlich und handlungsmäßig auf mehrere Erzählebenen folgen. Kaum hat er sich in den Stoff eingelebt, da wird er durch einen sachlichen oder sprachlichen Wechsel wieder erschreckt und muß nachzudenken beginnen. So beginnt der Autor etwa den dritten Abschnitt nüchtern und im Sinne der Handlung: »Da wollte Jonas nach Tharsis fliehen [...]«, fährt dann aber mit einem in der Gegenwart handelnden pseudowissenschaftlichen Exkurs fort, der genauer angesehen werden muß, um seine ganze Ironie zu enthüllen. Der ambitiösen Tautologie »die gelehrte Forschung« widersprechen im Satz selbst fünf Ausdrücke, die das Resultat dieser Forschung ungewiß erscheinen lassen: »Die gelehrte Forschung dieser Hinsicht meint, daß diese Stadt vielleicht in Südspanien vermutet werden könne, und hält eine unvergleichliche Entfernung für jedenfalls wahrscheinlich« – lauter Ausdrücke, die nur Vages, also Unwissenschaftliches beinhalten. Der Ironisierung der Wissenschaft folgt dann ein Seitenhieb auf den Handelsgeist, der wiederum den Erzählfluß unterbricht, und wiederum den Leser aus der biblischen Zeit in die Gegenwart versetzt: Der Rizinus wird »anderswo als castor oil gehandelt«.

Auch in sprachlicher Hinsicht findet sich der Wechsel der Erzählebene vielfach. Daß Johnson etwa Luthers Bibelsprache, die Sprache von Grimms Märchen und die moderne Sprache mischt, haben wir schon angedeutet. Aber er benutzt auch innerhalb des modernen Deutsch mehrere Ebenen. Es kontrastieren komplizierte, kunstvoll konstruierte Sätze – siehe der eben besprochene von der Wissenschaft – mit reinstem Umgangsdeutsch; am auffälligsten wohl, wenn Johnson im dritten Abschnitt sehr salopp sagt: »Sie [...] schmissen ihn über Bord«, und dann getragen fortfährt: »Da entbot Jehova[...]«. So werden die sprachlichen Ebenen fortlaufend nebeneinandergestellt und ironisieren sich gegenseitig, ohne dem Leser einen Halt zu geben, was er denn nun glauben oder ernst nehmen müsse. Indem also Johnson die Sprachen mischt und ihren vertrauenerweckenden einheitlichen Fluß immer wieder unterbricht, zwingt er den Leser, in ständiger Distanz zu bleiben und nachzudenken, anstatt das Gelesene nur als schöne Geschichte zu genießen. Brechts Prinzip der Verfremdung wird hier gut eine Generation nach ihm schon ganz selbstverständlich gehandhabt.

Diese Technik setzt beim Leser nicht nur einen gehörigen Bildungsfundus voraus, sondern sie erfordert auch ein waches Organ für sprachliche Klänge und Wirkungen. Einmal mehr zeigt sich dabei, daß ein großer Teil der Literatur des 20. Jahrhunderts ›Bildungsliteratur‹ ist. Ihre vielfachen Anspielungen und die Verwendung traditioneller literarischer Vorlagen sind zweifellos nicht leicht verständlich.

Ich habe damit grundsätzlich über die Distanz Johnsons zum Bibeltext gesprochen. Es seien aber noch einige Beispiele dafür gegeben, wie er bis ins Detail hinein im Laufe seiner Erzählung seinen eigenen Intentionen folgt. Er fügt dabei der *Bibel* eine psychologische und eine sozialkritische Dimension hinzu. Es scheint keine Frage, daß dadurch auch die *Bibel* an Reiz für den modernen Leser gewinnt. Bei der Szene auf dem Schiff (3. Abschnitt) ist nach Johnson entgegen der Bibelvorlage ein offensichtlicher Betrug im Spiel, denn die Begründung dafür, daß das Los auf Jonas fiel, ist, daß er geschlafen hat. Mit anderen Worten: die Menschen sind so schlecht, daß es besser ist, dabei zu sein, wenn gelost wird, sonst verliert man. Derselbe Johnsonsche Skeptizismus im Hinblick auf die Menschen dringt durch, wenn die Leute in Ninive das Fasten ausrufen. In der Bibel heißt es:

Da aber Gott sah ihre Werke, daß sie sich bekehrten von ihrem bösen Wege, reute ihn des Übels [...];

Johnson aber schreibt:

Als Gott nun diese Dinge alle sah, die sie tun wollten [...].

Er gibt also dem Leser den Abstand zwischen gutem Willen und Tat zu erkennen und regt ihn damit zu Selbstreflexionen an.

Eher sozialkritische als psychologische Akzente setzt der Erzähler an anderen Stellen. Statt des biblischen

Und da das vor den König zu Ninive kam, stund er auf von seinem Thron und legte seinen Purpur ab und hüllte einen Sack um sich und setzte sich in die Asche.

schreibt Johnson:

Der König [...] bestrich sich ein wenig mit Asche.

Für den König selbst, der das Volk in einer langen pathetischen Tirade zum Fasten und Beten aufruft, ist das Trauern der bloße Vollzug einer rituellen Zeremonie, bei der er sich so wenig wie möglich die Finger beschmutzt. Noch subtiler wird Johnsons Veränderung des Textes am Ende des zweitletzten Abschnitts. Der entsprechende Satz heißt in der Bibel:

Und mich sollte nicht jammern Ninives, solcher großen Stadt, in welcher sind mehr denn hundertzwanzigtausend Menschen, die nicht wissen Unterschied, was recht und link ist, dazu auch viele Tiere?

Der Formulierung »die nicht wissen, was recht und link ist« fügt Johnson ein heimtückisches kleines ›noch‹ hinzu: »[...] die zwischen rechts und links *noch* nicht unterscheiden können«, was nun plötzlich sagt: Wir haben noch Hoffnung, daß die Menschen eines Tages klüger sein werden. Sie sind noch nicht so weit, weil sich offenbar noch keiner darum gekümmert hat, sie zu lehren, rechts und links zu unterscheiden. Sollten die Begriffe ›rechts‹ und ›links‹ politisch gemeint sein? Es gibt Anzeichen dafür, denn auch der Konflikt zwischen Gott und Jonas scheint eine politische Komponente zu haben.

Sie treten sich hier als Exponenten eines unterschiedlichen Verhaltens dem Menschen gegenüber entgegen. Jonas ist der typische *Rechtsfanatiker.* Sein Grundsatz heißt: Fiat iustitia, pereat mundus. Gott hat sich in ihm einen Propheten verpflichtet, der die göttlichen Gebote strikter befolgen will als Gott selbst, der bereit ist, seine Untergangsankündigung um der Menschen von Ninive willen zurückzunehmen. Jonas meint: Da Gott ihm versichert habe, die Stadt werde in 14 Tagen untergehen, sei Gott auch verpflichtet, sich an diese Zusage zu halten. Nicht zu Unrecht wirft er ihm vor: »Weil du nie tust, wie du gesagt hast und wie es gerecht ist nach deinem Gesetz.« Und kunstvoll gibt Johnson gerade an dieser Stelle die steigende Erregung Jonas' durch den Wechsel von indirekter zu direkter Rede wieder. Allerdings, als Jonas seinen Rizinus opfern soll wie Gott die Menschen von Ninive, da ist es mit seiner Objektivität vorbei. Da möchte er eine Ausnahme zu seinen Gunsten gemacht wissen. Es geht ihm in seiner Gnadenlosigkeit gar nicht mehr um Gottes eigentlichen Auftrag, die Menschen zu Gott zurückzuführen; er möchte nur noch recht haben.

Ihm begegnet in Gott der *Repräsentant der Barmherzigkeit*, der gekennzeichnet ist durch die Frage: »Warum jammert dich nicht [...]?«. Wenn das Leben von 120000 Menschen auf dem Spiel steht, ist er bereit, das Prinzip der Gerechtigkeit zu suspendieren. Anders ausgedrückt: Jonas ist starr; Gott dem Wandel aufgeschlossen. Nun scheinen aber gerade diese beiden Haltungen für die politischen Einstellungen ›rechts‹ und ›links‹ typisch zu sein. Man gehe dabei von folgender Grundüberlegung aus: Für den Rechten – Jonas – ist der Mensch Prinzipien, Werten oder Institutionen untergeordnet. Es geht nicht um den Menschen; es geht um bestimmte Ordnungen, die von Natur positiv sind. In diesem Fall: Damit der Grundsatz der Gerechtigkeit erhalten bleibt, müssen 120000 Menschen geopfert werden. Die

Ähnlichkeit der momentanen konservativen Forderung nach ›law and order‹ mit Jonas' Ruf nach Gerechtigkeit liegt auf der Hand.

Umgekehrt hat für den Linken das Leben und Wohlergehen der Menschen immer den Vorrang vor den revidierbaren Werten oder Prinzipien. Diese sind zu ändern, wenn es den Menschen durch ihre Anwendung schlecht ergeht. Gott als Linker! Und was Jonas angeht, der so gern beleidigt ist, so hätte er eine Lektion in Menschlichkeit verdient, wie sie Th. Wilder in seinem Aufsatz über James Joyce klassisch formuliert hat: »So viel verstehen, heißt nicht nur, so viel verzeihen, es heißt, dem anderen dieselbe zeitweilige Aufhebung objektiver Maßstäbe zuzugestehen, die man sich selbst zubilligt.«

Das psychologische Problem Jonas aber scheint den Verfasser so zu beschäftigen, daß er nicht wie in der Bibel hier abschließt, sondern sein Verhalten noch in einem weiteren, frei hinzugefügten Abschnitt weiterverfolgt, und zwar in einer wiederum für die moderne Literatur so typischen Weise. Er verzichtet auf die Klärung des Falles, das heißt darauf, mitzuteilen, wie wohl Jonas auf die Vorwürfe Gottes reagiert, und gibt dem Leser in drei Fragen Verhaltens*möglichkeiten*, damit dieser selbst überdenken kann, was ihm wohl am einleuchtendsten erscheint und wie er wohl reagieren würde. Das ist Brechts Prinzip: »Der Vorhang zu, und alle Fragen offen.« So dient auch der Schluß der Geschichte noch einmal dazu, den Leser statt als Staunenden als Denkenden zu beanspruchen, damit er lerne, rechts und links zu unterscheiden. Johnsons letzte Bemerkung »Wer weiß?« ist also in dieser Hinsicht eine Provokation des Lesers.

Sie kennzeichnet aber andererseits auch die Situation des heutigen Autors. Er hat es aufgegeben, den Eindruck zu erwecken, als durchschaue er seine Gestalten bis auf den Grund und sei der souveräne Erzähler, dessen Wissen das des Lesers weit übersteigt. Er selbst ist ratlos gegenüber den inneren Vorgängen eines Menschen und kann nichts tun, als dem Leser diese seine Ratlosigkeit mitzuteilen. Das Aufzeigen psychologischer Rätsel bedeutet in der Literatur des 20. Jahrhunderts mehr als ihre glatte Lösung. Von hier aus erklären sich bei Johnson aber auch die Titel seiner Romane: »*Mutmaßungen* über Jakob«, »Das *dritte* Buch über Achim«, »*Zwei* Ansichten«.

So fördert die genaue literarische Analyse dieser kurzen Erzählung folgendes zutage: Unter einer scheinbar bieder nacherzählenden Oberfläche verbirgt sich eine vollkommene Verwandlung des alttestamentarischen Textes ins Moderne. Aus dem christlichen Problem der Gnade Gottes und der Unmöglichkeit des Menschen, sich Gottes immerwährender Gegenwart zu entziehen – so der christliche Sinn des biblischen *Jonas*buches –, wird ein säkulares, wenn nicht politisches Problem, bezogen auf hochaktuelle Vorgänge. Die harmonisch fließende altertümliche Bibelsprache wird zu einem vielschichtigen Gewebe von bewußter Brüchigkeit, das, durch die gestalterische Intelligenz des Autors zusammengehalten, eine bestimmte und, wie es scheint, typisch zeitgenössische Lesehaltung des Lesers evoziert. Die Titelgestalt Jonas ist psychologisch angereichert und gerade durch die Unerkennbarkeit seines Charakters vertieft. Der Bibeltext erhält sozialkritische Aspekte. Und all das auf anderthalb Seiten Text: ein kleines Meisterwerk.

Aus: Der Deutschunterricht 25 (1973), Heft 2, S. 34–39; am Anfang geringfügig gekürzt.

Christel Rosenberg
Noch einmal: Uwe Johnson
Jonas zum Beispiel

Grawe ging davon aus, daß es sich bei Johnsons Kurzgeschichte um eine Paraphrase des *Jona*-Buches in der Lutherübersetzung handele. Nun fällt bei Johnson das eigenartige Wort *entbot* auf, das nicht von Luther stammt (Und Jona entbot einen großen Fisch, [...]. Und der Herr entbot einen Rizinus, [...]. Am folgenden Morgen entbot Jehova einen Wurm, [...]. Dieses *entbot* und ganze Passagen übernahm Johnson aus der *Zürcher Bibel*[1], die auf Zwingli zurückgeht und zuletzt von 1907 bis 1931 überarbeitet wurde und heute vielleicht die wissenschaftlich genaueste und zugleich modernste Übersetzung des Urtextes bietet. Um das Ausmaß von Johnsons Übernahme zu verdeutlichen, seien hier die wörtlich übereinstimmenden Sätze und Nebensätze angeführt:

1. *der das Meer und das Trockene gemacht hat*
2. *(drückte Jehova) einen gewaltigen Wind (ins) Meer, und es entstand ein gewaltiger Sturm auf dem Meere: so daß das Schiff zu scheitern drohte*
3. *Und (Jehova) entbot einen großen Fisch,...*
4. *Ninive* [Zürcher Bibel: aber] *war eine über alle Maßen große Stadt...*
5. *dann predigte er: Noch vierzig Tage, und Ninive ist zerstört!*
6. *bedeckte sich mit dem Trauergewand*
7. *Menschen und Vieh* [Zürcher Bibel: Rinder und Schafe] *sollen nichts genießen, sie sollen nicht weiden noch Wasser trinken. Sie sollen sich in Trauer hüllen: Menschen und Vieh, und mit Macht zu Gott rufen, und sollen ein jeder sich bekehren von seinem bösen Wandel und von dem Frevel, der an seinen Händen ist. Wer weiß, vielleicht gereut es Gott doch noch*
8. *und er tat es nicht*
9. *Und* [Zürcher Bibel: Gott] *der Herr entbot einen Rizinus, ...; der wuchs über Jona empor, um seinem Haupte Schatten zu geben und ihm so seinen Unmut zu nehmen. Über diesen Rizinus freute Jona sich sehr*
10. *Ist es recht, daß du so zürn(e)st um des Rizinus willen?*
11. *in der über hundertundzwanzigtausend Menschen sind, die zwischen links und rechts noch nicht unterscheiden können, dazu die Menge Vieh?*

Zu beachten sind die Umstellungen des *sich* durch Johnson in (7) (Zürcher Bibel: und sollen sich ein jeder bekehren) und in (9) (Zürcher Bibel: Über diesen Rizinus freute sich Jona sehr) sowie des *links und rechts* (Zürcher Bibel: rechts und links) in (11) – Altertümlicher als die Zürcher Bibel ist Johnsons *e* in *zürnest* (10).

Johnsons Text beginnt mit dem Wort *Jehova*, das die historische Situation dieser ›Beispielerzählung‹ besser kennzeichnet als die in den Übersetzungen durch Luther und Zwingli verwendeten Ausdrücke *der Herr* oder *Gott*. Johnson übernahm den Namen *Jahwe* (seit dem späten Mittelalter aus Unkenntnis der hebräischen Sprache fälschlich *Jehova* gelesen) in der uns bekannteren Form aus dem hebräischen Urtext. Luther und die Zürcher Bibel gaben das hebräische *Jahwe* in der Regel mit *der Herr; Gott, der Herr* oder *der Herr, Herr* wieder. Nur das hebräische *Elohim* erscheint in den Übersetzungen als *Gott*. In Johnsons Text steht 8mal *Jehova*. Im 1. Absatz, der von Johnson frei hinzugefügt wurde, wird Jehova 2mal genannt. 5mal entspricht dem *Jehova* bei Johnson ein *Jahwe* im Urtext (Luther und Zwingli: Der Herr; Gott, der Herr; der Herr, sein Gott). Nur 1mal schrieb Johnson *Jehova*, wo wir bei Luther und Zwingli *Gott* vorfinden (Am folgenden Morgen entbot Jehova einen Wurm, ...). Diese Ausführungen sind vielleicht ein ausreichender Beweis für die sehr gezielte Übernahme durch Johnson.

Die Technik der Straffung sei an einem Beispiel demonstriert, wobei man besonders das unlogische *im Schatten* (Bibel: Jona 4,5) beachte, das Johnson wegließ:

Zürcher Bibel	Johnson
4,1 Das verdross Jona gar sehr, und er ward zornig.	Das verdroß Jona sehr, und er ging zornig weg.
4,5 Darnach ging Jona zur Stadt hinaus und liess sich östlich der Stadt nieder. Er baute sich dort eine Hütte und sass darunter im Schatten, bis er sähe, wie es der Stadt ergehen würde.	Er baute eine Hütte östlich der Stadt und saß darunter, bis er sehe, wie es der Stadt ergehen werde.
4,6 Und Gott der Herr entbot einen Rizinus; der wuchs über Jona empor, um seinem Haupte Schatten zu geben und	Und der Herr entbot einen Rizinus, dessen Saft als castor oil gehandelt wird anderswo in der Welt; der wuchs über Jona empor,

| ihm so seinen Unmut zu nehmen. | um seinem Haupte Schatten zu geben und ihm so seinen Unmut zu nehmen. |

Auf die verfremdenden, jeweils in die Gegenwart verweisenden Einschübe Johnsons machte bereits Grawe aufmerksam. Am Relativsatz »dessen Saft als castor oil gehandelt wird anderswo in der Welt« fällt der englische Handelsname *castor oil* auf. Die Verfremdung, die bereits die deutsche Handelsbezeichnung *Kastoröl* erwirkt hätte, wurde hier gleichsam potenziert. Dagegen ist die Endstellung der Ortsbestimmung *anderswo in der Welt* durchaus dem Rhythmus und der Diktion der Bibelübersetzungen angepaßt.

Die Verwendung von inversiven Relativsätzen, die bei Grawe Assoziationen an den Klang von Grimms Märchen erweckten, leitete Herbert Kolb[2] aus der gesprochenen Sprache (Mundarten und Umgangssprache) her. Immerhin wies auch Kolb darauf hin, daß die Lutherbibel die Parataxe »wahrscheinlich häufiger als die streng in der Hypotaxe bleibende Fügung« gebrauchte.

[...]

Ein Druckfehler schlich sich in Grawes Aufsatz ein: »die Stadt werde in 14 Tagen untergehen«. Die magische Zahl 40, die u. a. Erwartung bedeutet, übernahm Johnson (»Noch vierzig Tage, und Ninive ist zerstört!«) und quadrierte sie am Ende seines Textes: »Und Jona blieb sitzen im Angesicht der sündigen Stadt Ninive und wartete auf ihren Untergang länger als vierzig mal vierzig Tage!«

Das *noch* (»die zwischen links und rechts noch nicht unterscheiden können«) findet sich bereits in der Zürcher Bibel (bei Luther jedoch nicht; so mußte Grawe es für »heimtückisch« von Johnson hinzugefügt halten). Die von Grawe übersehene Umstellung »die zwischen links und rechts« (Bibel: »die zwischen rechts und links«) hat gewiß etwas zu bedeuten. In der Bibel bezieht sich das *rechts und links* auf den rechten und unrechten = heidnischen Glauben. Das Schwanken und fehlende Unterscheiden zwischen beiden Seiten kommt noch besser in einem Wort des Propheten Elia zum Ausdruck: »Wie lange wollt ihr auf beiden Seiten hinken? Ist der Herr [der wahre] Gott, so haltet euch zu ihm; ist's aber Baal, so haltet euch zu ihm.« (1. Könige 18,21) – Nimmt das Linke nun bei Johnson eine gewichtigere Stellung ein und kann es politisch gedeutet werden, wie Grawe es tat? Aber Johnsons Gott als eindeutig positiv, als den *Repräsentanten der Barmherzigkeit* zu sehen, der als ein Linker dem Wandel aufgeschlossen ist, dürfte doch Johnsons Aussageabsicht zu sehr vereinfachen, wenn nicht verzerren. Johnson äußerte sich selbst in einem Gespräch, das er im Juli 1969 mit Schwarz führte[3], über diese kleine Studie:

Mit dem biblischen Tonfall mag es angehen. Ich bin protestantisch erzogen worden und habe viel in der Bibel gelesen. Daß es einen Heiligen Jakob der Gerechte gab, wußte ich nicht. Es besteht ganz bestimmt keine Beziehung zwischen diesen beiden Figuren: Wo kämen wir hin, wenn wir zur Erklärung jeder literarischen Gestalt die Geschichte seiner Vorgänger heranziehen würden. Mit *Jonas zum Beispiel* ist es wieder etwas anders. Es handelt sich hier um einen Versuch, die Schwierigkeiten zu erklären, in die ein Intellektueller kommt, wenn er sich mit Macht affiliiert und dann wegen taktischer Schwenkungen sitzengelassen wird.

Welche Wandlung hat die Person des Jona bei Johnson erfahren? In der Bibel scheint Jona durch die Zurechtweisung Gottes, daß er mit 120000 Geschöpfen Mitleid haben müsse, endgültig zum Gehorsam gebracht worden zu sein. Johnson schließt in seinem letzten Absatz diese Möglichkeit aus.

Er bietet drei andere Reaktionen Jonas an:

1. Jona wartet weiter in der Hoffnung, daß Gott eines Tages doch seinen gefällten Spruch in die Tat umsetzen werde.

2. Jona nimmt sich das Leben, wie er es vom Schiff aus schon einmal vergeblich versucht hatte.

3. Jona wird ein Bürger der sündigen Stadt Ninive.

Hält Johnson die letzte Lösung für realisierbar? Würde Gott Jona nicht wiederum einholen, wie er ihn auf dem Weg nach Tharsis eingeholt hatte?

Es bleibt also einem Intellektuellen gegenüber einer Macht nur ein äußerst beschränkter Handlungsspielraum. Eine mögliche Einflußnahme aufs Geschehen läßt Johnson hier nicht erkennen. Die Beweggründe einer Macht für ihre taktischen Schwenkungen mögen einsehbar, sogar gutzuheißen sein, die Wirkung auf den Abhängigen, der sich für diese Macht einsetzt, ist oft zerstörerisch.

Aus: Der Deutschunterricht 26 (1974), Heft 4, S. 123–126.

1 *Die Heilige Schrift des Alten und des Neuen Testaments*, Zürich 1954, S. 909–911.

2 Herbert Kolb, *Rückfall in die Parataxe. Anläßlich einiger Satzbauformen in Uwe Johnsons erstveröffentlichtem Roman*, in: Reinhard Baumgart (Hg.), *Über Uwe Johnson*, Frankfurt/Main 1970 (edition suhrkamp 405), S. 74–94.

3 Wilhelm Johannes Schwarz, *Der Erzähler Uwe Johnson*, Bern und München 1970, S. 95.

HINWEIS DER HERAUSGEBER: Schon Ingrid Riedel hat in ihrer vorzüglichen Dissertation (*Wahrheitsfindung als epische Technik. Analytische Studien zu Uwe Johnsons Texten*, München 1971), S. 197–206, darauf aufmerksam gemacht, daß die Zürcher Bibel Uwe Johnson als Vorlage gedient hat. Wenn sich die Herausgeber dennoch dazu entschlossen haben, das Grawe-Rosenberg-Rencontre aufzunehmen, so deshalb, weil durch den kontroversen Charakter die Argumente deutlicher hervortreten und so – als Diskussionsstoff etwa – geeigneter sind. Die folgenden Passagen I. Riedels mögen der Ergänzung und Abrundung dienen. »Auffällig ist, daß Johnson seinen Quellentext nahezu im Wortlaut wiedergibt, und zwar nicht in der Luther-Übersetzung – an deren Wortschatz und Sprachduktus sonst viele Stellen in Johnsons Werk anklingen –, sondern in der Version der sogenannten Zürcher Bibel, einer Übertragung, die im Jahre 1931 im Auftrag der Schweizerischen Kirchensynode neu erschien und sich durch größere philologische Genauigkeit und zeitgenössisches Deutsch auszeichnet. Sichtlich will Johnson durch die Wahl dieser modernen Übersetzung seine Absicht, den alten Text zu aktualisieren, von vornherein unterstreichen.« (S. 197)

Es folgt eine Analyse der Johnsonschen Bibelbearbeitung, deren Intention auch sie mit ›Verfremdung‹ und mehr noch mit ›Entmythisierung‹ begrifflich zu erfassen versucht. Zusätzlich verzeichnet sie folgende ›Veränderung der Intention‹: »Johnson spricht religionsgeschichtlich korrekt von dem Vertrag zwischen Jehova und den Juden, und von den Propheten als solchen, die Vertragsbrüche seitens der Juden einzuklagen haben. In diesen Rahmen stellt er aber, entgegen der Intention der Geschichte, den Auftrag des Jona gegenüber Ninive. Er übergeht damit die besondere theologische Ausrichtung des Jona-Buches: Er übergeht, daß der jüdische Prophet in eine nichtjüdische Stadt geschickt wird, mit der Jehova keinen Vertrag geschlossen hat; daß also in dieser Lehrerzählung komplizierte theologische Fragen über den israelischen Nationalgott und sein Verhältnis zur Völkerwelt ausgetragen werden. Johnsons Jona geht es um Recht und Unrecht, um das für alle Menschen Gültige. Auch dadurch löst Johnson die Geschichte aus ihrer zeitgebundenen Intention.« (S. 203)

Zwei Ansichten

Uwe Johnson
Auskünfte und Abreden zu *Zwei Ansichten*

(auf Fragen von Mike S. Schoelman)

Mit dem Stoff zu beginnen, der Trennung von Liebesleuten gegen beider Willen, Sie nennen ihn veraltet, erschöpft durch die berühmten Beispiele am Hellespont im 6. Jahrhundert, in Siena und Verona im 16. Jahrhundert und im vorigen ›auf dem Dorfe‹, seitdem aus der Zeit, eine solche Geschichte nur noch als Anekdote denkbar, und zwar eine von der abseitigen Art –

Ich stimme Ihnen zu, mit dem einen Vorbehalt: in Friedenszeiten. In einem Land wie dem unseren sind Beispiele für eine dermaßen altmodische Geschichte alltäglich, und als ein Beispiel zeigt dies Buch die Trennung einer jungen Krankenschwester, Bürgerin der ostdeutschen Republik, von einem jungen Fotografen, Bürger der westdeutschen Republik, durch die Schließung der Grenze zwischen ihnen. Sogar einige der alten Motive stellen sich modern ein: die Familienfehde, die der Verbindung der Kinder widersteht, ist heutzutage ersetzt durch die Fehde der Staaten, die ihre Bürger für sich behalten wollen; die Verständigung zwischen den beiden ist so erschwert und demnach fehlerhaft, daß sie sich vergleichen läßt mit dem falschen Brief, den Romeo in Alessandria erhielt; und die absolute Trennung, durch den Tod, gibt sich zumindest als Risiko so zeitgemäß wie vor vier oder vierzehn Jahrhunderten. Einige der Motive finden sich in den alten Fassungen nicht: diese Liebe, begonnen als Bekanntschaft zum beliebigen Vergessen, wächst sich erst nach der Trennung und eigentlich durch sie aus, als immer mehr verstiegene, eben nicht überprüfbare Einbildung von Zusammengehörigkeit und Verpflichtung; zweitens, sie ist so kräftig nicht, daß die Getrennten sich an jedem Ort, wo auch immer vereinigen wollten: ihm fällt ein Leben im Osten nicht ein, sie kann sich nur noch im Westen eins denken. Drittens, so erstaunlich wie neuartig, sie bekommen Hilfe. Es kann nicht ausbleiben, daß das Ende anders ausfällt als in den Fassungen bisher.

Entsprechend meint der Titel auch die alten Bedeutungen des Wortes Ansicht, die vue, den Prospekt, ›von einer Seite her gesehen‹, bis hin zur schlichten Verschiedenheit von Meinungen.

Die Orte sind vornehmlich die Städte Berlin, auch eine kleine Stadt in Holstein, und die Flugzeuge dazwischen.

Das Wort ›gesamtdeutsch‹ verstehe ich nicht, es ist in der Wirklichkeit schwer zu belegen, und mit dem Etikett ›Dichter beider Deutschland‹ können Sie mich jagen, freilich auch wegen der Berufsbezeichnung. Wohlmeinende geben mir zu verstehen, das Erzählen ausschließlich von beiden Seiten unserer Grenze müsse auf einen Tick zurückgehen, und raten mir, die Entfernung zwischen den deutschen Restgebieten mit den Augen der Regierungen zu sehen, als nicht verringerbar; es wird dann hingewiesen auf Vorgänge an unseren Grenzen gegen Westeuropa und ihr Fehlen in der Literatur. [...]

Tatsächlich nicht Engagement; En-Gagement müßte ja zwei Seiten haben, nicht nur die Ausführung der Arbeit, auch den Auftrag dazu und das Honorar dafür. Es sind lediglich meine Erfahrungen, Lebenszeiten in beiden deutschen Staaten, und die Überzeugung, ihre Unterschiede seien beachtlich genug, daß wir daran umkommen können.

Wirkungen? um sie zu versuchen, müßte man sie berechnen können. Es ist nicht mehr, als daß ein erzählendes Buch ein Modell der Welt anbietet, Geschichten als Beispiele, die Welt in der Version des Verfassers, Lesern vorgelegt zum unterhaltsamen Vergleichen mit ihrer eigenen Version. Eine Art Information in der Form von Erzählung, wahrscheinlich weit weniger wirksam als die regelrechte Nachricht.

Übrig bliebe da ›Vertrauen auf die Neugier der Leser‹, wie Peter Suhrkamp es zuversichtlich annahm, auf die Neugier nach Geschichten, und zwar neuen, in neuen Formen.

[...] Wenn Sie diesem Buch Einfachheit zugutehalten, und zwar nicht aus Gründen der Fabel, so verdächtigen Sie die Schwierigkeit der vorigen, als sei die vermeidbar gewesen. Es ging aber, bei den *Mutmaßungen über Jakob* wie dem *Dritten Buch über Achim*, lediglich darum, für die Erzählung ein Benehmen zu finden, das der Geschichte jeweils genau paßte und geeignet war für die Bewegungen und Schnelligkeiten der Fabel, für die persönlichen und gesellschaftlichen Beziehungen, ihre Lokale, Gefühlsfarben, auch Ergebnisse. Der Versuch, in dem einen Fall den Lebenslauf eines Toten und die Ereignisse vor seinem Sterben zusammenzufinden aus Vermutungen, Behauptungen und knappen Zeugenberichten, ein solcher Versuch muß ›schwierig‹ ausfallen, ebenso in dem anderen Fall, der Beschreibung eines Lebenslaufes gleichzeitig mit den Hindernissen, ihn zu beschreiben. Hier aber sind es lediglich ›zwei Ansichten‹, in der Hauptsache nur zwei Personen, deren Aufenthaltsorte, Handlungen, Auffassungen und Entschlüsse streng auseinandergehalten sind. Es ist eben eine einfachere Geschichte, großenteils sogar geeignet für das traditionelle Verfahren, die Entwicklung von Gefühlsregungen zu beschreiben.

Unter einer solchen Geschichte verstehe ich einen erfundenen Zusammenhang, dessen Beschaffenheit die Art der Erzählung vorschreibt; aber über eine ›Poetik‹ wie die Klappe des Schutzumschlages sie mir nachsagt, verfüge ich nicht.

Die Ausstattung, also auch das Bild auf dem Umschlag, fällt in die Zuständigkeit des Verlages.

Sie rechnen die beiden Personen in dieser Geschichte zu den ›einfachen Leuten‹; meinen Sie da mehr als ihre gesellschaftliche Geltung? Der Seufzer Heinrich Bölls über die wiederholte Nachricht, daß die Großen der Welt Rolex-Uhren tragen, und daß er dem nichts hinzuzufügen wisse, scheint mir nach wie vor unübertrefflich. Ich bin überzeugt, daß die ›einfachen Leute‹ das erheblichere Beispiel abgeben für Lebensverhältnisse in unserer Zeit, nicht allein wegen ihrer Überzahl, auch nicht nur weil sie in der Verteilung des Nationaleinkommens jenseits aller gerechten Verhältnisse benachteiligt sind; insbesondere weil sie jede Verschlimmerung der Lage unerbittlich ausbaden müssen, ihre Schwierigkeiten mit dem schärfsten Risiko überwinden müssen, ohne daß Geldreserven sie auffangen und Privilegien sie schützen, ohne daß sie in der Schule und später an die höheren Tricks herangekommen wären, meist auch ohne Hilfe.

Erlauben Sie mir zu bemerken, daß zwischen den Zeilen nichts steht, weder gedruckt noch geschrieben.

Was die Hilfe bei der Flucht aus der ostdeutschen Republik angeht, so ist das Buch in dieser Hinsicht historisch. In einem Exkurs oder Kommentar zu diesem Buch, *Eine Kneipe geht verloren*, gedruckt in H. M. Enzensbergers erstem *Kursbuch*, habe ich versucht die Geschichte einer Illusion darzustellen, die Illusion von Studenten, denen bisher noch jeder Ansatz zu vernünftigen politischen Handlungen weggespielt worden war, und die sich im Herbst 1961 entschlossen, wenigstens einmal republikanische Überzeugungen in Taten umzusetzen, mit dem Fälschen von Personalpapieren und dem Verkleiden von Personen, und zwar mit dem Einsatz der eigenen Person, und ohne Honorar, und ohne Schußwaffen, und das in einer Umwelt, die für solche Bürgerhilfe, wenn es hoch kam, Verlegenheit aufbrachte, bis schließlich die Illusion von der Richtigkeit des Mitleids und der Hilfe zugrundeging und sie zurückkehrten in die ›vernünftige‹ Art, bei uns zu leben; das ist historisch im Vergleich zu den Leuten, die heute sich dicktun mit Schießeisen und schweren Wagen, die tausend Prozent der wirklichen Kosten kassieren, die ihre Leute und die reisewilligen Ostdeutschen bedenkenlos in die Falle laufen lassen und schicken.

Historisch ist aber auch die Situation der Krankenschwester im Ostberlin von 1961, die verbreitete bittere Stimmung, das blindwütige Verlangen aus dem Staat heraus, der Blick auf nichts als die Grenze, das Verhalten wie bei einer schweren inneren Verletzung; heute, vier Jahre später in Ostberlin lebend, mit aufgefangenem Gefühl, in den aufgefangenen Verhältnissen, vom Resignieren längst zum Akzeptieren der Zustände fortgeschritten, jetzt würde sie einen fremden Paß wohl nicht mehr nehmen, wohl nicht drei Jahre Lebenszeit riskieren einer Liebschaft zuliebe und für nichts als ein Leben im Währungsgebiet Westmark. Und, zudem, die Leute in der Kneipe in diesem Buch, die damals sich Mühe gaben für sie, wären da nicht mehr zu finden, und würde ihr nicht geholfen werden.

Wie Interviews in der Regel; penibel übersetzt verspricht das Wort nicht mehr als eine ›Zwischensicht‹. Ein Interview zu einem Buch schließt oftmals aus, daß man es liest; ein Interview zum Verfasser nützt nicht dem Buch; aber Fragen muß man beantworten.

Aus: Dichten und Trachten, 1965, Nr. XXVI, S. 5–10.

Manfred Durzak
Politische Bestandsaufnahme: *Zwei Ansichten*

Daß es Johnson bisher in allen seinen epischen Arbeiten darum ging, in der Thematik seiner Romanfiguren zugleich gesellschaftliche Wirklichkeit zu gestalten, die die Formel »Problem des zweigeteilten Deutschland« charakterisiert, verdeutlicht auch die bewußt hineingearbeitete Analogie zwischen der Entwicklung seiner Romanfiguren und einem zentralen politischen Ereignis, das jeweils Bestandteil der realen politischen Entwicklung ist. In dieser Konfrontation der epischen Fiktion mit der historisch verbürgten Geschichte wird zugleich die unterlegte Bedeutung der Romanfiktion eindeutig akzentuiert: nämlich als Erkenntnisbemühung verstanden zu werden, die sich nicht auf Künstlerisches einschränken läßt, sondern auf aktuelle politische Realität zielt.

In diesem Sinne wirkt der Ungarn-Aufstand von 1956 auf Jakob Abs und Jonas Blach in den *Mutmaßungen über Jakob* ein, signalisiert die politische Hoffnung und nach dem Scheitern Hoffnungslosigkeit ihres Lebens in einem Staatssystem, in dem sich die Realpolitik der Macht hinter rhetorischem Sozialismus verbirgt; das gilt freilich auch umgekehrt für das Suez-Abenteuer der Westmächte, das für Jakob und Jonas von ähnlich desillusionierender Wirkung ist und Jakobs Entschluß, möglicherweise in den Westen überzuwechseln, die Voraussetzung entzieht.

Im *Dritten Buch über Achim* handelt es sich bei dem politischen Ereignis, das im Roman parallele Funktion hat, um den Aufstand der Berliner Arbeiter vom 17. Juni 1953, der das Schicksal von Johnsons Romanfiguren auch im nachhinein verändert: Achim T., der an dem Aufstand teilnahm, sich aber gegen seine innere Überzeugung wieder zum Pakt mit der herrschenden Staatsmacht entschloß und diesen Staat auch nach dem niedergeschlagenen Aufstand als hochdekorierter Sportler repräsentierte, enthüllt in den Augen von Karsch damit die Widersprüchlichkeit seiner Existenz; eine Widersprüchlichkeit, die, aus der Perspektive von Karin F. gewertet, zugleich Lüge, Heuchelei bedeutet; sie verläßt Achim deshalb und kehrt in den Westen zurück.

In der Erzählung *Eine Reise wegwohin* ist es die ›Spiegel‹-Affäre von 1962, die als reales politisches Faktum auf das Leben des Journalisten Karsch einwirkt, ihn, der mit der offiziellen politischen Vernunft nicht konform geht, ebenfalls im Zugriff einer staatlichen Macht zeigt, die Pressefreiheit und demokratische Rechte des einzelnen als Rhetorik widerlegt und ihn zur Emigration veranlaßt.

Es ist deutlich, wie Johnson jeweils durch die Gegenüberstellung von epischer Fiktion mit verbürgten historischen Ereignissen zweierlei erreicht: Er dokumentiert zum ersten mit aller Deutlichkeit, daß so etwas wie private Existenz des einzelnen eine Wunschvorstellung darstellt, die die reale Geschichte widerlegt, indem sie unerbittlich in das Leben des einzelnen eingreift, es beeinflußt und verändert; er zeigt zum andern die Desillusionierung seiner Romanfiguren durch die Realität, verdeutlicht die Diskrepanz, die zwischen subjektiver Vorstellung und politischer Realität besteht, zeigt den einzelnen im Zustand des Scheiterns an dieser Realität, akzentuiert also die von außen her motivierte Fluchtbewegung seiner Romanfiguren: Jakobs, der in den Westen flieht, aber enttäuscht zurückkehrt, Karin F.s Flucht nach Westdeutschland und desgleichen Karschs Emigration nach Italien.

Auf diesem Hintergrund zeigt Johnsons vierte große Prosaarbeit, der Roman *Zwei Ansichten*[1], die parallele Thematik und Situation in äußerst zugespitzter Weise. Auch hier greift ein politisches Faktum in das Leben des jungen Herrn B. und der Krankenschwester D. aus Ost-Berlin ein und verändert es. Zugleich ist das Motiv der Flucht aus dieser einen Wirklichkeit, nämlich der östlichen, ins Zentrum der Darstellung gerückt, ist gleichsam zum Schnittpunkt der äußeren Handlung in diesem Roman geworden, da B. alles daran setzt, D. die Flucht nach West-Berlin zu ermöglichen, und die Flucht schließlich auch glückt. Der Bau der Berliner Mauer von 1961 ist das politische Ereignis, das hier auf das Bewußtsein der Romanfiguren einwirkt und in der Vorstellung B.s ein Liebesgefühl für die D. in Ost-Berlin wachruft, das gleichsam künstlich stimuliert wird und von ihm bei einer Beibehaltung der normalen politischen Situation vermutlich kaum empfunden worden wäre. Und auch hier bietet sich wiederum die Problematik des zweigeteilten Deutschland wie bisher als summierende Charakteristik des Romans an, freilich gesteigert und zugespitzt auch auf dem Hintergrund der faktischen Verschlechterung der politischen Situation im zweigeteilten Berlin.

Bei aller thematischen Übereinstimmung mit den bisherigen Prosaarbeiten von Johnson fällt jedoch auf, daß *Zwei Ansichten* sich erzähltechnisch deutlich von den *Mutmaßungen über Jakob* und dem *Dritten Buch über Achim* unterscheidet. Erweist sich dort das zu ergründende Leben der Romanprotagonisten, nämlich Jakob Abs' und Achim T.s, als Voraussetzung einer Erzählung, die, bei Aufhebung einer sich chronologisch entwickelnden, überschaubaren Romanfabel, die einzelnen zum Teil widersprüchlichen Elemente ihres Lebens aus Rückerinnerungen, Monolog- und Dialogabschnitten in Form der Montage zur Einheit zusammenzubinden versucht, so zeigt *Zwei Ansichten* strukturell ein ganz anderes Bild. Die Erzählhaltung ist sehr viel stärker in der Tradition verwurzelt. Johnson entwickelt die Geschichte B.s und der D. im Rahmen einer sich chronologisch entfaltenden Handlung. Statt eines vielperspektivisch gebrochenen Bildes präsentiert er eine eindimensional entwickelte Fabel, in der die Romanprotagonisten leicht erkennbar agieren.

Auch die Frage nach der Rolle des Erzählers zeigt Johnson im Rückgriff auf die Tradition. Es handelt sich durchweg um epischen Bericht, dargestellt aus der Perspektive eines offensichtlich objektiven Erzählers, der zwar nicht über dem Geschehen steht wie der allwissende Erzähler des 19. Jahrhunderts, der aber auch nicht im Romangeschehen agiert wie Karsch etwa, sondern der gleichsam hinter dem Geschehen steht. Er berichtet aus der Distanz des anscheinend Unbeteiligten, der das Geschehen entweder aus dem Blickwinkel B.s oder der D. darstellt, also zwei an die Optik der beiden Figuren gebundene Wirklichkeitsausschnitte vorweist, die sich kontrastieren und möglicherweise zu einem Gesamtbild der Wirklichkeit ergänzen sollen. In diesem Sinn läßt sich der Titel des Romans buchstäblich verstehen: Es sind *Zwei Ansichten* der Realität, die der Erzähler bietet, die Wirklichkeit aus der Sicht B.s und der D.; *Zwei Ansichten*, die zugleich stellvertretend sind für die beiden Deutschland, die als Staaten konkret existieren.

Aber deutet nicht die erzähltechnische Realisierung darauf hin, daß Johnson hier, wenn auch unabsichtlich, die Tradition des allwissenden Erzählers dennoch wiederaufnimmt, der gleichsam in das Innere seiner Romanfiguren schauen kann und die Realität aus ihrer Sicht darstellt?[2] Dagegen sprechen jedoch bereits äußerliche Momente. Während z. B. Jakob und Achim in den beiden ersten Romanen als Individuen fest umrissen sind, auch wenn sich ihr Leben einer Darstellung entzieht, während beide schon durch die Eigennamen individualisiert werden, stellt *Zwei Ansichten* die beiden Hauptfiguren lediglich als Typen vor, gibt gleichsam nur einen abstrakten Hinweis auf ihre Unterscheidbarkeit durch die Nennung der Anfangsbuchstaben ihrer Nachnamen. In gewisser Weise hat sich hier die aus den beiden ersten Romanen vertraute Situation ins Gegenteil verkehrt. Die Individualisierung Jakobs und Achims durch Eigennamen wird dort von der Unbeschreibbarkeit ihres Lebens konstrastiert. In den *Zwei Ansichten* scheint das Leben der beiden Hauptfiguren beschreibbar zu sein, ja, es wird konventionell beschrieben, aber ihre Individualität scheint sich dem Zugriff zu entziehen, ausgedrückt im Moment der typisierten Namensgebung.

Lag die künstlerisch realisierte, ins Allgemeine gehende Bedeutung von Jakobs und Achims Schicksal gerade in der Sichtbarmachung der Diskrepanzen und Widersprüche, die in ihrem privaten Leben beschlossen liegen, so hat Johnson in *Zwei Ansichten* offensichtlich eine ganz andere Repräsentanz seiner Figuren im Sinn. Während sich bei Jakob und Achim – und in gewisser Weise auch bei Karsch – jeweils Konfliktsituationen zeigten zwischen dem Anspruch der Realität ihnen gegenüber und ihrer Bereitwilligkeit, sich unterzuordnen, während also diese Romanfiguren schon in ihrer Ausgangsposition zu Außenseitern wurden, scheint es Johnson in den *Zwei Ansichten* vorgeschwebt zu haben, Figuren mit der Realität des zweigeteilten Deutschland zu konfrontieren, die sozusagen statistischen Durchschnitt darstellen. Die Abwesenheit dessen, was man konventionell als Individualität definiert, die Typisierung der Figuren also wäre damit als realistisches Abbild der Personen intendiert. Was sich in der Gestaltung als Abstraktion zu erkennen gibt und leicht als fehlende künstlerische Glaubwürdigkeit gegen den Autor ins Feld geführt werden könnte, wäre dann dennoch gerechtfertigt als Realismus einer Darstellung, die ein Konterfei des Durchschnittsmenschen[3] gibt, den Züge der Lethargie, der geistigen Abstumpfung faktisch charakterisieren. Was sich also nach außen hin als Typisierung präsentiert, scheint realistische Abspiegelung zu sein, obwohl die Typisierung sicherlich auch von einer ande-

ren Absicht geleitet wird. Denn die Umsetzung der Namensab-
kürzung B. und D. in BRD und DDR scheint sich geradezu
anzubieten: auf anderer Ebene also die Darstellung von zwei
Menschen, die als allegorische Personifikation der beiden
Deutschland wirken.

Daß diese didaktische Absicht in der Zeichnung der Romanfiguren sicherlich nicht zentral ist, hat Johnson am Ende des Romans
selbst zum Ausdruck gebracht. An zwei Stellen tritt dort der
Erzähler aus seiner Distanz heraus, mischt sich in das Geschehen
ein und bezieht zugleich das in der Fiktion Vermittelte auf die
Realität, zeigt mit anderen Worten den historisch verbürgten
Hintergrund seiner Romanfiguren. Als B. die D. nach ihrer
gelungenen Flucht in West-Berlin aufsuchen will, sie sich ihm
jedoch entzieht und er übermüdet in einen Autobus läuft, heißt
es:

Der großgewachsene junge Mann in dem schwarzen Anzug, dem der
Hemdkragen hing wie aufgerissen, taumelte so haltlos, schlug mit dem
Kopf in den Rinnstein, als habe er sich fallen lassen. Ich habe ihn
aufheben helfen und bin mit dem heulenden Krankenwagen zur Unfall-
station gefahren. Die Ärzte fanden eine leichte Gehirnerschütterung.
(239)

Was bisher als Romanfiktion entwickelt wurde, wird nun im
Rückblick gewissermaßen als authentische Darstellung ausgege-
ben. Es handelt sich an dieser Stelle, an der der Erzähler selbst
eingreift, um eine realistische Information, deren Konsequenzen
für die zuvor entwickelte Fabel allerdings auch wieder einge-
schränkt werden. Nicht nur B. wird im nachhinein als reale
Person identifiziert, sondern auch die Krankenschwester D. Der
Erzähler lernte sie nach ihrer Flucht bei einem befreundeten
Ehepaar kennen, das sie aufgenommen hatte. Sie erzählt ihm ihre
Geschichte:

Sie wurde eine Woche lang aufgenommen von einem jungen Ehepaar, das
ein kleines Kind hatte [...] Sie erzählte höflich, ein wenig befangen, von
Ostberlin. Später nahm sie mir ein Versprechen ab. – Aber das müssen Sie
alles erfinden, was Sie schreiben! sagte sie. Es ist erfunden. (242)

Es handelt sich also hier um einen in den Roman integrierten
Hinweis auf die Quelle der Darstellung: Es sind die Erzählungen
der D. Zugleich wird vom Standpunkt des Autors aus sein
Verhältnis zu dieser Quelle umschrieben: Er hat die Erzählungen

der Krankenschwester zwar verwendet, aber sie zugleich in der Fiktion seines Romans aufgehoben, sie als Paradigma benutzt für eine über das persönliche Schicksal B.s und der D. hinausgehende Bedeutung.

Es ist bemerkenswert, daß hier am Ende von *Zwei Ansichten* eine Situation erscheint, die eine erzähltechnische Lösung nahelegt, die Johnson in der Tat in den *Mutmaßungen über Jakob* und im *Dritten Buch über Achim* verwendet hat. Dort wird das Leben der Protagonisten nach dem Muster der analytischen Fabel vom Ende her aufgerollt, werden erzählerische Vorstöße in die Vergangenheit des Helden unternommen und zugleich die Konsequenzen dieser Darstellungsweise in der Romanform sichtbar gemacht: Das Vexierspiel der Vermutungen und Mutmaßungen erscheint im ›Jakob‹-Roman, und als »Beschreibung einer Beschreibung«[4] hat Johnson sein erzählerisches Verfahren im ›Achim‹-Roman definiert. Auch in den *Zwei Ansichten* – darauf deuten die beiden zitierten Abschnitte am Schluß des Romans hin – lernt der Erzähler die Geschichte von B. und D. vom Ende her kennen. Auch hier deutet also das Geschehen von sich aus auf das formale Muster der analytischen Fabel hin: nämlich die Flucht der D. rückblickend zu klären und damit zugleich die Unmotiviertheit, Rätselhaftigkeit ihrer Entscheidung zu erhellen, B., der sie doch offensichtlich mit ganzem Einsatz (nicht zuletzt unter erheblichen finanziellen Aufwendungen) herübergeholt hat, nicht mehr wiedersehen zu wollen. Es heißt am Ende: »Der Form halber, und weil die Wirtin ihr zugeredet hatte, besuchte sie den jungen Herrn B. im Krankenhaus. Er war ein Kranker wie alle« (242).

Dennoch wird in der erzählerischen Verwirklichung alles andere als ein Netz von Mutmaßungen, Berichten und Beschreibungsversuchen des Autors ausgebreitet, sondern eine gradlinige Fabel nach konventionellem Muster entwickelt, dargestellt einmal aus der Sicht B.s und zum andern aus der Sicht der Krankenschwester D. Migner hat in seinem Johnson-Essay vermutet, daß Johnson sich hier erzähltechnisch in einer Konfliktsituation befand, daß das zum Teil äußerst kritische Echo, das die Erzählstruktur des ›Achim‹-Romans hervorgerufen hatte, zu der neuen, konventionellen Konzeption führte:

Allerdings scheint Johnson in den Angriffen eine gewisse Berechtigung zu sehen, sonst hätte er möglicherweise in den ›Zwei Ansichten‹ nicht zu einer relativ konventionellen Sprachgestaltung bei einfacher Romanstruktur gefunden.«[5]

Dies ist eine Überlegung, die nicht ohne weiteres von der Hand zu weisen ist.[6] Allerdings wird diese Rückkehr zu einer direkteren und zugleich konventionelleren Erzählweise bereits in *Eine Reise wegwohin* angedeutet. Aber während die erzählperspektivische Eindeutigkeit dort durch die Figur des Journalisten Karsch legitimiert wird, der sein Wirklichkeitsverhältnis beschreibt, scheint eine parallele Begründung für die *Zwei Ansichten* zu fehlen; es sei denn, daß die erzählerische Konvention hier Hand in Hand geht mit dem, was mit dem statistischen Durchschnitt der Romanfiguren B. und D. bezeichnet wurde. Das heißt: die Darstellung konventioneller Menschen in einem konventionellen Erzählmedium. Aber dann erhält das Eingreifen des Erzählers am Schluß eine andere Funktion: Was der erzählerischen Darstellung als abstrakte Typisierung zur Last gelegt werden könnte, wird am Ende dadurch künstlerisch aufgewertet, daß das typisiert Erzählte als realistisch, als historisch verbürgt enthüllt wird. Doch das ist ein Wahrheitsanspruch der Erzählung, der dadurch zustande kommt, daß der Erzähler die Grenzen zwischen Fiktion und Realität einebnet und die Wahrheit, die sich aus der künstlerisch gestalteten Repräsentanz ergäbe, von vornherein der Wahrheit des Faktischen unterordnet. Zu fragen wäre jedoch: Ist Johnsons Erzählung von dem Schicksal B.s und der D. schon deshalb künstlerisch glaubwürdig, nur weil es sich um das reale Schicksal von realen Personen handelt? Und selbst wenn man theoretisch an der Repräsentanz des Durchschnitts festhielte und dadurch die Typisierung im Bilde B.s und der D. rechtfertigen könnte, müßte man nicht immer noch jene Frage stellen, die Johnson selbst in seinem wichtigen theoretischen Text *Berliner Stadtbahn* so formuliert hat: »Ist aber der Durchschnitt repräsentativ, wenn das Außerordentliche übersehen wurde, in dem doch sehr viel mehr Realität versammelt sein mag?«[7] Auf das Personal der beiden ersten Romane bezogen, würde das heißen, daß Jakob Abs, Jonas Blach, Achim T., selbst der Karsch der Erzählung *Eine Reise wegwohin* außerordentliche Personen waren, mit einer intellektuellen Empfänglichkeit begabt, die sie eindeutig über das statistische Mittelmaß hinaushob. Ließe sich nicht in gleicher

Weise, nun auf das Beispiel B.s und der D. bezogen, formulieren, daß die statistische Repräsentanz dieser Figuren nichts über ihre künstlerische Gleichnisfähigkeit aussagt? Das ist in der Tat ein Zweifel, den die Kontrastzeichnung der beiden Figuren im Roman, jeweils auf dem Hintergrund der speziellen Wirklichkeit, in der sie leben, noch zusätzlich verstärkt.

Das gilt ganz besonders für den Repräsentanten der Bundesrepublik, den »jungen Herrn B.« (7), der, im August 1961 fünfundzwanzigjährig[8], als Fotoreporter für den »lokalen Teil der Kreiszeitung [...] in einer mittelgroßen Landstadt Holsteins« (7) arbeitet: eine durchschnittliche Existenz, von durchschnittlichen moralischen Maßstäben geleitet, die ihrem Beruf ohne innere Anteilnahme nachgeht und so zu jeder Art von Kompromiß bereit ist, soweit es sich nur materiell lohnt. B. gelingt es z. B., einen fotografischen Sammelband mit Erfolg zweimal zu verkaufen. Er veräußert den Band zum zweiten Mal an die Stadtverwaltung, die ihn zu Reklamezwecken für Touristen verwenden will. Aber der Verkauf kommt erst dann zustande, nachdem »B. verzichtet hatte auf einige Bilder, die die städtischen Hilfen für Alte und Bedürftige zeigten wie sie waren« (7). B. ist also zu jeder Zeit zum Einlenken bereit. Seine Weltanschauung, sofern man davon sprechen kann, ist die Konsumideologie der BRD. Der erfolgreiche Verkauf des Fotobandes ermöglicht ihm den Erwerb des Statussymbols, an dem ihm vor allen Dingen liegt und das bereits im ersten Satz des Romans genannt wird: »Der junge Herr B. konnte die Hand auf großes Geld legen und kaufte einen Sportwagen« (7). Es handelt sich um ein exklusives, ausländisches Modell, das er nach einem Unfall preisgünstig ersteht und wieder instand setzen läßt. Das Auto signalisiert auf dem Hintergrund der Gesellschaft, in der er lebt, seinen Erfolg.

Bereits hier erhebt sich die Frage, inwieweit Johnson in seiner lakonischen Darstellung nicht schematisiert, so etwas wie eine Karikatur des wirtschaftswundergläubigen Konsumsklaven und Autonarren B. entwirft. Es geht jedoch bei diesem Autokauf um mehr als um ein charakteristisches Beispiel für B.s Konsumgläubigkeit. Das Auto stellt, über seine realistische Bedeutung hinaus, eine Art von Leitmotiv[9] dar, das immerzu im Roman auftaucht, das die Haupthandlung um die Krankenschwester D., die B. nach dem Bau der Mauer herüberzuholen versucht, begleitet. Er fährt nach Berlin, um eine flüchtige Bekanntschaft, nämlich die Krankenschwester D., in Ost-Berlin zu besuchen, aber bevor er die Gelegenheit hat, sein Renommierstück vorzuführen, wird es ihm gestohlen. B., seines Autofetischs beraubt, ist tief getroffen, sieht damit der geplanten Wiederbegegnung mit der D. gewissermaßen die Voraussetzung entzogen: »Jetzt saß er in einem klapprigen Kasten, den nicht einmal ein Ostberliner Mädchen bewundern würde« (17). Die Wiederbegegnung mit der D. zerschlägt sich[10], B. kehrt nach Westdeutschland zurück, vor die Notwendigkeit gestellt, sich »einen neuen Wagen verdienen zu müssen« (22), da sein Auto trotz aller Bemühungen der Polizei vorerst verschollen bleibt.

Es ist durchaus überzeugend, wenn Johnson nun im Fortlauf der Handlung B.s verbissenen Eifer, zu einem neuen Autofetisch zu kommen, auf sein erwachendes Schuldbewußtsein der D. gegenüber bezieht. Das führt dazu, daß sich B. allmählich in eine Art von Pseudoliebe für die D. hineinsteigert, die er bisher kaum gekannt hat: »[...] denn er bildete sich etwas ein, weil er in der größeren, der ehemaligen Hauptstadt eine umgelegt hatte, ihre Herkunft aus dem östlichen Teil der Stadt hätte sich romantisch darstellen lassen [...]« (65). Dieses Schuldbewußtsein wird B. ganz deutlich, als er nach mehreren Versuchen, zu der D. nach dem Bau der Mauer Kontakt aufzunehmen, endlich von ihrer Bereitschaft zur Flucht erfährt, einen Brief von ihr erhält: »Er sah nur den Brief, den er nicht aus der Welt schaffen konnte, den unabwendbaren, unerträglichen Beweis für seine Schuld« (164).

Dieses Schuldgefühl wird von Johnson motiviert als Verdrängung des Gefühls der Sinnlosigkeit, das B. unterschwellig empfindet, als er nach dem Diebstahl seines Autos nichts anderes mehr im Sinn hat, als sich einen neuen Wagen zuzulegen, seine ganze Arbeit in den Dienst dieses Wunsches stellt, also ein Musterbeispiel von Konsumversklavung vorführt. Das Gefühl der Sinnlosigkeit befreit sich im Gefühl der D. gegenüber, wird gleichsam ins Positive umgewandelt nach dem romantischen Klischee einer Liebe, der äußere Gründe, nämlich die Berliner Mauer, die Wiederbegegnung mit der Geliebten versagen. Diese Koppelung von beiden Verhaltensweisen führt konsequenterweise dazu, daß B. sich bei der Nachricht von der geglückten Flucht der D. auch die Erfüllung seines Wunsches erlaubt. Als die D. definitiv nach West-Berlin kommt, verläßt B. Berlin:

Der junge Herr B. flog am Nachmittag nach Hamburg und stieg da in eine Maschine nach Stuttgart um. Nach langen Telefongesprächen hatte eine Kraftfahrzeugfabrik in Württemberg zugesagt, ihm am nächsten Morgen einen Sportwagen außer der Reihe zu verkaufen. (178)

B. will also das nachholen, was ihm am Anfang des Romans versagt blieb: Er will der D. sein neues Statussymbol vorführen. Die Ironie ist, daß der Motor seines neuen Wagens auf dem Rückweg versagt, daß er nicht rechtzeitig in Berlin eintrifft. Es heißt über die Reaktion der D.: »Anfangs wartete sie noch auf den jungen Herrn B. und war nicht ganz bei der Sache, dann war ihr auch die Wut vergangen« (241). Sie will von dem Zurückkehrenden nichts mehr wissen, sie sieht – sicherlich zu Recht – seine beteuerte Liebe durch sein Verhalten widerlegt. B. steht am Ende da wie am Anfang: ein desillusionierendes Bild des jungen Bundesbürgers, das noch durch weitere Züge untermalt wird. So wird B. in seinen Erfahrungen, in seiner Vorstellungswelt von vorgeprägten Mustern bestimmt. Es heißt an einer Stelle über jene gleichsam aus der Erinnerung erzeugte Liebe:

Für sich allein hielt er fest an einem gefühlvollen Verzicht auf Beziehungen zu Mädchen, den er sich als Zuwachs an Erfahrung auslegte, denn er hatte einmal einen Schauspieler dergleichen in nobles Wesen verwandeln sehen. (66)

So wie hier sein Verhalten auf Klischees aufgebaut ist, heißt es an einer andern Stelle über seine Vorstellungswelt: »[...] wie die illustrierten Blätter hielt er das innere Leben einer Person für ihr eigentliches [...]« (152). Oder es heißt: »[...] (er) kam sich auch vor, als sehe er sich von außen, betrachtete wie in einem Film einen B., der unglückliche Verfassung darstellte« (164). Selbst seine Aktivität bei der Flucht der D., seine Suche nach Fluchthelfern, die Übernahme der finanziellen Kosten – alles das wird in ein fragwürdiges Licht gerückt, da auch die D., auf die er sich bezieht, kaum mehr eine reale Person meint, vielmehr ein Phantasiegeschöpf, das er in seiner Vorstellung entwirft:

Manchmal in der nächtlichen Straße, meinte er ihren Umriß näherkommen zu sehen im Licht eines Schaufensters, bis die verwechselte Person unverhofft von einer anderen Seite beleuchtet wurde [...] willentlich bekam er sie nicht zusammen, bildete sich inzwischen ein überschmales, blutjunges, verängstigtes Wesen an Stelle der D. und überließ sich schwärmerisch dem Genuß des Verlustes, den er sich zugute hielt, fühlte sich ehrenhalber angehalten zur Treue, er meinte Enthaltung. (152)

Konsequent erscheint in diesem Bild B.s politische Naivität, wenn nicht sogar politische Ignoranz[11], die nicht versucht, über das Faktische der politischen Situation in Berlin hinauszugelangen, die in dem Bau der Berliner Mauer eine Art von persönlicher Schikane, gerichtet gegen ihn und die D., erblickt. Was die D. an moralischen Regungen in ihm wachruft, vermag B. nicht mehr in seine Persönlichkeit zu integrieren. Die hier angedeutete Möglichkeit eines Ausbruchs aus seiner Konsumideologie und damit die Voraussetzung zum Versuch einer Realisierung seiner Person im Gefühl der Liebe bleibt ungenutzt, da auch diese Liebe nur eine Projektion B.s darstellt und nicht der Realität entspricht. Folgerichtig spaltet sich B.s Persönlichkeit in zwei Wesen auf: das eine ist B., der den Konsumfetischen nachjagt und davon beherrscht wird, sich einen neuen Sportwagen zuzulegen; das andere ist ein romantisch übersteigerter B., der das Bild der D. in seiner Vorstellung zu einem Phantasiegeschöpf umformt:

[...] er konnte sich kaum je vergessen, war kaum je aus seiner Welt, fühlte sich angesehen, seitwärts beobachtet von einem anderen Herrn B., der diesen aufnahm, [...] der Angst vor Geräusch verriet, fotografiert von jenem Herrn B., der er sein wollte, trauermäßig dunkel gekleidete Gestalt, schwermütige Miene, achtenswert verunglückt an seiner Liebe. (153)

Jenes Stichwort von der Selbstentfremdung des Menschen, der, von Konsumzwängen dirigiert, von Massenmedien – Film, Illustrierte – in seinen Wünschen und Vorstellungen manipuliert, seine eigene Persönlichkeit unter einem Wust von gleichgültigen Dingen begräbt, der, moralisch indifferent, sich zu nach außen hin positiv scheinenden Leistungen nur aufrafft, um einem anderen, ebenfalls manipulierten Bild seiner selbst Genüge zu tun – im Falle von B. dem Bild des romantisch schwermütigen Liebhabers, der nach der Devise »Sie konnten zusammen nicht kommen« um seine Traumfrau kämpft – alles das trifft auf B. zu. Selbstentfremdung also, Verdinglichung des Menschen, seine Isolation und Vereinsamung in der modernen westdeutschen Konsumgesellschaft – so lautet die Quintessenz des Bildes, das Johnson von B. in seinem Roman entwirft. Als typisches Bild des Bundesbürgers verstanden oder gar als allegorische Personifikation der BRD, wird man Johnson kaum den Vorwurf der schematisierten Darstellung ersparen können.

Schematisch ist im Grunde auch das Gegenbild, das in der Figur der Ost-Berliner Krankenschwester D. erscheint. Während B. sich in einer indifferenten gesellschaftlichen Zwischenlage bewegt, in der Verantwortung, Arbeitsethos etc. keine zentrale Rolle spielen, werden hier bereits vom Äußerlichen her bei der D. andere, positivere Akzente gesetzt. Die Hilfe für den Nächsten, die Einordnung in die Gemeinschaft sind für sie ganz natürliche Verhaltensweisen, die bereits in ihrer beruflichen Auffassung wurzeln. Ist die Konsumblindheit beherrschendes Charakteristikum von B., so ist es die Pflichterfüllung bei der D. Sie macht sich auch über B. keinerlei Illusionen, schätzt ihn vielmehr richtig ein. Als die Mauer gebaut wird, möchte sie keinerlei Briefe mehr von ihm erhalten[12], da sie sich mit ihrer Situation in der DDR abgefunden hat und durch West-Briefe nicht kompromittiert werden möchte. Als B. einige Male versucht, sie auf der Krankenstation anzurufen, reagiert sie mit der schlagenden Charakteristik: »Dieser Affe: sagte sie« (60). Konsequent ist auch, daß ihre Erinnerung an B. rudimentär ist und durch keinerlei romantisches Gefühl verbrämt wird: »Das Gesicht des Mannes konnte sie sich nicht merken, nicht einmal jetzt nach aller Bekanntschaft« (102). So bezweifelt sie denn auch die Echtheit von B.s Gefühlsaufwand: »[...] du machst dir Flausen vor, es wird nicht reichen für ein ganzes Leben, es reicht zum Kommen lange nicht [...]« (196). Die Flucht ist also keineswegs eine beschlossene Sache für die D. Anfänglich ist sie vielmehr fest entschlossen, sich der veränderten neuen Situation in Ost-Berlin anzupassen, den Kontakt zu B. fallenzulassen. Aber auch in ihr hat der Bau der Berliner Mauer Zweifel ausgelöst. Sie hatte bisher der ideologischen Propaganda des Ostens vertraut: »es war nie anders die Rede gewesen, als daß im Westen zu leben ohne Zukunft sei. Die D. glaubte sich im Stich gelassen, da sie zurückgeblieben war im Vertrauen auf solche Auskünfte« (105). Die Begegnung mit einer Schauspielerin im Krankenhaus, die sich zu vergiften versuchte und die sie später bei ihrer Flucht im gleichen S-Bahnzug als Flüchtling trifft, steigert diese Zweifel noch.[13] Aber der Hauptgrund ihrer Flucht ist eigentlich privater Natur, hat mit einer beruflichen Ungerechtigkeit einer Vorgesetzten ihr gegenüber zu tun:

Sie war, ohne es zu ahnen, in eine personalpolitische Intrige der Oberin geraten, und viele Kolleginnen redeten ihr mit Empörung zu, schüttelten die Köpfe, als sie nicht nur keine Beschwerde gegen die Einsetzung einer anderen vorbrachte, sondern auch noch an deren Tisch ging in der Kantine [...]. (180)

Die unterkühlt sachliche Schilderung der Flucht und der Schwierigkeiten, die mit der Vorbereitung verbunden sind, stellt sicherlich den Höhepunkt des Romans dar. Eine Szene von hoher Einbildungskraft und zugleich eine Art von dichterischem Dokument der jüngsten Zeitgeschichte, die viele ähnliche Fluchten wie die der D. von Ost-Berlin nach West-Berlin gesehen hat. Dieser zeitgeschichtliche Hintergrund verleiht Johnsons Darstellung eine Tiefendimension, die diesen Abschnitt des Romans von allen anderen Teilen unterscheidet. Zweifelsohne ist die D. für Johnson die eigentliche Hauptperson, wie sie auch auf dem Hintergrund der Charakteristik B.s als die positiver gezeichnete Figur erscheint. Johnson läßt auch am Ende des Romans keinen Zweifel daran, daß die D. auch ohne die Hilfe von B. in West-Berlin, in Westdeutschland ihren Weg gehen wird. Wenn man in der Terminologie der östlichen Literaturkritik von einer Perspektive der Gestaltung sprechen würde, so wäre die D. ihre Verkörperung: Sie ist der positive Ausblick, der Blick auf die Zukunft gleichsam.

Johnson hat also hier erneut eine politische Wertung ins Spiel gebracht, die schon bei seiner Erzählung *Eine Reise wegwohin* bemerkt wurde: eine sehr distanzierte Darstellung der politischen Realität in Westdeutschland. Aber mag das als Darstellung aus dem Erfahrungsreservoir des Journalisten Karsch in *Eine Reise wegwohin* zu rechtfertigen sein, in der quasi objektiven Vorführung dieser Sicht am Beispiel des Konsumsklaven B. führt das zu einer leicht tendenziösen Wertung. Man fragt sich, ob nicht hinter der Gestaltung des B. ein Klischee auftaucht, das Johnson zwar in einigen Aspekten verdeutlicht und zu begründen bemüht ist, das aber als Spiegel des westdeutschen Bürgers unserer Tage künstlerisch ausdruckslos bleibt.

Es handelt sich in diesem Roman sicherlich um die nüchternste, um eine fast lakonische Bestandsaufnahme der Bedeutung, die das zweigeteilte Deutschland als politisches Faktum im Bewußtsein der West- und Ostdeutschen hat. Aber künstlerisch ist diese Darstellung hier sicherlich mit Einbußen verbunden.[14] Hat Johnson in seinen beiden vorangegangenen Romanen versucht, gerade die Klischees zu durchbrechen und die disparate Wirklichkeit dahinter zu zeigen, so präsentiert er hier gleichsam das Klischee als eigentliche Wirklichkeit, dargeboten in einer gradlinigen konventionellen Erzählweise. Und hier ist durchaus zu fragen, ob das Realismus der Darstellung ist oder didaktische Verzeichnung aus einer politischen Wertung heraus, die dem Autor Johnson abzunehmen ist, die aber nicht als Voraussetzung für das Verständnis seines Romans akzeptiert werden kann, sondern vielmehr in Gestaltung umgesetzt sein müßte.

Aus: M. Durzak, Der deutsche Roman der Gegenwart. Böll. Grass. Johnson. Wolf, Stuttgart: Kohlhammer ³1979, S. 371–384.

Anmerkungen

1 Zitiert hier nach der Erstauflage, Frankfurt/Main 1965.
2 Auf die gleiche Konsequenz deutet Hatfield in seinem Essay *A World Divided: Uwe Johnson's ›Two Views‹* (in: *Crisis and Continuity in Modern German Fiction*, Ithaca 1969, S. 150–165) hin: »Thus the narrator knows D.'s thoughts when she is lying alone in bed, and even recounts four of her dreams« (S. 155), um allerdings dann überraschenderweise zu folgern: »Yet this reporter is by no means omniscient« (S. 155).
3 Horst Krüger hat in seiner Analyse *Das verletzte Rechtsbewußtsein* (in: Reinhard Baumgart [Hg.], *Über Uwe Johnson*, Frankfurt/Main 1970 (es 405), S. 142–150) die Repräsentanz von B. – nicht zu Unrecht – in Zweifel gezogen; vgl. S. 149.
4 Zitiert nach Horst Bienek, *Werkstattgespräche mit Schriftstellern*, München ³1976 (dtv 291), S. 109.
5 *Uwe Johnson*, in: Dieter Weber (Hg.), *Deutsche Literatur seit 1945 in Einzeldarstellungen*, Stuttgart 1968, S. 484–504, hier S. 502.
6 Vgl. dagegen die Argumentation von Krüger in *Das verletzte Rechtsbewußtsein*: »Der Rückgriff auf die traditionelle Erzählform scheint mir nicht zufällig; dafür arbeitet unser Autor viel zu kontrolliert. Er[!] scheint mir zwangsläufig aus dem Thema zu erwachsen« (S. 142). Analog glaubt Baumgart von »einer Entwicklung zum schlicht gesagt ›Einfacheren‹« (*Johnsons Voraussetzungen*, in: R. Baumgart (Hg.), *Über Uwe Johnson*, S. 167) sprechen zu müssen. Aber diese Feststellung widerlegen bereits wieder die inzwischen erschienenen Bände der *Jahrestage*.
7 Uwe Johnson, *Berliner Stadtbahn*, jetzt in: Uwe Johnson, *Berliner Sachen*, Frankfurt/Main 1975 (st 249), S. 7–21, hier S. 14.

8 Vgl. *Zwei Ansichten*, S. 9.

9 Auch hier hat Krüger nicht zu Unrecht eingewendet: »die Metapher der Motorisierung wird überanstrengt; ich meine, sie trägt nicht die ganze Bundesrepublik« (*Das verletzte Rechtsbewußtsein*, S. 148).

10 Vgl. *Zwei Ansichten*, S. 21.

11 Vgl. ebd., S. 156.

12 Vgl. ebd., S. 29.

13 Vgl. ebd., S. 121.

14 Vgl. dazu auch Heinrich Vormweg, *Uwe Johnson oder Schwierigkeiten mit der Verallgemeinerung* (in: H. Vormweg, *Die Wörter und die Welt. Über neue Literatur*, Neuwied 1968, S. 97–101). »*Zwei Ansichten* ist nicht ein Buch, das Johnsons bisherige Arbeit steigernd weiterführt, sondern das Produkt einer Zwischenphase, in der Johnson nicht sicher war, wie er denn jetzt weiterschreiben sollte« (S. 101). Anders dagegen Hellmuth Karasek *Die beiden Ansichten*, in: *Über Uwe Johnson*, S. 158–162, vgl. S. 162.

Richard Alewyn

Eine Materialprüfung

Bei Durchsicht eines sechs Jahre alten Romans*

Verspätet blättere ich in einem alten Roman. Er ist schon vor sechs Jahren erschienen. Aber damals wurde er von den Kritikern so lebhaft begrüßt und von den Lesern so fleißig gekauft, daß mich mein Gewissen plagt, die damals versäumte Lektüre nachzuholen. Das Buch ist ja auch schon in die Literaturgeschichte eingegangen, und seinen Verfasser krönt nach wie vor das Feinste, was sich an Preisen denken läßt.

Wie es mir bei diesem Versuch ergangen ist, werden allerdings Kritiker und Preisrichter kaum verstehen, wohl aber vielleicht Ärzte, Ingenieure und Leser von Detektivromanen, also Leute, die zwar vielleicht auch nicht schreiben, aber klar sehen und denken können.

Ich schlage das Buch auf und gerate auf Seite 98 in eine dramatische Situation. Eine Krankenschwester namens D. wird in Ostberlin in ihrem möblierten Zimmer von der Polizei besucht, um vernommen zu werden über ihren Bruder, der in den Westen geflüchtet ist. *»Der amtliche Abschluß der Ermittlung«*, hören wir, *»führte zu einer formellen Untersuchung ihrer Verhältnisse und brachte zutage, daß sie ohne Einweisung des Amtes für Wohnraum in Ostberlin ein Zimmer bezogen hatte.«* Nicht alle Sätze sind so kurz und bündig wie dieser, aber man möchte sich doch auch bei jedem Wort etwas denken können. Warum wird zum Beispiel gerade der Abschluß der Ermittlung »amtlich« genannt? War ihr Anfang es vielleicht weniger gewesen? Oder ist vielleicht das Adjektiv »amtlich« nur versehentlich verrutscht und vielmehr gemeint: »Der Abschluß der amtlichen Ermittlung«? Und warum wird die Untersuchung »formell« genannt? Besteht die geringste Gefahr, eine Untersuchung durch die Ostberliner Polizei als informell mißzuverstehen? Oder ist vielleicht etwas anderes gemeint, etwa: »genau«?

Aber verzichten wir auf die Wortklauberei, eine formelle Untersuchung wird noch Merkwürdigeres zutage bringen: *»Nicht* nur«, geht es weiter, »*konnte ein Bürger nicht mehr Strenge des Staates wettmachen mit Verlassen des Staates[...]*« Halten wir einen Augenblick inne, um uns zu orientieren. Es ist die Rede von den durch die Mauer eingesperrten Ostberlinern! Vorher hatte man in den Westen flüchten können. Das ist jetzt vorbei. Lassen wir dahingestellt, ob das so väterlich klingende Wort »Strenge« zulangt, um die Übel zu bezeichnen, denen der Flüchtling den Rücken kehrte. Bleiben wir im Bereich von Sprachgebrauch und Logik. Macht man »wett« *mit* oder nicht vielmehr *durch?* Und kann man »Strenge« überhaupt »wettmachen«? »Wettmachen« heißt doch wohl einen Verlust oder Nachteil ausgleichen. Ist Strenge des Staates ein Verlust oder Nachteil? Gewiß nicht. Man kann auf sie reagieren, aber man kann sie niemals »wettmachen«.

Aber der Satz ist noch nicht zu Ende: »*die Beamten waren auch dauerhaft vergrätzt durch der D. unbefangene Frage nach dem richterlichen Durchsuchungsbefehl[...]*« »Dauerhaft vergrätzt«? »Dauerhaft« können Schuhsohlen sein, aber eine Vergrätztheit? Ist es nicht wahrscheinlicher, daß die Beamten eine Stunde später beim Bier sitzen werden und sich Witze erzählen? Und selbst wenn nicht, was kann »die D.« schon davon wissen, von der sie sich einen Augenblick später schon verabschieden werden. Die Klappe des Buchumschlags belehrt doch den Leser ausdrücklich: »Das zugegebene Wissen des Autors geht«, des Verfassers »Poetik zufolge, über das Wissen seiner Figuren nicht hinaus« – ins Deutsche übersetzt: der Verfasser erzählt aus der Perspektive seiner Figuren. Also ist nichts weiter gemeint als »andauernd«? Und was die »Vergrätztheit« anlangt – nichts gegen Slang, wenn er nicht wie eine Maus in blütenreinem Papierdeutsch raschelt: »nicht nur [...] nicht mehr« (doppelte Verneinung), »Strenge des Staates [...] Verlassen des Staates« (nominale Felslandschaft). Eine unmenschliche Situation wird auf die Sprachebene eines Ministerialerlasses projiziert.

Aber nun haben wir es nicht nur mit Wörtern zu tun, sondern auch mit einem Satz: »Nicht nur konnte ein Bürger nicht mehr Strenge des Staates wettmachen mit Verlassen des Staates, die Beamten waren auch dauerhaft vergrätzt[...]« – das klingt etwa wie: Nicht nur war die Stadt abgebrannt, der Chef war auch schlechter Laune. Merke: »nicht nur ... (sondern) auch« verbindet zwei Sachverhalte, von denen der zweite ein dem ersten zum mindesten angemessenes Gewicht hat. Wenn »(sondern) auch« nicht bedeutet »noch obendrein«, entsteht eine Antiklimax. Die Vergrätztheit der Beamten hat aber erstens wenig zu tun mit der unterbundenen Wettmacherei und ist zweitens, »dauerhaft« oder nicht, doch eine vergleichsweise harmlose Angelegenheit.

Aber der Satz steuert seiner Klimax erst zu: »*und [die Beamten] verkümmelten ihr das kesse Auftreten mit einem handschriftlichen Zusatz, der das Datum der Ausweisung vom Ende des Monats um zwei Wochen vorzog.*« Nanu! Die Beamten waren doch allein wegen des entschwundenen Bruders gekommen und hatten erst bei dieser Gelegenheit zufällig entdeckt, daß »die ›D.‹ ohne Einweisung des Amtes für Wohnraum in Ostberlin ein Zimmer bezogen hatte«. Sie hatten sich noch nicht einmal die Mühe gemacht, einen Durchsuchungsbefehl mitzubringen, und nun zaubern sie auf einmal einen schon ausgefertigten Ausweisungsbefehl hervor, auf dem sie vergrätzterweise ihren »handschriftlichen Zusatz« anbringen. Das ist mehr als »Strenge des Staates«, das ist pure Hellseherei. Aber die Manipulation, die sie dabei vornehmen, ist nicht weniger bemerkenswert. Ein Lehrer kann gewiß einen Schüler »vorziehen«. Man kann zur Not auch einen Ausweisungsbefehl »vorziehen«, gesetzt, man hat ihn in der Tasche. Aber wie kann man ein Datum »vorziehen« und überdies noch »von« einem anderen Datum rückwärts?

Und ist »keß« eigentlich der richtige Ausdruck für das Aufmukken »der D.« Vielleicht ist es nur ein Druckfehler für »kek« [sic!]. Als »keß« würde sich die stets gehemmte D. gewiß nicht einmal selber bezeichnen. Und man kann gewiß jemanden zu etwas verkümmeln, aber kann man jemandem etwas verkümmeln? Auch Slang will gekonnt sein.

Wie auch immer, »die D.« muß ausziehen. »*Diesmal mußte sie bitten um einen Platz im Schwesternflügel, und länger als die Menge freier Plätze dafür gut war.*« – Wie bitte? Was ist wofür gut? Der gutwillige Leser errät, was gemeint ist: Man zeigt sich ungefällig. Man läßt sich länger bitten, als eigentlich nötig wäre. Denn in Wirklichkeit sind noch eine Menge Plätze frei. Der Leser möchte allerdings auch gerne gleich wissen, warum. Persönliche Antipathie? Mißtrauen? Grundsätzliche Schlechtgelauntheit? Bürokratische Schwerfälligkeit? Dann erhielte die Information einen Zweck. Noch viel lieber allerdings möchte man überhaupt das Gespräch hören, die Gesichter sehen. Aber von Sehen und

Hören hält der Autor überhaupt nicht viel. Statt dessen wird der Leser summarisch abgefertigt, aber wie?

Noch einmal: »Sie mußte bitten um einen Platz im Schwesternflügel, und länger als die Menge freier Plätze dafür gut war.« Nun, wozu haben wir am Tacitus Sätze zu konstruieren gelernt? Aber erst die Vokabeln: Im Geschäftsleben sagt man wohl: »Ich stehe« oder zur Not auch »bin für jemanden gut.« Das heißt dann: Ich verbürge mich für ihn. Wer also steht hier gut? Antwort: »die Menge freier Plätze«. Für wen oder was steht sie gut? Antwort: »Dafür«. Aber wofür? Für den Platz im Schwesternflügel? Aber warum muß sich die »Menge freier Plätze« dafür förmlich verbürgen? Und wie soll man sich vorstellen, daß durch die Verlängerung des Bittens diese Bürgschaft überzogen wird? Sie bekommt ja auch zu guter Letzt noch einen Platz. Nun hat der Verfasser gewiß auf diesen Satz nicht so viel Nachdenken verschwendet, wie er dem Leser zumutet. Er hat es nur nicht über sich gebracht, etwas Einfaches einfach auszudrücken. Wozu ist schließlich der Leser da, wenn nicht, um das Kauderwelsch eines Dichters ins Deutsche zu übersetzen?

Ich überspringe fünf Zeilen, die von den Schwierigkeiten des Umzugs handeln. Im Taxi läßt »die D.« sich erinnern *an die umständlichen Klagen der Vermieterin, die sorglos gelebt hatte mit dem ›gediegenen‹ Wesen des Fräuleins [...]«.* Der Wortlaut dieser Klagen ist uns wieder vorenthalten worden, aber sie waren gewiß nicht so »umständlich« wie das Deutsch ihres Erfinders, nur wortreich werden sie eben gewesen sein. Aber was soll man von ihrem »sorglosen Leben« halten? Man kann gewiß mit einem Fräulein leben und dies gewiß auch »sorglos« tun. Man kann zur Not auch mit einem »Wesen« leben. Aber wie lebt man mit dem »Wesen« eines Fräuleins, und sei es noch so »gediegen«?

Ich wiederhole: »die sorglos gelebt hatte mit dem ›gediegenen‹ Wesen des Fräuleins und jetzt *in Besorgnis vor einem männlichen Mieter, der* [.∴.].« »Und jetzt in Besorgnis« – gelebt hatte? Ach nein. Der Verfasser hat nur sorglos, wie er lebt, vergessen, das Tempus zu wechseln, und so gerät der künftige Mieter unversehens in die Vergangenheit, der »männliche Mieter, der *womöglich betrunken in die Wohnung kommen würde, mit Frühstückswünschen und lästigen Flickansinnen.«* Man sieht ihn förmlich, wie er frühmorgens besoffen in die Wohnung torkelt und brüllt: »He! Frühstück! Hosen flicken!« Nicht auszudenken, es würde gar ein

Schriftsteller sein, der die Arme womöglich noch mit Leseansinnen belästigen würde, sprachschöpferisch, wie dieses Völkchen nun einmal ist.

Jedenfalls scheint »die D.« in ihrem Schwesternflügel noch lange dem verlorenen Domizil nachzutrauern, wenn dies auch vier Zeilen weiter auf viel listigere Weise ausgedrückt wird: »*ohne es recht zu wissen, machte sie sich Gewerbe für Umwege durch die Gegend [...]*«. Der deutschkundige Leser hielt bisher ein Gewerbe für ein Handwerk oder einen Handelszweig, den man betreiben oder ausüben kann. Aber kann man ein Gewerbe »machen« und dazu noch »sich« selber und gleich deren mehrere und obendrein »für« etwas? Es ist wohl auch etwas Einfacheres gemeint, nämlich, sie ersann Vorwände, an ihrer alten Wohnung vorbeizugehen, und zwar (so geht es weiter): »*unterhalb der Hauslücke*«. »Unterhalb«? Steht das Haus etwa an einer Anhöhe? Und hat es eine »Lücke«? Vielleicht zerbombt? Aber von der »Hauslücke« heißt es weiter: »*in der jetzt ein Hinterhoffenster stets geschlossen zu sehen war*«. Offenbar handelt es sich um eine Häuserlücke, *durch* die man in einen Hinterhof sieht und *durch* die man jetzt auch ein gewisses Fenster sieht. Aber diese Vermutung wird auch wieder gleich widerrufen. Denn das Fenster, das eben noch zu sehen war, ist zum mindesten »*unkenntlich gemacht mit einem Herrenhemd am Kreuzstock, früher vertraut*« (der Kreuzstock? das Herrenhemd?). Aber wie vermag ein doch vermutlich auf der Innenseite eines Fensters aufgehängtes Herrenhemd dieses »unkenntlich« zu machen? Nun, so schlimm ist es auch offenbar nicht gemeint. Der Verfasser hat nur das Gegenteil von »vertraut« ausdrücken wollen, und dazu ist ihm kein passendes Wort eingefallen.

Außer dem Herrenhemd hat das Fenster aber ein weiteres Anhängsel, wenn auch nur ein syntaktisches: »früher vertraut« »*das Zeichen für Ankunft, Alleinsein zu Hause.*« Mit dieser Abbreviatur soll wohl gesagt werden, daß dieses Fenster die jetzt Verstoßene früher beim Nachhausekommen als erstes zu begrüßen pflegte, also als »Zeichen für Ankunft« diente, aber – Herrenhemd hin, Herrenhemd her – ein »Zeichen für ... Alleinsein zu Hause« ist aus einem Hinterhoffenster schlechterdings nicht herauszuholen.

Wir überspringen neun Zeilen, weil sie einer Erläuterung bedürften, und finden unsere Heldin am Schwesterntisch »*über einen[!] Brief an ihre Freunde grübelnd«*, wobei sie an den Anfang dieser Bekanntschaft zurückdenkt: *»Angefangen hatte es im vorigen Jahr mit den neugierigen Fragen einer jungen Patientin nach Einzelheiten ihrer Krankheit* [– hat eine Krankheit ›Einzelheiten‹? –] *auf die die D. aber steif* [will sagen: nur steif] eingt, denn die andere[!] hatte studiert, auf deren [meint: ihrem] *Nachttisch lagen fremdsprachige Bücher, sie* [wer?] *hielt die* [wessen?] *verträglichen Sticheleien für verstellte Herablassung, den* [wessen?] *erstaunlichen Gehorsam für Spott.«* »Die andere«, »deren«, »sie«, – von wem ist die Rede? So muß jemand die Syntax verrenken, wenn er sich darauf versteift, seinen Figuren christliche Namen zu verweigern. Denn würde er sie Erika und Adele nennen, dann hörten sie auf, die farblosen Typen zu sein, und er wäre genötigt, ihnen auch ein Gesicht zu geben und eine Stimme.

Aber hier entsteht eine hochinteressante psychologische Situation. »Die D.« hat Minderwertigkeitskomplexe, denn ihre Patientin hat studiert und kann fremde Sprachen, und sie reagiert mit Verlegenheit und Mißverständnissen, während »die andere« vergeblich versucht, ein ungezwungenes Verhältnis herzustellen. Welche Chance für den Erzähler, ein Gespräch herzustellen, sei es auch nur über die »Einzelheiten ihrer Krankheit«! Welche Chance, die »verträglichen Sticheleien« hören, den »erstaunlichen Gehorsam« sehen, die »verstellte Herablassung« spüren zu lassen, statt darüber zu referieren wie ein Seminarstudent, und zwar ein schlechter. Denn: »verträgliche Sticheleien«, »verstellte Herablassung«, »erstaunlicher Gehorsam« – hier sitzt jedes Wort schief. Deutsch müßte man können!

Aber wir haben wieder einmal den Erzähler mitten im Satz unterbrochen: Resümieren wir: »die andere *hatte* studiert, auf deren Nachtisch *lagen* Bücher, sie *hielt* für Spott« und lesen wir, wie der Satz weitergeht: *»ihre* [wessen?] *Hände auf der oberen Stange des Fußbretts hatten sich leicht verkrampft, sie war erleichtert, ohne Wortwechsel an dem Bett vorbeizukommen.«* »Ihre Hände hatten sich verkrampft«: hier wird plötzlich eine Momentaufnahme eingeblendet in eine Zustandsschilderung, die Tage, wo nicht Wochen zusammenfaßt. Der Verfasser hat sich allerdings eine schwierige Aufgabe gestellt. Er referierte eine Erinnerung »der D.«. Da er sich für die Gegenwart »der D.« des einfachen Präteritums bedient, benötigt er für die auf dieser

Ebene erinnerte Vergangenheit das Plusquamperfekt: »Angefangen hatte es im vorigen Jahr...« Da ihm diese Konstruktion aber auf die Dauer zu mühsam wird, fällt er bald in das einfache Präteritum zurück: »einging«, »lagen«, »hielt« usw. So müßte er auch fortfahren: »ihre Hände ... haben sich leicht verkrampft«, aber das klänge zu absurd, und so klettert er wieder zurück auf die Zeitebene des »hatten«, die aber schon belegt ist von der Vorvergangenheit, in der »die andere« studiert »hatte«. Sowenig wie seine Personen, gelingt es dem Verfasser seine Zeiten auseinanderzuhalten.

Wir überspringen drei Zeilen und hören weiter: »*Sie war verblüfft über die Einladung, die bald nach der Entlassung der Patientin an sie kam [...]*« »An mich ist heute eine Einladung gekommen«, sagt man halt auf papierdeutsch, »*nicht an einen der Ärzte, die oft ohne Not an deren* [wessen?] *Bett Zeit verloren hatten, und zog ihre besten Sachen an, in Erwartung eines förmlichen Wohnzimmeraufenthalts*« (hätte sie etwa einen Schlafzimmeraufenthalt erwarten sollen? und was ist überhaupt ein »förmlicher Aufenthalt...«?); »*[...] zögerte befangen vor dem geräumigen Anwesen, dem Haus für eine Familie allein, traf aber auf keinerlei Besuchsanstalten [...]*«. Mit Verlaub, es gibt Badeanstalten, und es gibt Bedürfnisanstalten, was aber ist eine »Besuchsanstalt«? Nun kann man zwar gewiß Anstalten machen, jemanden zu besuchen, und kann das, sofern man sich gequält ausdrücken will, zur Not auch »Besuchsanstalten« nennen, aber das ist es ja nicht, was »die D.« zu ihrer angenehmen Überraschung vermißt, sondern das Gegenteil, nämlich Anstalten, einen Besuch zu empfangen, also Empfangsanstalten.

Weiter: »Besuchsanstalten« »*die Frau bei Flickarbeiten, daneben deren[!] Mann von gleichem Alter*« – eine zwecklose Information, da uns das Alter der Frau nie mitgeteilt worden ist –, »*der nur träge aufstand und dann wieder dauerhaft* [wieder: ›dauerhaft‹] *das Glas anstarrte, aus dem er trank wie von einer Medizin.*« Hier ertappen wir den Dichter endlich einmal bei einem Vergleich. Aber stimmt das Bild auch? Trinkt man wirklich »von« einer Medizin? Gemeint ist ja wohl eine, die übel schmeckt. Aber schluckt man die nicht lieber mit einem Zuge hinunter? (Aber dies ist offenbar nicht gemeint, sondern das Gegenteil.) Das würde zu seinen schlechten Manieren passen und zu seiner später erwähnten »verdrossenen Art«.

»Die D. hatte sich nur mühsam gefunden in ein Gespräch über Berlin. Die andere[!] kam aus Stralsund, einem Ort an der Ostsee, sie war auf den nördlichen Universitäten gewesen.« Da wir uns in der DDR befinden, können nur Greifswald und Rostock gemeint sein. Aber das so deutlich zu sagen, wäre wiederum ein Stilbruch gewesen und hätte außerdem noch unwahrscheinlicher geklungen. Denn wer studiert schon in Greifswald *und* Rostock? Es kommt auch nicht darauf an, der Verfasser will nichts sagen, als daß sie aus der Provinz kommt und sich in Berlin noch nicht hat eingewöhnen können: *»Der Ton der hiesigen Verkehrspolizisten, Verkäuferinnen, Nachbarn war ihr lange quergegangen, weil sie ihn für berlinisch hielt [...]«.* War er es vielleicht nicht? Und wäre er ihr weniger »quergegangen«, wenn sie ihn für etwas anderes gehalten hätte? Aber um das beantworten zu können, müßte man diesen »Ton« wenigstens einmal zu hören bekommen. Aber das war uns wieder versagt, mit der bedauerlichen Folge, daß wir uns nicht nur von ihm, sondern auch von dem Grund des Mißfallens, das er bei der »anderen« erregt, nicht die geringste Vorstellung machen können. Dafür wird sie jetzt endlich einmal beschrieben: *»Die Frau hatte einen fast runden Schädel* [aha, slawischer Typ!], *unter dem schwarzen Haar saß ihr Gesicht eng an [...].* Nun, von einem Pullover kann man sagen, daß er eng ansitzt, im Notfall auch von der Haut. Aber ein Gesicht besteht aus Stirne, Augen, Nase, Mund usw. – woran könnten die »eng ansitzen«? *»[...] eng an mit flachen Augenmulden, die Mundwinkel waren in Bewegung wie kurz vor dem Lachen, während sie ihre Mißgeschicke erzählte, und wenn sie den Kopf zu kurzen festen Aufblicken hob* [warum nur dann?], *wäre die D. am liebsten herausgeplatzt vor Zufriedenheit [...]«.* Ist es Pedanterie, festzustellen, daß Platzen allemal die Entladung einer Spannung ist, Zufriedenheit dagegen den höchsten Grad von Entspannung bezeichnet? Man kann herausplatzen vor Ärger oder vor Übermut, aber »vor Zufriedenheit«? Man würde es hinnehmen, wenn »die D.« anfinge zu schnurren wie eine Katze, aber daß sie »herausplatzen« möchte, macht uns keiner weis.

Aber ist es mit der angeblichen Gemütlichkeit wirklich so weit her, selbst wenn man die Schlechtgelauntheit des Hausherrn übersieht? *»Das hölzerne Haus war vom Staat geliehen, die Möbel sahen aus wie in einem Schaufenster, zwar einem westli-*

chen, an dem Wohnraum war nichts auf eine Dauer verändert.«
»Wie in einem Schaufenster, zwar einem westlichen« – aber? Es
folgt kein »aber« und somit hängt das »zwar« in der Luft, weil
der Verfasser vergessen hat, es mit Hilfe eines »und« an dem
vorhergehenden Schaufenster zu befestigen. Nach der Grammatik der Logik: »An dem Wohnraum war nichts auf eine Dauer
verändert.« Was ist damit gemeint? Eine Veränderung hat immer
»eine Dauer«, sei es die einer Sekunde. Oder meint der Verfasser
wieder einmal »dauerhaft«? Man hat also, was man verändert hat,
nur für kurze Zeit verändert? Na und?

Die feine Pointe: Die herrschende Klasse des Ostens bezieht
ihren Luxus aus dem Westen, ist uns nicht entgangen, aber
ebensowenig, daß uns eine höchst unpersönlich eingerichtete
Dienstwohnung beschrieben werden soll. Dafür spricht wenigstens der Vergleich mit dem westlichen Schaufenster. Aber diese
Absicht verlangte wiederum, daß an der Aufstellung der Einrichtungsgegenstände nichts verändert worden ist, auf welche Dauer
auch immer, nichts also dem persönlichen Geschmack oder
Bedürfnis der Bewohner angepaßt worden ist. Wieder einmal hat
der Verfasser sich selbst ein Bein gestellt. Oder ist dieser Widerspruch beabsichtigt? Aber dann hätte er analysiert werden müssen, was weder hier noch später geschieht.

Wie auch immer: *»Die D. ließ sich doch anstecken von der
winterlichen Wärme, der Lichthöhle über dem mit Stopfsachen
vollgeräumten Tisch [...].«* »Winterliche Wärme« ein kühnes
Oxymoron, aber warum nicht? »Lichthöhle über dem [...]
Tisch« kühner! Denn die »Lichthöhle« ist ja wohl ein Lampenschirm, gemeint ist aber nicht dieser, sondern das von ihm
abgeschirmte Licht, also was man hundert Jahre früher »trauten
Lampenschimmer« genannt haben würde. Nur daß dieser Biedermeier-Effekt durch den kecken Avantgardismus »Lichthöhle«
durchkreuzt wird, ohne daß auch der zarteste Anflug von Ironie
erkennbar wäre. Denn Ironie oder eine sonstige Form von
Distanzierung ist des Verfassers Sache nicht.

Offenbar traut er aber auch der Überzeugungskraft seiner Schilderung nicht, sondern er summiert das Gemeinte noch einmal mit
dürreren, aber darum nicht besser gezielten Worten: »Die D. ließ
sich [...] anstecken von *dem Gefühl von Verträglichkeit* [wie
»dauerhaft« ein Lieblingswort, s. o.] *und gesichertem Haushalt.«*
Wer in aller Welt hat dieses »Gefühl«? Die D. nicht, sonst

brauchte sie sich davon nicht erst »anstecken« zu lassen. Der mürrische Hausherr vielleicht? Oder seine tolerante Gattin? Aber zur Verträglichkeit gehören zwei. Und wie es um den »gesicherten Haushalt« steht, erfährt der Leser bald, der es über sich bringt, noch ein paar Seiten weiter zu lesen. Dann wird er nämlich plötzlich aufgelöst, und seine Mitglieder werden in westlicher Richtung verschwunden sein. Also doch Ironie? Nun, »das zugegebene Wissen des Autors geht [...] über das Wissen seiner Figuren nicht hinaus«. Das des Lesers auch nicht, aber der Autor ist gegen jeden Regreßanspruch salviert.

   Der Roman heißt *Zwei Ansichten* und ist erschienen im Jahre 1965 im Suhrkamp Verlag. Sein Verfasser heißt Uwe Johnson.

Aus: Süddeutsche Zeitung, 28. 8. 1971.

* Vgl. den HINWEIS im Anschluß an den Beitrag von J. Kaiser, in diesem Band S. 251.

Joachim Kaiser
Nachprüfung einer Nachprüfung

Bücher, die nur eine Saison lang besprochen oder gar bloß beredet werden, haben mehr mit »leicht verderblicher Ware« zu tun als mit Literatur. Mit dem Begriff »Literatur« verbindet sich die Vorstellung zumindest einer gewissen Dauerhaftigkeit, verbindet sich ein erkennbarer, nachprüfbarer Kontinuitätsanspruch.

Uwe Johnson gilt für viele sogenannte »Fachleute« gewiß nicht als literarische Eintagsfliege. Man hält ihn für einen Schriftsteller, dessen ungemein schwierige, allzu Bekanntes manchmal manieristisch verfremdende Prosa zum dauerhaften Bestand unserer Nachkriegsliteratur gehört. Darum haben wir hier mit dem schlechten, a-historischen Brauch gebrochen, daß Bücher entweder sogleich nach ihrem Erscheinen oder überhaupt nicht mehr »kritisiert« werden sollten. Während in Frankreich kein Essayist sich entschuldigen zu müssen glaubt, wenn er zehn oder zwanzig Jahre nach Erscheinen einer Novelle von Camus oder eines Essays von Sartre das literar-kritische Gespräch weiterführt, sucht man hierzulande denkfaul nach dem »aktuellen Anlaß«. So als ob die Tatsache, daß manche Werke ein literarisches Klima geschaffen oder mitbestimmt haben, daß sie in Bibliotheken stehen, in Literaturgeschichten analysiert und als Taschenbücher immer neuen Gruppen zugänglich gemacht werden, nicht bereits ein hinreichender Anlaß wäre.

Aber auch bei Richard Alewyn, dem hochgeachteten und wahrhaft liebenswürdigen Literaturprofessor, dem Barock- und Hofmannsthal-Spezialisten, ist noch ein Motiv hinzugekommen: Er hat sich beim Spät-Lesen der *Zwei Ansichten* von Uwe Johnson offenbar sehr geärgert. Und zwar sowohl über Johnsons »Kauderwelsch« als auch darüber, daß ein solcher Kauderwelsch-Dichter nun auch noch so berühmt und preisgekrönt sein darf. Johnson bekommt ja, beispielsweise 1971 den Büchner-Preis jener Deutschen Akademie für Sprache und Dichtung, deren ordentliches Mitglied Professor Alewyn ist.

Es kann sich hier keineswegs darum handeln, Johnson in Schutz zu nehmen, weil er halt berühmt ist. Vorbehalte gegen seine Sprache sind schon oft geäußert worden; nicht nur von Kritikern, sondern auch von Max Frisch und Günter Grass. Den von Alewyn herausgepickten und sehr sorgfältig getadelten Johnson-Sätzen stellen wir hier nicht etwa – was einfach, aber auch billig wäre – besonders gut gelungene, spannungsvolle oder brillante Johnson-Sätze entgegen, sondern wir wollen das Stilspiel mit Alewyn genau auf dem Platz spielen, den er ausgesucht hat. Darum sei hier die erste Hälfte seiner »Materialprüfung« unter die Lupe genommen. Waren die Prüfungsgeräte, mit denen der Test gemacht wurde, fein genug?

»Der amtliche Abschluß der Ermittlung«: Erst wenn man Alewyns Vergleichsüberlegungen prüft, spürt man, warum das weder Zufall noch Schludrigkeit ist. Ein »amtlicher Anfang« wäre hier pedantische Überbestimmung; da hieße es dann in der Tat besser: »Der Anfang der amtlichen Ermittlung.« Aber ein »amtlicher Abschluß« drückt etwas Bestimmtes aus: Da wird ein Hinweis gegeben auf ein nicht etwa absolutes gültiges Ergebnis, sondern darauf, daß eine Behörde an einem Punkt der Untersuchung Entscheidungsschluß gemacht und das Ergebnis dann als Amts-Abstraktion gegen jemanden verwendet hat. Das aber ist etwas durchaus anderes als der »Abschluß einer amtlichen Ermittlung«.

»Formell« ist weder Gegensatz von »informell« noch gar, wie Alewyn vorschlägt, »genau«. Es heißt hier vielmehr, daß D.s Verhältnisse im Hinblick auf die Erfüllung bestimmter formeller (bürokratischer) Form-Fragen überprüft wurden.

»Nicht nur konnte ein Bürger nicht mehr Strenge des Staates wettmachen mit Verlassen des Staates«: Der Satz führt tief hinein in die Geheimnisse, Schwierigkeiten und Anstrengungen Johnsonscher Konstruktion. Auch der Duden ist auf Seiten Alewyns (er schreibt: »wettmachen durch…«). Doch ist das »Wettmachen mit etwas«, das in Norddeutschland ohnehin gebräuchlicher sein mag, hier wirklich so falsch? Klänge es völlig unrichtig, wenn jemand schrieb, München mache den Föhn wett – beispielsweise mit seinem Freizeitwert? Anscheinend hat das »mit«, und zwar vielleicht über die Assoziation »mittels«, einen deutlicher abgehobenen instrumentalen Charakter. »Wettmachen durch« klingt selbstverständlicher; »wettmachen mit« baut eine Verfremdung, eine Überlegung, eine Entscheidung ein.

Und eben darum geht es bei Johnson. Seine Sätze binden privat-individuelles Verhalten (also das inoffizielle, direkte, nicht bereits durch sprachliche Propaganda-Klischees von vornherein gerichtete oder belobigte Verhalten von Privatpersonen) zusammen mit dem erstarrten, hier zugleich episch objektivierten Jargon verfügungsberechtigter Obrigkeit. Darum versucht hier eine Privatperson etwas Erlittenes wettzumachen (auszugleichen). Und darum wäre es in diesem Zusammenhang viel zu glatt und potent, wenn sie, wie Alewyn will, auf Strenge »reagiert«. (Reaktion liegt zu sehr auf der Macht-Höhe von Aktion.)

»Dauerhaft vergrätzt«: Die Beamten waren gewiß nicht »andauernd« vergrätzt, weil sie ja gelegentlich auch andere Regungen, zum Beispiel Enttäuschungen übers Heulen des hübschen Opfers, in sich aufkommen ließen. Aber sie waren dauerhaft genug vergrätzt, um trotzdem stur Unannehmlichkeiten zu ersinnen. Daß diese obrigkeitliche Verstimmtheit zusammenfiel mit dem Nicht-mehr-fliehen-Können, kann zumindest im Bewußtsein von Fräulein D. durchaus nebengeordnet werden – selbst wenn es sich um zwei Fakten verschiedenen Gewichtes handelt. Ohnehin heißt es keineswegs, wie Alewyn mit einer Klammer unterstellt, »nicht nur – sondern auch«, sondern bloß »nicht nur – auch«.

»[...] verkümmelten ihr das kesse Auftreten mit einem handschriftlichen Zusatz, der das Datum der Ausweisung vom Ende des Monats um zwei Wochen vorzog«: Hier ist mir Alewyns Kritik ganz unverständlich. »Keß« ist die D., doch nicht vor Gott oder sich selbst, sondern in den Augen der beiden Polizisten, die sie nach ihrer Legitimation zu fragen sich erkühnte. Die »verkümmeln« ihr etwas... Und warum soll, falls Herr X absagt, das Datum des Konzerts von Herrn Y nicht vom Ende des Monats um zwei Wochen vorgezogen werden können? Welches andere Wort für vorziehen bietet sich an? Ist vorverlegen so viel schöner? Überdies will Alewyn Gründe wissen, warum die D. »diesmal« so lange bitten mußte um einen Platz im Schwesternflügel. Nun, hätte der Kriminalromanleser Alewyn auch die »Ansichten« detektivisch ernstgenommen, dann wüßte er, daß man ihr diesen Platz im zweiten Kapitel sehr direkt angeboten hatte.

Alewyn sieht nicht, daß Johnson innerhalb der gegebenen Perspektiven – zwei prägende Figuren – durchaus springt. So kann es natürlich im Hinblick auf eine Untermieterin annoncenhaft heißen, sie sei ein Fräulein von »gediegenem Wesen«. Und warum soll eine Wirtin nicht diese Charakterisierung zum Dativobjekt erheben, so daß sie dann »sorglos gelebt hat mit dem gediegenen Wesen des Fräuleins«? Zugegeben, im nächsten Satz hat Johnson ein »war« unterschlagen, das man allerdings leicht ergänzen kann, wenn von jenem befürchteten Untermieter die Rede ist, der »womöglich betrunken in die Wohnung kommen würde, mit Frühstückswünschen und lästigen Flick-Ansinnen«. Alewyn denkt dabei professionsdeformiert gleich an Schriftsteller, als ob es nicht auch in anderen Berufsgruppen schlampige Junggesellen gäbe. Lassen wir es damit genug sein. Und was geschähe wohl, wenn jemand Alewyns stilkritische Schärfe beispielsweise auf den ersten Absatz seiner »Materialprüfung« richtet, wo den Johnson »nach wie vor« das Feinste krönt (nach was? auch nach dieser Kritik, die ja den Preiskrönenden gar nicht bekannt gewesen sein kann, oder vor Erscheinen des Buches *Zwei Ansichten*?).

Im zweiten Absatz Alewyns könnte das »auch« ein wenig zu schaffen machen. Ärzte, Ingenieure und Leser von Detektivromanen sind die Leute, die »auch« nicht schreiben können. Auch nicht? Wie wer nicht?

Aus: Süddeutsche Zeitung, 28. 8. 1971.

HINWEIS DER HERAUSGEBER: Es ist eine Mystifikation Alewyns, wenn er behauptet, er habe *Zwei Ansichten* wie zufällig 1971 in die Hand bekommen. Tatsächlich hat er bereits am 11. Dezember 1967 im Hessischen Rundfunk über den Roman gesprochen; der Text des Funkmanuskripts weicht nicht wesentlich vom Druck in der Süddeutschen Zeitung ab. Mag die süffisante Kritik an Johnsons Sprache in den *Zwei Ansichten* auch der Laune eines Tages entsprungen sein – Alewyn hat sie offenbar für ›dauerhaft‹ genug gehalten, um sie vier Jahre später noch einmal der Öffentlichkeit zu präsentieren.

Kaisers Replik hat ihrerseits einen Widersacher auf den Plan gerufen, den Sprachwissenschaftler Werner Betz (*Zur konkreten Sprach- und Literaturkritik. Am Fall Johnson – Alewyn – Kaiser,* in: Zs. f. dt. Sprache [Berlin] 27 [1971], S. 188 f.). Betz gibt Alewyn recht, Kaiser unrecht, bietet aber leider wenig Neues; ein Abdruck seines Beitrags kam deshalb nicht in Frage.

Eine Reise nach Klagenfurt

Rolf Michaelis

Totenklage. Ein Lebensbild in Zitaten

Uwe Johnson über Ingeborg Bachmann

Am 25. Oktober 1973 wurde Ingeborg Bachmann, gestorben am 17. Oktober in Rom, in Klagenfurt beerdigt, der Stadt, wo sie am 25. Juni 1926 geboren ist. Am 29. Oktober 1973 fliegt Uwe Johnson nach Klagenfurt, besucht das Grab (»Feld XXV, Klasse I, Reihe 3, Nummer 16«), sucht die Spuren der Dichterin zwischen Kreuzbergl und ehemaliger Schule der Ursulinen, findet in den vier Tagen bis zur Abreise an Allerseelen die Anfänge des Lebens, der dichterischen Existenz – und des Todes – von Ingeborg Bachmann in den Gassen der Hauptstadt Kärntens, in den Äußerungen von Zeitgenossen (»im Sekretariat dieser Schule spricht man von ›der Inge‹«), in alten Zeitungsartikeln, in Zitaten aus Gedichten, Erzählungen, Briefen der Autorin und sammelt sie in einem für beide, Bachmann und Johnson, bemerkenswerten Band dokumentarisch erzählender Literatur, einem Lebensbild in Zitaten, einer Collage aus Dichtung und der »konkreten Poesie« von Statistiken, Fahrplänen, Katasterauszügen.

Die kleine Totenmesse, die Johnson ohne Tränen-Tremolo, dafür gelegentlich mit der ihm eigenen sarkastischen Ironie vorträgt, hat ihren Keim in dem oft wiederholten Satz aus einem Brief der Bachmann vom Sommer 1970 an Johnson: »Man müßte überhaupt ein Fremder sein, um einen Ort wie Klagenfurt länger als eine Stunde erträglich zu finden, oder immer hier leben, vor allem dürfte man nicht auch noch wiederkommen.« Johnsons Satz in einem Brief vom Winter 1971 ist Antwort – und später: Anlaß, nach Klagenfurt zu fahren: »Und ich werde diese Stadt ja ohnehin nur unter Ihrer sachkundigen Führung aufsuchen, betreten und hinter mir lassen.«

Unter der sachkundigen Führung der Bachmann wandert Johnson vier Tage lang durch die Stadt, ihre Archive, Museen, Bibliotheken, die Umgebung. Sätze aus Ingeborg Bachmanns Erzählung *Jugend in einer österreichischen Stadt*, aus Gedichten und Interviews sind als Wegweiser in Johnsons Text gestellt. An ihnen tastet sich der Erzähler zurück zum Ursprung der in Gedichten und Erzählungen nachzitternden Verstörung, die vielleicht auch mitschuldig ist am frühen Tod der Autorin: »Es hat einen bestimmten Moment gegeben, der hat meine Kindheit zertrümmert. Der Einmarsch von Hitlers Truppen in Klagenfurt. Es war etwas so Entsetzliches, daß mit diesem Tag meine Erinnerung anfängt [...] das Aufkommen meiner ersten Todesangst.«

In Prospekten des Landesfremdenverkehrsamtes Kärnten und in Broschüren blätternd, erscheint es dem Erzähler zunächst »ausgeschlossen, daß hier jemand begraben wird«. Doch dann entdeckt er unter dem Firnis der Touristenstadt die Wirklichkeit des Todes, im Grabmal eines elfjährigen Mädchens, in Dokumenten der Naziherrschaft, Akten des Luftschutzamtes, in Meldungen aus unseren Tagen über die Unterdrückung der slowenischen Minderheit.

Tod, Gräber, Sterberituale schlagen die Verbindungslinien von Klagenfurt nach Rom, zu der Stadt, in der Ingeborg Bachmann gestorben ist und von der sie in einem Brief an Johnson bekannt hat: »Das Ärgste ist, daß ich an der fixen Idee, nach Rom gehn zu wollen, selbst schuld habe.« Johnson hat eine Zeitlang in der Bachmannschen Wohnung in Rom gelebt und von dort der Kollegin ungewöhnlich farbige, römische Lebensart mit Humor und Sympathie beschwörende Briefe geschrieben, die hier zitiert sind. Die italienische Stadt, in der Goethe, in der Platen begraben sein wollten, wird beschrieben als anderer Lebenspol der Dichterin neben Klagenfurt, der Stadt, in deren Umgebung römische Ruinenfelder ausgegraben werden.

Dieses Mosaik aus dichterischen und gesucht banalen Zitaten, aus Erinnerungsfetzen und Eindrücken der Gegenwart erweckt die Gestalt eines gefährdeten Menschen. In der literarischen Mischgestalt dieser Totenklage ist vermieden, was Ingeborg Bachmann in einem Brief vom Sommer 1970 kritisiert: »Außerdem ist sowieso jeder Nachruf zwangsläufig eine Indiskretion.«

Aus: Die Zeit, 6. 9. 1974.

Heinrich Böll

Spurensicherung

Über Uwe Johnson, *Eine Reise nach Klagenfurt*

Besser, als es in diesem kleinen Buch geschieht, kann man Spurensicherung wohl nicht betreiben. Die Person, deren Spur hier gesucht (und gefunden) wird, heißt Ingeborg Bachmann. Uwe Johnson läßt diese Person, von der er ein Zitat an den Anfang setzt, fast ganz aus. Das Zitat lautet: »Außerdem ist sowieso jeder Nachruf zwangsläufig eine Indiskretion.« Das ist ein gutes Motto für Bio-, mehr noch für *Auto*biographien.

Die wenigen Stellen, wo Ingeborg Bachmann direkt zu Wort kommt, werden um so gewichtiger angesichts der allenthalben waltenden Diskretion; sie werden vielsagend und durch Wiederholung fast schlagend: »Man müßte überhaupt ein Fremder sein, um einen Ort wie Kl(agenfurt) länger als eine Stunde erträglich zu finden, oder immer hier leben.« Das wird zweimal zitiert, zweimal auch: »Vor allem dürfte man nicht hier aufgewachsen sein und ich sein und dann auch noch wiederkommen.«

Diese Zitate, eingefaßt, fast möchte ich sagen eingelullt, in exakte, minuziöse Beschreibungen von Klagenfurts Topographie, Geschichte, umkleidet von Auszügen aus Zeitungsberichten, Fremdenführern, Fahrplänen, wirken fast wie das berüchtigte Augsburg-Zitat aus Thomas Bernhards letztem Theaterstück, und doch sind sie weit mehr, sitzt die Ursache für ihre Bitterkeit tiefer, viel tiefer, als irgendein städtisches Fremdenverkehrsamt durch irgendwelche Gegenerklärung oder gar durch Gegenpropaganda »wiedergutzumachen« versuchen könnte.

Es ist natürlich nicht Zufall, wo einer herkommt, aber diese Art der Spurensicherung, herauszufinden, wo einer herkommt, ist richtig, wichtig, und doch wird dabei Klagenfurt so unwichtig wie Augsburg, Koblenz oder Köln. Städte, die sich durch derartige Äußerungen beleidigt fühlen, bilden sich einfach zuviel ein. Sie sind wichtig, aber nicht auf diese Weise, in der sie sich wichtig nehmen. Es gibt da ein weiteres Zitat, an dem die Stadt Klagenfurt so schuldig-unschuldig ist wie Wetzlar oder Allenstein:

»Es hat einen bestimmten Moment gegeben, der hat meine Kindheit zertrümmert: der Einmarsch von Hitlers Truppen in Klagenfurt. Es war etwas so Entsetzliches, daß mit diesem Tag meine Erinnerung anfängt: durch einen zu frühen Schmerz, wie ich ihn in dieser Stärke vielleicht später überhaupt nie mehr hatte [...] diese ungeheure Brutalität, die spürbar war, dieses Brüllen, Singen und Marschieren [...] das Aufkommen meiner ersten Todesangst.«

Hat hier vielleicht an einem zwölfjährigen Mädchen, das Inge genannt wird, Heimatvertreibung stattgefunden? Und hat Uwe Johnson sich aufgemacht, diese verlorene Heimat auszumessen? Ich denke, beide Fragen können mit Ja beantwortet werden. Die Ausmessung ist gelungen, diese scheinbar trockene Landmesserei erweist sich als das einzig mögliche Epitaph für Ingeborg Bachmann. Und. wenn Johnson dann nach glücklichen Recherchen schreibt: »In den Geschäften für Fahnen und Wimpel wurde so gedrängt, daß von Zeit zu Zeit die Sachen mit dem Hakenkreuz ausgingen«, so sehe ich darin keine Blamage für Klagenfurt allein, auch eine für Konstanz und jede andere Stadt.

Ich habe diese Zitate jetzt herausgeholt und somit herausgestellt, obwohl sie nur einen Bruchteil des Buches ausmachen; nicht gerade versteckt sind, aber doch mit äußerster Diskretion an- und untergebracht. Der größere Teil des Buches besteht aus Material über Klagenfurt und Kommentierung dieses Materials. Was daran und darin ironisch oder satirisch erscheint, ist nicht von Uwe Johnson, es ist das Material selbst, das sich nach fast vierzig Jahren so darstellt; es ist schon gespenstisch, es ist ein Geisterbuch – die Zwölfjährige, die da singen hört, »bis alles in Scherben fällt«, und die als Siebzehn-, Achtzehnjährige die Scherben fallen sieht, die von Folterungen hört, von Liquidierungen.

O nein, die Heimat ist nicht wiederhergestellt, und nicht nur die physisch Vertriebenen sind aus ihr vertrieben. Dieses Problem hat gewiß für Österreicher andere Dimensionen als für Deutsche. Johnson verletzt auch innerhalb dieser Dimensionen die heiklen Gefühle nicht. Er referiert, er fügt Material zusammen, er zitiert (nicht nur Ingeborg Bachmann), er hat Stadt- und Fahrpläne studiert, einen Friedhof besucht. Er hat die Spuren einer Heimatvertriebenen gesichert. Die Adjektive »diskret«, »delikat« charakterisieren dieses Buch nicht ausreichend, es ist mehr: von einer unbeschreiblichen Höflichkeit, ein hochgradig geglückter Annäherungsversuch, es könnte ein Modell sein für Biographien – besser noch: auch für Autobiographien.

Aus: Frankfurter Allgemeine Zeitung, 23. 11. 1974.

Begleitumstände

Jochen Muhl

Hinweise auf *Begleitumstände*

Zu Uwe Johnsons Frankfurter Vorlesungen

Im Sommersemester 1979 ist Uwe Johnson bei der Universität Frankfurt mit der ›Gastdozentur für Poetik‹ betraut gewesen, jenem ungewöhnlichen Lehrstuhl, der den Studenten Gelegenheit bieten sollte, Probleme und Dimensionen der zeitgenössischen deutschen Literatur durch namhafte Repräsentanten und aus unmittelbarer Anschauung kennenzulernen. In dem Jahr darauf hat Johnson seine Vorlesungsreihe unter dem Titel *Begleitumstände* einem breiteren Publikum vorgelegt.[1] Die Wahl dieses Titels deutet bereits an, daß der diplomierte Germanist Johnson nicht gesonnen war, nachträglich akademische Denkgewohnheiten anzunehmen. Schließlich seien ihm noch in der DDR »die Türen zur Wissenschaft amtlicherseits geschlossen« worden, wie er es einige Jahre zuvor gegen Manfred Durzak ausgedrückt hatte, woraufhin er sich auf die Schriftstellerei »konzentriert [...] und die theoretische Analyse aufgegeben« habe bis auf deren »Rezeption«.[2]

In der Tat sind die Absichten Johnsons in den Frankfurter Vorlesungen nicht auf philologische Facharbeit gerichtet, sondern er gibt von seinen »Erfahrungen im Berufe des Schriftstellers« (BU 24) Bericht, nicht zuletzt als Warnung für hoffnungsvolle Adepten dieses Metiers. »Es wird also die Rede sein vom Schreiben. Statt einer Lehre vom Schreiben« (BU 11), lautete seine Ankündigung in der ersten Kollegstunde. Eine Poetik in einem herkömmlichen Sinn ist den *Begleitumständen* demnach nicht abzuverlangen, wenngleich in ihnen Betrachtungen über die Arbeit des Schriftstellers angestellt werden, die mit gutem Recht auf die Bezeichnung ›poetologisch‹ Anspruch erheben könnten. Doch eben kein moderner ›Poetischer Trichter‹ für entsprechend ambitionierte Hörer sollten diese Kollegien in seinem Verständnis sein, sondern ein Forum des Autors Johnson für »abschließende Auskunft« (BU 24) zu zahlreichen Erkundigungen aus seiner Leserschaft. Die collagenartige Komposition der Materialien verweigert es, die *Begleitumstände* als ein auf handlich-schnelle Information angelegtes Kompendium zu Leben und Werk dieses Autors anzusehen und benutzen zu wollen. Vielmehr ist ebenso sorgfältige und aufmerksame Lektüre gefordert wie bei seinen epischen Unternehmungen (den *Jahrestagen* wurden freilich unterdessen der Übersicht halber Register beigegeben) – zu solcher Übersicht der *Begleitumstände* soll hier Hilfestellung gegeben werden.

Nach Lage der Dinge gehören die *Begleitumstände* zu den letzten authentischen Ausführungen Johnsons zu Bedingungen und Verfahren seiner literarischen Produktion. Frühere entsprechende Äußerungen ergänzen sie qualitativ wie quantitativ, doch gehen sie in der Wahl ihrer Perspektiven wie in ihrer Kontinuität weit darüber hinaus. Für Kritik und Exegese der Werke dieses in so vieler Beziehung schwer zugänglichen Autors sind sie ein bisher weitgehend ungenutzt gebliebener Fundus von Materialien.

Die *Begleitumstände* folgen in lockerer Chronologie den Lebensstationen Johnsons, deren besondere Verknüpfungen mit dem Gang der öffentlichen Ereignisse es mit sich bringen, daß dabei einige Kapitel gesamtdeutscher Zeit- und Literaturgeschichte neuerlich aufgeblättert werden: das Ende des Faschismus, die frühen Jahre der beiden Republiken, in denen man sich offiziell schwer tat mit Dichtern und Schriftstellern, deren ideologisch-politischer Standort den jeweils Mächtigen oft bereits verdächtig war, weil er sich jenseits ihres Horizontes befand. Mehr als ein Drittel der gut 450 Druckseiten umfassenden Schilderung der *Begleitumstände* widmet Johnson seinen indirekt oder direkt politisch begründeten Auseinandersetzungen mit Behörden und Berufskollegen im östlichen und westlichen Teil Deutschlands. ›Begleitumstände‹ seiner Schriftstellerexistenz waren das allemal und dazu nicht nur für die Studenten des Sommersemesters 1979 in Frankfurt informative Exkurse in die politisch-literarische Landschaft der Jahre Ulbrichts und Adenauers. ›Begleitumstände‹ aus dem weniger spektakulären schriftstellerischen Alltag fehlen nicht: Verleger, Reisen, Finanzen – und schließlich immer wieder Reflexionen zu der Genese seiner Romane, über Fragen der erzählerischen Form, eine Werkschau aus der Innenperspektive.

Autobiographische Geständnisse allerdings, soweit sie in keine

Beziehung zum Werk gesetzt sind, versagt sich Johnson: »Das Subjekt wird hier lediglich vorkommen als das Medium der Arbeit, als das Mittel einer Produktion.« (BU 24) Diesem Fundamentalsatz aus der gleichsam ›impliziten Poetik‹ der *Begleitumstände* gehorchen auch die Darstellungsprinzipien ihrer Vortragsform.

Gewiß hat Johnson immer wieder und mit Nachdruck die Unterstellung bestritten, eine regelrechte Poetik zu besitzen (vgl. BU 328), und Teile der Kritik sind ihm hierin gefolgt.[3] Wirklich ließe seine früh gefaßte Überzeugung: »Die Geschichte sucht, sie macht sich ihre Form selber« (BU 140) eine nomothetische Poetik folgerichtigerweise nicht zu, da ihre Satzungen dem Erzählstoff seine Form bindend vorschreiben würden. Hingegen macht nur in einer solchen präskriptiven Verwendung der Begriff ›Poetik‹ letztlich Sinn. Einem verbreiteten Sprachgebrauch gemäß sind in den anschließenden Überlegungen dichtungstheoretische Aussagen jedoch als ›poetologisch‹ bezeichnet.

Johnson hat sich zu Problemen der modernen epischen Formen schon vor den *Begleitumständen* mehrfach geäußert. In dem Aufsatz *Berliner Stadtbahn* aus dem Jahr 1961[4] kam er in Anbetracht der ideologisch-politischen, ethischen und erkenntniskritischen Faktoren möglicher Täuschung, denen die Beschreibung mancher einfach scheinender Vorgänge deutsch-deutschen Daseins unterworfen war, bezüglich des erzählerischen Gestus zu dem Resultat: »Die Manieren der Allwissenheit sind verdächtig«, weshalb der »göttergleiche Überblick eines Balzac« (BS 20) einem zeitgenössischen Autor nicht mehr anstünde. Als einen Weg aus dieser narrativen Zwangslage bot Johnson an, »die schwierige Suche nach der Wahrheit« von dem Verfasser in den Erzählgang als bestimmendes Moment integrieren zu lassen, »indem er nicht für reine Kunst ausgibt, was noch eine Art der Wahrheitsfindung ist.« Dem Kriterium der »Genauigkeit« (BS 21) habe sich der Erzähler in der Wahl seiner darstellerischen Verfahren vornehmlich zu unterwerfen – ohne freilich die Verkaufbarkeit seiner Bücher gänzlich außer acht lassen zu können.

Das Erfordernis der »Genauigkeit« ist in Johnsons *Vorschlägen zur Prüfung eines Romans*[5] zwölf Jahre später wieder aufgenommen, wenn darin die »Wahrheit des Romans [...] der Kontrolle des Lesers« mit Nachdruck empfohlen wird, denn: »Wahrheit ist Bimsstein« (VP 401), welcher in Gestalt der vorhandenen Kennt-

nisse des Lesers einer Geschichte anzusetzen sei. Johnson nennt
hier neben der Kategorie der »Wahrheit« – der Wahrhaftigkeit
und Gewissenhaftigkeit seitens des Autors entsprechen – die
Aufgabe, »eine Version der Wirklichkeit« wie »eine Welt, gegen
die Welt zu halten« (VP 402 f.), als Bestimmung des zeitgenössischen Romans. Dabei gehe die Diskrepanz zwischen den erzählerischen Praktiken und »der Wahrnehmungsfähigkeit des Publikums« (VP 402) zu Lasten eines mangelhaften Bildungssystems.

So sind die *Begleitumstände* auch ein Versuch Johnsons, dieses
Defizit zu verringern, freilich in eigener Sache und an eigenen
Sachen. Ein ›poetologischer‹ Unterton stellt sich in einigen Passagen notwendig ein. Wie in den Angaben zu der »Erfahrung im
Prozeß des Erfindens« (BU 127), bei denen er die Konstruktion
einer Geschichte mittels zweier zunächst divergenter Verfahren
erläutert: der aktiven, bewußten und planvollen Recherche
(»Technik eines Arbeitsvorganges«, »Ort der Handlung«), und
jenem anderen passiven, absichts- und planlosen Verhalten bei
der Gestaltung der Personen. Denn diese lassen sich nicht herbei-
zitieren:

Sie müssen freiwillig auftreten, in sich stimmig aus eigenem, in ihrem
eigenen Recht, dem Urheber ebenbürtig. Dann werden sie ihm helfen und
ihn gelten lassen als einen Partner, wenn er umgeht mit ihnen in seinem
Bewußtsein und nun zu Papier. (BU 127 f.)

Poetologische oder genetische Bemerkungen dienen in den
Begleitumständen aber zumeist der Erläuterung bestimmter
Erzähltexte Johnsons und entsprechend sind die folgenden Hin-
weise angeordnet. Es handelt sich zunächst um die frühen Werke
Johnsons. Die *Jahrestage* werden zum Schluß gesondert ange-
führt.

Das Schicksal des niemals vollständig veröffentlichten Roman-
versuchs *Ingrid Babendererde* wird mit den subjektiven Gründen
seines Scheiterns vorgestellt (vgl. BU 69–88). Schon vor der
Ablehnung des Typoskripts durch diverse Verlage der DDR und
der Bundesrepublik hatte es für den knapp zwanzigjährigen
Autor mit der vierten Fassung »das Leben verloren.« (BU 88).
Dennoch sandte er es, von dem angezeigten kulturpolitischen
Tauwetter nach Stalins Tod 1953 ermutigt, dem Aufbau-Verlag
ein, der es aus ideologischen Rücksichten zurückwies. Die verlangte Umarbeitung aber

wäre dem Verfasser an die Substanz dessen gegangen, was er als Wahrheit für vertretbar, für belegbar hielt. Sie wäre hinausgelaufen auf Streichungen in der Wirklichkeit. (BU 89)

Diese Probe auf das schriftstellerische Ethos des angehenden Autors war nicht die letzte gewesen. Die zitierten ablehnenden Bescheide anderer ostdeutscher Verlage liefern dankbares Material für die interne Geschichte der ästhetischen Ideen in der DDR (vgl. BU 90–96).

Aber auch Peter Suhrkamps Verlag hat erst seine nächste Vorlage angenommen. In den *Begleitumständen* entwickelt Johnson seine Auffassung von der Erzählerrolle dieser *Mutmaßungen über Jakob* als »Aufschreiber« (BU 151) und »Führer des Protokolls« (BU 135) der imaginären Gespräche seiner Gestalten (vgl. BU 139f.) und erläutert damit sein auktorielles Selbstverständnis als »Mittel einer Produktion«. Zu fragen wäre allerdings, ob sich dieser Erzähler in der Tat eines »jeden Anspruches auf Allwissenheit begeben« (BU 139) habe, denn über Innensicht verfügt er sehr wohl – er kennt vielfach die (nicht geäußerten) Gedanken seiner Gestalten.

Zu Johnsons nächstem Text *Das dritte Buch über Achim* erscheint der begleitende Briefwechsel mit dem Verlag über die Wahl des Titels als ein poetologischer Dialog über den narrativen Status dieses ›Buches‹, das von seinem Verfasser als »Beschreibung einer Beschreibung« (BU 175) gedacht war (vgl. BU 172–177). Die Antworten an den Rezensenten Karl Pestalozzi orientieren nicht nur über das Verhältnis des fiktiven Helden Achim zu virtuellen Vorbildern (vgl. BU 171f., 178–182), sondern nennen auch die sprach-logischen Voraussetzungen der scheinbar eigenwilligen Syntax und Interpunktion in der frühen Prosa Johnsons.

Ein geplantes Buch sollte sich mit dem Phänomen der Fluchthilfe-Organisationen befassen und auf Tonbandprotokollen Beteiligter aufbauen; die Erinnerungsleistung der Gedächtnisse des Autors wie seiner Gewährsleute reichte nicht hin, das Projekt vor der Gefahr des »Erfindens« (BU 265) hinreichend zu bewahren. Sein poetologisches Programm versprach Außerordentliches:

Die epische Dokumentation war das, der endlich gefundene Weg um die trostlose Prämisse der Fiktion, die mit dem Indikativ der Zeitformen ein Geschehen vortäuscht, das es nie gegeben hat, von der Unwahrheit gerade noch geschieden durch das Eingeständnis und den Anspruch unter dem Titel, dies sei eine Form der literarischen Kunst. (BU 264)

Das historische Faktum der deutschen Teilung bildet auch den politischen Hintergrund für die *Zwei Ansichten,* die Johnson in den Augen des Publikums endgültig als ›Dichter beider Deutschland‹ etablierten – zu seinem größten Mißfallen (vgl. 392–396). Die »Psychologie des Erzählens« (BU 323) bedient sich der von Stendhal beschriebenen »Kristallisation« einer Liebesbeziehung (vgl. BU 324). In dem »Prozeß des Erfindens« tritt die Notwendigkeit umfassenderer Recherche auf, um Details aus den Lebensbereichen der beiden Hauptgestalten zu sammeln. »Zu der fertigen Arbeit« (BU 326) und als deren poetologischen Kommentar zitiert Johnson seine Antworten in einem Interview mit Michael S. Schoelman aus dem Jahr 1965 mit den dort formulierten Grundsätzen der Determination der Erzählform durch ihren Inhalt und der exemplarischen Bedeutung der Lebensweise ›einfacher Leute‹ für ihre Zeit (vgl. BU 326–330).

In einem zweiten Durchgang schließen sich nunmehr Hinweise auf die Angaben der *Begleitumstände* zu den biographischen und politischen »Erfahrungen im Berufe des Schriftstellers« an.

Die Abneigung gegen gar zu leichtfertigen Umgang mit Fiktionen bestimmt Johnsons Haltung nicht nur zur Literatur. Aus dem Widerspruch gegen eine Fiktion ganz anderer Art leitet er die Anfänge seiner Schriftstellerexistenz überhaupt her. Als »ureigene Sache« bezeichnet er seinen Zusammenprall mit den staatssichernden Behörden der DDR über der Frage, »wann etwas eine Wahrheit ist und bis wann eine Wahrheit eine Strafe verdient« (BU 69). Als junger Student nämlich hatte er sich geweigert, weisungsgemäß Staatstragendes gegen die (zu Unrecht) der Subversion verdächtigte evangelische ›Junge Gemeinde‹ vorzubringen, was ihm eine zeitweilige Relegation einbrachte (vgl. BU 62–69).

Da ihm verwehrt ist, dies öffentlich auszutragen, wird er es schriftlich tun. So wird er zum Lehrling in diesem Beruf, den er sich selber beizubringen hat. (BU 69)

Zu einem Autor »als Mittel einer Produktion« gehören in Johnsons Fall in besonderem Grade die Erfahrungen der Mecklenburger Kindheit und Schulzeit, der Wechsel von Hitler zu Stalin (vgl. BU 25–58), zumal das Lektüreerlebnis, »daß es also

Menschen gab, die sich die Welt selber machen können« (BU 34). Es folgt der Beginn der eigenen schriftstellerischen Kreativität während der ersten Semester des Germanistikstudiums (BU 69–88), in welchem sich auch seine »Vorliebe für das Konkrete« entwickelte, »eine geradezu parteiische Aufmerksamkeit für das, was man vorzeigen, nachweisen, erzählen kann« (BU 23), nach Abschluß des Studiums die Stellungslosigkeit (vgl. BU 108–117).

Mit der Publikation der *Mutmaßungen* ist das »Subjekt [...] als Medium der Arbeit« zu einem Objekt der öffentlichen Diskussion geworden, in der Kritik der Rezensenten zunächst, dann bis in den Bundestag. Die *Begleitumstände* geraten darüber zu einer ausführlichen Dokumentensammlung der erbitterten Auseinandersetzung mit Hermann Kesten, der Johnson im Herbst 1961 eine Verteidigung des Mauerbaus unterstellt hatte. Heinrich von Brentano nutzte diese Bezichtigung in innerparteilichen Rivalitäten mit dem damaligen Innenminister Höcherl, den er vor dem Bundestag zu der Aufkündigung des Villa-Massimo-Stipendiums zu veranlasssen suchte (vgl. BU 206–249). Der Kampf zeigt einen um seine persönliche Integrität besorgten Autor, der sich trotz seiner Verwicklungen in das politische Tagesgeschehen, in das er mit seinem Votum gegen den Boykott der Berliner S-Bahn in das Kreuzfeuer öffentlicher Kritik geriet (vgl. BU 287–299), nicht als politischer Schriftsteller verstehen will (vgl. die Darlegungen zu der Gruppe 47, BU 270–287).

In politischer Hinsicht wurde es gegen Mitte der sechziger Jahre leiser um Johnson. Reisen nach Italien und Amerika taten ein übriges, ihn aus dem Brennpunkt zu rücken. Der Aufenthalt in den Vereinigten Staaten steht in seiner zweiten Hälfte bereits ganz unter dem Zeichen der *Jahrestage*.

Zu sprechen bleibt von diesem opus magnum in den *Begleitumständen*, vornehmlich von der Konzeption seiner Hauptperson Gesine Cresspahl. In einem Gespräch mit Manfred Durzak hat Johnson die Erzählerposition in dem Monumentalwerk skizziert:

in den *Jahrestagen* habe ich von einer zugegebenermaßen erfundenen Person quasi den Auftrag oder ich habe mit ihr den Vertrag, hier ihr Leben wiederzufinden und aufzuschreiben in einer Form, die sie billigen würde.[6]

In den *Begleitumständen* führt Johnson diese Fiktion zu einer zunehmenden Hypostasierung dieser Gestalt, bis sie ein Eigenleben nicht nur außerhalb des Romans, sondern auch außerhalb der Fiktion der *Begleitumstände* zu führen scheint (vgl. BU 300–302, 406–453). Zwar gehört die Vorgabe eines mentalen Umgangs mit den Charakteren seiner Romane im »Prozeß des Erfindens« zu den stehenden Topoi Johnsons, und eine derartige Metaphorik ist auch anderen Autoren geläufig, aber weshalb – möchte man fragen – eine solche Insistenz ihres Urhebers, da doch der Wahrscheinlichkeit und damit Glaubwürdigkeit der Romangestalt Gesine Cresspahl kein Deut hinzugefügt wird? Unweigerlich wäre damit die den *Jahrestagen* zugrunde liegende Konzeption von Fiktion und Wirklichkeit berührt, bei deren Analyse die Beiträge der *Begleitumstände* berücksichtigt werden müßten.

Originalbeitrag.

Anmerkungen

1 Uwe Johnson, *Begleitumstände. Frankfurter Vorlesungen*, Frankfurt am Main 1980 (es 1019). Im Text zitiert als BU mit Seitenangabe.

2 Manfred Durzak, *Gespräche über den Roman. Formbestimmungen und Analysen*, Frankfurt am Main (st 318), S. 450.

3 Vgl. etwa Wilhelm Johannes Schwarz, *Der Erzähler Uwe Johnson*, Bern 1970, S. 41.

4 Neuveröffentlicht in: Uwe Johnson, *Berliner Sachen. Aufsätze*, Frankfurt am Main 1975 (st 249). Im Text zitiert als BS mit Seitenangabe. Zu dem Zusatz »veraltet« vgl. Ree Post-Adams, *Antworten von Uwe Johnson. Ein Gespräch mit dem Autor*, in: German Quarterly 50 (1977), S. 243.

5 In: Eberhard Lämmert (Hg.), *Romantheorie. Dokumentation ihrer Geschichte in Deutschland seit 1880*, Köln 1975, S. 398–403. Im Text zitiert als VP mit Seitenangabe.

6 Vgl. Anm. 2, S. 429.

Jahrestage

Manfred Durzak

Gespräch mit Uwe Johnson
über die *Jahrestage*

1. Erzählposition der *Jahrestage*

DURZAK Darf ich die Frage des Erzählerstandpunktes [...] einmal direkt auf die *Jahrestage* beziehen? Ich versuche [...] zu charakterisieren, daß Sie darauf verzichten, bestimmte Mitteilungen mit der Autorität eines allwissenden Erzählers vorzutragen, und daß das Personal Ihres Romans auch erzählerisch ein bestimmtes Eigengewicht gewinnt, indem bestimmte Informationen aus der Erfahrungsperspektive dieser bestimmten Personen mitgeteilt werden und der Erzähler sich sozusagen in der Haltung eines Abwartenden, eines Beobachtenden diesen Informationen gegenüber befindet. Nun könnte man allerdings –

JOHNSON Ja, ich halte das auch für sehr viel wichtiger. Wenn Sie eine längere Lebensperiode zu schildern haben, dann können Sie natürlich sagen: Im April, Mai, Juni 1933 machte die Reichsregierung das und das. Ich muß mich aber praktischerweise daran halten, daß wir hier eine Person haben [Gesine Cresspahl], die wütend ist über das Verhalten ihres Vaters, der sicher in England sitzt und dann doch zurückgeht nach Deutschland, anstatt sie als Kleinkind mit der Mutter nach England zurückzuholen. Sie erzählt sich das nämlich so: Die Reichsregierung machte meinem Vater folgende Angebote, zum Beispiel die Einführung der Todesstrafe auf diese und jene Weise, das Verbot seiner Partei auf diese und jene Weise, während sich der Vater um nichts kümmert als um eine Ulme, die da auf seinem Hof in Richmond bei London ihre Wachstumsschwierigkeiten hat. Ich ziehe es wirklich vor, das im Zusammenhang mit der Wohlfahrt und dem Untergang einzelner Personen darzustellen. So kann man es sehen und, so habe ich durch Lektüre gelernt, kann ich es selber sehen.

DURZAK Darf ich weiterfragen, wie das nun im einzelnen konkret aussieht? Das sind also bestimmte Figuren –

JOHNSON Personen, Entschuldigung.

DURZAK – bestimmte Personen, die ein bestimmtes Eigengewicht annehmen. Sie haben das selbst in einer Formulierung angedeutet: Sie haben einen Auftrag erhalten von diesen Personen –

JOHNSON Nur von einer.

DURZAK Von Gesine Cresspahl, und diese Person entwickelt ein bestimmtes episches Eigenleben, d. h. die Konzeption des Romans, wie Sie sie sich vielleicht theoretisch in einigen Hauptzügen vorher zurechtgelegt haben, wird variiert und verändert vom Eigenleben her, das diese Person gewinnt. Meine Frage nun: Wie sieht es konkret mit dem Erzähler Johnson aus, der sich ja selbst an gewissen Stellen wiederum in seinen Roman hineinbringt, sich als Erzähler sozusagen von der erzählten Person anreden läßt? Wie ist es um dieses Verhältnis bestellt, vor allem auch in bezug darauf, daß ja noch eine dritte Person hier eine wichtige Rolle spielt, auch rein im formalen Vorgang des Erzählens, nämlich die Tochter Marie? Mir ist nicht immer klar geworden, ob es tatsächlich möglich ist, das so realistisch zu motivieren, wie es offenbar gemeint ist. So wird in der Erzählung Gesines für Marie eine bestimmte Vergangenheit vergegenwärtigt, wobei die realistische Komponente doch bei Zeiträumen ausfällt, die sie gar nicht erlebt haben kann.

JOHNSON Das besorge ich für sie.

DURZAK Gut, aber dann müßte man doch weiterfragen: Was ist der Ursprung von Gesines Informationen innerhalb dieser bestimmten formalen Konzeption des Romans? Sind das nun wiederum Erzählungen ihres Vaters, sind das bestimmte Materialien, die sie zur Verfügung hat? Auf der einen Seite verzichten Sie darauf, Materialien direkt in den Roman hineinzubringen und den Personen gegenüberzustellen. Sie motivieren auf realistische Weise, indem Sie bestimmte Erfahrungen Gesines als Hintergrund dieser Informationen annehmen. Aber das geht doch nicht immer, da ihr biographischer Erfahrungshorizont Lücken aufweist.

JOHNSON Ich höre es nicht gern, wenn Sie das Materialien nennen. Sobald man anfängt, das zu erzählen, sind es doch ihre Familienerfahrungen. Und da genügt es doch, wenn ich weiß: sie hatte einen Großvater, der noch im vorigen Jahrhundert geboren wurde, Soundso heißt und dieses oder jenes Lebensjahr hatte um das Jahr 1920, als zufällig der Kapp-Putsch war. Dann ist es doch meine Aufgabe, da sie den Tag über arbeiten muß und dann am Abend dieses verlorenen Tages ein Familienleben mit diesem Kind unterhalten muß, da ja ein anderer Elternteil nicht am Leben ist – dann ist es doch meine Aufgabe, ihr das herauszufinden, wie das damals war, und dann abzuwarten, ob das zu ihr, so wie sie ist, paßt oder ob es nicht zu ihr paßt.

DURZAK Wenn Sie das so beschreiben, könnte man generell fragen, warum Sie nicht von vornherein viel stärker als Erzähler in Erscheinung treten, indem Sie z. B. auf solche als realistisch fingierte Motivation verzichten, um Informationen in den Roman hineinzubringen. Ein Beispiel: wenn Sie an einer Stelle in den *Jahrestagen* eine Gegenüberstellung der Situation in New York und West-Berlin erreichen wollen –

JOHNSON Verzeihn Sie, ich will das nicht erreichen.

DURZAK Gut, wenn das geschieht, dann wird meiner Meinung nach eine Hilfskonstruktion verwendet, und zwar ruft Gesine bei einer Freundin in West-Berlin an, was mir, realistisch eingeschätzt, merkwürdig zu sein scheint, nämlich daß man – natürlich, das ist einfache Leserpsychologie – aus einer Zufallshaltung heraus ein teures Ferngespräch führt, nur um einige Informationen von einem Menschen zu erhalten. Warum wird das nicht direkt in Form eines Faktenstenogramms in die Erzählung hineingebracht, mit der Funktion eines Kontrasts? Warum diese realistische Verklammerung?

JOHNSON Ja, zur Frage meines persönlichen Auftretens, da kann ich nur mit einer Gegenfrage antworten. Wer ist denn hier wichtig, ich oder die Person, deren Leben ich beschreibe? Ich würde diese letztere Möglichkeit wählen. Zum andern ist das Attentat auf Rudolf Dutschke in der Tradition eines solchen Lebens wie dem von Gesine Cresspahl von einem sehr, sehr hohen Stellenwert. Sie wird aber, wenn sie die »New York Times« anruft, nur erfahren: »Das ist alles, was wir wissen. Wenn wir mehr wüßten, hätten wir mehr gedruckt, Madam.« Und diesen Weg wird sie nicht wählen. Sie wird eine Freundin anrufen, und zwar ist das eine sogenannte beste Freundin, die obendrein noch im Zentrum dieses für sie wichtigen Geschehens sitzt, nämlich in West-Berlin. So teuer ist das gar nicht, das sind im schlimmsten Fall 18 Dollar gewesen. Und dann müssen Sie auch noch bedenken: wenn man eine hohe Telefonrechnung hat in New York, dann ruft kurz vor Abschicken der Rechnung ein

Fräulein der Gesellschaft an und sagt: »Sie werden demnächst eine sehr hohe Rechnung haben. Wenn es Ihnen sehr unangenehm ist, können wir Ihnen gern einen Vorschlag machen, daß Sie das in Raten bezahlen dürfen.« Das ist also eigentlich nicht das Einschüchternde. Und Herr Rudolf Dutschke hatte etwas zu tun – um das zu erläutern – mit der Vorbereitung eines Sozialismus, den Gesine Cresspahl hat mehrfach scheitern sehen. Er war einer der – gut, sagen wir – Katalysatoren, an dessen Verhalten oder bzw. Erfolg/Mißerfolg sie hat erkennen können: wird es das einmal in Deutschland geben? Was würden Sie denn machen? Sie würden auch da anrufen, wo Sie es am allerschnellsten und allerdeutlichsten erfahren. Ich halte es nicht für eine Konstruktion, sondern das gehört zu ihren Lebensverhältnissen. Sie hat eben diese beste Freundin Anita. Wer soll es ihr denn sonst sagen? Und wem würde sie sonst glauben?

DURZAK Ich habe das auf dem Hintergrund als Frage gestellt, weil Sie in bestimmten Situationen, wo Gesine auf Grund biographischer Umstände Informationen nicht zugänglich sind, als Erzähler in Erscheinung treten und diese Informationen erzählend mitteilen.

JOHNSON Das tu ich nicht, nein, nein, nein. Der Verfasser des Buches kommt ein einziges Mal vor bisher in direkter Partnerschaft. Und das ist die Sache mit dem Jewish American Congress. Da ist diese Mrs. Cresspahl unzufrieden mit der Ausführung des Vertrags, und um diese Unzufriedenheit deutlich zu machen, da erinnert sie sich an ein Problem, das sehr wohl das ihre ist, das Verhältnis zu den Juden. Sie benutzt die Gelegenheit, um dem Verfasser zu zeigen, daß er sich da blamabel aufgeführt hat. Und das rekapituliert sie ihm, und da fallen dann so kleine schnippische Bemerkungen, die aber eigentlich mit der Rekapitulation dieses ganzen Zwischenfalls oder Ereignisses den Effekt haben, daß von beiden Seiten aufgestaute Emotionen verbraucht werden und daß man wieder vernünftig über die Darstellung weiterverhandeln kann. Sonst nichts. Da taucht die Frage auf: Wer erzählt hier eigentlich? Wir beide, siehst du doch! Und nachdem er dies hingenommen hat und hat hinnehmen müssen, geht das Normale weiter. Das werden Sie an der Sprachlage sehen.

DURZAK Ja, aber das ist nicht eigentlich das, was ich meinte, daß also der Erzähler Teil der erzählerischen Fiktion wird und selbst in Erscheinung tritt.

JOHNSON Ich bin gar keine Fiktion.

DURZAK Ja, in gewisser Weise, erzählstrukturell, doch.

JOHNSON Entschuldigung, mein Auftritt vor dem Jewish American Congress hat ja stattgefunden.

DURZAK Ja, aber Sie werden sozusagen momentan zumindest Teil einer erzählerischen Fiktion, indem Sie selbst erzählt werden.

JOHNSON Ich gehe rein.

DURZAK Sie gehen rein in das Buch, Sie sind Bestandteil des Buches geworden und dadurch erzählerischer Bestandteil in dem Sinne, daß Sie Teil der erzählerischen Fiktion sind.

JOHNSON Aber auch viele andere Sachen, die weiter nichts als zeitgenössische nachgewiesene Realität sind, gehen in das Buch rein, zum Beispiel die Judengesetze, die sich auf den Paten dieser Person, einen angeblich jüdischen Tierarzt, auswirken und sind auch bloß ein Gesetz mit außerordentlich großer Kraft der Wirklichkeit.

2. Die »New York Times« – ein Hilfsmedium des Erzählens?

DURZAK Ich wollte Sie noch zu einem andern Punkt fragen, der, so scheint mir, auch die Funktion eines Hilfsmediums des Erzählens hat.

JOHNSON Entschuldigung, ich habe da nichts konstruiert. Das waren Lagen, das waren Verhältnisse, die zu ihrem persönlichen Zustand gehören. Das ist nicht konstruiert.

DURZAK Gut, ich könnte für konstruiert auch komponiert oder erzählerisch verwirklicht sagen.

JOHNSON Aber in Wirklichkeit ist es doch nur die Ausnutzung einer Situation, in der sie sich befindet. Diese ganze Situation ist doch durch die Vorbereitung des Buches bei mir hergestellt worden, und von nun an ist sie benutzbar.

DURZAK Sicherlich, aber wenn ich eine Formulierung von Ihnen höre wie die: Sie haben einen Auftrag erhalten von einer bestimmten Person, diese Person ist fiktiv. Ist da nicht so etwas wie eine Mythisierung eines literarischen Sachverhalts im Spiel?

JOHNSON Das ist eine scherzhafte Umschreibung für eine Lage. Ich habe diese Person in New York wiedergefunden, d. h. ich kannte sie recht gut aus einem früheren Buche, und mir kam der Einfall, diese, ihre Biographie zu beschreiben, und ich habe mich jetzt für sie in nicht ganz ernsthafter Weise darum bemüht, von dieser Person die Genehmigung zu bekommen, ihr Leben zu beschreiben. Daraus rührt ein Vertrag her. So kann man es ausdrücken. Natürlich ist das real nicht haltbar. Das war nur eine Hilfsdarstellung. Natürlich macht man das nur bei lebenden Personen, nein: bei juristischen Personen.

DURZAK Meine andere Frage in diesem Zusammenhang betrifft die Funktion der »New York Times« im Erzählkontext. Sie scheint mir als ein Hilfsmedium des Erzählens eingesetzt, ähnlich wie über längere Passagen des dritten Bandes das Fernsehen. Ist es nicht so, daß sich den beiden Erzählebenen des Buches, Erzähler-Gesine und Gesine-Marie – dazwischen kann gelegentlich der Erzähler selbst auftauchen – eine dritte Ebene zuordnet, und hier ergibt die Orientierung das Erzählmedium »New York Times«? Oder wie ist das, vom Autor her gesehen, gemeint?

JOHNSON Ja, »gemeint« ist es im Grunde gar nicht. Was diese Marie angeht, so hat sie bei einer Autofahrt an einem Wochenende im Jahre 67 eingesehen, daß sie verschiedene Sachen, die die Mutter ihr erzählt – Wie warst Du denn als Kind in der Schule in meinem Alter? –, nicht begriffen. Da erbittet sie sich von ihrer Mutter Tonband-Deposits. Diese Tonband-Deposits können durchaus entstehen, wenn das Kind dabei ist oder nicht. Das ist eine reale Situation, das Kind hat sich das ausgebeten. Und das wird dann auch gemacht. Ob das nun im Gespräch geschieht oder im Monolog, ist völlig gleich. Das führt eben zu dieser Situation, in der sich die Person Mrs. Cresspahl befindet. Was das andere angeht, so haben Sie schon in dem ersten Buch, in dem sie vorkommt, in den *Mutmaßungen über Jakob,* daß sich jemand über ihre Angewohnheit beklagt, jeden Tag drei Pfund Zeitungen zu kaufen, und zwar jeden Tag. Das hängt mit ihrer Biographie zusammen. Sie hat einmal in einem Staat gelebt, in dem Zeitungen sich so und so verhielten, also offenbar in einer Weise, die als Reaktion provoziert, daß diese Gesine Cresspahl, sobald sie konnte, immer sehr viele Zeitungen gekauft hat. Das ist also gar nichts Neues. In New York ist es dann nach einer Weile die »New York Times« gewesen. Die »New York Times« ist eine Gewohnheit geworden, mit ihr beginnt sie den Tag. Sicherlich hat das für diese Gesine Cresspahl die Funktion der Vermittlung, denn da sie oft abwesend sein muß in der Arbeit, im Weg zur Arbeit, im – sagen wir mal – Familienleben, im Leben mit Freunden und so weiter, kann sie nicht mit eigenen Augen, Ohren und Sinnen erfassen, was im Nachbarhaus und in Südostasien an Todesfällen passiert. Dafür hat sie eben die »New York Times«, und hat sie nur die »New York Times«. Was da vorkommt am Anfang, in der Mitte oder am Ende der Kapitel als Nachrichten aus der »New York Times«, das ist nicht irgend etwas Objektives, sondern das ist etwas völlig auf das Subjekt dieser Mrs. Cresspahl Eingerichtetes, erstens durch die Auswahl: nur das, was nach ihrem Zustand und nach ihrer Entwicklung für sie von Interesse ist, kommt überhaupt vor, denn das hat sie nämlich genau gelesen. Das heißt: sie hat ungefähr 98% der »New York Times« nicht gelesen oder weggelassen als nicht erheblich. Aber zu den Sachen, die sie selber ausgesucht hat, die dann in der Welt passieren, ob das eine Entscheidung in Bonn ist oder in Athen oder in Hanoi oder Saigon, in Buenos Aires oder in Frankfurt am Main, dazu hat sie bestimmte emotionale und theoretische Reizreaktionen. Das ist ein Bestandteil ihres Lebens, das ist niemals eine erzählerische Konstruktion, als ob ich hier ein Medium eingeführt hätte. Das Medium ist Bestandteil dieses Tageslaufes und Lebenslaufes.

DURZAK Das leuchtet ein, aber ich meine ja die Bedeutung, die diese Zeitung im Erzählvorgang selbst annimmt. Sie sagen ja selbst an einer Stelle, die Zeitung sei das Bewußtsein des Tages.

JOHNSON Das ist nun wirklich ironisch gemeint, eine sehr unehrfürchtige Abwandlung der Reklamesprüche, die die Zeitung über sich selbst verbreitet. Denn das Bewußtsein des Tages kann eine Zeitung nicht sein, da diese Mrs. Cresspahl einiges an theoretischer und auch erkenntnistheoretischer Schulung in sich hat, da kann sie so etwas nicht ernst meinen.

DURZAK Bewußtsein des Tages in dem übertragenen Sinne – wie Sie es vorhin selbst angedeutet haben –, daß bestimmte Informationen dem einzelnen nicht zugänglich sind in seinem privaten Leben, 80% des Großstadtlebens in New York zum Beispiel.

JOHNSON Weil man den größten Teil seines Lebens an sein Arbeitsverhältnis verliert.

DURZAK Ja. Um das, was ja mittelbar Bestandteil ihres Lebens ist, aber nicht sichtbar gemacht werden kann im Erfahrungsfeld der Figur, dennoch zu verdeutlichen, muß es auf andere Art erzählerisch integriert werden.

JOHNSON Natürlich kann das sichtbar gemacht werden, insofern als diese »New York Times« – wie das immer so geht bei schwerer Sucht und Gewöhnung – personalisiert wird, obwohl sie doch nichts ist als eine Institution, und zwar sogar eine geschäftliche Institution. Diese »New York Times« wird überführt in den Status einer Tante, und zwar einer Tante, der man manchmal höflich zuhört, der man durch mimisches und anderes Ausdruckswesen seinen Unglauben und seinen Hohn beweist und der man offen widerspricht: Das ist ja doch ein dauernder Dialog mit dem, was Sie Medium nennen und was in Wirklichkeit eine Geschäftsgruppe ist. Die »New York Times« ist kein vom Erzähler erfundenes Transportmittel, sondern sie ist eine tägliche Funktion im Leben dieser Mrs. Cresspahl. Was Sie auch schon daran sehen, daß sie manchmal gar nicht vorkommt, dann hat sie nämlich keine gekriegt.

DURZAK Was ich zu sagen versuche, ist, daß ganz bestimmte Bereiche der Darstellung jenseits des Erfahrungshorizontes von Mrs. Cresspahl verlaufen. Ich denke als Beispiel an die Episode um Linda Fitzpatrick, den rauschgiftsüchtigen Teenager, der ermordet wird; durchaus ein realistischer Einzelzug, der bestimmte Aspekte der amerikanischen Großstadtgesellschaft beleuchtet.

JOHNSON Das würde Ihnen Mrs. Cresspahl nie und nimmer zugestehen. Um nochmals nach der »New York Times« zu fragen: ich bin etwas verwundert, daß Sie die im Buch doch mehrmals geschilderte Situation nicht akzeptieren wollen. Das erste, was als Kontakt mit anderer als familiärer oder privater Wirklichkeit passiert, das ist das Lesen oder Anblättern der »New York Times« in der U-Bahn, das Lesen der »New York Times« in den wenigen Minuten, die ihr vor Arbeitsbeginn bleiben. Das tun doch die Leute in Berlin mit ihrer Zeitung genauso wie viele Leute – 800 000 Leute an der Zahl – in New York, die als erstes am Tage die »New York Times« lesen. Das ist ihr Eindruck von diesem Tag. Das ist also nicht arrangiert, das ist die Situation.

[...]

DURZAK Aber es geht mir ja überhaupt nicht darum, ein bestimmtes erzählerisches Mittel als unglaubwürdig oder als künstlerisch nicht überzeugend hinzustellen.

JOHNSON Sie bleiben dabei, daß es ein künstlerisches Mittel ist.

Dies ist der Sachverhalt dieser Person, keinesfalls ein Mittel. Das ist genauso real wie der Toast, den sie sich am Morgen leistet. Das ist eben vorhanden. Das ist nicht ein Mittel der Erzählung, sondern das ist für sie genauso ein Zugang zur Welt wie das, was sie dem Zeitungsmann sagt. Verstehn Sie: da hat sich nicht der Verfasser heimlich ein Instrument geschaffen. Dann wäre ja die Tatsache, daß Menschen sich erinnern können, ein Instrument, und dann würde der Verfasser das den Personen so unter die Jacke gejubelt haben. Das habe ich alles nicht getan. Die Situation ist so da.

DURZAK Ja, es ist auf der andern Seite eine fingierte Situation. Daß es fingiert ist, vergißt man, wenn man sich die realistischen Voraussetzungen der Situation – Sie haben sie vorhin im einzelnen erwähnt – vergegenwärtigt. Ich bestreite das ja überhaupt nicht. Wenn man jedoch Abstand nimmt und den Roman unter dem Aspekt des Erzähltheoretischen, des erzählerischen Aufbaus betrachtet, kann man dann nicht sagen, daß die Zeitung – und im dritten Band, bezogen auf die Ermordung von Robert Kennedy, das Fernsehen – als bestimmte Filter eingesetzt werden, durch die Wirklichkeit eindringt, die nicht vermittelt werden kann in der subjektiven Erfahrung der Person, aber Wirklichkeit, die zu diesen Lebensumständen Gesines in New York, in Amerika gehört?

3. Zum Montage-Prinzip in den *Jahrestagen*

DURZAK Ich halte Ihr Vorgehen für legitim und habe diese Frage vor allem auch deshalb gestellt, weil es mir scheint – vielleicht ist das ein Irrtum –, daß hier ein formaler Weg beschritten wird, der sich zumindest in Ansätzen bereits bei Döblin und Dos Passos zeigt. Dos Passos wird ja auch von Ihnen genannt im Roman, im ersten Band.

JOHNSON Das ist möglich, das erscheint dort nicht als Medium oder als Zeuge für ein Medium.

DURZAK Sie erwähnen ein Zitat.

JOHNSON Dos Passos hat in seinen Romanen eine Aussage gemacht über die politischen Mechanismen der USA, und daraus geht hervor: die Politik des Präsidenten wird nicht einmal vom Präsidenten entschieden. Da sagt sie: das weiß ich von Dos

Passos, oder jemand anders sagt es. Dos Passos ist da wirklich kein formaler Hinweis, das ist kein formaler Gruß an Dos Passos.

DURZAK Immerhin ist der Name da, möglicherweise stellt sich unterschwellig eine bestimmte Verbindung her zu der Technik der Newsreel-Montagen, wie sie Dos Passos in seiner Trilogie *USA* eingesetzt hat?

JOHNSON Da ist die Montage als isoliertes technisches Mittel eingesetzt in ihrem eigenen Recht.

DURZAK Aber läuft das nicht am Ende auf das gleiche formale Ergebnis hinaus?

JOHNSON Nein, nein, dergleichen hat Lettau in *Der tägliche Faschismus* gemacht. Aber ich habe das eben nicht isoliert, sondern in das Subjekt mithineingenommen, während Dos Passos das seinen Subjekten gegenüberstellt als Interpretation, als Summary, als Zusammenfassung, wie Sie wollen.

DURZAK Aber da gibt es einzelne Passagen in allen Bänden der *Jahrestage,* wo Zitate gebracht werden, die allerdings übersetzt sind – und da kommt der Erzähler hinein –, die sich aber andererseits durch die kleine Unterschrift »Copyright by the New York Times« als authentische Zitate – wenn man das so nennen kann – zu erkennen geben. Sind das nicht ebenfalls reine Materialzitate, nicht interpretiert im vorstellenden Bewußtsein Gesines?

JOHNSON Nein, das ist ein Smoke-screen, das sind die Tage, an denen Sachen drin sind, Sachen dran sind, über die sie nicht reden möchte. Oder Tage, an denen das, was dort in der Zeitung steht, sie dermaßen überwältigt als Wirklichkeit der USA, daß sie glaubt, an diesem Tag nichts mehr sagen zu müssen. Das reicht. Da braucht sie keine Zusätze zu machen, das ist das. Hier lebe ich, und das ist das.

DURZAK Aber ist das nicht nur die Insider-Perspektive des Autors, die realistische Motivation der Textstelle? Könnte man nicht, wenn man eine Außenperspektive wählt, auch sagen, das ist ein Materialzitat, das hineinmontiert ist und im Erzählzusammenhang auch so erscheint?

JOHNSON Nein, das glaub ich nicht. Denn an diesem Tag wird nicht die gesamte »New York Times« zitiert, sondern nur Artikel, das bedeutet subjektive Auswahl. Oder es ist subjektive Auswahl, weil diese Artikel nicht vollständig sind. Dann wird der Leser sich aus seinen bisherigen Erfahrungen fragen: Ja, und dieses Zitat ist alles? Warum sagt sie denn nichts dazu? Darauf sollte die Antwort ganz leicht sein. Weil dazu von ihr aus nichts zu sagen ist. Das ist dann für den Tag ihr Lebensgefühl.

Durzak Aber ist es nicht auf der andern Seite so, daß dieses formale Element sich einordnen läßt in bestimmte, zumindest ansatzweise vorhandene Traditionen, und lassen sich von dieser Tradition her nicht Aspekte der Beurteilung entwickeln? Eine der Kategorien wäre, daß das tatsächlich als Montage zu sehen ist, Montage, die künstlerisch plausibel gemacht wird, weil sie völlig verschmolzen ist mit diesem individuellen Erzählvorgang. Aber das schließt doch nicht diese theoretische Beurteilung aus.

Johnson Nur denke ich gar nicht daran, diese selber auszusprechen. Denn ich hab Ihnen das Material geliefert, und es steht Ihnen völlig frei, diese theoretischen oder technischen Überlegungen anzustellen. Das ist aber Ihre Ebene der Beurteilung. Ich kann Ihnen nur das Buch erklären, was in dem Buch drin ist und mehr nicht.

[...]

4. Einwirkung der Rezeption auf den Arbeitsprozeß

Durzak Nun sind Sie mit einem sehr komplexen Roman-Unternehmen beschäftigt, das phasenweise verwirklicht wurde und wird und das sich – wohl auch für Sie selbst überraschend – zu einem mehrbändigen Werk, zu einer Tetralogie ausgewachsen hat.

Johnson Da muß ich Ihnen völlig widersprechen. Eine Tetralogie wie überhaupt eine Aufteilung jeder Art setzt voraus, daß jeder einzelne Band in sich abgeschlossen und unabhängig ist. Dies ist nicht der Fall. Das ist einfach ein einziges Buch, das in Fortsetzungen abgeliefert wird.

Durzak Aber ist es nicht so, daß diese Fortsetzungen, die sich ergeben haben, ursprünglich nicht in dieser Weise geplant waren? Ich habe hier die vervielfältigte Kopie eines Briefes, den Sie an Ihren Verleger geschrieben haben und wo Sie darauf hinweisen, daß sich in der Endphase der Arbeit eine völlig neue Situation hergestellt hat und daß Sie einigermaßen spontan den Entschluß faßten, den letzten Teil nochmals in zwei Bände aufzuteilen. Ist es nun nicht so, daß gerade bei einem nicht im voraus im einzelnen auskalkulierten Arbeitsplan die Rezeption auf die einzelnen Arbeitsstudien einwirken könnte? Wenn zum Beispiel die »New York Times« im dritten Band weniger zitiert wird, ist das möglicherweise auch ein Ergebnis der Rezeption, die die ersten Bände gefunden haben?

JOHNSON Haben Sie das mal quantitativ nachgeprüft?

DURZAK Ich hab es nicht statistisch erfaßt.

JOHNSON Das würde ich an Ihrer Stelle mal tun, dann würden Sie es nicht mehr sagen. Es ist weder der Intention noch der qualitativen Durchführung nach meine Absicht gewesen. Ich bin nach dem ersten Band des öfteren gefragt worden, was denn die Kritik für eine Auswirkung auf das weitere Schreiben hat. Ich habe mir überlegt, daß der Kritik bekannt ist, daß dies ein erster Band ist und daß ein zweiter folgt. Ich habe Stimmen der Kritik zusammengestellt und habe so schöne Dinge gefunden wie: In diesem Buch wird ein Baum beschrieben; bei den Nazis – Blut-und-Boden-Literatur – legte man großes Gewicht auf Baum- und Naturbeschreibungen, folglich ist dieser Verfasser ein – das wurde nicht ausgesprochen, aber deutlich. Dann: In diesem ersten Band wird Herr Cresspahl, also der Vater, gezwungen, einen Aufnahmeantrag für die Partei entgegenzunehmen. Er füllt ihn nicht aus, später einmal hat ihn dann ein Geselle gehabt, dann ist dieser Aufnahmeantrag verschwunden, es gibt ihn nicht mehr. Ich habe in acht Rezensionen gefunden: Cresspahl geht in die Partei. Daraus geht hervor, daß die Rezensenten oder die Kritiker – um das feinere Wort zu gebrauchen – nicht gelesen haben. Da habe ich gemerkt, daß es sinnlos wäre – selbst wenn die Kritiker wissen, daß die Rezension nicht nur eine Zensur ist, sondern eine Beratung beim nächsten Band –, sich von der Kritik eine Beratung zu erwarten. Infolgedessen habe ich von daher keine Störungen erfahren. Sie können mich jetzt darauf hinweisen, daß ich mit dem dritten Band jetzt etwas zu spät gekommen bin. Da könnt' ich nur sagen, daß das Schwierigkeiten beim Schreiben sind, ich könnte sagen: es sind private Schwierigkeiten oder Zwischenfälle und dergleichen. Aber daß die Kritik da irgendwie produktiv eingegriffen hätte oder die Rezension des vereinigten westdeutschen Feuilletons produktiv eingegriffen hätte, das könnte ich nicht behaupten. Sicherlich gibt es Schwierigkeiten. Ich bin ja darauf angewiesen, einen großen Teil meiner Erfahrungen von anderen Leuten zu bekommen, denn ich war 1945 soundso alt, ich war damals auch nicht an der Ostsee. Ich habe also andere Leute fragen müssen. Und es hat kein Mensch für nötig befunden, mich auf diese vielen tausend KZ-Toten in der Ostsee aufmerksam zu machen. Ich habe das erfahren, aber immerhin, wie Sie gesehen haben, nicht rechtzeitig genug, um das in den zweiten Band einzubauen, wohin es chronologisch gehört hätte. Und dann mußte ich wieder ziemlich lange warten, bis ich das Buch fand, in dem das ganz genau beschrieben wird. Und so steht diese Einzelheit an einer chronologisch nicht richtigen Stelle, sie kommt erst im dritten Band zu einer Zeit, wo es ein wenig zu spät ist. Sie müssen nach diesem Material suchen und haben nicht immer das Glück, daß Ihnen ehrlich Auskunft gegeben wird. Das sind zum Beispiel Mittel der Verzögerung. Ich nehme nicht an, daß es so völlig falsch dort steht im dritten Band, da das für das Kind etwas zu tun hat mit dem Tod, und dies dann wieder eine Erinnerung an Tode wäre, wie sie die Nazi-Deutschen eingeführt hatten. Aber immerhin, dies ist ein Beispiel. Bei ganz präziser Arbeit hätte das im zweiten Band stehen müssen. Ja, nun suchen Sie mal, bis Sie das finden. Das ist mit keinem Zentral-Katalog zu lösen.

Aus: M. Durzak, Gespräche über den Roman. Formbestimmungen und Analysen, Frankfurt/Main 1976 (st 318), S. 436–443, 446–447, 455–457. Dieser Abschnitt ist ein Auszug aus einem längeren Gespräch Durzaks mit Johnson, ebd. S. 428–460.

Das erste Buch über Gesine

Trommelwirbel für *Jahrestage* von Uwe Johnson

Auf nahezu 500 Seiten wird »Aus dem Leben von Gesine Cress-
pahl« berichtet. Vor die erste Textseite stellt der Autor die
Mitteilung: »Jahrestage August 1967 – Dezember 1967«. Dem
entspricht, am Schluß des Buches, abermals ein Hinweis: »Der
nächste Teil dieses Buches beginnt mit dem Kapitel für den 20.
Dezember 1967.«
Was offenbar soviel besagen will wie: Fortsetzung folgt. Ein
Doppelroman kündigt sich an, vielleicht gar eine Trilogie. Aber
Gesine Cresspahl ist kein biblischer Joseph, dessen Geschichte
ausführlich berichtet werden mußte, weil der Sohn des Jakob und
der Rahel ungewöhnlich genannt werden durfte: hübsch und
schön und klug. Es wäre bei Uwe Johnsons umfangreichem
Erzählbuch – einer ungewöhnlichen literarischen Leistung, die es
zuläßt, daß Vergleiche bemüht werden aus hoher Sphäre der
Schriftstellerei – eher an ein Gegenstück zu den *Buddenbrooks* zu
denken als zu Thomas Manns biblischer Tetralogie. Man hat es zu
tun mit *Jahrestagen* aus einer Familiengeschichte. Gesine Cresspahl, Tochter des Kunsttischlers Heinrich Cresspahl, geboren
1933 im mecklenburgischen Jerichow, kam 1961 mit ihrer kleinen
Tochter Marie, geboren 1957, nach New York. Sie hatte vorher in
Düsseldorf gelebt, aber den Entschluß gefaßt, Deutschland und
Europa zu verlassen. Vermutlich hing dieser Entschluß mit dem
jähen und ungeklärten Tod von Jakob zusammen, dem Vater der
kleinen Marie. Jakob war auf den Eisenbahngleisen im Jahr 1956
ums Leben gekommen. Das erfährt man freilich nicht aus dem
Buch *Jahrestage,* wo die Existenz von *Jakob* ohne weitere Erklä-
rung als bekannt vorausgesetzt wird. Leser von Uwe Johnsons
Buch *Mutmaßungen über Jakob* sind freilich bei der Lektüre im
Vorteil. Ihnen sind Heinrich und Gesine Cresspahl bereits ver-
traut. Auch wissen sie, daß ungeklärt blieb, ob Jakob damals aus
Fahrlässigkeit zu Tode kam oder als Opfer eines politischen
Attentats oder als Selbstmörder.

Wie immer: Gesine Cresspahl übernahm drei Jahre nach der Einwanderung (1964) einen Posten bei einer großen Bank, den sie – vermutlich – erfolgreich und mit Aussichten auf weiteren Aufstieg ausfüllt. Was sie dort zu tun hat, wird abermals vom Erzähler nur unscharf berichtet. Die kleine Marie konnte nicht Englisch bei der Ankunft, sperrte sich gegen Land, Stadt und Sprache. Inzwischen fühlt sie sich als Kind der Oberen Westseite von Manhattan, beherrscht den Akzent aus der Gegend des Riverside Drive, hat bisweilen etwas gerührte Verachtung für das bemühte und fleißige Schulenglisch ihrer Mutter.

Zwischen Mecklenburg und New York

Gesine Cresspahl aber, Tochter des Heinrich und Mutter der Marie, ist nicht viel mehr als bloßer *Zuordnungspunkt* der Geschichte, die weitgehend *Familien*geschichte ist, so daß das »Leben von Gesine Cresspahl«, im Untertitel des Buches deutlich herausgestellt, für den epischen Bericht kaum eigene Relevanz zu besitzen scheint. Bei allen Aussagen des Autors, die scheinbare Hauptheldin betreffend, waltet abermals eine Unschärfe-Relation. Klar hervor treten in dieser Familiengeschichte hingegen Großvater und Enkelin. Auf sie hin, nicht auf Gesine Cresspahl, wurde das Buch von seinem Erzähler angelegt. Es sind Jahrestage aus dem Leben des Heinrich Cresspahl und der fast zehnjährigen Marie.

Dem entspricht die *geographische* Situierung des Buches: Jerichow in Mecklenburg und die Oberstadt von New York. Die *Zeitstruktur* hält sich gleichfalls an diesen Grundriß. Die Berichte aus Heinrich Cresspahls Welt umfassen den Zeitraum August 1931 bis Weihnachten 1935. Wie der Tischler Cresspahl, der in Richmond bei London ein gutes Auskommen gefunden hatte, bei einem Besuch in der Heimat die Tochter Lisbeth vom reichen Papenbrock kennenlernt, auch heiratet, obwohl ihm nicht bloß der künftige Schwager und SA-Mann Horst mißfällt; wie er seine Frau nach England mitnimmt, dann aber mit ihr zurückkehrt, weil das Kind in Deutschland zur Welt kommen soll, schließlich nicht verhindern kann, daß man mit dem Kind, der kleinen Gesine, in Jerichow bleibt. Inzwischen berief der deutsche Reichspräsident von Hindenburg einen Reichskanzler mit

Namen Adolf Hitler. Gesines Leben beginnt folglich mit Anbruch des Dritten Reichs.

Die *zweite* Ebene eines Zeitablaufs schaffen die Jahrestage August bis Dezember 1967. Die bedeuten gleichzeitig Lebenszeit und Berichtszeit. Gesine und Marie leben irgendwo oben in einem New Yorker Hochhaus, der »gefärbte« (so übersetzt Johnson ironischerweise das Wort coloured) Mister Robinson bedient den Fahrstuhl. Bei Abschluß des ersten Teiles hat man bloß noch wenige Tage bis Weihnachten. Im Büro herrscht schon Ferienstimmung, auch im Hause.

In diesen Herbstmonaten des Jahres 1967 erleben Mutter und Tochter den Alltag von New York und endlose Erzählungen über Heinrich Cresspahl zwischen 1931 und 1935. Die Erzählsituation erwartet vom Leser das Einverständnis damit, daß hier die Mutter der Tochter ausführlich eine alltägliche Geschichte erzählt: »Wie der Großvater die Großmutter nahm.« Allein, der Leser merkt bald, daß mehr erzählt wird als mecklenburgischer Alltag von damals. Aus diesem Alltag und seinen Alltäglichkeiten mit Tierärzten und Fleischern, Tischlern und Innungsleuten, adeligen Gutsherrn und klobigen Frühnazis, von Kommunisten und Sozialdemokraten und – sogar – Halbjuden entsteht die Welt, die den Reichskanzler Hitler möglich machte. Das Leben der Gesine Cresspahl, auch wenn daraus nicht allzu viele bemerkenswerte Ereignisse mitgeteilt werden, die »buchenswert« genannt werden könnten, ist die Geschichte einer deutschen Frau, deren Lebenslauf zusammenfiel mit Hitlerherrschaft, Krieg und Nachkrieg. Bedeutsam also, trotz aller Unschärfe der Einzelheiten, eben hierdurch.

Um so mehr, als jener Alltag von Jerichow und Deutschland und Europa »in jenen Jahren« höchst kunstvoll kontrastiert mit Berichten vom New Yorker und amerikanischen Alltag des Jahres 1967. Uwe Johnson macht nicht den leisesten Versuch, Analogien zu bemühen zwischen Drittem Reich und Vietnamkrieg; freilich verhindert er nicht, daß der Leser, wobei ihm die Raum- und Zeitanordnung des Buches helfen, die beiden epischen Komplexe inhaltlich zueinander in Beziehung setzt. Dabei hilft ihm eine erstaunliche Romanfigur. Scharf konturiert sind, wie gesagt, nur Heinrich und Marie: Objekt und Adressat der Er-zählung. Interessante Nebenfiguren im Leben der Gesine Cresspahl: ein Mann namens D.E., der Journalist Karsch, den Lesern Uwe Johnsons gleichfalls gut bekannt, die Leute vom Riverside Drive, Boss und Büro, dazu die Mecklenburger. Zu ihnen gesellt sich, von Gesine und Marie als würdige ältere Dame aus den Vereinigten Staaten imaginiert, als zusätzliche und wichtige Kunstfigur die mächtige »New York Times«. Nicht die geringste Originalität dieses Romans liegt darin, daß hier ein Kind und eine »Juristische Person« wesentliche epische Aufgaben übernommen haben. Beide mit einer besonderen Diktion, die Bestandteil eines dichten Sprachkunstwerks werden muß: die kindlich-raffinierte Denk- und Sprechweise der kleinen Marie und – nun eben – die unverwechselbare Stilistik der mächtigen alten Dame vom Times Square.

Dichtung und Gegenwart

Deren Art der Berichterstattung *und* Maries aufgeweckte Beobachtungen der amerikanischen Realität sind nicht bloß als kontrastierende Interpretationen verstanden, sondern als Versuch eines Erzählers, das moderne New York und Amerika zu deuten. An einer Stelle des Buches, wo der Autor Johnson die Beziehungen zwischen Gedächtnis, Erinnerung und Vergegenwärtigung durch Geschriebenes untersucht, mithin über das Erzählen meditiert, glaubt er festzustellen: »Daß das Gedächtnis das Vergangene doch fassen könnte in die Formen, mit denen wir die Wirklichkeit einteilen! Aber der vielbödige Raster aus Erdzeit und Kausalität und Chronologie und Logik, zum Denken benutzt, wird nicht bedient vom Hirn, wo es des Gewesenen gedenkt.« Er folgert daraus, für seine Arbeit: »Das Stück Vergangenheit, Eigentum durch Anwesenheit, bleibt versteckt in einem Geheimnis, verschlossen gegen Ali Babas Parole, abweisend, unnahbar, stumm und verlockend wie eine mächtige graue Katze hinter Fensterscheiben, sehr tief von unten gesehen wie mit Kinderaugen.«
Tief von unten gesehen wie mit Kinderaugen. Bei Günter Grass war es gleichfalls der Blick von unten: ein zwergartiges Monstrum beschaute sich seine Umwelt. Johnson wählt den Kontrast zwischen Marie und der Tante Zeitung. Erzähler Johnson und Kind Marie übertragen sich die berichteten Alltagsvorgänge in ihre Vorstellungswelt. Das ergibt immer wieder erstaunliche Pointen, etwa am Jahrestag des 11. Dezember 1967: »Aus der

›New York Times‹ von heute hat Marie drei Bilder geschnitten und wird sie aufbewahren: das eine, von der Titelseite, bringt uns ins Haus die heitere Witwe des Präsidenten Kennedy, weil sie im Hotel Plaza für die Partei der Demokraten essen ging.«

Von Hitler bis Vietnam

Durch solche Kunstgriffe aber wird noch etwas anderes bewirkt. Johnson arbeitet auch diesmal mit äußerster Sorgfalt an den Einzelheiten des Alltags, die er berichtet. Es gibt kaum ein anderes Buch eines Nichtamerikaners, das dieses Manhattan zwischen Hudson und East River so genau mitteilte. Jene Seiten über die nächtlichen Telephonierer in New York, die Untergrundbahn, das Fährboot zur Freiheitsstatue, über New Yorker Briefkästen oder die Untaten des »gefärbten« Kindes Edmondo im Kindergarten wirken evident. Trotzdem fällt jeder auf diesen Erzähler herein, der nach der Lektüre der *Jahrestage* eine Fortsetzung des »realistischen« Erzählens von einst konstatieren möchte. Im Gegenteil bewirkt Johnson mit äußerster Genauigkeit, daß die amerikanische Wirklichkeit dem Leser immer irrealer vorkommt. Sprachlich jonglierend, gleich der kleinen Marie, zwischen Plattdeutsch, Hochdeutsch und Amerikanisch, erreicht er, daß die amerikanischen Menschen und ihre Geschichte, ihres sprachlichen Kontextes beraubt, ganz unvertraut erscheinen müssen. Die Übertragung amerikanischer Zustände in deutsche erzählerische Prosa bewirkt nicht Nähe, sondern Entfernung.

Nicht anders geht es zu im Verhältnis zwischen dem Autor und dem Städtchen Jerichow. Schon zweimal hat Marcel Reich-Ranicki behauptet, Johnson betreibe eine Literatur von »Blut und Boden«, also wird es schon stimmen. Allein hier wird offensichtlich der kritische Anspruch erhoben auf einen Gotthelf ohne Berner, auf Buddenbrooks ohne Lübeck. Und dann: die Barden des Dritten Reiches verstanden Blut als Rasse, Boden als Scholle, beides zusammen als plakative Verwurzelung. Johnsons Figuren jedoch sind allesamt, nicht erst in diesem neuen Buch, insgeheim Entwurzelte. Heinrich Cresspahl lebt als Entwurzelter in Jerichow, Gesine nicht minder in New York. Entwurzelt, ohne daß damit irgend etwas Abwertendes gesagt würde, sind auch die Nebenfiguren. Daß sämtliche Amerikaner, die gelegentlich auftauchen, in ihrem eigenen Land gleichfalls im Widerstreit leben zwischen Individualität und Umwelt, macht dieses Buch, das bei Hitler ansetzt und bis Vietnam kam, zu einer paradigmatischen Schöpfung.

Wer erzählt? Im Herbst 1967 geht Gesine Cresspahl in New York zu einem Vortrag des deutschen Schriftstellers Uwe Johnson. Der Autor spricht auf Einladung einer jüdischen Organisation. Der Abend wird für ihn zu einem Mißerfolg. Man versteht nicht und will ihn auch nicht verstehen. Gesine lernt damit »ihren« Autor kennen. Sie kennt ihre Geschichte, aber der Autor Johnson kennt das Leben der Gesine Cresspahl auch als seine eigene Geschichte. Wer da erzählt? Der Autor sagt es zu seiner Kunstfigur: »Wir beide, Gesine.«

In dem Buch *Mutmaßungen über Jakob* bezogen sich die letzten Sätze auf Gesine Cresspahl. Das letzte Wort dieses ersten Bandes heißt »Jakob«.

Fast 500 Seiten, und doch nur ein erster Band. Wer endgültig urteilen möchte, muß abwarten können. Uwe Johnson arbeitet langsam, doch unbeirrt. In Robert Schumanns »Carnaval« stürzen sich die avantgardistischen jungen Musiker auf die ästhetischen Philister, die aufziehen mit dem schönen Lied »und als der Großvater die Großmutter nahm...«. Musikalisch zerstört man ihnen die Spießbürgerhymne, stampft sie in den Boden. Die literarischen Avantgardisten mögen gleichfalls höhnen: hier werde von Großvätern und Enkelinnen erzählt, vom bloß privaten, vom kleinen Leid und Alltag. Nicht einmal ein Schriftsteller ist Held dieses Romans, der einen Roman schreiben möchte, um festzustellen: es geht nicht mehr. Diese Technik ist Uwe Johnson nicht unbekannt. Das *Dritte Buch über Achim*, das Journalist Karsch schreiben wollte, blieb ungeschrieben.

Wenn es bei Bewertung von bedeutender Literatur auf Sprachkraft ankommt und Sorgfalt der Konstruktion, auf Kenntnis von Dingen und Menschen, literarische Bildung, Humor und Empfindungskraft: dann sind die *Jahrestage* von Uwe Johnson, soweit dieser erste Band gemeint ist, ein bedeutendes Buch. Die wenigen Sätze etwa, wie Mutter und Tochter spielerisch die Kindheitsgeschichte miteinander vergleichen, bis Gesine plötzlich erinnert, daß Marie niemals an der Hand und mit dem Rat ihres Vaters die Welt entdecken wird, denn Jakob ist tot, sind nur vergleichbar einigen großen Augenblicken bei Gottfried Keller und Fontane, die Leid bedeuten. Allein Uwe Johnson weiß außerdem, daß das Leid seiner Menschen nicht mehr vergleichbar ist dem Traurigen, was Keller oder Fontane berichten mußten.

Aus: Die Weltwoche, 4. 12. 1970.

Helmut Heissenbüttel

Uwe spinnt sein Garn

Der *Jahrestage* erster Teil

Kann man ein literarisches Unternehmen beurteilen, von dem erst ein Teil vorliegt? Kommt es nicht vielleicht entscheidend darauf an, zu erkennen, als was dieses Unternehmen sich im ganzen darstellt? Diese Fragen sind Absicherungsfragen. Sie nehmen voraus, daß ich über das Buch, das ich hier zu beurteilen versuche, möglicherweise nur etwas Vorläufiges sagen kann.

Es handelt sich um das neueste Werk von Uwe Johnson. Nach dem nur in Bruchstücken publizierten ersten Roman, nach *Mutmaßungen über Jakob* und dem *Dritten Buch über Achim* ist dies der vierte Roman, der letzte davor 1961 erschienen, Zwischenarbeiten zwischen 1961 und 1970 nicht mitgezählt (Versuche, in einer bereits eingeübten Schreibart Ansätze für Neues zu finden). Dies Neue liegt nun vor. Liegt vor allerdings erst in einem ersten, 500 Seiten umfassenden Teil. Die Angaben zum Gesamtumfang gehen bis eineinhalbtausend Seiten. Der Titel lautet: *Jahrestage. Aus dem Leben von Gesine Cresspahl.*

Der Titel gibt zwei Hinweise. Der Name der Heldin deutet an, daß Johnson sich wie andere berühmte und weniger berühmte Romanschriftsteller des 20. Jahrhunderts weiterhin in der bereits von ihm vorgestellten Welt bewegt: dem Ort Jerichow in Mecklenburg, seiner Umgebung, seinen Einwohnern und deren Abkömmlingen. Gesine Cresspahl, geboren und aufgewachsen in Jerichow, befindet sich seit Beginn der 60er Jahre in New York, zusammen mit ihrer Tochter; die Geschichte ihres Lebens in der Fremde ist verflochten mit der Rekapitulation der Vorgeschichte und Geschichte ihrer Geburt und des Schicksals ihrer Eltern. Der Haupttitel *Jahrestage* ist dabei wörtlich zu nehmen. Der Fortgang der Erzählung wird bestimmt von den Tagen des Jahres. Wie ein Tagebuch beginnt der vorliegende erste Teil mit Eintragungen zum Vortag des 20. August 1967 und endet mit dem Satz: »Der nächste Teil dieses Buches beginnt mit dem Kapitel für den 20. Dezember 1967.«

Medium Gesine Cresspahl

Was bedeutet das? Zunächst einmal, daß Johnson in diesem Buch, und das scheint für das Ganze zu gelten, auf eine Handlungskonstruktion verzichtet. Was an Handlungselementen vorkommt: die Geschichte der Eltern, die im Grunde eine Geschichte des Vaters Cresspahl ist, das Verhalten von Gesines Tochter in New York, Treffen mit einem ausgewanderten Landsmann usw., all das wird eingeflochten in die täglichen Eintragungen. Wie in jedem Tagebuch werden diese Eintragungen eher zusammengehalten durch die Identität des Eintragenden, oder allenfalls durch das, was ihn jeweils über Tage oder Wochen wechselnd an aktuellen oder personalen Bezügen zum Aufschreiben drängt, als durch ein durchkonstruiertes Erzählgeflecht. Allerdings gewinnen mitunter, vor allem in der Schilderung der Ereignisse kurz vor der Geburt Gesines, die im ersten Quartal 1933 spielen, die Erinnerungsgeschichten ein Eigengewicht, das den Lesenden verführt, die Tagebuchpartien zu überschlagen, um zu erfahren, »wie es nun weitergeht«. Als habe Johnson das bereits hier im ersten Teil selber gespürt, ersetzt er zeitweise die indirekte oder direkte Erzählung Gesines durch Tonbandprotokolle, die Gesine für ihre Tochter, auf deren Wunsch, aufnimmt.

Von diesen Tonbandprotokollen her, die angeregt werden durch die Erwähnung eines Beschwerdebuchs, das Gesines Mutter über Vater Cresspahl führte, gewinnt die Erzählung Johnsons den Charakter einer Recherche, einer Erforschung von Existenz und Präexistenz. Gesines Tochter will wissen, wer ihre Großeltern waren, Gesine selbst ist daran interessiert, sich das Bekannte noch einmal ganz deutlich zu machen. Die Erforschung ist aber auch auf das Gesellschaftlich-Politische gerichtet. Die Versuche zu Orientierung und Stellungnahme im Amerika von 1967, die Gesines Teenage-Tochter entschiedener durchführt als die Mutter, werden in Parallele und in Kontrast gesetzt zum Verhalten der Mecklenburger Kleinstädter und Landbewohner von 1933. Ja, diese, wenn man so will, Gewissenserforschung bestimmt eigentlich das Buch.

Hier erhebt sich die entscheidende Frage: ist es die Gewissenserforschung der Personen, in deren Schicksalen der Autor Johnson spricht, oder ist es die Gewissenserforschung des Autors selbst, lediglich übertragen auf fremde Namen? Welche Identität der Tagebucheintragungen ist es, die den Fortgang der Erzählung bestimmt, die des Autors selbst oder die der von ihm fiktiv eingesetzten, der imaginierten Figur. Gewiß wird Gesine Cresspahl dem Leser deutlich, aber mehr in der Form eines Mediums, in das der Autor seine Ansichten versteckt. Das wird deutlich etwa an der Stelle, an der Johnson bei Gelegenheit eines Vortrags sich selbst auftreten läßt. Denn diese Schilderung des Autors Uwe Johnson durch Gesine ist die offensichtlichste Spiegelfechterei, die schon andere Autoren vor Johnson versucht haben, wenn sie das, was sich nicht von selbst, aus dem Erzählgang heraus, ins Erfundene transponieren wollte, ins Objektive stilisierten.

Erkennbar wird das Bestreben nach einer Synthese aus größtmöglicher Authentizität, »Wahrheit«, wenn man so will, und Erzählmöglichkeit. Der Versuch, eine solche Synthese herzustellen, ist im Grunde das entscheidende Kriterium für die Romandiskussion am Anfang der 70er Jahre. Insofern verdient dies Unternehmen Johnsons größtes Interesse. Es ist jedoch gerade hier zu fragen, wie weit diese Synthese gelungen ist und ob sie in der Form, die Johnson anbietet, überhaupt gelingen kann. Wenn die Geschichte der Eltern Cresspahl vorgeführt wird als eine Art von Selbsterforschung, als eine Entflechtung der Einflüsse, die das eigene Leben in seiner Ausgangssituation bestimmten, so geraten Erzählungs- und Memoirencharakter miteinander in Konkurrenz. Um den Konflikt aufzulösen, genügt jedoch das Tagebucharrangement nicht. Unversehens schlägt die Geschichte der Eltern Cresspahl in die herkömmliche Modellgeschichte zurück. Und als solche gibt sie gerade über das gesellschaftlich-politische Verhalten nichts her als ihr eigenes anekdotisches Material. In den durchaus vergleichbaren und offen autobiographischen Erzählungen etwa Hans Werner Richters wird der Recherchecharakter, den auch Johnson anstrebt und der die Erzählung antreibt, weit deutlicher.

Gemütlicher Plausch

Indem Johnson sich durch die Verbindung von Tagebuch und Rückerinnerung, beides mit Hilfe eines Mediums, das ihm sehr nahesteht, die Voraussetzung schafft, die Irritationen seiner Welt erzählend aufzudecken, hat er doch nur einen ersten Schritt getan. Er deckt aber mehr zu, als er aufdeckt. Was weiterhin nötig wäre, wäre eine Methode, die sich alle Einsichten der Selbstentblößer, der Exhibitionisten zu eigen macht. Statt dessen fällt Johnson, so könnte man überspitzt sagen, zurück in den gemütlichen Plausch. Er spinnt ein Garn, das ihn dem Leser sympathisch macht. Unter der Hand aber verharmlosen sich selbst die Schreckensnachrichten aus Vietnam wie die der beginnenden Naziherrschaft.

Und was bestimmt denn nun den angekündigten Umfang des Gesamtunternehmens? Einfach nur der Zwang, an jedem Tag eines Jahres vom August 1967 bis zum August 1968 etwas mitzuteilen? Wäre dann nicht ein Tagebuch in der Art Ernst Jüngers sinnvoller? In dem, was der Begriff der Mutmaßungen in dem Titel *Mutmaßungen über Jakob* an Problematik erfaßte, nahm Johnson eine deutlichere Position ein als in den *Jahrestagen*. Soweit es den ersten Teil betrifft, ist er hinter das, was die *Mutmaßungen* bedeuten, zurückgefallen.

Aus: Deutsche Zeitung. Christ und Welt, 25. 9. 1970.

Norbert Mecklenburg
Leseerfahrungen mit Johnsons *Jahrestagen*

Das Folgende ist ein erfundenes Gespräch. Zufällige Ähnlichkeiten von Meinungen der Gesprächspartner mit solchen aus der Johnson-Kritik sind gewollt.

A: Ein sehr dickes, ein klobiges Werk, diese *Jahrestage* (JT)! Jeder Band für sich ungleich gewichtiger als die schmalen Hefte Prosa, die sich heute schon als Roman vorzustellen lieben [...]. Zweitausend Seiten, eigentlich doch 'n bißchen doll! Wer soll das überhaupt lesen, soll sich durch diesen Wälzer, diesen Schinken durchfressen?

B: Ich hab es getan und habe, wie Sie sehen, überlebt. Im übrigen sind zweitausend Seiten gar nicht so wild. Nehmen wir doch nur ein paar Simmel, einen Stapel Ferienkrimis oder, wenn Ihnen das mehr zusagt, den *Joseph*-Roman von Thomas Mann oder einfach einen Monat lang die sorgfältige Lektüre Ihrer Tageszeitung – so genau, wie Gesine die New York Times gelesen hat: Das gäbe jedesmal etwa das JT-Gesamtmaß. Ist das so unzumutbar? Wenn ich mich nicht irre, haben doch auch Sie sich an dem Buch versucht.

A: Versucht, gewiß, aber ein bisher unbefriedigender Versuch. Wenn ich dann noch an Johnsons Aufforderung denke, so langsam zu lesen, wie er geschrieben habe –

B: Nun, was die Autoren von ihren Lesern verlangen, wird man nicht immer ganz wörtlich nehmen können. Denken Sie an den Erzähler des *Zauberberg,* der sieben Monate Lektürezeit für zu kurz hält: »Es werden, in Gottes Namen, ja nicht geradezu sieben Jahre sein!« [...]

A: Aber ich frage mich doch, ob sich das Ganze wirklich lohnt.

B: Johnsons Verleger mag sich diese Frage stellen. Ich erinnere mich da, wie verdächtig schnell JT-Bände in den Ramschbuchhandlungen auftauchten ...

A: Sie mißverstehen mich. Ich meine den Gebrauchswert für mich als Leser. Danach darf ich das Buch und den Autor doch befragen, er verlangt ja, wie Johnson selbst nüchtern festgestellt hat, »Geld für was er anbietet«.

B: Einen literaturkritischen Warentest also wünschen Sie sich?

A: Die Literaturkritik lassen wir lieber aus dem Spiel, sie ist ja selbst eine Ware. Und zu JT gab es wieder mal so gegensätzliche Urteile, am Ende war man so klug wie zuvor. Ob wohl die Wissenschaft, die Germanistik –

B: Ach, wissen Sie –

A: Schon gut. Mir fällt noch rechtzeitig ein Satz aus Johnsons Büchner-Preisrede ein: »Vor der germanistischen Methode, die der Verfasser zwar gelernt hat, war ihm am meisten bange« … Wie wär's, wir tauschten einfach unsere Leseerfahrungen mit JT ein wenig aus? Ich stelle immer wieder fest, daß bei solchen persönlichen Unterhaltungen über Literatur mehr herauskommt, als wenn ich die Feuilletons abgrase.

B: Einverstanden, aber womit fangen wir an?

A: Mein Vorschlag: wir unterhalten uns zunächst einmal über die Schreibweise. Ich muß gestehen, damit habe ich besondere Schwierigkeiten. Da wird so schön genau und sorgfältig erzählt, man möchte Zutrauen fassen und ›mitgehen‹, aber immer wieder kommen einem diese, wie soll ich sagen, Undeutlichkeiten, diese Vertracktheiten, Anspielungen, Unterbrechungen, Einschübe dazwischen, man verliert die Orientierung, verheddert sich, bleibt stecken und weiß noch nicht einmal recht, warum. Muß das sein? Schon der Satzbau –

B: Aha, die berüchtigte Johnsonsche Syntax. Einen Literaten unter den feinen Leuten hat sie vom »Einbruch des Proletentums in die Literatur« sprechen lassen und kommazählenden Literaturoberlehrern die Zensur ›schlechtes Deutsch‹ abgenötigt. Gewiß, auch in JT kommen Sätze vor wie dieser: »In Pommern waren die Zwangsarbeiter gehalten worden als Vieh, das kann sprechen.«

A: Hart und sicher sehr treffend gesagt, aber warum ein Hauptsatz, wo die Grammatik einen Nebensatz verlangt?

B: Ganz recht, Parataxe, Nebenordnung, anstelle von Hypotaxe, Unterordnung der Sätze. Aber hören Sie sich noch einen zweiten Satz an: »Sie war schon so schwach, sie konnte sich nicht mehr wehren« – wieder Parataxe!

A: Das klingt eigentlich ganz normal, ich hätte den Satz selber so aussprechen können.

B: Sie haben es getroffen. Diese Satzform ist typisch für mündliche Rede. In unserer Schriftsprache dagegen hat sich seit dem Mittelalter, teilweise in Anlehnung ans Lateinische, immer mehr die Hypotaxe durchgesetzt.

A: Eine Art Durchrationalisierung der Sprache –

B: So könnte man sagen. Die Schriftsteller von Luther bis Brecht haben sich gegen dieses Korsett wiederholt zur Wehr gesetzt, und auch Johnson scheint, indem er sich an mündliche Ausdrucksweise anlehnt, eine größere Unmittelbarkeit anzustreben. Gleichzeitig überzieht er aber wie in dem ersten Beispiel, das ich nannte, das parataktische Prinzip, um zu zeigen, daß er nicht einfach die mündliche Umgangssprache kopiert.

A: Was einem literarischen Kunstwerk auch schlecht anstünde, dafür haben wir schließlich Tonbandgeräte.

B: – sondern eine literarische Kunstsprache schreibt, die bestimmte, genau kalkulierte Effekte hervorbringt. Man könnte sagen, die Kunstsprache ›verfremdet‹ die gesprochene Sprache. Hinzu kommt ein weiterer Punkt. Die Parataxe in JT ist oft asyndetisch, d. h. sie spart die Konjunktionen, die Bindewörter, aus, ohne die Nebensätze nicht auskommen.

A: Es wird also ein Service, der uns die normale Schreibsprache so bequem macht, eingestellt, aber wozu?

B: Um den Leser aufmerksamer zu machen. Er muß langsamer, weniger oberflächlich, genauer lesen, wenn er solchen ungewohnten logischen ›Leerstellen‹ im Text begegnet.

A: Das wäre eine Erklärung für mein häufiges Steckenbleiben bei der Lektüre, ein gewollter Pauseneffekt? Ob Sie ein Beispiel dafür bringen könnten?

B: Nehmen Sie einen Satz, der für den fast vertrackt konzentrierten Satzbau Johnsons typisch ist. Cresspahl hat Bedenken, den windigen Fritz Schenk dem russischen Kommandanten als Polizisten vorzuschlagen: »Er traute seiner Abneigung gegen den Kerl nicht, er sagte gut für ihn bei Pontij.« Hier wird ein komplizierter logischer und zugleich psychologisch-moralischer Zusammenhang in scheinbar simpler Reihung ausgedrückt. Man muß den Satz genau lesen, um ihn zu ›normalisieren‹: Er hatte *zwar* eine Abneigung gegen den Kerl – er traute ihm nicht –, *aber* dieser Abneigung ›traute‹ er *gleichfalls* nicht – er stellte sie selbstkritisch in Frage –, und *darum* sagte er *dennoch* für ihn gut.

A: Ein einleuchtendes Beispiel. Man könnte, derart genau ›zwischen den Zeilen‹ lesend, das dicke Buch am Ende wortkarg nennen, lakonisch …

B: Hören Sie ein letztes, sehr lakonisches und bitteres Beispiel, das Ihnen zeigt, wie genau und ernst dieses Buch stilistisch gearbeitet ist und wie die bekrittelte Parataxe bei Johnson nicht weniger, sondern mehr Formung als die normale Schreib- oder Sprechweise bedeutet: »In der Eröffnungsrede sollte er die Rote Armee als Bringerin wahrer Menschheitskultur begrüßen, seiner Frau waren einundzwanzig Rotarmisten mit Waffengewalt über den Leib gegangen.«

A: Die Sache mit Johnsons Satzbau hat uns etwas abgebracht von meinen Leseschwierigkeiten, die eigentlich mehr die ganze Erzählweise betreffen, die Art, nicht wie einzelne Sätze, sondern ganze Abschnitte und Kapitel zusammengefügt sind. Aber merkwürdig, nach Ihren nützlichen Hinweisen zur Parataxe geht mir durch den Kopf, ob man nicht auch Johnsons Erzählweise ›parataktisch‹ nennen könnte.

B: Wie meinen Sie das?

A: Nun, das Erzählte ist doch normalerweise vom Erzählenden bestimmt, die Perspektive einer Figur ist sozusagen der Perspektive des Erzählers ›hypotaktisch‹ untergeordnet. Prüfen Sie einmal diese von mir erdachte Satzfolge: »Cresspahl kam nach Jerichow. Jerichow war sehr klein.«

B: Eine perspektivische ›Leerstelle‹ zwischen beiden Sätzen, würde ich meinen. Man weiß nicht, ob der Erzähler oder Cresspahl die Stadt für klein ansieht. Eindeutiger wäre: »Cresspahl kam nach Jerichow und sah, daß Jerichow sehr klein war.«

A: Bestens. Bei dieser Umformung verschwindet die Unbestimmtheit. Die grammatische Unterordnung spiegelt die Unterordnung der Perspektiven wider. So wird, denke ich, normalerweise erzählt. Ich behaupte nun, daß Johnson als Erzähler diese Normalform ›parataktisch‹ auflöst. Bei ihm hieße die Satzfolge: »Jerichow war sehr klein. Das sah Cresspahl, als er dorthin kam.«

B: Eine merkwürdige Form: die Figurenperspektive wird zunächst ›versteckt‹ und erst später nachgeliefert. Kommt denn so eine Satzfolge in JT vor?

A: Natürlich keine *Satz*folge – die Syntax haben wir ja hinter uns –, sondern eine Erzählfolge. Der Abschnitt über Cresspahls ersten Besuch in Jerichow – er füllt das Kapitel zum 28. August – ist genau nach diesem Muster gebaut. Es beginnt wie eine ›neutrale‹ Beschreibung: »Jerichow zu Anfang der dreißiger Jahre war eine der kleinsten Städte in Mecklenburg-Schwerin«.

B: Klingt ein bißchen biblisch übrigens: »Und du, Bethlehem, die kleinste unter den Städten in Juda…«

A: Ach, lassen wir das lieber! Johnson und die Bibel, Brecht und die Bibel, Goethe und die Bibel – da wittert eine gewisse fromme Firma zu schnell Morgenluft. Was ich zeigen möchte: die scheinbar neutrale Beschreibung aus der Sicht eines gut informierten Erzählers entpuppt sich mittendrin plötzlich als die Sicht Cresspahls. »Cresspahl kam von Süden, auf der Gneezer Chaussee, und fuhr über die Hauptstraße am Marktplatz vorbei heraus aus Jerichow, denn er fing nun an, die Stadt zu erwarten. Da war die Stadt zu Ende, bis zur See lagen Felder.«

B: Ein Irrtum, der die Kleinheit Jerichows witzig unterstreicht. Aber worauf Sie offenbar hinauswollen: Der ›neutrale‹ Einsatz gibt der Stadtbeschreibung erst mal ein Eigengewicht und läßt danach die Perspektive der Figur desto schärfer hervortreten, ihr folgend, müßte man eigentlich die Beschreibung gleich noch einmal lesen. Dieser Pausen- oder Unterbrechungseffekt ist es wohl, der Ihnen beim Lesen zu schaffen macht?

A: So ist es. Aber indem ich Ihnen hier über meine Leseerfahrung, Leseschwierigkeit Auskunft gebe, merke ich, daß wohl eine ganz respektable Absicht des Autors dahintersteckt: Dieses ›parataktische‹ Erzählen, die Auflockerung und Veränderung der gewohnten erzählerischen Ordnung, die erhöhte Selbständigkeit der Teile, bewirkt so etwas wie ›Trennschärfe‹ und damit genauere Wahrnehmung. Das kostet leider mehr Anstrengung, aber vielleicht muß man dem Buch JT diese Vorgabe machen, um etwas von ihm zu haben.

B: Ich sehe, Sie schicken sich an, Ihr mürrisches Urteil von vorhin zu revidieren. Ihre Formulierung ›parataktisches Erzählen‹ bezeichnet, glaube ich, eine Eigenart moderner Epik. Döblin hat mal gesagt: »Wenn ein Roman nicht wie ein Regenwurm in zehn Stücke geschnitten werden kann und jeder Teil bewegt sich selbst, dann taugt er nichts.« Das trifft ziemlich genau ins Zentrum von Johnsons Stil. Ich denke da nicht nur an sein Mißtrauen gegen Nebensatz wie Nebenfigur, sondern vor allem daran, wie in JT die beiden Ebenen ›New York‹ und ›Jerichow‹ miteinander verknüpft sind. Wir kämen damit von den erzählerischen Feinheiten, der Mikrostruktur, zur Makrostruktur, der Anlage des Ganzen.

A: Das ist noch so ein wunder Punkt meiner JT-Lektüre. Dieses ständige, ich möchte sagen: ruckartige Hin und Her zwischen Gesines und Maries Alltag in der amerikanischen Weltmetropole und den Geschichten von Heinrich Cresspahl und seiner Verwandtschaft in jenem Winkel von Merry Old Mecklenburg –

B: ›Merry‹ paßt wohl nicht ganz, doch darüber könnten wir noch reden.

A: Das will ich hoffen. Ich muß Ihnen aber ein Geständnis machen: Dieses Zusammengeschnibbelte in jedem Kapitel hat mich beim Lesen derart irritiert und ungeduldig gemacht, daß ich mir nach den ersten hundert Seiten die Jerichow-Abschnitte durch den ganzen ersten Band hindurch mit einem roten Markierungsstrich am Rand herausgesucht und dann, ohne den New Yorker Tagebuchballast, in einem Zug durchgelesen habe. Sie werden mich jetzt für einen hoffnungslosen Fall als JT-Leser halten

B: Durchaus nicht. Warum mit dem Text nicht nach Belieben hantieren und experimentieren? Auch das gehört zur »Unabhängigkeit« des Lesers, die Johnson selber wünscht. Aber Ihnen sind bei Ihrem Experiment einer sozusagen eingleisigen Lektüre natürlich nicht nur die New-York-Abschnitte entgangen, sondern auch die Effekte, die der Verzahnung beider Ebenen entspringen.

A: Was sollen das für Effekte sein, nach denen der Erzähler oder, besser: der Monteur von JT hier wohl hascht? Mir kommen diese ›Montagen‹ reichlich künstlich vor.

B: Das hieße, ein Kunstwerk soll ›natürlich‹, ›organisch‹ sein oder zumindest wirken, nicht wahr? Entwerfen, konstruieren und montieren muß man es wohl, es wächst ja nicht durch Begießen wie eine Pflanze, das werden auch Sie zugestehen, jede Satzfolge hat ihre Konstruktion, auch eine parataktische, und erst recht ›natürlich‹ ein großräumiger epischer Bau, auf dem sehr viel Erzählmaterie ruht. Aber – so verstehe ich Ihr Unbehagen – kann der Künstler die ›Montagestellen‹ nicht wenigstens zudecken?

A: Zudecken soll er gar nichts. Das klingt mir doch zu sehr nach Fassade, Illusion.

B: Mit andern Worten: nach dem altmodischen Realismus-Muff von Otto Ludwig bis Georg Lukács –

A: Das ist mir zu fachgesimpelt. Ich meine einfach: Das Umschalten zwischen New York und Jerichow erscheint mir zu gewollt, zu wenig notwendig.

B: Das Künstliche ist nicht kunstvoll genug? Aber denken Sie einmal an die vom Erzähler, filmisch ausgedrückt: ineinandergeschnittenen Landschaften, etwa wenn Gesine aus ihrer New Yorker Wohnung auf den nebligen Hudson River sieht, der ihr plötzlich wie ein verhangener mecklenburgischer Binnensee erscheint, oder wenn der großstädtische Schmutzdunst das Gedränge der Häuser auf einmal verwandelt in »eine weiche schwingende Landschaft, Waldwiesen und Durchblicke auf einen Bischofsmützenturm«. Es ist der Jerichower Kirchturm, wie der aufmerksame Leser seit jener ersten Beschreibung des Städtchens weiß, über die wir uns vorhin unterhielten. Zum 28. September – lesen Sie das einmal nach! – notiert Gesine eine Landschaftsvision, eine von Glas und Marmor ihres Bankfoyers hervorgezauberte Gegenwelt, weißliches Seelicht und Segelboote – wieder eine erschaute und zugleich verstellte Gegend, diesmal versehen mit einem »scharfen Rand von Gefahr und Unglück«. Dieses kurze Kapitel übt auf mich eine große Anmutung aus, das darf ich wohl kunstvoll nennen. Künstlich ist es nicht, denn die Montage der beiden Welten hat ja ihren Ursprung in der Figur, dem augenblickhaft halluzinatorischen Blick Gesines. So ist es an vielen Stellen. Musikalisch ausgedrückt: ›Engführungen‹, kontrapunktische Arrangements des Erzählers, die als solche kenntlich bleiben, also nicht ›zugedeckt‹ werden, auch wenn sie aus der Perspektive der Figur motiviert sind.

A: Sie engagieren sich sehr für diesen Stilzug von Johnsons Buch. Ich bleibe indessen dabei: die New Yorker South Ferry und der Bäderdampfer nach Travemünde, die Morgensonne am Riverside Drive und am Ziegeleiweg – solche Anschlußstellen behalten für mich, mit Verlaub, etwas von Eselsbrücken.

B: Wie es Ihnen beliebt. Sie bringen sich durch diese Abwehr allerdings meiner Leseerfahrung nach um ein gut Teil der ästhetischen Unterhaltung, die von der ›parataktischen‹ Form der JT ausgeht.

A: Aber diese Form kommt mir gar nicht so ästhetisch vor. Überwiegt nicht das Chronikalische, das Enzyklopädische, Statistische, Tabellarische oft das eigentlich Erzählerische? Ich denke da an das unablässige Zitieren aus der »New York Times«, aber auch an gewisse Kataloge von mecklenburgischen Gewässern oder Eisenbahnstationen. Wer in aller Welt will wissen, in welchen Seen Gesine im Lauf ihres Lebens gebadet hat?

B: Sie spielen auf das Kapitel vom 20. April an, das den dritten Band eröffnet. Sie finden es unpoetisch, ich besonders poetisch. Wat den een' sin Uhl, is den annern sin Nachtigall, auf hochdeutsch: Ihr ›eigentlich Erzählerisches‹ gibt es nicht. Übrigens gehört, was Sie das ›Tabellarische‹ zu nennen belieben, zum ureigenen Bestand der Epik. Lesen Sie mal den langen Schiffskatalog im zweiten Gesang der *Ilias* nach oder auch den kurzen zu Beginn des fünften Buches von Döblins *Wallenstein!* Solche Aufreihungen haben ihre eigene Poesie, sie haben zugleich ihre genaue erzählerische Funktion.

A: Die wüßte ich für das Seenregister ganz gern. Es ist doch eigentlich nur ein Gag: Gesine und Marie schwimmen im Patton Lake, einem Kunstsee im Norden des Staates New York, und die amerikanisierte, rekordsüchtige Marie möchte wissen, wieviel Seen ihre Mutter schon »gemacht« hat. Soweit ganz nett. Aber warum muß die nun zwischen ihren Schwimmzügen die halbe mecklenburgische Seenplatte herbeten, vom Dassower, Cramoner, Schweriner, Goldberger, Plauer See bis zur Müritz?

B: Sie unterschätzen die Zahl der Seen in Gesines Heimat gewaltig. Die winzige Auswahl, die sie nennt, ruft bei mir zwar jene ganze Landschaft hervor – das macht schon die Poesie der Namen –, aber vor allem kontert Gesine doch die sportlich gemeinte Frage ihrer Tochter mit einem indirekten biographischen Bekenntnis, das außer Seennamen auch etliche Personennamen und Zeitangaben enthält: das Seenregister als konzentrierte Lebensgeschichte. Für uns Leser – das wäre eine dritte Funktion – springt dabei eine sachliche und zugleich atmosphärisch dichte Rekapitulation heraus. Ein gelungenes Präludium zum dritten Band von JT, möchte ich meinen.

A: Ich merke schon, ich muß, Ihren Winken folgend, einzelne Kapitel, vielleicht auch mehr, in Ruhe noch einmal lesen. Aber bei den langwierigen »New-York-Times«-Passagen, fürchte ich, wird das wenig fruchten. Das sind doch gezwungene Pflichtübungen, um Politik, Gegenwart, ›Welt‹ mit Gewalt in die Cresspahlsche Familiensaga hineinzubekommen und um der Forderung nach ›Modernität‹ zu genügen. Denn seit Dos Passos' *Manhattan Transfer* geht es ohne eine ›Zeitungs-Collage‹ ja wohl nicht mehr ab bei einem modernen ›Großstadtroman‹. Der etwas herbeigeholte Vergleich der »New York Times« mit einer alten Tante macht die Sache auch nicht schmackhafter.

B: Was die Tante betrifft, so hat sie eine ältere, 1934 verstorbene Verwandte in Berlin gehabt, die im Volksmund und also auch bei Fritz Reuter oder Fontane »Tante Voß« genannt wurde, die einst berühmte »Vossische Zeitung«, Berlins älteste, stolz auf Redakteursnamen wie Lessing, seriös, liberal und ein wenig besserwisserisch...

A: Interessant, den Hinweis hab ich in der Kritik nirgendwo gefunden.

B: Was aber die sogenannte ›Collage‹ betrifft, so läßt sich doch nicht übersehen, daß sie nicht einer abstrakten Formforderung entspricht, sondern – daran hat Johnson gegenüber hartnäckigen Interviewern ebenso hartnäckig festgehalten – aus der Situation Gesines motiviert wird. Ihr Angestelltenleben im nicht heimatlichen New York, eine doppelte Fremdheit also, zwingt sie zum sorgfältigen Zeitunglesen, wenn sie dem Anspruch, den sie an sich selbst stellt, gerecht werden will: wenigstens »Bescheid zu lernen«, »mit Kenntnis zu leben«, wenn schon aktives Eingreifen verstellt ist.

A: Zeitungslektüre als Ersatz für politisches Handeln? Eine zweifelhafte Empfehlung.

B: Ich wäre froh, wenn mehr Leute ihre Zeitung so genau, so aufmerksam zu lesen verstünden wie Gesine.

A: Da wäre in JT also eine Art Lehrgang für kritischen Medienkonsum verpackt. Aber sind die Lehrgangsmaterialien heute, mehr als zehn Jahre später, nicht schon leicht angestaubt? Der Vietnamkrieg – der Hauptstoff – ist doch zum Glück beendet und somit als zeithistorisches Gleichnis veraltet.

B: Die napalmverbrannten Krüppel laufen, soweit ich weiß, nicht in Gestalt von Gleichnissen in unserer Welt herum...

A: Sie mögen recht haben, es gibt wohl zeithistorische Fakten, die nicht veralten, nicht veralten *dürfen,* ich denke sofort an das furchtbare deutsche Gegenstück zu Vietnam: Auschwitz. Mein Respekt vor JT gilt vor allem der schwierigen Unternehmung, einen Roman zu schreiben, also ›Geschichten‹ zu erzählen, ohne an Auschwitz, an der Geschichte, vorbeizuschreiben. Da ist die unerhört präzise erzählerische Rekonstruktion deutscher Sozialgeschichte anhand der Papenbrock-Cresspahl-Sippe, da ist das Thema der Schuld, das Privates und Politisches unauflöslich verschränkt: Gesine ›erbt‹ ja in gewisser Weise den Schuldkomplex ihrer tragisch ums Leben gekommenen Mutter Lisbeth. Und da ist vor allem das Schicksal der Juden, exemplarisch dargestellt an den Semigs, den Tannebaums, auch den Ferwalters in New York.

B: »Es gilt für die Welt und wohl auch für etwas mehr als die Hälfte der deutschen Bevölkerung als erwiesen, daß der Krieg von Deutschland verschuldet ist und daß seine Führer freiwillig gewählt wurden zu einem Zeitpunkt, als sie ihre sämtlichen Ziele bereits ausgesprochen hatten«, auch dasjenige des Völkermords an den Juden also. Johnson hält diese Einsicht für eine, die er »unter die Leute zu bringen« habe. Solches schriftstellerische Programm – darin stimmen wir beide offenbar einmal überein – kann man gar nicht hoch genug schätzen. Ich denke an meine eigene Lektüre der »Frankfurter Rundschau« – sie ist sicher, verglichen mit der stattlichen Dame »New York Times«, ein dürftiges Persönchen –, immer wieder bringt sie, fast widerwillig, Meldungen über nazistische und neonazistische Aktivitäten . . .

A: Hätte Johnson nicht auf 1967/68, sondern zehn Jahre später Gesines politisches Tagebuch datiert, er wäre wohl kaum an Herrn Filbinger und den öffentlichen Herren vorbeigekommen, die nicht seine Todesurteile im Dienst des Hitler-Staates störend fanden, nur: daß er sie so schlecht leugnen konnte.

B: Das wäre ein ebenso interessantes wie trauriges Spiel: auszudenken, was wohl an Politik in einem Buch JT 1979/80 vorkommen würde. Aber bleiben wir doch bei den alten, wie ich meine: *nicht* veralteten JTn: Da wird ja nicht nur deutsche Vergangenheit und Gegenwart – diese in zwei Staaten! – behandelt, sondern die ganze weltpolitische Grundkonstellation, hie Kapitalismus, dort Kommunismus. Und am Horizont der Romanhandlung der politische ›Prager Frühling‹.

A: Genau hier aber setzen bei mir auch wieder Bedenken ein. Wird nicht die ›deutsche Schuld‹ abgeschwächt, relativiert, indem ihr, mit Vietnam, die amerikanische an die Seite gestellt wird? Kommt nicht im Panorama der Meldungen zu beiden weltpolitischen ›Lagern‹ eine fatale Neutralität und Unparteilichkeit zum Ausdruck, die sich mit epischer Totalität, Objektivität und ›Gelassenheit‹ verwechselt? Die Kehrseite solcher ›Ausgewogenheit‹ zeigt sich dann dort, wo dem aufgebahrten toten »Agitator« Che Guevara die ebenfalls ausgestellte Leiche des Vietnamkriegs-Freundes Kardinal Spellman konfrontiert wird. Und suggeriert nicht der böse Terminplan des Romans – letzter ›Jahrestag‹: der

Tag der Okkupation Prags durch Sowjetpanzer – dem Leser, daß die Sache mit dem Sozialismus, für die Gesine sich zuletzt doch noch handelnd, nicht nur beobachtend engagiert, schiefgehen muß angesichts der herrschenden weltpolitischen Verhältnisse? Kurz: ist das ganze Buch nicht eine Anweisung zur Resignation?

B: Eine Anweisung zum seligen Leben werden Sie von einem Mann, der so nüchtern und wirklichkeitsnah denkt wie Johnson, schwerlich erwarten.

A: Vorsicht, aus *Mutmaßungen über Jakob* habe ich ein paar Signale in dieser Richtung noch herausgehört.

B: Sie meinen die etwas zu heile Welt von Jakobs sozialistischem Arbeitsalltag? Fahren durch sie nicht am Ende die Militärzüge gegen den Ungarn-Aufstand, der auch im Zeichen eines ›menschlichen Sozialismus‹ stand, tödlich hindurch?

A: Zugegeben. Im Jakob-Roman steckt aber dennoch, ästhetisch-sinnlich gestaltet, etwas von ›konkreter Utopie‹, von Aufhebung der gesellschaftlichen Entfremdung und Verdinglichung. JT dagegen, angetrieben vom Prinzip durchgehender politisch-ideologischer Neutralisierung, frönt einem sentimental-nostalgischen Antikapitalismus, der jede Parteinahme verlernt zu haben scheint.

B: Ich staune über diese, pardon, salonmarxistischen Töne aus Ihrem Munde. Wo haben Sie denn das aufgeschnappt? Aber es ist was dran, ich müßte darüber mal nachdenken. Etwas unheimlich ist mir die ›Botschaft‹ des Buches ja selber. Ich fühle mich an die ›negative‹ Gesellschaftskritik Adornos, seinen traurig-bösen Blick auf das ›universale Unheil‹ erinnert, der immer nur zu sagen schien: »*So* geht's nicht – und *so* auch nicht – Scheiße!«

A: Das nenne ich wahrhaft nicht salonmäßig geredet! Adorno würde sich im Grabe umdrehen. Doch ich möchte Ihnen meinerseits einen Schritt entgegenkommen. Die Anordnung der Stoffe und Themen in JT, die Konfrontation, Parallelführung und Verflechtung von Individuum und Gesellschaft, Vergangenheit und Gegenwart, Kapitalismus und Kommunismus – das alles birgt eine erhebliche politisch-aufklärerische Brisanz und beläßt den Standort des Erzählers nicht ganz in bequemer Neutralität. Das Gedankenexperiment des Romans wird wie das Lebensexperiment der Gesine Cresspahl von der Frage nach einem richtigen – wenn schon nicht ›seligen‹ – Leben geleitet. Ihr Stichwort heißt Sozialismus, aber was für einer?

B: Sicher nicht der Hobby-Sozialismus eines D. E., der eine bloß theoretische Übung bleibt. Derjenige Gesines ist sozusagen ein existentieller: ernsthaft suchend, nicht unter Ausschluß des Gefühls, biographisch verankert.

A: Das hat sie mit ihrem Vater gemeinsam, dem der Sozialismus im Lauf seiner Verstrickung in die deutsche Geschichte als politische Praxis verlorenging und nur noch als ›innere‹ Haltung übrigbleibt. Sie ist eine »Linke ohne Heimat« und darin wohl auch mit ihrem Autor verwandt: bei aller Übereinstimmung in Grundpositionen mit Engagierten wie den Berliner Studenten von 1968 oder gewissen etwas zu vorlaut politisierenden Schriftstellerkollegen doch auf – gelegentlich recht bissige – Distanz gehend, am Ende gar ›freischwebend‹...

B: Ich möchte, angesichts der heutigen Situation – Linke wie Rudolf Bahro drüben hinausgeworfen, hüben wie Jochen Steffen oder Heinz Brandt im politischen Abseits –, von Überwintern sprechen, also Rückzug in zähen, alltäglichen Kampf um Erhaltung persönlicher Integrität als Bedingung für ein Weiterleben des unverkürzten gesellschaftskritischen Gedankens. Johnsons Engagement ist nicht als Plakat verwendbar und doch eindeutig.

A: Aber etwas sibyllinisch, finde ich. In seiner Büchner-Preisrede hat er seine Absage an politische Praxis damit begründet, daß er »im gegenwärtigen Zeitpunkt jede revolutionäre Bewegung als eine vergebliche Unternehmung betrachtet und nicht die Verblendung derer teilt, welche in den Deutschen ein zum Kampf für sein Recht bereites Volk sehen«.

B: Sie haben es leider ebensowenig erkannt wie die Leute, die in den Feuilletons darüber berichteten: Johnsons ›sibyllinischer‹ Spruch ist ein wörtliches Zitat aus einem Brief Georg Büchners. Lesen Sie einmal den ganzen Brief, er ist an die Eltern gerichtet und vom 5. April 1833 datiert! Sie werden sehen, daß Johnson sich mit dieser Anspielung in eine Tradition radikalen gesellschaftskritischen Denkens stellt, die er auch sonst nirgendwo verleugnet. Diesem Denken ist es, wie Gesine, selbstverständlich, Baran/Sweezy zu kennen oder »Hungersnot« durch »Ausbeutung« zu ersetzen. Woher, schätzen Sie, kommt Gesines Formel für ihr abhängig Beschäftigtsein: »Abwesenheit in Arbeit«?

A: »Der Arbeiter fühlt sich erst außer der Arbeit bei sich und in der Arbeit außer sich. Zu Hause ist er, wenn er nicht arbeitet, und wenn er arbeitet, ist er nicht zu Hause.« Marx, Pariser

Manuskripte 1844. – Seinen Marx wird der in der DDR aufge-
wachsene Johnson wohl kennen.

B: *Seinen* Marx, ganz recht. Denken Sie daran, Johnson hat in
Leipzig studiert, als dort Ernst Bloch und Hans Mayer lehrten!

A: Die antistalinistische Opposition in der jungen DDR, die
emanzipatorische Anthropologie des frühen Marx und die ›konkrete Utopie‹ von Johnsons erstveröffentlichtem Roman – das
paßt ganz gut zusammen.

B: Sie leiden wohl unter einer Fixierung ans Blütenfrühe. Es ist
aber ungerecht und kurzschlüssig, den Jakob-Roman zur absoluten Norm über das reife Werk JT zu erheben. Sie kennen das
Wort: »Ein Mann kann nicht wieder zum Kinde werden, oder er
wird kindisch.«

A: Und doch kann zuweilen das Frühe – es muß ja nicht gerade
kindlich sein, Johnson war 1960 immerhin schon älter, als Büch-
ner je geworden ist – in gewisser Beziehung als Norm und
unerreichtes Muster gelten.

B: Bleiben Sie meinetwegen dabei und verstellen sich damit
weiterhin eine produktive Lektüre von JT! Ich für meinen Teil
halte mich an den erfahrenen Sozialismus, wie ihn Maxim Gorki
und Oskar Maria Graf »auf den Rücken geprügelt« bekamen.
Der ist auch in JT überall zu spüren. »In Mecklenburg habe ich
gelernt«, – sagte Johnson kürzlich – »daß man als Kind schlicht
vermietet werden kann, und ich bin dankbar für diese Lehre.«

A: Mecklenburg – da ist das Stichwort für einen Komplex, an
dem Sie sich in unserm Gespräch, scheint mir, bisher vorbeige-
drückt haben. Man könnte statt dessen auch Provinz sagen.

B: Sie entlocken mir ein persönliches Bekenntnis. Einer der
Gründe, warum ich dieses Buch so ... goutiere, ist meine eigene
Herkunft aus der Provinz. Ich bin zwar ein großes Stück weiter
östlich als Johnson zur Welt gekommen und ein kleines Stück
westlich von »Jerichow« aufgewachsen, aber sozusagen vom
selben Breitengrad, mit einem Wort: ein Kind der norddeutschen
Tiefebene.

A: Aha, die Freude des Wiedererkennens: die meist nur ›kabbe-
lige‹ Ferien-Ostsee hinter Weizenfeldern, die Möwenversamm-
lungen in Lee der Schornsteine, pelzige, im Wind geduckte
Strohdächer, Backsteingotik, die breite niederdeutsche Sprache
und ihre Sprüche...

B: Auch das, aber nicht nur. Ungezählte Male bin ich durch die

Holsteinische Schweiz gefahren – ich bedaure, daß sie Gesine und Marie 1964 von einem Busfahrer so schlecht verkauft wurde –, oft mit dem Zug nach Lübeck. Da wohnte seit der Flucht mein Großvater, seine zweite Frau war aus Mecklenburg. Sie wohnten in der Johannisstraße, die hieß dann plötzlich Dr.-Julius-Leber-Straße, ich konnte als Kind mit dem Namen nichts anfangen. Großeltern und Eltern gaben mir keine Auskunft. Eine Altstadtstraße mit Spitzweg-Idyllik, Cresspahl wurde März 1933 auf ihr in eine Schlägerei mit Nazis verwickelt.

A: Nachhilfe für versäumte Lektionen in regionaler Zeitgeschichte, Johnsons Roman leistet sie zuverlässig, das will ich Ihnen glauben.

B: In Niendorf an der Ostsee, nahe von Travemünde, wo Cresspahl 1931 seine Frau zum ersten Mal sieht, war ich als Kind eine Zeitlang in einem Heim. Von der Steilküste aus konnte man rechts das Stück Mecklenburg sehen, auf dem »Jerichow« liegt, und links die Bucht von Neustadt.

A: Das Neustadt, das Kay Hoffs Roman *Bödelstedt oder Würstchen bürgerlich* als trauriges Vorbild gedient hat?

B: Ebendas. Dichtbei liegt Pelzerhaken. Ich wußte nicht, daß dort ein Denkmal steht für die 7300 KZ-Häftlinge auf drei Gefangenenschiffen, die am 3. Mai 1945 von den Briten in den Tod gebombt wurden in der »sonnenklaren« Lübecker Bucht, »bei vergleichbar angenehmem Wetter«.

A: Woran erinnert mich nur diese bitter ironische Wetterangabe? Ich hab's: »Das Leben im Stadion ist bei sonnigem Wetter recht angenehm« – der berüchtigte Ausspruch eines CDU-Generalsekretärs über politische Gefangene im Stadion von Santiago de Chile. Das wurde übrigens, wenn ich mich recht entsinne, nicht früher als der dritte Band von JT veröffentlicht.

B: Die Opfer stammten aus dem KZ Neuengamme bei Hamburg, ich kannte den Namen nur für das ›Internierungslager‹, in das mein Vater nach seiner Rückkehr aus dem Krieg kam. Da habe ihm einer mal Brot geklaut, der war dann im Gymnasium ein Lehrer von mir.

A: Man wird es dem Buch positiv anrechnen müssen, daß es, wie Sie eben demonstriert haben, offenbar ›Anschlußstellen‹ bietet, die einen Leser dazu einladen, seine eigene Erfahrung mit der im Roman aufgehobenen in Kontakt zu bringen. Aber fällt das einem Norddeutschen, einem Mecklenburger zumal, nicht leichter als anderen, weil der Roman so stark von dieser Landschaft geprägt ist?

B: Es gibt in JT ja wohl noch eine Reihe von weiteren Landschaften, das Buch ist kein Heimatroman. Als Ansichtskarte kommt Landschaft nur in den Kommentaren jenes schon erwähnten Busfahrers vor, sonst wird sie immer gezeigt in ihrer geschichtlich-sozialen Prägung. Und was die Mecklenburger betrifft, die beschweren sich bei Johnson eher, daß Jerichow nicht Klütz heißt.

A: Und Rande nicht Boltenhagen und Gneez nicht Greversmühlen usw. Ich habe mir die Topographie mal auf einer Karte angesehen. Den Dassower See, in dem Gesine wegen der Zonengrenze nie hat baden können – sonst hätte sie noch einen mehr auf der Liste –, habe ich südlich von Travemünde gefunden, den Namen Pelzerhaken ganz oben, jenseits der Lübecker Bucht, nahe bei Klütz, einen Ort Bothmer. Auf den Namen fällt in JT einmal ein gutes Licht: 1945 öffnete sein Schloß für Typhuskranke und starb selbst dabei ein Hans Kaspar von Bothmer.

B: So hieß einer, mit dem saß ich zusammen im Konfirmandenunterricht. – Im übrigen aber bekommt doch die ganze stockreaktionäre Adelsbande der Bülows, Plessens, Maltzahns, Bobziens und Rammins, Lüsewitz und Lassewitz ihr Fett ab. Mit ihrem »Old Mecklenburg for ever«, ihrem festen Glauben daran, daß unser Herrgott bei der Erschaffung der Welt mit Mecklenburg angefangen, auch wohl das Paradies dort lokalisiert habe, sowie mit ihrem 1. Verfassungsgrundsatz: »Dat bliwt allns so as dat is«, war ja sie verantwortlich für die besondere »Verspätung der mecklenburgischen Seele« inmitten einer ohnehin ›verspäteten Nation‹.

A: Ich weiß, Bismarck wollte bei einem Weltuntergang nach Mecklenburg übersiedeln, dort treffe alles dreihundert Jahre später ein. Den Ausspruch wird sich auch Johnson nicht haben entgehen lassen.

B: Sie vermuten richtig. Doch schon Fontane nannte in seinen sonst wenig, wohl aber der fleißigen Studentin Gesine gut bekannten Aufzeichnungen zu Schopenhauer Mecklenburg die »komische Figur« in Europa.

A: Lohnt es sich eigentlich, solche Mecklenburgensia auszubreiten, anstatt sie, wie z. B. Wossidlos *Mecklenburgische Volksüberlieferung,* in Gesines und D. E.s Glasschrank verwahrt zu lassen?

B: Es lohnt sich schon. Denn Johnson selbst hat den Glasschrank aufgemacht und eine ganze Reihe von plattdeutschen Sprüchen aus dem ›Wossidlo‹ benutzt, und zwar erzählerisch sehr geschickt. Die Sprüche, wo es heißt »sä de Jung«, findet Gesine immer am schönsten, ein Beispiel, das Johnson nicht verwendet: »Wat is de Welt grot, sä de Jung, hinner Crivitz sünd ok noch Hüser!« So mochte es Louise Papenbrock während der Crivitzer Gutspächterzeit, mit einem Ohr von oben herab, gehört haben. Sobald der Schlußband vorliegt – ich habe eine Lesung Johnsons gehört –, nehmen Sie sich unbedingt einmal das Kapitel über Cresspahls Kindheit ganz am Ende vor! Es ist voll solcher Sprüche und eins der schönsten in JT.* Ich höre den niederdeutschen Grundbaß aus der sprachlichen Polyphonie des Werkes überall heraus. Und man sollte z. B. für die Formel »Cresspahls Tochter« nicht sofort einen Vater-Komplex bemühen. Das ist zunächst einmal Mecklenburger O-Ton. Meine Großmutter hatte Freundinnen, die hießen immer nur »Beckmanns Töchter« – gesprochen: Beekmanns Töchte –, Freud hat sie mit Sicherheit nicht gekannt.

A: Johnson ein literarischer Regionalist, ein Heimatkünstler also doch, wenn auch vermutlich eher in der würdigen Tradition von Fritz Reuter als in der zweifelhaften geistigen Nachbarschaft der Griese und Blunck, die in Gesines Kindheit ihre hohe Zeit hatten.

B: Ihren Reuter kennen Gesine und die Ihren selbstverständlich, sie unterhalten sich gelegentlich in den dummen Sprüchen von Jung-Jochen aus der *Stromtid*. Und Johnson selbst, ehemaliger Schüler einer John-Brinckman-Oberschule in Güstrow, muß auch das Werk ihres Namensgebers, des Rostocker Kollegen und Konkurrenten Fritz Reuters, genau angesehen haben. Brinckman war ein ›Amerikafahrer‹ wie Gesine und Johnson, doch weniger zufrieden mit der Neuen Welt als der bei uns im Norden einst beliebte *Jürnjakob Swehn* von Johannes Gillhoff. Er warnte 1855 in einer gereimten *Fastelabendspredigt för Johann, de nah Amerika fuhrt will* vor der Auswanderung aus dem junkerlichen Mecklenburg und predigte dagegen das Schriftwort Psalm 37, Vers 3.

A: Vermutlich: »Bleibe im Lande und nähre dich redlich!« – die alte Losung des Provinzialismus.

---

* Das ursprünglich vorgesehene Schlußkapitel wurde von Johnson bei der Endredaktion ausgeschieden.

B: Getroffen. Johnson läßt Gesine einmal aus dem Gedicht zitieren –

A: Auch das noch! Mir fällt ein: Thomas Mann in Amerika: Wo ich bin, ist die deutsche Kultur – Uwe Johnson in New York oder England: Wo ich bin, ist Mecklenburg. Sie legen es offenbar darauf an, daß ich meine Provokation wiederhole: JT ist ein Heimatroman. Ein bekannter Kritiker sprach sogar von ›Blut und Boden‹...

B: Der Autor hat diese Denunziation als einen dümmlich-boshaften Syllogismus entlarvt: »In diesem Buch wird ein Baum beschrieben. Bei den Nazis (Blut-und-Boden-Literatur) legte man großes Gewicht auf Baumbeschreibungen, folglich ist dieser Verfasser ein...«

A: Aber Heimat! Sie werden nicht leugnen, dies ist ein Schlüsselwort in dem ganzen Werk.

B: »Elend der Heimat« heißt es im Jakob-Roman einmal fast paradox, denn Elend bedeutet ja ursprünglich Fremde. Davon scheint mir wenig zurückgenommen in JT. Denken Sie an Cresspahls eher widerwillige Rückkehr in die Heimat, an Gesines kühle Absage an beide Teile Deutschlands!

A: Aber auch New York ist als Heimat nur eine »Täuschung«, wie Gesine selbst sagt. Sie ist, sich erinnernd und erzählend, ständig auf der Suche nach der verlorenen Heimat Jerichow: »Da steht, links hinter einem verunkrauteten Grasplatz, ein niedriges Bauernhaus unter angeschwärztem Walmdach. Jetzt bin ich zu Hause.« Dahin also sehnt sie sich heimlich zurück!

B: Wie könnte sie anders, es ist ihre Kindheitswelt, auch wenn sie dort »wie ein Hund« gelebt hat, die Welt ihrer Liebe zu Jakob und ihrer Freund-, Bekannt- und Verwandtschaft mit vielen andern. Ein Personennetz übrigens, mit dem JT Johnsons andere Prosa, sogar noch nicht erschienene wie die Geschichte von Peter Niebuhr und Martha Klünder vor fünfzig Jahren, umschließt. Ich habe mir mal die Hauptbeziehungen, z. T. mit Hilfe des Anhangs zum zweiten Band, in einer Tabelle herausnotiert, vielleicht ist sie Ihnen nützlich:

Aber um auf Gesines Heimweh zurückzukommen: zugespitzt gesagt, sie will nicht zurückwollen, ihre diversen Umzüge verstehe ich *auch* als Schritte einer mühsamen Emanzipation. Zuletzt, in Prag, hat sie keinen festen Wohnsitz mehr... Diese Linie bedeutet zugleich Emanzipation von einem metaphysischen

Verwandtschafts- und Paarbeziehungen bei Uwe Johnson

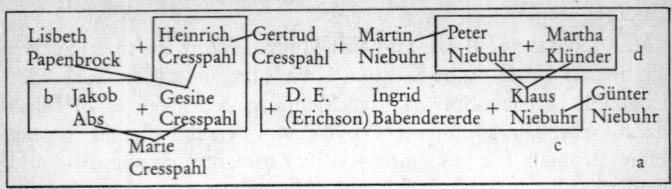

a = *Jahrestage*, b = *Mutmaßungen über Jakob*, c = *Ingrid Babendererde*, d = nicht ausgeführtes episches Projekt.

Schema des abendländischen Romans, dessen Urbild der größte Heimatroman der Weltliteratur sein mag –

A: Meinen Sie etwa die *Odyssee*? Und das metaphysische Schema wäre der Dreischritt Heimat – Fremde – Heimat, dessen Anfang und Ende von der Religion, dessen Mitte dagegen von der Literatur ausgemalt wurde? Aber steckt nicht etwas von dieser Metaphysik noch in JT? Sozialismus als Synonym für Heimat!

B: »Die Wurzel der Geschichte aber ist der arbeitende, schaffende, die Gegebenheiten umbildende und überholende Mensch. Hat er sich erfaßt und das Seine ohne Entäußerung und Entfremdung in realer Demokratie begründet, so entsteht in der Welt etwas, das allen in die Kindheit scheint und worin noch niemand war: Heimat.« Ernst Bloch, *Prinzip Hoffnung*.

A: Das mit der realen Demokratie ist ja nun in Prag mißlungen, die Utopie und Gesines riskantes Engagement sind durch unser, der Leser, Vorauswissen von vornherein umschattet. Aber der Autor hat ja vorgebeugt: Wenn er in JT Heimat als Sozialismus auch sterben läßt, so feiert sie allenthalben eine zwar nicht fröhliche, aber doch nostalgisch verklärte Auferstehung: als Provinz. Provinz wird in JT zum mythischen Gegenpol der Zerstörung von Natur und schlichter Menschlichkeit in der bösen Gegenwartsgesellschaft. Ein hilfloser Antikapitalismus flieht in kleinbürgerlicher Sentimentalität zum ›einfachen Leben‹. Mit einem Wort: Rückfall in deutsche Innerlichkeit! Was, meinen Sie, könnte Johnson auf solche Thesen entgegnen?

B: Dies vielleicht, hoffentlich: »Wat kümmert mi, wat achter mi passiert, sä de Jung, as he Släg' kreeg.«

Aus: Text + Kritik (1980), H. 65/66, S. 48–62.

Reinhard Baumgart

Eigensinn

Ein vorläufiger Rückblick auf Uwe Johnsons *Jahrestage*

Das mag für Zufall halten, wer will – denkwürdig bleibt es, daß die einzigen beiden weit ausladenden, epochenumgreifenden Erzählwerke, die im vergangenen Jahrzehnt auf deutsch geschrieben wurden, von zwei Emigranten hergestellt worden sind, von Peter Weiss in Stockholm und von Uwe Johnson in New York und Sheerness on Sea. In der *Ästhetik des Widerstands* taucht die Bundesrepublik gar nicht mehr auf, in den *Jahrestagen* nur in eilig vorbeihuschenden Szenen. Nun liegen, kein Wunder, diese sieben Bände Roman auf unserem literarischen Markt wie Findlingsblöcke, fremd allen hierzulande von Saison zu Saison changierenden Literaturerwartungen, doch aufgeladen mit einem monumentalen Vertrauen in die Monumentalität von Literatur: als könnte *Krieg und Frieden* immer noch einmal erzählt werden.

Wer sich auf die Lese-Weltreise der *Jahrestage* einläßt, der reist allerdings nicht nur durch die Weite einer Epoche, von der Weimarer Republik über das Dritte Reich und die DDR bis ins Manhattan der Vietnamkriegszeit, nicht nur von Mecklenburg nach New York und durch ein Gruppenbild aus immerhin über 400 Personen, sondern der wird auch noch versorgt mit Einblikken in viele ihm bisher unerschlossene Lebensbereiche, mit nützlichen oder garantiert zweckfreien Einblicken, zum Beispiel
in das Innenleben der Mafia oder SA,
in die genaue Topographie von mecklenburgischen oder südenglischen Kleinstädten,
in die Lokal- und Weltberichterstattung der *New York Times,*
in das dramatisch verengte Weltbild eines Kleinkinds,
in die trostlosen Slums und die trostreichen Parks der Upper West Side Manhattans,
in die Arbeit am Lügendetektor,
in das schon rund 250 Millionen Jahre während Leben der Kakerlaken,
in die Bedeutungen der Farbe Gelb in der amerikanischen Sprache

und im Straßenbild New Yorks,
in die Neujahrswünsche eines mecklenburgischen Tischlers im Jahr 1934 oder
in die Haushaltsausgaben seiner inzwischen in die USA verzogenen Tochter am 29. 12. 1967.

Dieser Erzähler liebt also nicht nur weite Distanzen, er macht auch Umstände und Umwege, er ist ein Pedant der Ab- und der Ausschweifungen. Ordnung, eine schon zwanghafte Sucht nach Vollständigkeit und Genauigkeit einerseits und andererseits ein lustvolles Sichtreibenlassen bis fast in Anarchie, das scheint sich für Johnson, solange er erzählt, nicht zu widersprechen. »Der Humorist lustwandelt im Unendlichen«, hat Schnitzler notiert. Daß auch Johnsons Umständlichkeits- und Genauigkeitswahn die Notwehr eines Humoristen sein könnte, das soll, vorerst, als bloßer Verdacht stehen bleiben.

Solche Widersprüche, zwischen Präzisions- und Spiellust, zwischen zwanghaftem Kalkül und phantastischer Unendlichkeit, waren schon im kühnen (und künstlichen) Entwurf des Romans angelegt, schon in der Spannung zwischen exakter äußerer und freier innerer Erzählzeit: Verfolgt werden zwar nur akkurat 367 Tage aus dem Leben der Gesine Cresspahl, einer Bankangestellten mecklenburgischer Herkunft, ledige Mutter einer elfjährigen Tochter, beide derzeit in New York, doch die Bankangestellte Cresspahl versucht ja, während dieses New Yorker Jahrs in dessen Vorgeschichte einzudringen, in die Geschichte ihrer Jugend, ihrer Kindheit, ihrer Eltern, Großeltern, Tanten, Onkel, samt deren mecklenburgischer Menschen- und Landschaftsumgebung. Die ledige Mutter möchte vor ihrem einzigen Kind Marie einmal nicht so rätselhaft dastehen wie ihre eigenen Eltern vor ihr. Nur, wozu der Aufwand: läßt sich aus Lebensläufen irgend etwas lernen?

Gesine Cresspahl zum Beispiel erinnert den ganzen vierten Band der *Jahrestage* hindurch ihre mecklenburgische Jugend und Schulzeit zwischen Kriegsende und dem 17. Juni 1953, die unaufhaltsame Durchsetzung also dessen, was heute als »real existierender Sozialismus« firmiert, die erst schleichende, dann galoppierende Korruption aller sozialistischen Hoffnungen der Nachkriegszeit. Aber die Bankangestellte Cresspahl in New York beginnt, gegen ihre gerade rekonstruierte Erfahrung, auf das Ende aller real existierenden Korruption durch die Prager Reformer zu hoffen. Stunden vor der Roten Armee wird sie an ihrem letzten »Jahrestag« mit dem Kind Marie nach Prag fliegen, um dort den Sozialismus »reparieren« zu helfen, und zwar mit einem amerikanischen Bankkredit. Johnson verweigert ein Finale, jede dramatische Entscheidung: mutmaßen darf wieder nur der Leser, ob in Prag auf Gesine Cresspahl am 21. August 1968 das Ende des Lebens oder das Ende ihrer letzten, unbelehrbaren Hoffnung wartet.

Die *Jahrestage* erzählen also in ihrem vierten Band von einer Narbe, die wieder eine Wunde werden möchte, von einer Desillusion, mit der nicht gelebt werden kann, die weder anzunehmen noch zu vergessen ist. Johnson hat seine Gesine Cresspahl in ein Labyrinth aus Sackgassen geschickt: Wenn damals, im mecklenburgischen Jerichow unter sowjetischem Protektorat, wenn jetzt, im Prag nach dem Prager Frühling, nicht mit Anstand *und* mit Hoffnung gelebt werden kann, wenn sich diese Verbindung von Würde und Perspektive, dieser Inbegriff von Lebenssinn auch kaum im New York zur Zeit des Kriegs gegen Vietnam aufrechterhalten läßt – wo dann? »Ich möchte auf die Wolken«, hatte diese Gesine Cresspahl schon in Johnsons erstem Buch gesagt. Wohin soll sie noch auswandern, fragt sie nun an einem ihrer »Jahrestage«: »Auf den Mond?« Am Ende also sehen wir sie, statt auf den Mond (oder auf die Wolken), abfliegen nach Prag, in das neue Ende einer alten Illusion.

Noch einmal also: läßt sich aus Lebenserfahrungen, Lebenserzählungen irgend etwas lernen, und was? Denn als Vermächtnis und Lektion für die elfjährige Marie waren die über drei Generationen zurückgreifenden Erzählungen der Gesine Cresspahl zunächst wohl angelegt.

Von ihren Großeltern hört Marie, wie beide auf ihrem gemeinsamen Weg ins Dritte Reich Schritt um Schritt versinken in immer sumpfigerem Gelände, weil sich ein fataler Zusammenhang knüpft zwischen privaten Gefühlen und politischen Zuständen. Der Tischler Cresspahl, ein dreiundvierzigjähriger Junggeselle, hat sich in einem Augenblick »versehen« in das Gesicht der wohlgeborenen Lisbeth Papenbrock, das ihm eine Lebenserfüllung über allen Begriff zu versprechen scheint. Aber das Vermögen, die Familie, die Gewohnheiten, die mit diesem »Gesicht« zusammenhängen, werden ihn, der schon in ein bescheidenes englisches Idyll ausgewandert war, schließlich zurückziehen in ein Deutschland, in dem gerade die Nazis die Macht übernommen haben. Aus diesem einen Kompromiß faulen immer weitere. Kein Anstand hilft mehr, wo Verbrechen die Norm setzt, und gegen ihre fortlaufende Beschädigung hilft den beiden Menschen guten Willens schließlich auch nicht mehr ihre Liebe.

Das wäre zwar eine Lesart, aber kaum eine pragmatische Moral für die Liebes- und Untergangsgeschichte der Eltern und Großeltern Cresspahl. Sie erklärt auch nicht, warum die Angestellte Cresspahl ihrem Kind oder ihrem Tonband über Hunderte von Stunden das Versinken einer ganzen deutschen Provinz in Terror, Blindheit, Ratlosigkeit, dumpfe Brutalität und fast ebenso dumpfen Schmerz vorführen muß. Aber auch dafür lockt das Buch mit einer scheinbar schlüssigen Moral und Nutzanwendung.

Erzählt wird der bürgerliche Untergang im Dritten Reich, immerhin in New York am Rande eines Kriegs, mit dem die Vormacht des freien und kapitalistischen Westens ein kleines Land in Südostasien überzieht, und wieviel Leute, die meisten mit falscher Hautfarbe, auch in New York im kalten Schatten der kapitalistischen Freiheit leben, ist selbst für das Kind Marie täglich schon im Straßenbild zu sehen. Was sollte diesem Kind einfallen, wenn es von Hitlers Krieg und dem nazistischen Terror gegen Minderheiten hört? Soll es, sollen wir vergleichen?

Doch Johnsons eigene Konstruktion, seine parallel geführten Erzählungen aus der mecklenburgischen Nazizeit und dem New Yorker Vietnamkriegsjahr, laden zum Vergleich nur ein, um auf dem Unterschied zu bestehen. Nicht umsonst hat er zwei entfernte Erfahrungen erzählend zusammengeschaltet, die Vorgeschichte und Geschichte der sogenannten »Reichskristallnacht« 1938 und den Versuch des Kindes Cresspahl, das einzige Mädchen mit dunkler Hautfarbe in seiner Privatschulklasse näher an sich heranzuziehen, ein scheiternder Versuch. Erst die genaue, geduldige Erzählung erweist, daß die Diskriminierung von Minderheiten und »falschen« Rassen damals und jetzt nur gleichzusetzen wäre mit dem ungeduldigen, grellen Wahnblick der Demagogie.

Also – letzter Versuch, eine Nutzanwendung herauszufinden – will sich die Kleinfamilie Cresspahl unter vier Augen mit riesigem Erzählungsaufwand womöglich nur beweisen, daß man in New York auf jeden Fall das vielgenossene, vielbeklagte »kleinere Übel« gewählt hat, nämlich eine real existierende (also auch korrumpierte) Demokratie gegenüber dem nur real existierenden Sozialismus, aber auch die partielle Gewaltsamkeit amerikanischen Alltags und amerikanischer Politik gegenüber der prinzipiellen Gewalt faschistischer Herrschaft?

Möglich, daß der Roman im Entwurf und im Traum einmal gemeint war als ein gewaltiges Beruhigungsmittel gegen unser aller Leiden an den Bedingungen des »kleineren Übels«, genau wie er auch ursprünglich wohl funktionieren sollte als ein Erziehungsprozeß für das Kind Marie. Doch die Chronik selbst hat sich dann, je reicher, breiter sie erzählt wird, offenbar befreit von diesen sorgfältig schönen oder ängstlichen Absichten. Sie beweist nichts, läuft auf keine Moral oder Nutzanwendung zu, sie entfaltet ihren Eigensinn, den Eigensinn des Erzählten, aber auch einen Eigensinn des Erzählens.

Als eigensinniger Autor galt Johnson von Anfang an, das hieß aber oft nur: als einer, der seinen Themen, seiner Sprache hartnäckig seine eigene Querköpfigkeit aufprägte oder aufzwang. Sein früherer Eigensinn bestand ja tatsächlich darin und darauf, Thesen durch Erzählung zu beglaubigen. Die These etwa, daß ein westdeutscher Journalist über einen ostdeutschen Radsportler gar kein zureichendes Buch mehr schreiben könnte. Oder die These, daß die Berliner Mauer durchaus keine Liebe zwischen zwei Personen verhindert, sondern eher aufreizt, daß dann aber die Verständigung zwischen den verliebten Antipoden scheitern müßte.

Die *Jahrestage* dagegen ließen sich auch mit Gewalt nicht auf solche Behauptungssätze zusammenzwingen. Über sie ist keine Podiumsdiskussion vorstellbar. Sie sind so gar nicht »interessant« im Sinn von »kontrovers«. Denn diesmal hat Uwe Johnson einen ungeheuerlichen Aufwand betrieben, um dem eigenen Eigensinn gerade zu entgehen, um nur noch den seines Materials reden zu lassen. Angedroht hatte er das, in seinen knappen Ansätzen zu einer Theorie seines Erzählens, immer schon, aber eingelöst war diese paradoxe Vorstellung vom allwissenden Erzähler als bloßem Medium einer Geschichte nur in Passagen der *Mutmaßungen über Jakob*.

Jetzt, in den scheinbar so traditionell erzählten *Jahrestagen*, erlebt man sie wieder, diese Auflösung der berichtenden Romansprache in ein Orgelspiel aus Stimmen. Es singen dann die »New York Times« und der Klatsch von Jerichow, Sprecher in Platt und palavernde jüdische Damen im Riverside Park, und als Kontrapunkt murmeln und argumentieren sogar noch die Stimmen der Toten mit. Auch wenn, am Anfang jedes neuen Bandes, das längst schon Erzählte der Zuhörerschaft noch einmal neu ins Gedächtnis gerufen werden muß, beginnt sich die Romansprache fast zum Gesang, in die halbe Höhe eines Prosa-Rezitativs, zu heben.

Hier kämpft, wie in allen großen Erzählbüchern des Jahrhunderts, bei Thomas Mann und Grass und erst recht bei den »Extremisten«, bei Arno Schmidt, Joyce oder Beckett, eine mündliche Sprache gegen ihren Untergang in pure Schriftlichkeit. Der Gestus des Epos, die Vorstellung von einem Erzähler, der als Sänger vor die versammelte Zuhörerschaft tritt, versucht sich noch einmal zu behaupten. Erzählen als Überlebenskampf, gegen die um sich greifende Sprache der Registratur und Verfügung: auch in diesen Jahrhundertprozeß setzen die *Jahrestage* ein musterhaftes, ja ein heroisches Beispiel. Johnson erzählt ja, nicht anders als Alexander Kluge, wie Lebensläufe sich verwandeln in Todesfälle, wie Menschen von der Geschichte als Menschenmaterial verbraucht werden, als fast bewußtlose Täter oder benommene Opfer. Aber Johnsons Prosa setzt diesen gegen die Individuen und alles Individuelle durchgesetzten Vernichtungsprozeß eben nicht, wie Kluge, ins Medium einer auch schon entindividualisierenden Sprache, in den Jargon der Verwaltung, Verfügung, des bürokratischen Terrors, sondern er versucht gegen den anonymisierenden, nivellierenden Geschichtsprozeß einen Widerstand schon durch Sprache.

Während die Geschichte, unter Hitler wie in Vietnam, gnadenlos zu akzelerieren scheint, betreibt Johnson sozusagen einen epischen Dienst nach Vorschrift: bedächtig, verzögernd, keinen Genauigkeitsumweg scheuend, auch wenn der eine Zeitlupenprosa fordert. Während Gewalt wahllos zuschlägt, pocht *er* auf alle noch erkennbaren Unterschiede. Während es auf Einzelnes und Einzelne in der Mühle der Menschenverachtung und -vernichtung nicht mehr anzukommen scheint, pflegt *er* eigensinnig seine altmeisterlich gemalten Details. Seine staunend, zärtlich beschreibende Sprache möchte, ob in New York oder Jerichow, noch jeden Blick, jede Kopfbewegung, jeden Vogelflügelschlag, jedes Regen- oder Verkehrsgeräusch, jedes Zögern in einer Stimme zu etwas ganz und gar Unverwechselbarem ernennen.

Der Erzähler, dieser wahrhaft red-selige Zeuge von etwas unwiderruflich Geschehenem, Vergangenem, Verlorenem, dieser »raunende Beschwörer des Imperfekts« ist von Berufs wegen konservativ: er hebt das Vergangene, Verlorene auf, indem er es noch einmal zur Sprache bringt. Allerdings nur zur Sprache – denn Johnson weiß, melancholisch wie seine Gesine Cresspahl, daß auch die genaueste Erinnerung nichts zurückbringt: sie macht aus dem, was einmal wirklich war, nur Bilder, Worte, Schrift. Sie errichtet ein Denkmal, an dem der Verlust erst fühlbar wird.

Als Denkmal, als monumental in gegenwärtige Alltagsszenen gesetztes Andenken an Vergangenheit, lassen sich diese *Jahrestage* am ehesten begreifen. Dann wäre auch, endlich, die Frage nach dem möglichen Nutzen dieser Lektüre zu beantworten. Marie, als sie ihre Mutter Gesine fragt, ob die ihr zum Studieren raten würde, erhält eine merkwürdige Antwort: »Wenn du lernen möchtest, eine Sache anzusehen auf alle ihre Ecken und Kanten, und wie sie mit anderen zusammenhängt... Wenn du dein Gedächtnis erziehen willst, bis es die Gewalt an sich nimmt über was du denkst und erinnerst und vergessen wünschtest. Wenn dir gelegen ist, eine Empfindlichkeit gegen den Schmerz zu vermehren.«

In diesen Sätzen verbirgt sich das wahre Erzählprogramm der *Jahrestage*, wenn Schmerzempfindlichkeit noch ein Programm genannt werden kann. »Schmerz« sollte hier allerdings nicht nur als Mitleid, sondern vor allem moralisch verstanden werden. Die *Jahrestage* zeigen ja mehr als den Untergang von Menschen, nämlich auch die fortwährende Verletzung, Verstümmelung von Lebenskonzepten. In Johnsons 20. Jahrhundert hat sich Napoleons drohende Formel »Die Politik ist das Schicksal« triumphal durchgesetzt, haben der Leviathan Staat, der Leviathan Ökonomie längst die Gewalt über alle Lebensläufe und auch Lebenspläne übernommen. Privatleben, das diesen Namen noch verdiente, also geschützt, isoliert wäre gegen den öffentlichen Druck, läßt sich nur noch für kurze Atem-, Erschöpfungspausen einrichten.

Johnson beobachtet lauter Fluchtversuche: Der Tischler Cresspahl wie seine Tochter, die Gesinnungssozialistin in der New Yorker Bank, oder ihr Schulfreund, der in stumm-verbissener Pflichterfüllung als sowjetischer Testpilot abstürzt, oder ihr New Yorker Vertrauter und Heiratskandidat, der von der amerikani-

schen Flugabwehrindustrie eingekaufte Professor Erichson – sie
alle haben versucht, ihre Art Waffenstillstand zu schließen zwischen ihrem privaten Gewissen und ihrem öffentlichen Funktionieren. Der Autor Johnson beobachtet solche Selbstbefriedungsversuche ohne Vorwurf, er enthält sich eines Urteils, aber als
Erzähler sorgt er dafür, daß alle Fluchten scheitern. »Wer sich
nicht in Gefahr begibt, kommt darin um«, wie Biermann gesungen hat.

Eines kann der Verbündete der Gesine Cresspahl, der Erzähler
Johnson eben doch nicht verheimlichen, so gelassen er sich auch
geben mag: er liebt die Konsequenz, er liebt Entschiedenheit, ja
Rigorismus. Was er aber schließlich in fast jedem Leben sich
durchsetzen sieht, unter dem Druck der Verhältnisse, sind die
krummen Linien, die Halbheiten, die Kompromisse, das Sichfügen ins »kleinere Übel«, sind die Unterlassungssünden, die
behaglichen oder bangen Lebenslügen. Es gibt, so müssen er und
seine Gesinnungsgenossin Cresspahl schließlich einsehen, entgegen allen Wünschen und Vorstellungen kaum noch Spielraum für
existentielle Konsequenz, es sei denn für Helden und Märtyrer,
es gibt keine irdische Vollkommenheit, kein wirkliches Weiß, es
gibt ein Paradies nur im Verlangen danach.

Auf diese Einsicht, in den erbärmlichen Abgrund nämlich zwischen dem Wünschbaren und dem Wirklichen, zwischen Lebensanspruch und Lebenspraxis, sind viele Reaktionen möglich,
Zynismus etwa oder Resignation. Johnson reagiert, traurig und
bedächtig, mit Humor, einem notgedrungen melancholischen.
Denn er muß fortlaufend Menschen in Schutz nehmen, die mit
schönen, konsequenten Lebensentwürfen kleinlich und kläglich
scheitern. Dieser Humor sorgt für eine realistische Korrektur
idealistischer Erwartungen. »Wahrheit. Wahrheit. Schietkråm«,
läßt Johnson einen seiner Toten murmeln.

Aber der Roman versucht noch eine andere Strategie gegen das
Menschenzerstörungswerk der Politik, gegen den Beurteilungsterror der Ideologen: er singt über Hunderte von Seiten ein
Hohelied auf den Alltag, er verklärt und feiert ihn als letzte
Schutzzone, als ein Widerstandsnest der privaten Menschenwürde. Deutscher Märchenglanz und deutsches Märchendunkel
beherrschen diese Partien: draußen die wüste, düstere, wölfische
Welt, aber drinnen haust die wärmende Gemeinschaft der anständigen Leute, ohnmächtig, doch solidarisch, die »goden Min-

schen« in Jerichow unter Nazis oder Sowjets, in der Upper West Side Manhattans unter Juden, Deutschen, Verkäufern, Kunden, Kindern. Von deren täglicher Freundlichkeit und anspruchslosem Behagen berichtet Johnson in unermüdlichen Genauigkeitsgesängen. Als ginge es darum, immer wieder einen Flecken irdische Utopie aus Sprache herzustellen. Als gäbe es für die Dauer dieser kleinen intimen Idyllen und stillen Humanitätsverschwörungen, bestätigt oft nur durch ein Lächeln, einen Blick, drei freundliche Alltagsfloskeln, kein Vietnam, kein Kapitalinteresse, keine Gestapo, keinen menschenverschlingenden Kommunismus, keine Aggression, keine Konkurrenz, keine Hierarchien, sondern nur noch (um es gehörig altmodisch auszudrücken) eine Höflichkeit des Herzens. Als hätten Johnsons Figuren diesen Takt von ihrem Erzähler selbst gelernt, der sich mit seinen umständlich zärtlichen Sätzen so aufmerksam und höflich um einen mecklenburgischen Ackergaul sorgen kann wie um das Innenleben eines amerikanischen Bank-Vizepräsidenten.

Was diesen von keiner geglaubten Geschichtsphilosophie mehr getragenen Epochen-Roman also zusammenhält – diese Collage aus den verschiedensten Textsorten, aus Dialog, Feuilleton, Statistik, Gesang, Bericht, Totengemurmel, Briefen, Aktennotiz und fast Märchenglanz –, das sind paradoxerweise die Risse, die Klebstellen, die Spannungen und Widersprüche. »Realismus aus Realitätsverlust« hat Adorno diesen mächtigen Klebstoff genannt und sein Wirken schon in Balzacs Romanen beschrieben, die mit exakter Phantasie noch einmal eine Welt erzählerisch beschwören, die sich einer realistischen Übersicht und Durchdringung schon damals zu entziehen begann.

Auch Johnsons Genauigkeitsmanie, seine Montagen, sein Ab- und Ausschweifen, seine melancholischen Fragelabyrinthe, in denen nach Wahrheit, Wirklichkeit, Schuld, Mitschuld, Gegenschuld geforscht wird, sein »im Unendlichen lustwandelnder« Humor – das alles sind Schnitzeljagden nach einem nicht mehr auffindbaren Sinnzusammenhang zwischen Privatleben und Weltgeschichte, zwischen Humanität und »Realpolitik«.

Überspitzt gesagt: diese Jahrestage lesen sich immer wieder so, als hätte Heinrich Bölls untröstliche Menschenfreundlichkeit die Regie übernommen in den Horrorhistorien Alexander Kluges und hätte auch deren Synchronisation in eine andere Sprache durchgesetzt. In dieser Sprache, höflich, aufmerksam, unnachsichtig, wird nichts endgültig ausformuliert, also »erledigt«. Jeder einzelnen Geschichte und auch der sogenannten Weltgeschichte wird immer noch ein offener Ausgang gelassen.

Der dritte Band des Romans schließt mit einem merkwürdigen, lange nachhallenden Satz: »Als Kinder, noch bei Gewitter in einer Kornhecke, haben wir gedacht: uns sieht einer. Wir werden alle gesehen.«

Aus: Merkur 37 (1983), S. 921–927.

Anhang

Vita

1934   Geboren am 20. Juli in Cammin (Pommern) als Sohn eines mecklenburgischen Landwirts und Gutsverwalters und einer vorpommerschen Bauerntochter.

1934–1944   Aufgewachsen in Anklam an der Peene.

1944/45   Besuch einer nationalsozialistischen »Deutschen Heimschule« in Koscian.

1946–1951   An der John-Brinckman-Oberschule in Güstrow »Schulzeit mit verändertem Lehrstoff« (Vita). Mitglied der FdJ seit dem 10. 9. 1949; Austritt 1954.

1952–1956   Studium der Germanistik in Rostock (bis 1954) und Leipzig (u. a. bei Hans Mayer); Diplomprüfung mit einer Hausarbeit über *Der gestohlene Mond* von Ernst Barlach. – Arbeit am Roman *Ingrid Babendererde* (1953–1956), dessen Veröffentlichung von führenden DDR-Verlagen, aber auch vom Suhrkamp Verlag abgelehnt wird.

1957–1959   Aus politischen Gründen ohne Anstellung (»erkannt als nicht geeignet für Beschäftigung in staatlichen Institutionen« (Vita); wissenschaftliche Gelegenheitsarbeiten, »bald steuerfrei, da unter dem Existenzminimum« *(Ich über mich)*. – Übersetzung von Melvilles *Israel Potter* – Arbeit an den *Mutmaßungen über Jakob*.

1959   Am 10. Juli »Rückgabe einer Staatsangehörigkeit an die DDR [...] und Umzug nach Westberlin« (Vita), wo Johnson (mit Unterbrechungen) bis 1974 wohnt. – *Mutmaßungen über Jakob* erscheinen im Suhrkamp Verlag.

1960   Fontane-Preis der Stadt Berlin (West) für die *Mutmaßungen*.

1961   Erste USA-Reise. – *Das dritte Buch über Achim* erscheint. In der erregten öffentlichen Stimmung nach dem Bau der Berliner Mauer heftiger Streit mit Hermann Kesten und dem damaligen Bundesaußenminister Heinrich von Brentano (CDU).

1962	Rom-Aufenthalt durch ein bereits 1959 verliehenes Villa-Massimo-Stipendium. – Internationaler Verlegerpreis.
1964	»Veröffentlichung von *Karsch und andere Prosa,* auch ein halbes Jahr Fernsehkritik für den westberliner Tagesspiegel« (Vita) mit fast hundert Beiträgen über Sendungen des DDR-Fernsehens.
1965	*Zwei Ansichten* erschienen. – Herausgabe von Brechts *Me-ti. Buch der Wendungen.* – Zweite Reise in die USA.
1966–1968	Aufenthalt in New York. 1966/67 als Schulbuchlektor bei Hartcourt, Brace and World. Johnson erarbeitet ein deutsches Lesebuch, das 1967 unter dem Titel *Das Neue Fenster* erscheint. Später unterstützt von Stipendien des Verlages und der Rockefeller-Foundation. – »Am 4. Juli 1967 zum Knight of Mark Twain geschlagen, dann Beginn der Arbeit an einem neuen Roman« (Vita): den *Jahrestagen.*
1969	Mitglied des PEN-Zentrums der Bundesrepublik Deutschland und der Akademie der Künste in Berlin (West), deren Vizepräsident er 1972 wird.
1970	Der erste Band der *Jahrestage* erscheint.
1971	Der zweite Band der *Jahrestage* erschienen. Verleihung des Georg-Büchner-Preises.
1973	*Jahrestage III* veröffentlicht.
1974	*Eine Reise nach Klagenfurt* erscheint. Umzug nach England, wo er bis zu seinem Tod auf der kleinen Themse-Insel Sheerness-on-Sea, Kent, wohnt.
1975	Unterbrechung der Arbeit an den *Jahrestagen* wegen einer schweren persönlichen Krise, deren Folge eine »Beschädigung der Herzkranzgefäße« (BU 451) und eine langandauernde »Schreibhemmung« (BU 452) waren: »Ja. Es ist auf einige Jahre gelungen, mich abzubringen von dem Weiterschreiben an diesem Buch« (BU 452 f.). – *Berliner Sachen* erscheinen. Wilhelm-Raabe-Preis der Stadt Braunschweig.
1977	Mitglied der Deutschen Akademie für Sprache und Dichtung in Darmstadt (die er 1979 wieder verläßt). – Herausgeber der Autobiographie Margret Boveris: *Verzweigungen.*

1978	Thomas-Mann-Preis der Stadt Lübeck.
1979	Frankfurter Poetikvorlesungen, deren Text 1980 unter dem Titel *Begleitumstände* erscheint.
1982	*Skizze eines Verunglückten* erschienen.
1983	*Jahrestage IV* erschienen. – Literaturpreis der Stadt Köln.
1984	In der Nacht vom 23. zum 24. Februar stirbt Uwe Johnson in seiner Wohnung in Sheerness, 49 Jahre alt.

Vita = *Vita*, von Uwe Johnson selbst verfaßt, in: Reinhard Baumgart (Hg.), *Über Uwe Johnson*, Frankfurt/Main 1970 (edition suhrkamp 405) S. 175.
Ich über mich = In diesem Band S. 16.
BU = Uwe Johnson, *Begleitumstände. Frankfurter Vorlesungen*, Frankfurt/Main 1980 (edition suhrkamp NF 19).

Bibliographie

Die Johnson-Forschung ist in der glücklichen Lage, mit einer wissenschaftlichen, allerdings nicht sehr benutzerfreundlichen Bibliographie arbeiten zu können (vgl. N. Riedel, 1980). Die Herausgeber haben auf manche an dieser Stelle entbehrliche bibliographische Angabe verzichtet, wie z. B. auf die Auflistung, wann und wo Übersetzungen der Johnsonschen Werke erschienen sind. Auch haben wir nicht Johnsons publizistische Tätigkeit für den Berliner Tagesspiegel, der zwischen dem 4. 6. und 3. 12. 1964 95 Kurzkritiken des DDR-Fernsehprogramms von Johnson abdruckte (vgl. N. Riedel, 1980, S. 56–62), aufgenommen.

Abgesehen davon aber wurde für die Erfassung aller übrigen Schriften (I. Werkverzeichnis) Vollständigkeit angestrebt. Die Werke erscheinen hier in chronologischer Reihenfolge des Erstdrucks, wobei innerhalb eines jeweiligen Jahres die unselbständigen Arbeiten den selbständigen vorangestellt sind.

Unter II. findet man eine Zusammenstellung der wichtigsten Interviews mit Uwe Johnson.

Abschnitt III. bietet in chronologischer Folge eine Auswahl literaturwissenschaftlicher Arbeiten von Belang über Johnson und sein Werk. Auf weiterführende Angaben (Rezensionen, Zeitungsberichte) haben wir verzichtet.

Zeitschriften werden mit den üblichen Siglen zitiert.

I. Werkverzeichnis

Ernst Barlach, *Der gestohlene Mond*, Leipzig, Karl-Marx-Universität, Diplom-Arbeit 1956.

Mutmaßungen über Jakob. Roman, Frankfurt/Main 1959.

Berliner Stadtbahn, in: Merkur 15 (1961), S. 722–733.

Mir ist gelegen an Fairneß. Erklärung von Uwe Johnson auf der Pressekonferenz des Suhrkamp Verlages am 5. Dezember 1961, in: Deutsche Zeitung mit Wirtschaftszeitung (Köln), 7. 12. 1961.

Ich nenne Hermann Kesten einen Lügner. Uwe Johnsons Erklärung in Frankfurt, in: Die Welt, 9. 12. 1961.

Herman Melville, *Israel Potter. Seine fünfzig Jahre im Exil*. Aus dem Amerikanischen von Uwe Johnson, Leipzig 1961.

Das dritte Buch über Achim. Roman, Frankfurt/Main 1961.

Besonders die kleinen Propheten (= Jonas zum Beispiel), in: Frankfurter Allgemeine Zeitung, 6. 1. 1962.

Offener Brief über offene Briefe. Die Nützlichkeit des Postgeheimnisses, in: Die Zeit, 13. 4. 1962.

John Knowles, *In diesem Land. Roman.* Aus dem Amerikanischen von Uwe Johnson, Frankfurt/Main 1963.

Boykott der Berliner Stadtbahn, in: Die Zeit, 10. 1. 1964.

Osterwasser, in: Süddeutsche Zeitung, 1. 2. 1964.

Das soll Berlin sein. Antwort auf Zuschriften, in: Die Zeit, 7. 2. 1964.

Karsch und andere Prosa. Nachwort von Walter Maria Guggenheimer, Frankfurt/Main 1964 (edition suhrkamp 59). [Enthält: *Osterwasser, Beihilfe zum Umzug, Geschenksendung, keine Handelsware, Eine Reise wegwohin, 1960, Jonas zum Beispiel*.]

Eine Kneipe geht verloren, in: Kursbuch 1 (1965), S. 47–72.

Begegnung mit Peter Suhrkamp, in: *Die Begegnung. Autor – Verleger – Buchhändler – Leser.* Folge 1. Jahresgruß 1965/66 der Buchhandlung Elwert und Meurer, Berlin 1965, S. 60–62.

Pro Wolf Biermann. Erklärungen von Heinrich Böll, Peter Weiss und Uwe Johnson, in: Der Tagesspiegel, 18. 12. 1965.

Bertolt Brecht, *Me-ti. Buch der Wendungen. Fragmente 1933–1956.* Redaktion Uwe Johnson [Editorische Nachbemerkung von Uwe Johnson S. 197–201], Frankfurt/Main 1965 (= Bertolt Brecht, *Prosa Band V*).

Zwei Ansichten, Frankfurt/Main 1965.

Beihilfe zum Umzug, in: Wolfgang R. Langenbucher (Hg.), *Deutsche Erzählungen aus zwei Jahrzehnten*, Vorwort von Heinrich Böll, Tübingen 1966, S. 311–314.

Sport Fiction. [Leserbrief zu einem Artikel über Radrennen], in: Der Spiegel, 29. 5. 1967.

Einer meiner Lehrer, in: Walter Jens und Fritz J. Raddatz (Hg.), *Hans Mayer zum 60. Geburtstag*, Reinbek 1967, S. 118–126. In diesem Band S. 22.

Über eine Haltung des Protestierens, in: Tintenfisch 1, Berlin 1968 (Quarthefte 27), S. 8.

Eine Abiturklasse. Aus einem aufgegebenen Roman, in: Siegfried Unseld (Hg.), *Aus aufgegebenen Werken*, Frankfurt/Main 1968 (Bibliothek Suhrkamp Sonderband), S. 107–123.

Berlin für ein zuziehendes Kind, in: Berliner Leben 5/2 (1969), S. 49–52.

Die Lüge saß in Strich und Faden. Uwe Johnson zum Bewußtseinswandel ehemaliger DDR-Bürger, in: Der Spiegel, 30. 3. 1970.

Was bietet Hamburg (= Gespräch mit einem Hamburger), in: Deutsches Allgemeines Sonntagsblatt, 23. 8. 1970.

Dead Author's Identity in doubt; Publishers defiant, [Übersetzung von

Herbert Feuerstein: *Identität des verstorbenen Autors zweifelhaft; Verleger verweigern Auskunft*], in: Karl Heinz Kramberg, *Vorletzte Worte. Schriftsteller schreiben ihren eigenen Nachruf*, Frankfurt/Main 1970, S. 116–124 [Übersetzung S. 283–286].

Jahrestage 1. Aus dem Leben von Gesine Cresspahl, Frankfurt/Main 1970.

Nachforschungen in New York. Rede bei der Entgegennahme des Georg-Büchner-Preises, in: Süddeutsche Zeitung, 30. 10. 1971. Auch in: Ernst Johann (Hg.), *Büchner-Preis-Reden 1951–1971*, Stuttgart 1972 (Reclams Universalbibliothek 9332/34), S. 217–240.

Versuch, eine Mentalität zu erklären. Über eine Art DDR-Bürger in der Bundesrepublik Deutschland, in: Barbara Grunert-Bronnen (Hg.), *Ich bin Bürger der DDR und lebe in der Bundesrepublik*, München 1971 (Serie Piper 3), S. 119–129.

Brief an Walser, in: Peter Härtling (Hg.), *Leporello fällt aus der Rolle. Zeitgenössische Autoren erzählen das Leben von Figuren der Weltliteratur weiter*, Frankfurt/Main 1971, S. 216–217.

Jahrestage 2. Aus dem Leben von Gesine Cresspahl, Frankfurt/Main 1971.

Vernünftige Berliner [Leserbrief], in: Der Spiegel, 20. 3. 1972.

Beisetzung Giangiacomo Feltrinelli, in: Kürbiskern (1972), H. 3, S. 367–371.

Die Tradition ist schon gebrochen, in: Frankfurter Allgemeine Zeitung, 30. 12. 1972.

Brief an Siegfried Unseld, in: Suhrkamp Information (1973), H. 2, S. 64–68.

Berlin West, 30. April 1971, in: Hans-Joachim Müller (Hg.), *Butzbacher Autorenbefragung. Briefe zur Deutschstunde*, München 1973, S. 83–84.

Einatmen und hinterlegen, in: Siegfried Unseld (Hg.), *Günter Eich zum Gedächtnis*, Frankfurt/Main 1973, S. 74–77.

Jahrestage 3. Aus dem Leben von Gesine Cresspahl, Frankfurt/Main 1973.

Brief an eine Redaktion, in: Evangelische Kommentare (Stuttgart), (1974), H. 2, S. 105–106.

Eine Reise nach Klagenfurt, Frankfurt/Main 1974 (suhrkamp taschenbuch 235).

Besuch im Krankenhaus. Erinnerung an Margret Boveri. – Zum 75. Geburtstag der Schriftstellerin, in: Die Zeit, 15. 8. 1975.

Ich habe zu danken [Zum Tode Hannah Arendts], in: Frankfurter Allgemeine Zeitung, 8. 12. 1975.

Erste Lese-Erlebnisse [Sammeltitel], hg. v. Siegfried Unseld, Frankfurt/Main 1975 (suhrkamp taschenbuch 250), S. 107–110.

Erinnerungen an Titus, in: Dieter Brusberg (Hg.), Rolf Szymanski:

Werkverzeichnis der Plastiken 1958 bis 1975. Texte von Uwe Johnson, Eberhard Roters und Francis Ponge, Hannover 1975. [Unpaginiert; 4 S.]

Vorschläge zur Prüfung eines Romans [1973], in: Eberhard Lämmert u. a. (Hg.), *Romantheorie. Dokumentation ihrer Geschichte in Deutschland seit 1880*, Köln 1975, S. 398–403. In diesem Band S. 30.

Max Frisch, *Stich-Worte.* Ausgesucht von Uwe Johnson, Frankfurt/Main 1975 [Vorwort Uwe Johnsons S. 7–11].

Das Werk von Samuel Beckett. Berliner Colloqium, hg. v. Hans Mayer und Uwe Johnson, Frankfurt/Main 1975 (suhrkamp taschenbuch 225) [Vorwort von Hans Mayer und Uwe Johnson S. VII–VIII].

Berliner Sachen. Aufsätze, Frankfurt/Main 1975 (suhrkamp taschenbuch 249). [Enthält: *Berliner Stadtbahn (veraltet), Boykott der Berliner Stadtbahn, Das soll Berlin sein. Antwort auf Zuschriften, Nachtrag zur S-Bahn, Rede zum Bußtag, 19. Dezember 1969, Versuch, eine Mentalität zu erklären, Eine Kneipe geht verloren, Über eine Haltung des Protestierens, Concerning an attitude of Protesting, Berlin für ein zuziehendes Kind, How to explain Berlin to a newcoming child, Vergebliche Verabredung mit V.K., Gespräch mit einem Hamburger.*]

Zu ›Montauk‹, in: Walter Schmitz (Hg.), *Über Max Frisch II*, Frankfurt/Main 1976 (edition suhrkamp 852), S. 448–450.

Von dem Fischer un syner Fru. Ein Märchen nach Philipp Otto Runge mit sieben Bildern von Marcus Behmer, einer Nacherzählung und einem Nachwort von Uwe Johnson, Frankfurt/Main 1976 (Insel-Bücherei 315) [Nacherzählung Uwe Johnsons S. 29–44, Nachwort S. 45–53].

Gast war ich gerne. Keine Mafia, sondern Tagung meiner Innung [Gruppe 47], in: Die Zeit, 15. 7. 1977.

Ich über mich, in: Die Zeit, 4. 11. 1977. In diesem Band S. 16.

Margret Boveri, *Verzweigungen. Eine Autobiographie.* Herausgegeben und mit einem Nachwort von Uwe Johnson, München und Zürich 1977. [›Vorbemerkung‹ S. 7–8 und Nachwort: ›Frau Boveri wußte zu viel‹, S. 351–409 von Uwe Johnson.]

Ach! Sind Sie ein Deutscher?, in: Die Zeit, 6. 2. 1978.

Hans Werner Richter zuliebe, in: Hans A. Neunzig (Hg.), *Hans Werner Richter und die Gruppe 47*, München 1979, S. 209–210.

Lübeck habe ich ständig beobachtet, in: Vaterländische Blätter (Lübeck), 30/2 (1979), S. 26–28.

Ein Vorbild, in: Literaturmagazin 10 (1979), S. 167–170 (das neue buch 119).

Ein unergründliches Schiff, in: Merkur 33 (1979), S. 537–550.

Schultafel (11. Januar 1979; 24. Februar 1979), in: Hann Trier, *Gemälde, Zeichnungen, Graphiken, Retrospektive*, Köln 1979 [Beiträge von Uwe Johnson S. 45–48; 49–52].

Ein Schiff, in: Jürgen Habermas (Hg.), *Stichworte zur ›Geistigen Situa-*

tion der Zeit‹, Band 2: *Politik und Kultur*, Frankfurt/Main 1979 (edition suhrkamp 1000), S. 799–814.

Seien Sie vielmals bedankt! Mitteilungen aus der alltäglichen Nachbarschaft eines Schriftstellers, in: Die Zeit, 13. 6. 1980.

Begleitumstände. Frankfurter Vorlesungen, Frankfurt/Main 1980 (edition suhrkamp 1019, Neue Folge 19).

Skizze eines Verunglückten, Frankfurt/Main 1982 (Bibliothek Suhrkamp 785).

Jahrestage 4. Aus dem Leben von Gesine Cresspahl, Frankfurt/Main 1983.

II. Interviews
[Auswahl]

Horst Bienek, *Uwe Johnson,* in: ders., *Werkstattgespräche mit Schriftstellern,* München 1962, S. 85–98. Taschenbuchausgabe München 1965 (dtv 291), S. 102–119. Ein Auszug daraus in diesem Band S. 143.

Jean Tailleur, *Uwe Johnson, deux ans après le Prix Formentor,* in: Les Lettres Françaises, 1.–7. 10. 1964.

Michael Roloff, *Interview mit Uwe Johnson,* in: Metaphorsis. Literary Magazine (Nashville), 4 (1964), S. 33–42.

Hans Bertram Bock, *In Berlin des Klimas wegen. Gespräch mit dem Romancier Uwe Johnson in Erlangen,* in: Abendzeitung (München), 15. 9. 1965.

Adalbert Wiemers, *Keine Mutmaßungen über Johnson mehr. Ein Vorwärts-Gespräch,* in: Vorwärts, 16. 2. 1966.

Phyllis Meras, *Talk with Uwe Johnson,* in: The New York Times Book Review, 23. 4. 1967.

Hendrik Bebber, *In einer Phase der Angst. Ein Gespräch mit Uwe Johnson über Sozial- und Rassenprobleme in den USA,* in: Nürnberger Nachrichten, 11. 11. 1970.

Harald Gröhler, *›Ich fabriziere keinen Text, ich schreibe ihn‹. Ein Gespräch mit dem Schriftsteller Uwe Johnson,* in: Kölner Stadt-Anzeiger, 26. 11. 1970.

Dieter E. Zimmer, *Eine Bewußtseinsinventur. Das Gespräch mit dem Autor: Uwe Johnson,* in: Die Zeit, 26. 11. 1971.

Barbara Bronnen, *Interview mit Uwe Johnson,* in: Publikation (München), 21/12 (1971), S. 33–34.

Reinhard Baumgart, *Interview mit Uwe Johnson,* in: Werner Koch (Hg.), *Selbstanzeige. Schriftsteller im Gespräch,* Frankfurt/Main 1971 (Fischer Taschenbuch 1182), S. 47–56.

Wie ein Roman entsteht. Günter Grass – Peter Bichsel – Gabriele Wohmann – Uwe Johnson, in: Gertrud Simmerding und Christof Schmid

(Hg.), *Literarische Werkstatt*, München 1972, S. 63–72.

Wilhelm Johannes Schwarz, *Gespräche mit Uwe Johnson*, in W.J.S., *Der Erzähler Uwe Johnson*, Bern ²1973, S. 91–103.

Caroline Methner, *Wie man eine Person erfindet und dann über sie Bescheid weiß. Interview mit dem Berliner Schriftsteller Uwe Johnson*, in: B.Z. [= Berliner Zeitung], 14. 12. 1973.

Matthias Prangel, *Gespräch mit Uwe Johnson*, in: Deutsche Bücher, 1974, H. 4, S. 45–49.

Manfred Durzak, *Von Mecklenburg nach Manhattan. Ein Gespräch mit Uwe Johnson in Berlin*, in: Frankfurter Allgemeine Zeitung, 18. 5. 1974, Bilder und Zeiten S. IV. – Siehe auch: Manfred Durzak, *Dieser langsame Weg zu einer größeren Genauigkeit. Gespräch mit Uwe Johnson*, in: M.D., *Gespräche über den Roman. Formbestimmungen und Analysen*, Frankfurt/Main 1976, (suhrkamp taschenbuch 318), S. 428–460. Ein Auszug daraus in diesem Band S. 273.

Werner Bruck, ›*Ein Bauer weiß, daß es ein Jahr nach dem andern gibt‹. Interview mit Uwe Johnson*, in: Süddeutsche Zeitung, 7. 6. 1975.

Antworten von Uwe Johnson. Ein Gespräch mit dem Autor von Ree Post-Adams, in: GQ 50 (1977), S. 241–247.

III. AUSGEWÄHLTE SEKUNDÄRLITERATUR

Bibliographien

Nicolai Riedel, *Uwe Johnson. Bibliographie 1959–1975. Zeitungskritik und wissenschaftliche Literatur*, Bonn 1976 (659 Titel).

Nicolai Riedel, *Uwe Johnson. Bibliographie 1959–1977, Band 2. Das schriftstellerische Werk in fremdsprachigen Textausgaben und seine internationale Rezeption in literaturwissenschaftlicher Forschung und Zeitungskritik*, Bonn 1978 (747 Titel).

Nicolai Riedel, *Uwe Johnson. Bibliographie 1959–1980. Band 1. Das schriftstellerische Werk und seine Rezeption in literaturwissenschaftlicher Forschung und feuilletonistischer Kritik in der Bundesrepublik Deutschland*, Bonn, 2., völlig neu bearbeitete Auflage 1981. (1724 Titel).

Jean Baudrillard, *Uwe Johnson ›La Frontière‹. Vers le septième printemps de la république démocratique allemande*, in: Les Temps Modernes 18 (1962), S. 1094–1107.

Gotthart Wunberg, *Struktur und Symbolik in Uwe Johnsons Roman ›Mutmaßungen über Jakob‹*, in: Neue Sammlung 2/5 (1962), S. 440–449.

Marcel Reich-Ranicki, *Registrator Johnson*, in: ders., *Literatur in West und Ost. Prosa seit 1945.* München 1963, S. 231–246.

Herbert Kolb, *Rückfall in die Parataxe. Anläßlich einiger Satzbauformen in Uwe Johnsons erstveröffentlichtem Roman*, in: NDH 10 (1963), H. 96, S. 42–74.

Karl Migner, *Uwe Johnson ›Das dritte Buch über Achim‹. Methodische Hinweise zu seiner Erarbeitung*, in: DU 16/2 (1964), S. 17–25.

Karlheinz Deschner, *Uwe Johnson, ›Das dritte Buch über Achim‹*, in: ders., *Talente, Dichter, Dilettanten*, Wiesbaden 1964, S. 187–202.

Franz Hebel, *Uwe Johnson im Deutschunterricht der Primen. Ein Unterrichtsversuch zum Problem der literarischen Wertung*, in: Pädagogische Provinz 19 (1965), S. 521–537.

Robert Detweiler, *Speculations about Jakob: The Truth of Ambiguity*, in: Monatshefte für deutschen Unterricht 58 (1966), S. 24–32.

Werner Joachim Radke, *Untersuchungen zu Uwe Johnsons Roman ›Mutmaßungen über Jakob‹*, Stanford University, Phil. Diss. 1966.

Peter Schreiner, *Uwe Johnson und seine Welt. Weltsicht, epische Grundform und Sprachstruktur*, in: Die Zeit im Buch (1967), H. 1, S. 1–8.

Anneliese Grosse, *Zur Struktur des Menschenbildes in der westdeutschen epischen Literatur der Gegenwart*, Berlin/DDR, Phil. Diss. 1967, S. 285–298.

Richard Allen Murphy, *The Dilemma of the Artist-Writer in the Novels of Uwe Johnson*, Ithaca, Cornell University, Phil. Diss. 1967.

Hansjürgen Popp, *Einführung in Uwe Johnsons Roman ›Mutmaßungen über Jakob‹*, Stuttgart 1967 (Der Deutschunterricht. Beiheft 1/1967).

Erhard Friedrichsmeyer, *Quest by Supposition: Johnson's ›Mutmaßungen über Jakob‹*, in: GR 42 (1968), S. 215–226.

Elisabeth Wagner, *Form und Roman-Technik in Uwe Johnsons Werken: ›Mutmaßungen über Jakob‹ und ›Das dritte Buch über Achim‹*, Grenoble, Magisterarbeit 1969.

Susan Diane Abrams, *Communication and Narrative Structure in two Contemporary German Novels: Uwe Johnson's ›Das dritte Buch über Achim‹ and Franz Tumler's ›Aufschreibungen aus Trient‹*. New Haven: Yale University, Phil. Diss. 1969.

Sharon Edwards Jackiw, *The Novels of Uwe Johnson*, Ithaca: Cornell University, Phil. Diss. 1969.

Reinhard Baumgart (Hg.), *Über Uwe Johnson*, Frankfurt/Main 1970 (edition suhrkamp 405). [Sammelband mit Aufsätzen und Rezensionen.]

Paul Francis Botheroyd, *Aspects of first- and third-person narration and the problem of identity in three contemporary German-language novels: Günter Grass's ›Die Blechtrommel‹, Uwe Johnson's ›Das dritte Buch über Achim‹ and Max Frisch's ›Mein Name sei Gantenbein‹*. Birmingham Phil. Diss. 1970.

Ingrid Riedel, *Wahrheitsfindung als epische Technik. Analytische Studien zu Uwe Johnsons Texten*, München 1971. Siehe Auszug daraus in diesem Band S. 70.

Paul Konrad Kurz, *Deutschstunde in New York. Zu Uwe Johnsons Roman ›Jahrestage‹*, Frankfurt/Main 1971, S. 113–125.

Colin H. Good, *Uwe Johnson's Treatment of the Narrative in ›Mutmaßungen über Jakob‹*, in: GLL 24 (1971), S. 356–370.

W. Gordon Cunliffe, *Uwe Johnson's Anti-Liberalism*, in: Mosaic 5 (1971/72), S. 19–25.

Hans Hodel, *Uwe Johnson: Das dritte Buch über Achim. Gedanken zum dritten Roman Uwe Johnsons*, Zürich, Phil. Diss. 1972.

H. J. Saltj, *Modern Dilemmas and the Techniques of Writing in the Novels of Uwe Johnson and J. M. G. Le Clézio. A Comparative Study*, University of Washington, Phil. Diss. 1972.

Sharon Edwards Jackiw, *The manifold difficulties of Uwe Johnson's ›Mutmaßungen über Jakob‹*, in: Monatshefte für deutschen Unterricht 65 (1973), S. 126–143.

Albert Berger, *Uwe Johnson*, in: Benno von Wiese (Hg.), *Deutsche Dichter der Gegenwart*, Berlin 1973, S. 647–661.

Rudolf Schmitt, *Methodische und didaktische Überlegungen zu Uwe Johnsons ›Mutmaßungen über Jakob‹*, in: Jakob Lehmann (Hg.), *Umgang mit Texten. Beiträge zum Literaturunterricht*, Bamberg 1973, S. 221–230.

Otto Schober, *Didaktische Skizze zu Uwe Johnsons Roman ›Mutmaßungen über Jakob‹*, in: Jakob Lehmann (Hg.), *Umgang mit Texten. Beiträge zum Literaturunterricht*, Bamberg 1973, S. 231–250.

Hans Mayer, *Versuch, eine Grenze zu beschreiben. Zu Uwe Johnsons Roman ›Mutmaßungen über Jakob‹*, in: ders., *Vereinzelt Niederschläge. Kritik – Polemik*, Pfullingen 1973, S. 137–146.

Sara Lennox, *The Fiction of William Faulkner and Uwe Johnson: A Comparative Study*, Madison: University of Wisconsin, Phil. Diss. 1973.

Wilhelm Johannes Schwarz, *Der Erzähler Uwe Johnson*, Bern und München 1970, [2]1973.

Erich Wünderich, *Uwe Johnson*, Berlin 1973 (Köpfe des XX. Jahrhunderts 73).

John Fletcher, *The Themes of Alienation and Mutual Incomprehension in the Novels of Uwe Johnson*, in: International Fiction Review 1 (1974), S. 81–87.

Derek van Abbé, *From Proust to Johnson: Some notes after ›Das dritte Buch über Achim‹*, in: Modern languages 55/2 (1974), S. 73–79.

Leslie L. Miller, *Uwe Johnson's ›Jahrestage‹*, in: Seminar 10 (1974), S. 50–70.

Mark Boulby, *Surmises on Love and Family Life in the Work of Uwe*

Johnson, in: Seminar 10 (1974), S. 131–141.

Theo Buck, *Zur Schreibweise Uwe Johnsons*, in: RG 4 (1974), S. 142–152. In leicht veränderter Form auch in: Arnold u. a., *Positionen im Roman der sechziger Jahre*, München 1974, S. 86–109. (Zu *Mutmaßungen*).

Mary E. Cock, *Uwe Johnson: An Interpretation of two novels*, in: MLR 69 (1974), S. 348–359. (Zu *Mutmaßungen* und *Achim*).

Werner Zimmermann, *Uwe Johnson ›Das dritte Buch über Achim‹. Analyse des Romananfangs und Ausblick auf das Ganze*, in: ders., *Deutsche Prosadichtungen unseres Jahrhunderts*, Düsseldorf 1969, ³1974, S. 301–311.

Gudrun Uhlig, *Autor, Werk und Kritik: Heinrich Böll, Günter Grass, Uwe Johnson*. Ismaning bei München 1969, ²1974, S. 95–124.

Karl Migner, *Das dritte Buch über Achim*, München ³1974.

Mark Boulby, *Uwe Johnson*, New York 1974.

Heinz D. Osterle, *Uwe Johnson, ›Jahrestage‹: Das Bild der U.S.A.*, in: GQ 48 (1975), S. 505–518.

Heinrich Vormweg, *Uwe Johnson. Bestandsaufnahme vom Lauf der Welt*, in: Hans Wagener (Hg.), *Zeitkritische Romane des 20. Jahrhunderts*, Stuttgart 1975, S. 362–380.

Marianne Gottfried-Hirsch, *Confrontation of Cultures: Perception and Communication in the Novels of Henry James, Uwe Johnson and Michel Butor*, Providence: Brown University, Phil. Diss. 1975. Gedruckt als: Marianne Hirsch, *Beyond the single vision: Henry James, Michel Butor, Uwe Johnson*, New York 1981.

Manfred Durzak, *Mimesis und Wahrheitsfindung. Probleme des realistischen Romans. Uwe Johnsons ›Jahrestage‹*, in: ders., *Gespräche über den Roman. Formbestimmungen und Analysen*, Frankfurt/Main 1976 (suhrkamp taschenbuch 318), S. 461–481.

Ulf Konrad Eggers, *Textphänomene des ›Sprachrealismus‹ in einigen Werken deutschsprachiger ›erzählender‹ Literatur: Uwe Johnsons ›Mutmaßungen über Jakob‹*, in: ders., *Aspekte zeitgenössischer Realismustheorie, besonders des bundesdeutschen ›Sprachrealismus‹*, Bonn 1976, S. 113–133.

Elisabeth Arbogast, *Formes du discours et modes des relations des personnages. La perspective dans ›Mutmaßungen über Jakob‹*, in: Revue d'Allemagne 8 (1976), S. 573–583.

Sara Lennox, *Die New York Times in Johnsons ›Jahrestagen‹*, in: Wolfgang Paulsen (Hg.), *Die USA und Deutschland. Wechselseitige Spiegelungen in der Literatur der Gegenwart*, Bern und München 1976, S. 103–109.

Karl Migner, *Uwe Johnson*, in: Dietrich Weber (Hg.), *Deutsche Literatur seit 1945 in Einzeldarstellungen*, Bd. 1, Stuttgart 1970, ³1976, S. 563–583.

Lotar Rubow, *Motiv- und Strukturanalogien im Werk Johnsons und*

Goethes, Düsseldorf, Phil. Diss. 1976.

Vera Zuzana Langerova, *Women Characters in the Works of Uwe Johnson*, Nashville, Vanderbilt University Phil. Diss. 1976.

Carolyn Wellauer, *The Postwar German Novel of Speculation*, Madison, University of Wisconsin, Phil. Diss. 1976. (Zu *Mutmaßungen* und *Achim* passim).

Eberhard Mannack, *Zwei deutsche Literaturen? Zu G. Grass, U. Johnson, H. Kant, U. Plenzdorf und Ch. Wolf*, Kronberg/Ts. 1977 (Athenäum Taschenbuch 2123), S. 50–65.

Eberhard Fahlke, ›*Gute Nacht, New York – Gute Nacht, Berlin*‹. *Anmerkungen zu einer Figur des Protestierens anhand der* ›*Jahrestage*‹ *von Uwe Johnson*, in: W. Martin Lüdke (Hg.), *Literatur und Studentenbewegung. Eine Zwischenbilanz*, Opladen 1977, S. 186–218.

Gerhard F. Probst, *Die Thematisierung der Alterität als Hineinnahme rezeptionsästhetischer Prinzipien in die Erzählstrategie. – Illustriert an Uwe Johnsons* ›*Mutmaßungen über Jakob*‹, in: WW 29/4 (1977), S. 232–242.

Horst Steinmetz, *Auf dem Wege zum Klassiker? Oder wie Verlag und Kollege einem Autor in den Rücken fallen. Zu Uwe Johnsons* ›*Max Frisch – Stich-Worte*‹, in: Manfred Jurgensen (Hg.), *Frisch. Kritik – Thesen – Analysen. Beiträge zum 65. Geburtstag*. Bern und München 1977, S. 181–200.

Gisela Ullrich, *Identität und Rolle. Probleme des Erzählens bei Johnson, Walser, Frisch und Fichte*, Stuttgart 1977, S. 16–32. (Zu *Achim*).

Hans Dieter Petto, *Uwe Johnsons Roman* ›*Das dritte Buch über Achim*‹. *Ein Literaturreferat*, in: Eduard Schäfer (Hg.), *Lerngegenstand Literatur. Studien und Unterrichtsmodelle zu Max Frisch, Peter Weiss, Ingeborg Bachmann und Uwe Johnson*, Göttingen 1977 (Zeitschrift für Literaturwissenschaft und Linguistik. Beiheft 5), S. 103–117.

Iso Camartin, *Zur* ›*Ästhetik der sozialen Fakten*‹. *Literatursoziologische Anmerkungen zum Thema* ›*Roman und soziale Realität*‹, in: Wolfgang Paulsen (Hg.), *Der deutsche Roman und seine historischen und politischen Bedingungen*, Bern und München 1977, S. 13–33. (Zu *Vorschläge zur Prüfung eines Romans*).

Eva Schiffer, *Politisches Engagement oder Resignation. Weiteres zu Uwe Johnsons* ›*Jahrestagen*‹, In: Wolfgang Paulsen (Hg.), *Der deutsche Roman und seine historischen und politischen Bedingungen*, Bern und München 1977, S. 236–246.

Ree Post-Adams, *Darstellungsproblematik als Romanthema in* ›*Mutmaßungen über Jakob*‹ *und* ›*Das dritte Buch über Achim*‹, Bonn 1977. Siehe Auszug in diesem Band S. 165.

Theo Buck, *Uwe Johnson*, in: *Kritisches Lexikon zur deutschsprachigen Gegenwartsliteratur*, München 1978 ff.

Gerhard F. Probst, *Unbestimmtheitsstellen in Uwe Johnsons* ›*Mutma-*

ßungen über Jakob‹, in: Colloquia Germanica (Bern) 11/1 (1978), S. 68–74.

Maurice Haslé, *L'appréhension de la realité dans l'œuvre de Uwe Johnson. Etude de sa première manière*, Rennes, Phil. Diss. 1978.

Bernd Neumann, *Utopie und Mimesis. Zum Verhältnis von Ästhetik, Gesellschaftsphilosophie und Politik in den Romanen Uwe Johnsons.* Kronberg/Ts. 1978.

Hye, Roberta T., *Uwe Johnsons ›Jahrestage‹: Die Gegenwart als variierende Wiederholung der Vergangenheit*, Frankfurt/Main 1978.

Nicolai Riedel, *Determinanten der Rezeptionssteuerung. Dargestellt am Beispiel der multimedialen Rezeption des schriftstellerischen Werks von Uwe Johnson*, Mannheim 1978.

Nicolai Riedel, *Marginalien zur internationalen Rezeption Uwe Johnsons*, in: Basis 9 (1979), S. 251–258.

Hans Wysling, *An einen, der es sich schwermacht. Der Schriftsteller Uwe Johnson*, in: Merkur 33 (1979), S. 616–619.

Manfred Durzak, *Wirklichkeitserkundung und Utopie. Die Romane Uwe Johnsons*, in: ders., *Der deutsche Roman der Gegenwart*, Stuttgart 1971, ³1979, S. 328–403, Anm. S. 507–512. (Auszüge daraus in diesem Band S. 223.)

Bernd Koblenzer, *Staatspolitisch-gesellschaftliche Notwendigkeit und individueller Handlungsspielraum. Entfremdungssymptom und figurale Realitätsvermittlung in Uwe Johnsons ›Mutmaßungen über Jakob‹*, Mannheim 1979.

Virginia Teichmann, *Das Bewußtsein des Erzählens beim Erzähler: Jean Pauls ›Hesperus‹ und Uwe Johnsons ›Das dritte Buch über Achim‹*, Karlsruhe, Phil. Diss. 1979.

Heinz Ludwig Arnold (Hg.), *Uwe Johnson*, München 1980 (Text + Kritik 65/66). (Sammelband, überwiegend zu *Mutmaßungen* und *Jahrestage;* mit kommentierter Bibliographie.)

Ingeborg Gerlach, *Auf der Suche nach der verlorenen Identität. Studien zu Uwe Johnsons ›Jahrestagen‹*, Königstein/Ts. 1980.

Anita Krätzer, *Studien zum Amerikabild in der neueren deutschen Literatur. Max Frisch – Uwe Johnson – Hans Magnus Enzensberger und das Kursbuch*, Bern und Frankfurt/Main 1982, S. 95–186. (Zu *Jahrestage* 1–3).

Eberhard Fahlke, *Die Wirklichkeit der Mutmaßungen: eine politische Lesart der ›Mutmaßungen über Jakob‹ von Uwe Johnson*, Bern und Frankfurt/Main 1982.

Rolf Michaelis, *Kleines Adreßbuch für Jerichow und New York. Ein Register zu Uwe Johnsons Roman ›Jahrestage‹*, Frankfurt/Main 1983.

Peter Pokay, *Vergangenheit und Gegenwart in Uwe Johnsons ›Jahrestage‹*. Phil. Diss. [Ms.] Salzburg 1983.

Seitenkonkordanz
zu verschiedenen Ausgaben von
Mutmaßungen über Jakob
und *Das dritte Buch über Achim*

Erläuterung: *Mutmaßungen über Jakob:* In der linken Spalte findet man jeweils die Seitenzahlen der Erstausgabe von 1959 bzw. der damit text- und seitenidentischen Ausgabe als suhrkamp taschenbuch 147 (kombinierte Sigle: EA/st), in der rechten Spalte jeweils die Seitenzahlen der Ausgabe des Fischer Taschenbuch Verlages, Fischer Taschenbuch 457 (Sigle: FT).

   Das dritte Buch über Achim: Jeweils links wiederum die Seitenzahl der Erstausgabe (von 1961; Sigle: EA), in der Mitte die des Fischer Taschenbuchs 959 (Sigle: FT), rechts die der Ausgabe als edition suhrkamp 100 bzw. des damit text- und seitenidentischen Neudrucks als suhrkamp taschenbuch 169 (kombinierte Sigle: es/st).

I. *Mutmaßungen über Jakob*

EA/st	FT		EA/st	FT			
7	5		29	19		51	33f.
8	5f.		30	19f.		52	34
9	6		31	20f.		53	34f.
10	6f.		32	21		54	35f.
11	7f.		33	21f.		55	36
12	8		34	22f.		56	36f.
13	8f.		35	23		57	37f.
14	9f.		36	23f.		58	38
15	10		37	24f.		59	38f.
16	10f.		38	25		60	39f.
17	11f.		39	25f.		61	40
18	12		40	26f.		62	40f.
19	12f.		41	27		63	41f.
20	13f.		42	27f.		64	42
21	14		43	28f.		65	42f.
22	14f.		44	29		66	43f.
23	15f.		45	29f.		67	44
24	16		46	30		68	44f.
25	16f.		47	30f.		69	45f.
26	17f.		48	31f.		70	46
27	18		49	32		71	46f.
28	18f.		50	32f.		72	48

EA/st	FT	EA/st	FT	EA/st	FT
73	48f.	116	76f.	159	105
74	49	117	77f.	160	105f.
75	49f.	118	78	161	106f.
76	50f.	119	78f.	162	107
77	51	120	79	163	107f.
78	51f.	121	79f.	164	108
79	52f.	122	80f.	165	108f.
80	53	123	81	166	109f.
81	53f.	124	81f.	167	110
82	54f.	125	82f.	168	110f.
83	55	126	83	169	111f.
84	55f.	127	83f.	170	112
85	56f.	128	84f.	171	112f.
86	57	129	85	172	113f.
87	57f.	130	85f.	173	114
88	58	131	86f.	174	114f.
89	59	132	87	175	115f.
90	59f.	133	87f.	176	116
91	60f.	134	88f.	177	116f.
92	61	135	89	178	117f.
93	61f.	136	89f.	179	118
94	62f.	137	90f.	180	118f.
95	63	138	91	181	119f.
96	63f.	139	91f.	182	120
97	64	140	92	183	120f.
98	64f.	141	92f.	184	121f.
99	65f.	142	94	185	122
100	66	143	94f.	186	122f.
101	66f.	144	95	187	123f.
102	67f.	145	95f.	188	124
103	68	146	96	189	124f.
104	68f.	147	97	190	125f.
105	69f.	148	97f.	191	126
106	70	149	98f.	192	126f.
107	70f.	150	99	193	127
108	71f.	151	99f.	194	127f.
109	72	152	100f.	195	128f.
110	72f.	153	101	196	129
111	73f.	154	101f.	197	129f.
112	74	155	102f.	198	130f.
113	74f.	156	103	199	131
114	75f.	157	103f.	200	131f.
115	76	158	104f.	201	132f.

EA	FT	es/st	EA	FT	es/st	EA	FT	es/st
7	5	7	47	31f.	42f.	88	58f.	79f.
8	5f.	7f.	48	32	43f.	89	59	80f.
9	6f.	8f.	49	32f.	44f.	90	59f.	81f.
10	7	9f.	50	33f.	45f.	91	60f.	82f.
11	7f.	10f.	51	34	46f.	92	61	83
12	8f.	11f.	52	34f.	47f.	93	61f.	83f.
13	9	12f.	53	35f.	48f.	94	62f.	84f.
14	9f.	13	54	36	49f.	95	63	85f.
15	10f.	13f.	55	36f.	50	96	63f.	86f.
16	11	14f.	56	37f.	50f.	97	64f.	87f.
17	11f.	15f.	57	38	51f.	98	65	88f.
18	12f.	16f.	58	38f.	52f.	99	65f.	89f.
19	13	17f.	59	39f.	53f.	100	66f.	90f.
20	13f.	18f.	60	40	54f.	101	67	91
21	14f.	19f.	61	40f.	55f.	102	67f.	91f.
22	15	20f.	62	41	56f.	103	68f.	92f.
23	15f.	21f.	63	41f.	57f.	104	69	93f.
24	16	22f.	64	42f.	58	105	69f.	94f.
25	16f.	23	65	43	58f.	106	70f.	95f.
26	17f.	23f.	66	43f.	59f.	107	71	96f.
27	18	24f.	67	44f.	60f.	108	71f.	97f.
28	18f.	25f.	68	45	61f.	109	72f.	98
29	19f.	26f.	69	45f.	62f.	110	73	98f.
30	20	27f.	70	46f.	63f.	111	73f.	99f.
31	20f.	28f.	71	47	64f.	112	74f.	100f.
32	21f.	29f.	72	47f.	65	113	75	101f.
33	22	30f.	73	48f.	65f.	114	75f.	102f.
34	22f.	31f.	74	49	66f.	115	76f.	103f.
35	23f.	32f.	75	49f.	67f.	116	77	104f.
36	24	33	76	50f.	68f.	117	77f.	105f.
37	24f.	33f.	77	51	69f.	118	78f.	106f.
38	25f.	34f.	78	51f.	70f.	119	79	107
39	26	35f.	79	52f.	71f.	120	79f.	107f.
40	26f.	36f.	80	53	72f.	121	80f.	108f.
41	27f.	37f.	81	53f.	73f.	122	81	109f.
42	28	38f.	82	54f.	74	123	81f.	110f.
43	28f.	39f.	83	55	74f.	124	82f.	111f.
44	29f.	40f.	84	55f.	75f.	125	83	112f.
45	30	41f.	85	56f.	76f.	126	83f.	113f.
46	30f.	42	86	57	77f.	127	84f.	114f.
			87	57f.	78f.	128	85	115

EA	FT	es/st	EA	FT	es/st	EA	FT	es/st
129	85f.	115f.	172	114f.	154f.	215	143	192f.
130	86f.	116f.	173	115	155f.	216	143f.	193f.
131	87	117f.	174	115f.	156f.	217	144f.	194f.
132	87f.	118f.	175	116f.	157	218	145	195f.
133	88f.	119f.	176	117	157f.	219	145f.	196f.
134	89	120f.	177	117f.	158f.	220	146f.	197
135	89f.	121f.	178	118f.	159f.	221	147	197f.
136	90f.	122f.	179	119	160f.	222	147f.	198f.
137	91	123f.	180	119f.	161f.	223	148f.	199f.
138	91f.	124	181	120f.	162f.	224	149	200f.
139	92f.	124f.	182	121	163f.	225	149f.	201f.
140	93	125f.	183	121f.	164f.	226	150f.	202f.
141	93f.	126f.	184	122f.	165	227	151	203f.
142	94f.	127f.	185	123	165f.	228	151f.	204f.
143	95	128f.	186	123f.	166f.	229	152f.	205
144	95f.	129f.	187	124f.	167f.	230	153	205f.
145	96f.	130f.	188	125	168f.	231	153f.	206f.
146	97	131f.	189	125f.	169f.	232	154f.	207f.
147	97f.	132f.	190	126f.	170f.	233	155	208f.
148	98f.	133f.	191	127	171f.	234	155f.	209f.
149	99	134	192	127f.	172	235	156f.	210f.
150	99f.	134f.	193	128f.	172f.	236	157	211f.
151	100f.	135f.	194	129	173f.	237	157f.	212f.
152	101	136f.	195	129f.	174f.	238	158f.	213f.
153	101f.	137f.	196	130f.	175f.	239	159	214
154	102f.	138f.	197	131	176f.	240	159f.	214f.
155	103	139f.	198	131f.	177f.	241	160f.	215f.
156	103f.	140f.	199	132f.	178f.	242	161	216f.
157	104f.	141f.	200	133	179f.	243	161f.	217f.
158	105	142f.	201	133f.	180	244	162f.	218f.
159	105f.	143	202	134f.	180f.	245	163	219f.
160	106f.	143f.	203	135	181f.	246	163f.	220f.
161	107	144f.	204	135f.	182f.	247	164f.	221f.
162	107f.	145f.	205	136f.	183f.	248	165	222
163	108f.	146f.	206	137	184f.	249	165f.	222f.
164	109	147f.	207	137f.	185f.	250	166f.	223f.
165	109f.	148f.	208	138f.	186f.	251	167	224f.
166	110f.	149f.	209	139	187f.	252	167f.	225f.
167	111	150	210	139f.	188f.	253	168f.	226f.
168	111f.	150f.	211	140f.	189	254	169	227f.
169	112f.	151f.	212	141	189f.	255	169f.	228f.
170	113	152f.	213	141f.	190f.	256	170f.	229f.
171	113f.	153f.	214	142f.	191f.	257	171	230

EA	FT	es/st	EA	FT	es/st	EA	FT	es/st
258	171f.	230f.	285	189f.	254f.	312	207f.	278f.
259	172f.	231f.	286	190f.	255f.	313	208f.	279f.
260	173	232f.	287	191	256f.	314	209	280f.
261	173f.	233f.	288	191f.	257f.	315	209f.	281f.
262	174f.	234f.	289	192f.	258f.	316	210f.	282f.
263	175	235f.	290	193	259f.	317	211	283f.
264	175f.	236f.	291	193f.	260	318	211f.	284
265	176f.	237	292	194f.	260f.	319	212f.	284f.
266	177	237f.	293	195	261f.	320	213	285f.
267	177f.	238f.	294	195f.	262f.	321	213f.	286f.
268	178f.	239f.	295	196f.	263f.	322	214f.	287f.
269	179	240f.	296	197	264f.	323	215	288f.
270	179f.	241f.	297	197f.	265f.	324	215f.	289f.
271	180f.	242f.	298	198f.	266f.	325	216f.	290f.
272	181	243f.	299	199	267f.	326	217	291
273	181f.	244f.	300	199f.	268f.	327	217f.	291f.
274	182f.	245	301	200f.	269	328	218f.	292f.
275	183	245f.	302	201f.	269f.	329	219	293f.
276	183f.	246f.	303	202	270f.	330	219f.	294f.
277	184f.	247f.	304	202f.	271f.	331	220f.	295f.
278	185	248f.	305	203	272f.	332	221	296f.
279	185f.	249f.	306	203f.	273f.	333	221f.	297f.
280	186f.	250f.	307	204f.	274f.	334	222f.	298f.
281	187	251f.	308	205	275f.	335	223	299
282	187f.	252	309	205f.	276f.	336	223f.	299f.
283	188f.	252f.	310	206f.	277	337	224	300f.
284	189	253f.	311	207	277f.			

Quellen-Verzeichnis

Wir danken für die Genehmigung zum Nachdruck der Arbeiten
   von
Horst Bienek dem Carl Hanser Verlag, München,
Manfred Durzak (über *Zwei Ansichten*) dem Kohlhammer Ver-
   lag, Stuttgart,
Peter Lorson dem Vandenhoeck & Ruprecht Verlag, Göttingen,
Arnhelm Neusüß dem Neuen Konkret Verlag, Hamburg,
Ree Post-Adams dem Bouvier Verlag, Bonn.
   Wir danken für die Genehmigung zum Nachdruck der übrigen
Arbeiten den Autoren.

Die genauen bibliographischen Angaben finden sich jeweils am
Schluß der einzelnen Beiträge.

suhrkamp taschenbücher materialien

st 2039 Brochs »Verzauberung«
Herausgegeben von Paul Michael Lützeler

Über keines von Hermann Brochs Büchern gehen die Meinungen derart weit auseinander, weichen die Wertungen so sehr voneinander ab wie über seinen Roman *Die Verzauberung*. Solche unterschiedlichen Reaktionen haben zu tun mit der Komplexität und dem Provokationspotential des Werkes. Waren Brochs *Schlafwandler* von 1930/32 der Versuch gewesen, Tendenzen des Kulturverfalls in der Wilhelminischen Zeit zu vergegenwärtigen, so ging es in dem neuen Werk um eine Auseinandersetzung mit jenen gesellschaftlichen Kräften, massenpsychologischen Mechanismen und quasi-metaphysischen Erwartungshaltungen, welche die Heraufkunft des Faschismus in den zwanziger und dreißiger Jahren ermöglicht hatten. In der *Verzauberung* werden auf dichterische Weise jene Probleme unserer Zivilisation bedacht, die anzugehen immer dringlicher wird, und für die eine Lösung nicht in Aussicht ist: im Metaphysischen die Krise der überlieferten Religionen; im Gesellschaftlichen die abgewirtschaftete patriarchalische Ordnung, im Politischen die Tendenz zur Brutalisierung und zum Totalitären, in der Technik eine ziellos gewordene Rationalität sowie im Bereich der zwischenmenschlichen Beziehungen eine inhumane Funktionalisierung. – Dem in seiner Aktualität und gleichzeitigen Offenheit begründeten zunehmenden Interesse an diesem Roman, bis in den schulischen Bereich hinein, wird der Materialienband in der Verbindung von genetisch wichtigen Texten, Dokumentationen der brieflichen Kommentare, neuen Analysen und einem Forschungsbericht mit einer Bibliographie zur Sekundärliteratur gerecht.

st 2040 Hans Magnus Enzensberger
Herausgegeben von Reinhold Grimm

Der vorliegende Band über Hans Magnus Enzensberger enthält in einer ersten Abteilung – unveröffentlichte oder an entlegener Stelle erschienene – Texte des Autors selbst, in einer zweiten Äußerungen von Kollegen, Wissenschaftlern und Kritikern, den bedeutenden Briefwechsel mit Hannah Arendt, die Diskussion mit Peter Weiss und zwei Interviews aus den Jahren 1969 und 1979; die dritte Abteilung bietet »Längsschnitte, Querschnitte«, in denen das Nachwirken der Antike in Enzensbergers Werk ebenso thematisiert ist wie sein mögliches Einwirken auf die heutige ›Dritte Welt‹. Der vierte Abschnitt verbindet wissenschaftliche Untersuchungen und Würdigungen, Besprechungen und Stellungnahmen. Die Bibliographie schließlich ist der bislang umfassendste Nachweis zu Enzensbergers Œuvre und seiner Sekundärliteratur.

st 2041 Lateinamerikanische Literatur
Herausgegeben von Mechtild Strausfeld

Die vorliegenden Aufsätze zur lateinamerikanischen Literatur wollen dem deutschen Leser einen ersten Eindruck von dem breiten Panorama der neuen Literatur des Kontinents vermitteln. Sie ist in der Bundesrepublik weithin unbekannt, obwohl sie immer nachdrücklicher als einzige Alternative zur problematischen europäischen erzählenden Prosa bezeichnet wird. Während die Rezeption und kritische Auseinandersetzung mit diesen bedeutenden Werken bereits in den sechziger Jahren – auch als »Dekade des Booms der lateinamerikanischen Literatur« apostrophiert – sowohl in den USA als auch in den anderen europäischen Ländern begann, fehlt noch heute ein vergleichbares Echo in der Bundesrepublik. Dies gilt für die Kritik wie für die Universität.
Die ausgewählten Arbeiten behandeln entweder einzelne Romane oder das Gesamtwerk eines Autors. Dieser Materialienband soll u. a. dazu beitragen, ein größeres Verständnis für die neue lateinamerikanische Literatur zu ermöglichen, die nur allzu oft als »Produkt überschäumender Phantasie« bezeichnet wird. Bibliographische Angaben zu

den Autoren sowie eine Liste der wichtigsten Sekundärliteratur und Porträtfotos vervollständigen den Band.

st 2042 Brechts Romane
Herausgegeben von Wolfgang Jeske

Mit dem vorliegenden Band gehen die Materialien-Bände
zu Brecht erstmals über die mit seinem Namen am meisten
verbundene Gattung hinaus und unternehmen den Versuch,
den durchaus vielgelesenen und zu seiner Zeit, besonders
beim *Dreigroschenroman*, auch anerkannten Romancier vorzustellen. Da sich aus der vorliegenden Forschung zu den
veröffentlichten Romanen und Roman-Projekten in sich geschlossene Teiluntersuchungen schwer extrahieren lassen,
wurde hier auf solche Auszüge verzichtet; durch die Heran-
ziehung jeweils erster Reaktionen nach der Veröffentlichung
der Romane läßt sich andererseits die Diskrepanz zwischen
der Anerkennung des Romanciers Brecht bei Lesern und
Kritik auf der einen und der relativ langen Unterschätzung
und Nichtberücksichtigung in der Forschung auf der anderen Seite zeigen. Erstmals werden hier Roman-Projekte aus
den zwanziger Jahren mit der Wiedergabe der vorliegenden
Texte im Zusammenhang vorgestellt.

st 2043 Friederike Mayröcker
Herausgegeben von Siegfried J. Schmidt

In der Vielfalt kritischer Zeugnisse, Reaktionen, Dokumente
und Meinungen sollen Zugänge zum Werk einer Dichterin
geöffnet werden, die heute als eine der bedeutendsten
deutschsprachigen Autorinnen gilt; aber auch als eine Autorin, deren Arbeiten Rezipienten brauchen, die noch zu
kreativem Lesen bereit sind. Die Beiträge dieses Bandes,
das kein Kult- und Feierbuch, sondern Spiegel einer kritischen Auseinandersetzung sein will, belegen die oft vertre-
tene Ansicht, daß Friederike Mayröcker im Laufe ihrer
dichterischen Entwicklung eine eigenständige Poetik entwickelt hat, die ihrem Rang nach in die Reihe der großen
literarischen Experimente dieses Jahrhunderts seit James
Joyce und Gertrude Stein gehört.

Der Band enthält exemplarische Rezensionen zu ihren verschiedenen Arbeitsperioden und Arbeitsbereichen, verfaßt von Schriftsteller-Kollegen, Literaturkritikern und Literaturwissenschaftlern. Präsentiert werden Interviews mit Friederike Mayröcker, aus denen die Poetik ihrer Arbeiten erkennbar wird. Eine Sammlung von Zeichnungen dokumentiert diesen oft übersehenen wichtigen Produktionsbereich der Autorin. Die öffentliche Reaktion auf Mayröckers literarische und künstlerische Produktion spiegelt eine auf Vollständigkeit bedachte Bibliographie der Sekundärliteratur.

st 2044 Samuel Beckett
Herausgegeben von Hartmut Engelhardt

Nach einer Reihe von Textsammlungen, die einzelne Werke Becketts zum Thema hatten, bemüht sich der neue Materialienband um eine Gesamtanschauung von Becketts Œuvre. Sicherlich kann – schon vom Umfang her – ein Materialienband zu Becketts Gesamtwerk dieses nicht ausschöpfen, kann dies nicht einmal versuchen. Dementsprechend sind Beiträge – Übersetzungen von bislang nicht in deutscher Sprache vorliegenden wichtigen französisch- und englischsprachigen Untersuchungen sowie Originaltexte – versammelt, die Aspekte beleuchten, Spuren verfolgen, Zusammenhänge rekonstruieren, aber Vollständigkeit weder anstreben noch vortäuschen. Dabei werden einerseits die ›klassischen‹ Werke – *Warten auf Godot* und *Endspiel* vor allem – berücksichtigt, liegt andererseits ein besonderer Akzent auf weniger populär gewordenen Arbeiten wie *Watt* oder *Wie es ist* sowie auf den Dramen und Prosastücken des Spätwerks. Themen der Originalbeiträge sind u. a.: Versuch, Spielstücke zu verstehen, Kunst im Kopf – Becketts späte Prosa und das Imaginäre, Becketts *Company* im Computer, Zum Protestanteil Beckettscher Dichtung, Becketts ›Losigkeit‹ – ein Versuch in Dekomposition, Becketts späte Dramen.